LES SEPT DE SPANDAU

Laure Joanin-Llobet

LES SEPT DE SPANDAU

Document

ÉDITIONS DE NOYELLES

© Éditions de Noyelles
123, boulevard de Grenelle, Paris
www.franceloisirs.com

Une édition du Club France Loisirs, Paris
réalisée avec l'autorisation de Oh ! Éditions

ISBN : 978-2-298-01677-2

En souvenir de ma mère,
sans qui cette enquête n'aurait pas vu le jour.

Avant-propos

Tout a commencé en 2001 par une petite phrase entendue au cours d'un dîner familial : « André Happel, tu vois... le mari d'Huguette... Il a été pendant des années aumônier à la prison de Spandau, à Berlin. Sais-tu qu'il s'est occupé des anciens criminels nazis jugés à Nuremberg ? D'Albert Speer, surtout. »

Non, je ne savais pas. Disons, pas vraiment. Le nom d'André Happel était vague dans mon esprit. Spandau... Ce nom en a immédiatement appelé d'autres : Hitler, IIIe Reich, camps de concentration, guerre mondiale... Ainsi, un lointain parent, dont le nom m'était à peine familier, avait vécu un pan d'Histoire – et quelle Histoire ! – sans que cela transforme son existence en un destin hors normes. Pasteur de paroisse, aumônier militaire, ni plus grand ni plus petit que tout un chacun, il avait côtoyé, approché les terrifiantes figures de ce qui, selon les mots mêmes d'Albert Speer, pourrait s'apparenter au « mal absolu ». Il avait peut-être recueilli leurs confidences.

Appelons ça de la curiosité, de l'instinct journalistique, de la fascination... J'eus immédiatement envie d'en savoir plus.

On peut le déplorer, mais la marche du temps affuble toujours un peu les plus grands drames du passé, les conflits les plus sanglants, d'une sorte de distance. Elle les fige, les cristallise, les réduisant à des épisodes fantasmagoriques ou tout bonnement à des chapitres de l'Histoire avec un grand H, aux yeux des générations suivantes. Surtout lorsque l'évocation de ces drames ne les a atteintes que par le filtre de l'image ou de l'écrit, et non par l'émotion du vécu ou la transmission familiale.

Cependant, malgré le passage des années, dans le cas des criminels nazis, on ne s'affranchit jamais du ressenti et de l'émotionnel. Sans doute parce que l'intellect ou la raison sont de peu de force devant la barbarie à l'état brut. Ou parce que, depuis plus de soixante ans, quel que soit notre âge, nous nous sommes tous demandé au moins une fois : « Comment me serais-je comporté à cette époque-là ? »

C'est ainsi : les criminels nazis ne sont pas des personnages historiques comme les autres.

Alors, forcément, l'idée d'approcher cet ancien aumônier qui avait accompagné la détention des condamnés de Nuremberg, notamment le « célèbre » Albert Speer, architecte d'Hitler et ministre de l'Armement du IIIe Reich, s'est peu à peu imposée à moi. Il me paraissait forcément passionnant de rencontrer cet homme « ordinaire », que le destin avait conduit un jour à partager quelques années de l'existence d'un homme « extraordinaire », au sens sémantique du terme. À quoi pouvaient bien ressembler ces bourreaux vaincus, ramenés brutalement à une vie d'isolement et d'ostracisme ?

André Happel m'a accueillie avec une grande gentillesse, une vraie disponibilité et… un formidable étonnement.

« C'est vieux tout ça, m'a-t-il déclaré d'emblée. C'est si loin. Je ne me souviens pas de grand-chose… »

Sa mission à Berlin entre 1959 et 1965 n'avait été à ses yeux qu'une mission comme les autres. Du moins le disait-il. Un pan de son existence qui, plus tard au Maroc ou en Indochine, en avait contenu bien d'autres. Concrètement, il n'avait rien conservé de ses six années de visite hebdomadaire à ces anciennes gloires déchues du IIIe Reich. Aucune note, aucun journal intime ou carnet de bord, aucune photo.

Tout au plus avait-il rédigé un compte rendu – au demeurant passionnant – d'une dizaine de pages sur ses rencontres avec Albert Speer, compte rendu qu'il avait délivré lors d'une conférence à la Société d'histoire du protestantisme de Montpellier. Une présentation historique et analytique de l'homme Speer, et du « pécheur » condamné à une reconversion difficile. Je lui demandais autre chose : une plongée dans l'intime et dans le temps malgré les quarante-trois années qui nous séparaient de son « aventure berlinoise », comme il se plaisait à l'appeler. Ses souvenirs étaient incomplets. Je veux dire par là qu'il avait oublié bon nombre de noms, de dates surtout. Il peinait à rattacher son analyse et ses impressions à des anecdotes précises. De ses cinq cent quarante heures passées auprès d'Albert Speer, il semblait n'avoir gardé que quelques points forts et quelques échanges qu'il était difficile de relier. Du moins, c'est ce qui m'apparut lors de ce premier rendez-vous. Il n'était pas opposé à l'idée de parler, même s'il affirmait ne pas comprendre ce que son témoignage pouvait apporter. Quant à moi, j'étais absolument convaincue que ce dernier était unique et méritait d'être transmis. La réponse à son hésitation tenait pour moi dans ce nombre de cinq cent quarante heures. Parce qu'il me paraissait évident qu'un homme qui avait pris le soin de compter les heures passées en compagnie d'un autre homme n'avait pas agi par hasard. Et même si André affirmait qu'il ne s'était livré à ce décompte que pour « copier la manie de rigueur et d'organisation » d'Albert Speer, il sautait aux yeux que ces rencontres l'avaient fasciné. En cela, il n'était pas très différent de tous ceux dont la route avait croisé celle de l'ancien architecte d'Hitler, à commencer par les Britanniques au moment de son arrestation en 1945 et ses juges de Nuremberg. Même si André ne me l'a jamais avoué, je pense qu'il se demandait plus ou moins consciemment s'il avait ou non joué une petite partition dans l'histoire personnelle de Speer, et, par conséquent, d'une façon ou d'une autre peut-être, dans l'Histoire. Il n'y avait pas d'orgueil en cela. Cette interrogation était légitime, puisqu'on lui avait confié la mission de s'occuper des âmes de ces criminels. Pourtant, il peinait à trouver la réponse.

Les souvenirs et les anecdotes qu'il me racontait étaient captivants, cependant, le récit de la rédemption d'Albert Speer, seul dignitaire nazi à avoir reconnu la faute collective de tout un régime, ne me satisfaisait qu'à moitié. Je voulais aller plus loin. Je me rendais compte que découvrir ce qu'avaient pu ressentir ces criminels face à leur châtiment ne me suffisait pas. J'avais, aussi, besoin de comprendre l'aumônier. Comment se tient-on face à un ancien bourreau ? Que peut-on éprouver alors que l'on est en charge de l'aider et de lui accorder le pardon ?

Lorsque André m'apprit qu'il avait eu des prédécesseurs et des successeurs à Spandau qui, comme lui, avaient approché sur quarante années ces prisonniers hors norme, je pris conscience de l'importance qu'il y avait de transmettre à tous ces témoignages historiques et inédits. J'ignorais, alors, que cette décision allait m'entraîner dans une enquête de plus de six ans. La première étape, c'est-à-dire retrouver les pasteurs de Spandau, ne fut pas tâche facile. D'abord parce que je me heurtai très vite à la difficulté d'en établir une liste exhaustive. J'optai alors pour la technique du pêcheur, lançant mon filet un peu au hasard dans l'espoir de voir émerger quelques noms. Ensuite, à la manière d'un généalogiste amateur, j'ai suivi le fil d'Ariane. Chaque personne rencontrée m'a conduite vers une autre.

C'est André, bien sûr, qui m'a fourni la première piste. Par chance, il se souvenait bien de certains de ses confrères : du premier pasteur Georges Casalis, qui avait marqué de son empreinte les débuts de l'aumônerie de Berlin, et de celui qui lui avait succédé en 1965, le pasteur Bertrand de Luze. Georges Casalis, m'apprit André, était décédé depuis plusieurs années, mais Bertrand de Luze, bien que malade, résidait en région parisienne. Sans être en contact régulier, André et lui communiquaient brièvement chaque année par l'intermédiaire d'une carte de vœux. C'est donc Bertrand de Luze que je réussis à contacter en premier. À ce moment de l'enquête, je ne savais pas encore combien de témoignages je pourrais recueillir. Je commençais à entrevoir qu'il y avait eu des périodes charnières à la prison de Spandau et que certains pasteurs les incarnaient pleinement. À commencer par André, qui était le dernier à avoir connu ensemble Albert Speer, Baldur von Schirach et Rudolf Hess, ainsi que Bertrand de Luze, qui avait assisté à la libération de Speer et de Schirach en 1966 et qui s'était ensuite trouvé seul avec Rudolf Hess pendant un an. Celui qui lui avait succédé à Spandau, Jean-Jacques Heitz, était, m'apprit-on, en très mauvaise santé, et personne parmi ceux que j'interrogeai ne savait réellement où il se trouvait. Certains, comme le pasteur Albert Nicolas, étaient décédés.

Entre-temps, j'avais établi un premier contact avec la veuve de Georges Casalis, grâce à la collaboration de l'historienne britannique Gitta Sereny, biographe d'Albert Speer. Ne manquaient plus que les deux derniers pasteurs qui avaient accompagné, l'un après l'autre, Rudolf Hess durant son ultime décennie.

Finalement, c'est grâce au directeur de l'aumônerie protestante aux Armées, le pasteur Bernard Delannoy, auquel je rendis visite à plusieurs reprises, et aux souvenirs de Bertrand de Luze, que je pus remonter jusqu'à Charles Gabel, pasteur de Rudolf Hess entre 1977 et 1986. Charles Gabel qui, enfin, m'a menée à Michel Roehrig, le dernier confident du « dauphin d'Hitler ».

Les témoignages de ces cinq pasteurs courent sur une large partie du XXe siècle. Personnalités variées à la sensibilité parfois opposée, ils ont en commun d'avoir franchi chacun, à une époque différente, la grande porte de la prison de Spandau.

De 1947, date de l'arrivée des premiers criminels jugés à Nuremberg, à 1987, année de la mort du dernier d'entre eux, il s'est écoulé quarante ans. Qu'y a-t-il de commun entre l'aumônier Georges Casalis, résistant de la première heure, et Michel Roehrig, l'aumônier des derniers jours du prisonnier n° 7, âgé de quatre-vingt-quatorze ans ? Le premier avait vécu la guerre, la France occupée, le dernier était un enfant du baby-boom. Le premier était un « militant », un opposant à la barbarie nazie, un théologien, le dernier un ancien brasseur, converti sur le tard au protestantisme.

Au-delà des anecdotes vécues, ce livre tente de restituer le regard qu'ils ont porté, à tour de rôle et chacun à sa façon, sur ces détenus peu ordinaires. Leurs témoignages montrent qu'il n'y a pas qu'une vérité. Même si tous ont regardé ces prisonniers avec le cœur.

Comment s'en étonner ? C'est leur « profession » qui exige cela. J'ai eu parfois du mal à les suivre dans leur démarche spirituelle, à comprendre ce qui pouvait parfois s'apparenter à de l'indulgence. Indulgence coupable ? J'ai dû admettre que leur point de vue ne pouvait absolument pas être semblable au mien, car ils sont hommes et pasteurs à la fois. Les cinq aumôniers auxquels je me suis efforcée de donner la parole partagent la même foi : ils croient profondément en l'Homme et à sa capacité de changer et de s'amender. C'est leur mission et c'était leur raison d'être là, à Spandau. L'exercice est périlleux quand on est confronté à d'anciens nazis. Il ne s'agit nullement pour eux comme pour moi de réhabiliter quelque criminel que ce soit.

Lors de nos différentes rencontres, tous ont exprimé, plus ou moins, au départ, les mêmes interrogations : à quoi cela sert-il de raconter une expérience individuelle ? Qui cela peut-il toucher aujourd'hui ?

Le récit de leurs années passées à Spandau circulait exclusivement dans leurs cercles de famille ou amicaux respectifs. Beaucoup ne voyaient pas l'intérêt de le donner à entendre aux autres. Pourtant, ils m'ont suivie, m'ont fait confiance, et leur modestie, leur simplicité, leurs doutes m'ont infiniment touchée.

Leur sincérité et leur compassion ne peuvent, en aucun cas, être discutées. Les témoignages qu'ils ont apportés sur ces hommes ayant appartenu à l'une des pires périodes de l'histoire de l'humanité ont une valeur inestimable et ne pouvaient disparaître avec eux. Si j'insiste sur ces points, c'est parce que j'assume la responsabilité de les avoir entraînés dans cette « aventure ». Certains ont eu besoin de temps et de réflexion – et parfois de toute ma persuasion – pour accepter de se replonger dans un passé dont ils n'avaient pas toujours gardé d'excellents souvenirs. D'autres, au contraire, ont adhéré immédiatement à mon projet, conscients d'avoir vécu des instants de vie uniques et privilégiés.

J'ai avancé avec chacun d'eux à un rythme différent, alternant les visites ou les communications écrites ou téléphoniques, laissant passer quelques mois entre deux entretiens lorsque je sentais cela nécessaire.

Il a fallu également affronter plusieurs difficultés, certaines de taille. D'abord un problème général de mémoire – comme on peut le deviner, la plupart de ces aumôniers sont déjà des hommes âgés, voire atteints par la maladie. L'un d'entre eux, le pasteur Bertrand de Luze, est d'ailleurs, hélas, décédé il y a quelques mois.

L'entreprise majeure était de parvenir à les détourner des anecdotes qu'ils « recyclaient » depuis des années et à les amener à retrouver des souvenirs ou des impressions datés et précis. Lorsque cela se produisait, c'était fascinant. En les écoutant, je pouvais presque parfois m'imaginer dans les corridors de la prison de Spandau : le cliquetis des clefs, les pas des gardiens résonnant sur le dallage, le froid des murs épais…

Progressivement, leurs récits se sont étoffés.

Il m'a fallu aussi, par instants, les bousculer un peu. Tenter de les « dénicher derrière leur habit de pasteur », les pousser à livrer un peu d'eux-mêmes, de leurs sentiments intimes, de leur conviction profonde. Cela n'a pas été le plus aisé, et je ne suis pas convaincue d'y être toujours parvenue. Je me suis aperçue que demander à un homme de foi de mettre de côté sa compassion, de se tourner vers lui-même et d'oser afficher des sentiments négatifs, de la colère, de la frustration ou de l'antipathie, n'est pas chose facile.

Certaines de mes questions les ont dérangés, je l'ai senti. Mon insistance peut-être aussi. Pourtant, de leurs réponses ont surgi des informations passionnantes qui mettaient en perspective une autre façon de regarder l'Histoire. Leurs témoignages éclairaient d'un jour nouveau tel aspect de la personnalité de tel criminel. À force de scruter, par le petit bout de la lorgnette qu'ils me tendaient, la vie de Spandau, aussi croupie qu'une mare stagnante, j'ai vu se dessiner nombre d'interrogations sur la façon dont les Quatre Grands – terme communément donné aux quatre puissances alliées occupantes de l'Allemagne vaincue – ont géré en commun le dossier délicat de Spandau, dernier vestige du quadripartisme. Le cas de Rudolf Hess est probablement celui qui pose le plus de questions. Et ses deux derniers pasteurs en témoignent ici, tout comme les documents rares et inédits que j'ai pu retrouver au cours de mon enquête. Pour comprendre pourquoi Charles Gabel et Michel Roehrig ont connu tant de difficultés sur le terrain, dans les années 1980, à assister celui que l'on surnommait « le prisonnier le plus cher du monde », j'ai ressenti le besoin d'aller interroger différentes personnalités qui, par leurs fonctions à cette même époque, étaient susceptibles de me parler du dossier Spandau : Jean-Bernard Raimond, ministre des Affaires étrangères du gouvernement Chirac en 1986, Jacques Morizet, ambassadeur de France en Allemagne à partir de 1982, et son successeur Serge Boidevaix, à partir de 1986, Jacques Attali, alors conseiller de François Mitterrand, Paul Gaschignard, ministre délégué et adjoint au chef du gouvernement militaire de Berlin entre 1980 et 1983, ou Andréï Gratchev, ancien porte-parole de

Mikhaïl Gorbatchev... J'ai parlé également avec plusieurs historiens, dont Édouard Husson, grand spécialiste de l'Allemagne, et Gitta Sereny, journaliste et biographe d'Albert Speer.

Les versions officielles ou historiques peuvent-elles être battues en brèche par le témoignage de modestes pasteurs ? Je l'ignore. Mais il paraît évident que le récit exclusif qu'ils font aujourd'hui de ce qu'ils ont vécu à Spandau projette une réalité bien différente de celle conservée dans les manuels d'histoire contemporaine.

Introduction

1 – Le jugement de Nuremberg

Le mardi 1er octobre 1946, le président du tribunal militaire international de Nuremberg et juge britannique sir Geoffrey Lawrence prend la parole pour la dernière fois dans l'immense prétoire plein à craquer. Depuis la veille jusqu'à l'aube, des voitures blindées abritant des hommes de la police militaire américaine ont pris position autour du vieux bâtiment lézardé et encore criblé d'impacts de balles[1]. Chacune de ses pièces a été scrupuleusement fouillée et des tireurs se sont postés sur les toits du quartier. En réalité, toute la ville de Nuremberg, presque en ruine pourtant, est envahie de véhicules militaires. Chaque route y menant a été fermée par des barricades. Personne ne pénètre dans la salle sans laissez-passer. À l'entrée du palais de justice, mille hommes en armes – essentiellement issus des services de renseignements et de l'armée US – ont passé en revue un à un les visiteurs, célèbres ou anonymes, venus assister à l'énoncé des sentences contre les vingt-deux criminels nazis jugés ici depuis le 20 novembre 1945. La journée du 30 septembre n'y a pas suffi. Toute la matinée et une partie de l'après-midi ont été consacrées à la description du nazisme, de ses méfaits et de ses crimes, puis aux charges retenues contre les accusés. L'acte d'accusation, riche de vingt-cinq mille mots, repose sur quatre points :

— Le complot ou plan concerté.

— Les crimes contre la paix, soit la planification, la préparation, le déclenchement ou la poursuite d'une guerre d'agression ou d'une guerre en violation des traités, assurances ou accords internationaux.

— Les crimes de guerre, violations des lois et coutumes de la guerre comme définis par les accords internationaux de la convention de La Hague de 1899 et 1907 et la convention de Genève de 1929.

— Les crimes contre l'humanité, définis comme l'assassinat, l'extermination, la réduction en esclavage, la déportation et tout autre acte inhumain commis contre toute population civile, avant ou pendant la guerre, ou bien les persécutions pour des motifs politiques, raciaux ou religieux.

Depuis le début du procès, les vingt et un accusés présents[2] dans le box ont plaidé non coupables. Ils sont pourtant tous d'anciens dignitaires nazis, proches d'Hitler, responsables à différentes échelles des crimes perpétrés. Assis sur la première rangée de bancs, de gauche à droite, voici Hermann Goering, ancien maréchal du Reich et commandant en chef de la Luftwaffe, Rudolf Hess, secrétaire et adjoint d'Hitler jusqu'en 1941, Joachim von Ribbentrop, ministre des Affaires étrangères, Wilhelm Keitel, chef du haut commandement de la Wehrmacht, Ernst Kaltenbrunner, chef de la sécurité du Reich et des camps de concentration, Alfred Rosenberg, théoricien de l'antisémitisme et ministre des Territoires occupés de l'Est, Hans Frank, gouverneur général de Pologne, Wilhelm Frick, ministre de l'Intérieur, Julius Streicher, directeur du journal antisémite *Der Stürmer*, Walther Funk et Hjalmar Schacht, tous deux ministres de l'Économie et présidents de la Reichsbank. Derrière eux, il y a encore les grands amiraux Karl Dönitz et Erich Raeder, commandants en chef de la marine, Baldur von Schirach, chef des Jeunesses hitlériennes et Gauleiter (chef de district) de Vienne, Fritz Sauckel, commissaire général à la main-d'œuvre, le général Alfred Jodl[3], chef du bureau des opérations du commandement de la

Wehrmacht, Franz von Papen, ancien chancelier du Reich, le diplomate Arthur Seyss-Inquart, commissaire du Reich dans les Pays-Bas occupés, Albert Speer, architecte d'Hitler et ministre de l'Armement et de la Production de guerre, Konstantin von Neurath, ministre des Affaires étrangères jusqu'en 1938, et Hans Fritzsche, responsable de la presse au ministère de la Propagande, adjoint de Goebbels.

La plupart de ces hommes ont perdu de leur superbe, excepté peut-être Hermann Goering, la figure emblématique du IIIe Reich, qui, pénétré d'une pitoyable volonté héroïque, a dicté leur attitude aux autres accusés et s'est, depuis le début, défendu avec une vigueur agressive. En dix mois, les visages se sont creusés. Beaucoup portent des lunettes noires. Les regards sont apeurés, empreints d'une panique mal dissimulée.

Pourtant, deux jours plus tôt, lors de leurs dernières déclarations avant les délibérations, aucun de ces criminels n'a accepté de reconnaître sa responsabilité personnelle dans les crimes effroyables commis par le régime hitlérien. Fritz Sauckel et Hans Frank ont pleurniché, Hermann Goering, bien qu'ayant cessé de rire et d'insulter témoins et coaccusés, a défendu « le sacrifice du peuple et son courage ». À la surprise générale, Rudolf Hess a pris la parole. Une fois de plus, il a divagué, parlant de prédictions et d'influence maléfique. Prétextant son mauvais état de santé, il a demandé à faire sa déclaration assis, ce qui lui a été accordé. « Il parlait à une telle vitesse qu'il devait parfois reprendre son souffle. Goering et Ribbentrop, installés à côté de lui, n'arrêtaient pas de le pousser du coude et de le supplier de se taire[4]. » Au bout de vingt minutes totalement incohérentes, à la demande expresse de sir Lawrence, il a fini par conclure sur ces mots : « Il m'a été permis de travailler, durant de nombreuses années, sous les ordres du fils le plus génial que mon pays ait vu naître au cours des mille ans de son histoire. Même si je le pouvais, je ne voudrais pour rien au monde effacer de ma vie cette période. Peu importe ce qu'en décideront les hommes, un jour, je me présenterai devant le tribunal de l'Éternel. C'est à Lui que je rendrai compte de mes actes et j'ai la conviction profonde qu'Il me déclarera innocent. »

Seuls Albert Speer et, dans une moindre mesure, Baldur von Schirach ont reconnu la responsabilité collective de tout un régime. « La jeunesse allemande a été trompée », a dit Schirach. Speer a préféré lancer un appel à l'humanité et exalter le bien-fondé de ce procès qui, selon lui, doit « contribuer à jeter les fondements de règles d'existence dans une société humaniste ». S'il est allé jusqu'à reconnaître l'obligation d'accepter une culpabilité commune, à aucun moment il n'a évoqué ses propres actes et ne s'est mis personnellement en cause. Comme ses coaccusés, il sait qu'il joue sa tête et a fait montre de résignation. La plupart, d'ailleurs, semblent indifférents, regrettant juste d'avoir été vaincus.

Il est à peine dix heures, ce 1er octobre, quand la Cour pénètre pour la dernière fois dans la salle numéro 600. Le silence est épais et plus solennel qu'il ne l'a jamais été au cours des quatre cent trois séances de ce procès qui a duré dix mois. La salle et la galerie réservées à la presse sont pleines à craquer. Flanqués de deux militaires casqués, les accusés pénètrent un à un dans le box par intervalle d'une minute à peine, tandis que sir Lawrence commence à égrener les charges retenues contre eux en suivant l'ordre de l'acte d'accusation. Certains des prisonniers ont accepté les écouteurs de traduction simultanée. D'autres, comme Rudolf Hess, les ont repoussés. Goering est immobile, la tête penchée en avant, l'écouteur plaqué contre son oreille. « Coupable des quatre chefs d'accusation. » Il sait ce que cela signifie. Pourtant, derrière ses lunettes noires, son visage reste impassible. Comme en attestent les images de l'époque, il abaisse l'appareil de traduction et, les lèvres serrées, donne un coup de coude à Rudolf Hess qui, l'air absent, griffonne quelque chose sur une feuille de papier. Le verdict à son encontre – coupable des chefs d'accusation 1 et 2 – semble le laisser de marbre. Il continue d'écrire.

À raison de deux minutes par accusé, la séance se poursuit. Les juges prennent la parole à tour de rôle. Après sir Lawrence, à la fois président et juge britannique, voilà que s'élève la voix du Soviétique Iona Nikitchenko, de l'Américain Francis Biddle, puis du Français Henri Donnedieu de Vabres.

« Albert Speer, coupable des chefs d'accusation 3 et 4 », « Baldur von Schirach, coupable du chef d'accusation 4 »...

Au final, sur les vingt et un accusés présents dans le box, trois sont acquittés : Franz von Papen, Hans Fritzsche et Hjalmar Schacht. Comme le prévoit le tribunal, les trois hommes sont libérables immédiatement. À la suspension de l'audience en début d'après-midi, ils sont séparés de leurs anciens compagnons de détention et ramenés à la prison, où ils commencent à faire leurs bagages.

Les sentences

À 14 h 50, dans la grande salle du tribunal est arrivée l'heure des sentences. L'atmosphère est totalement différente de celle qui régnait encore le matin même : le prétoire baigne dans une lumière presque tamisée, les projecteurs qui ont accompagné jusque-là chacune des séances ont été éteints. En effet, les juges ont interdit que les accusés soient filmés ou photographiés, même par les cameramen officiels[5]. Ils ont estimé qu'il était normal de leur accorder un peu d'intimité à l'instant où leur destin allait basculer. Une réelle intensité dramatique semble s'être emparée des lieux et du public. Les visages sont graves. Les avocats, les interprètes, les sténographes, les juges et leurs assesseurs ont l'œil fixé sur la porte du box des accusés, pour l'heure vide de ses occupants. Dans quelques instants, ces derniers vont pénétrer dans le prétoire, à tour de rôle, pour entendre la sentence qui leur est personnellement réservée. En coulisses, le colonel Andrus, commandant de la prison de Nuremberg, les a exhortés à accepter leur condamnation avec dignité et courage. Néanmoins, il a également réquisitionné un infirmier et un médecin pour parer à tout éventuel malaise. Un autre membre du corps médical se tient au pied de l'ascenseur qui conduit directement les prisonniers de leur cellule à la salle du tribunal. Dans la cabine, deux soldats montent la garde avec une camisole de force et un brancard. À cet instant, il est prévu que « chaque détenu soit emmené séparément dans l'ascenseur, escorté jusqu'à la salle, puis laissé seul dans le box – qui est gardé à chaque extrémité par un militaire portant des gants et un casque blancs[6] ».

Toutes les deux ou trois minutes, le panneau du mur glisse latéralement, laissant apparaître l'un des dix-huit condamnés.

Dans la salle de presse où se sont massés les deux cent cinquante journalistes internationaux qui ont été exclus du prétoire, la voix de sir Geoffrey Lawrence résonne dans les haut-parleurs. « Mort par pendaison… » Ces mots implacables vont retentir douze fois en l'espace de quarante-cinq minutes, provoquant « à chaque fois la ruée des journalistes sur les téléphones et les téléscripteurs[7] ». « Je me souviens très bien que nous étions assis, tous les enfants, les grands-parents et ma mère, devant un petit poste de radio, pour écouter la proclamation du jugement. […] J'avais déjà commencé à apprendre l'anglais et une phrase est restée ancrée dans ma mémoire : "*to death by hanging*"[8]. » Cette phrase que l'on doit à Albert Speer junior, fils de l'architecte d'Hitler, alors âgé de douze ans, fait immédiatement surgir à la mémoire les images vues et revues sur les documents d'archives de ces hommes pitoyables redescendant un à un, dans la semi-pénombre, un escalier sordide, tandis qu'en fond sonore, une voix venue de la salle du tribunal égrène des sentences de mort[9].

« Accusé Hermann Goering, en raison des charges qui ont été retenues contre vous, le tribunal vous condamne à la mort par pendaison… » Dans sa veste blanche d'uniforme de la Luftwaffe, Goering se tient avec raideur, une expression d'indifférence sur le visage. Quand les mots l'atteignent, il laisse tomber ses écouteurs et tourne les talons. « Joachim von Ribbentrop, mort par pendaison. » À l'énoncé de la sentence, l'ancien ministre des Affaires étrangères se redresse de toute sa stature et sort sans un regard pour ses juges. « Wilhelm Keitel, mort par pendaison… Ernst Kaltenbrunner, mort par pendaison. » À tour de rôle, les deux soldats s'inclinent sans un mot à deux reprises, en entrant, puis en sortant du box. « Hans Frank, mort par pendaison… » Frank a les mains qui tremblent en ajustant ses écouteurs. L'air égaré, il murmure un « merci » assez mal à propos. L'implacable litanie se poursuit : « Wilhelm Frick… Arthur Seyss-Inquart… Alfred Rosenberg… Fritz Sauckel… Julius Streicher… Alfred Jodl… mort par pendaison. » Tandis que, de rage, Streicher jette ses écouteurs au sol et se rue vers l'ascenseur, Fritz Sauckel fond en larmes, comme il le fera quelques jours plus tard en entendant le bruit des menuisiers érigeant les potences. Jodl, lui, semble tétanisé. Visiblement, en dépit de ses quatre chefs d'accusation, il pensait encore sauver sa tête. Le douzième nom résonne dans le vide : c'est celui de Martin Bormann, chef de la chancellerie du parti nazi et conseiller d'Hitler. Bien qu'absent du box, car supposé en fuite, il est également condamné à mort par contumace.

Les sept autres prisonniers écopent d'une peine de prison. Rudolf Hess, Walther Funk et Erich Raeder sont condamnés à la perpétuité, Albert Speer et Baldur von Schirach à vingt ans, Konstantin von Neurath à quinze ans et Karl Dönitz à dix ans.

En entendant tomber la sentence, Albert Speer se passe la main sur le front en esquissant ce qui ressemble à un petit soupir : il vient de sauver sa peau alors que, depuis le matin même, il était convaincu de sa mort imminente. Néanmoins, ce qu'il ne sait pas encore, c'est que son cas a provoqué un vaste débat parmi les juges chargés des délibérations. Le verdict de culpabilité au titre des chefs d'accusation 3 et 4 n'a pas posé de problème majeur. Aux yeux des magistrats américains, français, soviétiques et britanniques, l'affaire a été vite entendue : Albert Speer, en sa qualité de ministre de l'Armement et de la Production, a bien exploité de la main-d'œuvre étrangère et des détenus des camps pour aider aux efforts de guerre. Ce qui les a divisés, c'est la nature de la peine à lui infliger. Ayant déjà décidé de condamner à mort Fritz Sauckel, le commissaire général à la main-d'œuvre, il leur était difficile de ne pas en faire autant pour celui qui, sans états d'âme, avait ordonné et exigé un tel programme. Cependant, le repentir exprimé par Speer durant le procès – même si beaucoup y ont vu une façon de se gagner la clémence du tribunal – l'a rendu nettement plus sympathique que l'insignifiant Sauckel. Les Russes avaient déjà tranché : ce devait être, sans discussion, la peine capitale. Les Américains, en la personne du juge Biddle et de son assesseur John Parker, bien qu'estimant que Speer « était pleinement au courant des conditions cruelles et brutales auxquelles étaient soumis les travailleurs esclaves qu'il exigeait pour l'industrie allemande[10] », n'ont pas été insensibles à la personnalité charismatique de l'ancien ministre d'Hitler. Pourtant, au premier tour de scrutin, ils ont voté la peine de mort, à l'exemple des Russes. Les juges français, Henri Donnedieu de Vabres, et britannique, sir Geoffrey Lawrence, ont plaidé, quant à eux, pour quinze ans de prison, prenant visiblement en compte le refus de Speer d'appliquer la politique de la terre brûlée ordonnée par Hitler dans les derniers mois de la guerre. La décision devait être prise à la majorité. Deux voix pour l'emprisonnement, deux pour la pendaison. La situation semblait bloquée. Mais il y eut cet incroyable revirement américain. Le lendemain, toute la fermeté qu'avaient montrée les juges Biddle et Parker à l'égard de « celui dont l'intelligence est une circonstance aggravante » s'est évanouie. Sans expliquer outre mesure leur nouveau point de vue, ils se sont déclarés pour une peine de vingt ans de prison… sauvant ainsi l'ancien architecte d'Hitler de la potence.

De son côté, Rudolf Hess accueille l'annonce de sa détention à perpétuité sans montrer aucune réaction, l'œil perdu dans le vague. Il faut même qu'un garde lui tape sur l'épaule et lui montre du doigt l'ascenseur pour le faire sortir de son rêve éveillé[11]. Plus tard, dans le couloir de la prison, quand Albert Speer lui demandera la peine qui lui a été infligée, il répondra : « Je n'en ai aucune idée. Probablement la mort par pendaison. Je n'ai pas écouté[12]. »

Ces deux anecdotes sont à l'aune de toutes celles qui circulent sur l'attitude du dauphin d'Hitler pendant le procès de Nuremberg. Amnésie et folie ? Réelles ou simulées ? Le moins que l'on puisse dire, c'est que l'Histoire a gardé de l'accusé Hess – sur la foi de témoignages apparemment irrécusables et d'expertises psychiatriques – le portrait d'un homme névrosé, paranoïaque, à l'esprit fortement dérangé. D'ailleurs, la question de savoir s'il était en mesure de répondre de ses actes devant la justice a été clairement posée par la Cour au moment de l'ouverture du procès. Son état mental est devenu un sujet d'études et de recherches approfondies. Au cours des semaines qui ont suivi son arrivée à la prison de Nuremberg, il a été fréquemment examiné par des médecins que l'on a chargés d'élucider la nature de ses multiples troubles – non seulement de son comportement erratique et excentrique, mais surtout de cette fameuse amnésie dont il se prévaut depuis son séjour en Grande-Bretagne en mai 1941. Après de nombreux examens, une commission d'experts médicaux, composée de trois Russes, de trois Américains, de trois Anglais et d'un Français, a finalement été désignée afin d'établir un rapport complet sur l'état psychologique de l'accusé. Leurs conclusions ont été que ce dernier était atteint d'une forme d'hystérie amnésique – amnésie légère qu'il avait tendance par instants à exagérer, comme le font souvent les individus dotés d'une personnalité instable. En un mot, que l'amnésie n'étant pas la folie, Hess était tout à fait apte à comparaître. Le coup de théâtre eut lieu dix jours après le début du procès. Ce jour-là, pendant que son cas se discutait dans la salle du tribunal sur la foi de rapports médicaux, dans le box des accusés, Hess « souriait de toutes ses dents, ...en agitant les bras en direction de son avocat[13] ». Soudain, il se leva, demanda la parole et, d'une voix claire, déclara : « J'ai recouvré la mémoire. J'ai simulé l'amnésie pour des raisons tactiques. En réalité, seule ma faculté de concentration est quelque peu réduite. Cependant, pour ce qui est de suivre le procès, [...] j'affirme être en état de le faire [...]. J'ai également simulé l'amnésie au cours de mes entretiens avec mon avocat. Par conséquent, c'est en toute bonne foi que ce dernier a argué de ma perte de mémoire.[14] » Ruée des journalistes sur les téléphones. Ajournement de la séance.

La suite du procès n'apporta aucune « amélioration » en ce qui concerne l'état mental de Hess. Du moins dans ce qu'il voulut bien montrer. À plusieurs reprises, il fit de nouveau état de son amnésie, de douleurs plus ou moins imaginaires, tandis que la plupart de ses actions ou de ses paroles paraissaient dénuées de sens. Ainsi le vit-on entreprendre des exercices de culture physique en plein prétoire, lire ostensiblement un roman, nonchalamment appuyé sur la balustrade de son box, dormir à poings fermés ou fixer la Cour d'un regard hagard en affichant un rictus stupide. Ce comportement ne lui valut cependant aucune clémence de la Cour. Les Français réclamèrent vingt ans de captivité. Les Russes, fidèles à leur principe de sévérité absolue, plaidèrent à nouveau pour la peine de mort. À leurs yeux, Hess était coupable d'un crime supplémentaire : celui d'avoir tenté, en s'envolant pour l'Écosse en 1941, de signer une paix séparée avec la Grande-Bretagne, ce qui aurait permis à l'Allemagne nazie de détruire leur pays. Sa signature, en 1935, des lois de Nuremberg en faisait l'un des principaux coupables de la déportation, du massacre des Juifs d'Europe et de l'invasion des territoires de l'Est. Les Britanniques et les Américains, sensibles à ces arguments, se prononcèrent en faveur d'une lourde peine. Mais convaincus qu'on ne pouvait imputer à Hess les atrocités commises après 1941, ils décidèrent, avec les Français et au grand dam des Russes, de l'exempter de crimes de guerre et de crimes contre l'humanité. La peine de mort étant ainsi écartée, les juges, à trois voix contre une, le condamnèrent à la perpétuité.

« Plutôt une mort rapide qu'une mort lente », voilà ce que s'exclame Baldur von Schirach à sa sortie de la salle du tribunal, après avoir appris sa condamnation à vingt ans d'emprisonnement. Fidèle à sa nature superficielle et velléitaire qui l'a poussé au cours du procès à de nombreux revirements, l'ex-chef des Jeunesses hitlériennes ne peut s'empêcher de fanfaronner. Son sort s'est pourtant joué à un fil. En effet, la légèreté de sa peine est due à la relative clémence des juges américains et français, qui ont convaincu leurs collègues de le juger davantage sur son rôle de gouverneur du Reich et Gauleiter de Vienne qu'en tant que responsable des Jeunesses hitlériennes. Il est probable que, comme Speer, Schirach ait bénéficié de son attitude durant le procès. Car, même si sa déclaration du 24 mai 1946 n'a pas fait l'effet qu'il escomptait – Schirach ayant trop cherché à biaiser lors de ses contre-interrogatoires –, le tribunal en a tenu compte. « Devant Dieu, devant la nation allemande, devant le peuple allemand, a dit Schirach, je porte seul la culpabilité d'avoir entraîné la jeunesse à soutenir un homme que, durant de longues années, j'ai considéré comme irréprochable, et qui a assassiné des millions de gens. »

Tandis que les condamnés à mort sont emmenés, menottés, vers leurs cellules et que les sept prisonniers restants sont transférés à un autre étage de la prison, le juge russe, le général

Nikitchenko, prend la parole et fait part de son désaccord quant à l'acquittement de Hjalmar Schacht, de Franz von Papen et de Hans Fritzsche, et à la peine d'emprisonnement de Rudolf Hess qui, selon lui, méritait la pendaison. Avant que la Cour se retire pour la dernière fois, il exige que ses positions divergentes soient inscrites dans le protocole et enregistrées sur cassettes[15]. C'est sur cette note, légèrement discordante, que s'achève la deux cent seizième journée du premier grand procès international de l'histoire. Bien que forcément imparfait, il a cependant, comme l'a écrit René Rémond, « posé la première pierre d'une justice internationale, le premier effort pour fonder une jurisprudence à l'échelle de toutes les nations ». « On peut toujours invoquer des arguments juridiques contre Nuremberg, dit aussi l'historien américain Herbert Lottman, et se dire que c'étaient les vainqueurs qui étaient sur le banc de l'accusation. Mais enfin, les crimes étaient sans précédent. Il fallait un châtiment rapide, exemplaire et approprié. »

2 – De Nuremberg à Spandau

Peut-être est-ce grâce aux légers somnifères qu'on leur a donnés en cette nuit du 15 au 16 octobre 1946, toujours est-il que les sept hommes condamnés à la réclusion ne se sont pas réveillés pendant que leurs anciens compagnons vivaient leurs dernières minutes à quelques mètres de leurs cellules.

Seul Albert Speer ne dormait pas. Il a entendu « des bribes de phrases, des raclements de bottes et des bruits de pas qui s'éloignent lentement[16] ». « J'entends mon cœur résonner dans ma poitrine. [...] Déjà les pas s'approchent de nouveau, le nom suivant est appelé : "Keitel !" De nouveau, la porte d'une cellule est ouverte, un brouhaha s'élève. [...] L'un après l'autre, tous les noms sont appelés[17]. »

Le lendemain de l'exécution, les sept hommes sont transférés dans les cellules vides du rez-de-chaussée. La première mission qui les attend augure du futur traitement que leur ont réservé les Alliés : ils doivent nettoyer les cellules que les condamnés à mort ont quittées en hâte au beau milieu de la nuit. L'après-midi, Hess, Schirach et Speer sont conduits sous bonne escorte dans le gymnase où ont eu lieu les exécutions. Bien que les potences aient été démontées et que l'endroit ait déjà été lavé, on leur donne des balais et des serpillières, avec pour tâche de récurer le sol. « Le lieutenant observait nos réactions avec attention, dira Speer plus tard dans son *Journal*. Je m'efforçai de garder ma contenance. Hess se posta devant une tache sombre qui maculait le sol, probablement une tache de sang, et leva le bras pour faire le salut hitlérien[18]. »

Depuis l'annonce de sa condamnation à vingt ans de captivité, Rudolf Hess n'a cessé de se comporter de façon irrationnelle, passant le plus clair de son temps à récriminer contre ses conditions de détention. Un jour, il se plaint du manque de couvertures, le lendemain, de l'heure d'extinction des lumières ou d'une coupe de cheveux trop sévère. L'annonce du suicide de Goering ne lui a arraché aucune parole ni manifestation d'émotion. Furieux contre son avocat qui a adressé en son nom un recours de grâce, il a même déclaré : « J'affirme que cela a été fait sans que j'en aie eu connaissance et contre ma volonté. J'estime qu'une telle requête est indigne de moi[19]. »

Baptisé « Operation Traffic », le transfert des sept prisonniers de Nuremberg à Spandau a lieu le 18 juillet 1947, soit près de dix mois après la fin du procès. Depuis le verdict du tribunal, ils ont été remis officiellement au pouvoir de la Kommandatura Interalliée de Berlin[20], et l'application de leur sentence et ses modalités incombent donc aux quatre pays occupants. À quatre heures du matin, ignorant ce qui les attend, les sept de Spandau, menottés par des soldats américains, sont conduits à bord de deux ambulances à l'aéroport militaire de Nuremberg. Dans les rangs des prisonniers, malgré le déploiement de forces et le manque d'informations dont ils disposent, l'atmosphère est bon enfant. « Je ne me l'explique toujours pas, a dit Albert Speer en 1979 à sa biographe Gitta Sereny[21], mais l'ambiance était euphorique. Je suppose que c'était à l'idée de quitter Nuremberg et tout ce que cette ville en était venue à signifier. »

Le convoi qui traverse les ruines de l'ancienne capitale nazie a de quoi impressionner. En effet, soucieuses de prévenir toute évasion, les autorités alliées ont réquisitionné plusieurs bataillons de soldats, tous lourdement armés, que suivent une dizaine de voitures.

C'est au lever du soleil que le DC-3 de l'armée américaine se pose sur le tarmac de la base de Gatow. À partir de cet instant, la relève va être prise par l'armée britannique. À tour de rôle, les sept hommes, toujours menottés à un GI américain, sont poussés vers un fourgon noir de la Royal Air Force, dont les fenêtres ont été grillagées et teintes en noir afin qu'aucun passant ne puisse les entrevoir. L'intérieur est équipé de sept box séparés, un pour chaque prisonnier[22]. Moins d'une demi-heure plus tard, la longue cohorte de Jeep, de blindés et d'au moins vingt camions chargés de soldats britanniques, toutes sirènes hurlantes, franchit en trombe les hautes grilles vertes de la prison de Spandau, qui mesurent plus de six mètres de haut. Pour les prisonniers, le bruit mat des portes qui se referment symbolise, plus qu'aucun autre, les longues années de solitude et de châtiment qui les attendent. « Nous avons eu l'impression de pénétrer dans des oubliettes aux murs nus, sombres, humides », a confié Albert Speer, qui affirmait, plus de trente ans après, n'avoir jamais oublié l'odeur de désinfectant que dégageaient leurs uniformes usés de prisonniers[23].

Lors de son admission, le prisonnier sera complètement déshabillé et son corps sera examiné soigneusement. Quatre gardiens procéderont à la fouille qui sera exécutée en présence du directoire, mais hors de la vue d'autres prisonniers. Toutes les parties de son corps y compris l'anus seront fouillées afin de rechercher les objets pouvant entrer en fraude dans l'établissement. Après la fouille, le prisonnier se baignera et se nettoiera entièrement et revêtira le costume réglementaire de prisonnier[24].

Dès leur arrivée, les nouveaux occupants de la prison de Spandau sont conduits immédiatement dans le bureau du gardien-chef où, en présence des quatre gouverneurs alliés (directoire), doivent s'opérer la fouille corporelle exigée par le règlement et leur première visite médicale approfondie. C'est là également qu'on leur remet ce qui va devenir leur tenue quotidienne : un pantalon en coton grossier, une chemise de toile à l'identique, des sabots et un calot gris. Selon l'historienne britannique Gitta Sereny, les vêtements fournis aux prisonniers avaient été portés par des détenus des camps de concentration – information qu'elle a recueillie lors d'une de ses nombreuses rencontres avec Albert Speer au début des années 1980.

Une fois les procédures d'admission dûment exécutées, tout le monde se dirige vers le quartier des cellules, où va être faite la lecture *in extenso* du règlement. À chaque fois qu'un des sept prisonniers franchit la lourde porte en fer qui va désormais le séparer du monde extérieur, il lui est attribué un numéro. Celui qu'il sera chargé d'inscrire lui-même quelques heures plus tard sur le devant et au dos de son uniforme. Celui qui résumera à lui seul son identité et qu'il portera jusqu'à la fin de sa détention. Le premier à s'avancer est Baldur von Schirach, il sera le numéro 1. Puis vient ensuite Karl Dönitz… le numéro 2. Konstantin von Neurath… le numéro 3. Erich Raeder… le numéro 4. Albert Speer… le numéro 5. Walther Funk… le numéro 6. Le dernier à franchir la porte est Rudolf Hess. À partir de maintenant, il ne sera plus que le numéro 7.

3 – Les aumôniers de Spandau

« En ce qui concerne le ministère religieux, le Comité légal de la Kommandatura Interalliée de Berlin, qui possède l'autorité exécutive supérieure relative à la prison alliée de Spandau, nommera des ministres compétents de nationalité alliée ou de la nationalité de l'Union des Nations unies ».[25]

Même si « chaque prisonnier peut, s'il le désire, recevoir les conseils d'un ministre de sa religion et se voir remettre des livres religieux[26] », l'aumônier reste subordonné au pouvoir du directoire qui possède l'ultime droit d'annuler « toute mesure qu'il estime contraire à la sécurité de la prison ». Doté d'un laissez-passer spécial, il se rend tous les samedis de 14 heures à 15 h 30 auprès des prisonniers auxquels il offre un service religieux collectif et facultatif, un temps de parole et d'écoute individuel, et l'occasion d'écouter quelques disques. Ainsi, entre juillet 1947 et septembre 1987, date à laquelle la prison de Spandau fut détruite suite à la mort de Rudolf Hess, au moins dix aumôniers militaires se sont succédé auprès des criminels. On peut citer, de façon non exhaustive, le pasteur Georges Casalis, puis, à partir de 1950, les pasteurs Albert Nicolas, Bernard Kopp, André Happel, Bertrand de Luze, Jean-Jacques Heitz et, dans les années 1980, Charles Gabel et Michel Roehrig. Tous sans exception étaient français, et une grande majorité d'entre eux alsaciens.

Pourtant, il n'est écrit nulle part dans l'article 5 du règlement intérieur de Spandau que les ministres du culte des criminels nazis devaient impérativement être issus des rangs de la puissance occupante française. Alors, pourquoi ce choix exclusif de pasteurs français ? Les raisons de cette « préférence » restent assez floues. En vérité, il y a presque autant de versions que de témoignages.

Il semblerait cependant qu'au départ, en 1947, d'autres nationalités aient été un moment pressenties.

« La candidature du pasteur évangélique danois H.W. Engdahl Thygesen, qui, avant 1947, avait travaillé, pendant un an, dans des camps d'internement de la zone américaine, a été refusée en dépit du fait que tous les détenus de la prison étaient évangéliques », note l'historien Norman Goda[27]. « Le Comité légal décida qu'embaucher un luthérien était "déconseillé" [...], puisque c'était ainsi que se définissaient eux-mêmes les prisonniers. »

Cela pourrait effectivement expliquer pourquoi le premier aumônier de Spandau, arrivé en septembre 1947, fut finalement un calviniste. Avant d'être nommé à ce poste délicat, Georges Casalis avait été un résistant actif dans la France occupée. Selon l'historienne britannique Gitta Sereny, qui l'a longuement rencontré quelques années avant sa mort, c'est ce dernier point qui peut expliquer sa nomination. « Le fait d'avoir appartenu à la Résistance – et sans aucun doute plutôt à son aile gauche que droite – le rendait plus facile à accepter pour les Soviétiques[28]. »

L'idée qu'en 1947 les Soviétiques aient pu préférer un pasteur français à un pasteur américain – ou même britannique – n'a rien d'extravagant. Même si, en théorie, la gestion de la prison de Spandau était du ressort des quatre nations occupantes, « c'étaient les Russes qui, concrètement, contrôlaient les choses », avoue l'ancien ambassadeur de France en Allemagne de 1986 à 1992, Serge Boidevaix[29]. Cependant, il s'agissait d'un accord tacite et non officiel. « Les Russes ont toujours possédé en quelque sorte la véritable gestion de Spandau, ajoute encore Serge Boidevaix. Cet état de fait s'est noué immédiatement après la guerre, en 1947. Les autres pays ont, en quelque sorte, laissé leur place. En d'autres termes, on peut dire que les Russes avaient la mainmise sur la prison. Et on en passait par ce qu'ils voulaient[30]. »

De fait, il semble que ni les Britanniques ni les Américains n'aient cherché à imposer un aumônier sorti de leurs rangs. Selon Gitta Sereny, les Britanniques et les Américains, qui ne manquaient pourtant pas de pasteurs de cette confession, n'en avaient aucun, en 1947, qui parlait allemand. « Pour les Français, Georges Casalis était un choix évident dans la mesure où il était déjà pasteur de la communauté française de Berlin[31]. »

L'opinion selon laquelle tous les pasteurs de Spandau auraient été français grâce à la présence initiale de Georges Casalis est partagée par Philippe Vassaux, l'ancien directeur de l'aumônerie protestante de l'armée de terre entre 1979 et 1984, et membre de la Société d'histoire du protestantisme. « Ce sont des raisons pratiques et de circonstance qui ont prévalu à ce choix, dit-il. C'étaient les Français qui parlaient le mieux allemand – et surtout les Alsaciens – et, dans la foulée de Casalis, les Alliés n'ont rien voulu changer. Georges Casalis avait marqué de son empreinte l'aumônerie de Spandau. C'est lui qui avait essuyé les plâtres. Il avait une telle personnalité qu'il a imposé tacitement l'idée que tous ses successeurs soient français. »

S'il est vrai qu'à Spandau, toute règle instituée semblait figée pour l'éternité, il est difficile de concevoir qu'aucune considération politique et diplomatique ne soit intervenue en 1947 dans la répartition des postes de Spandau. Lorsqu'on sait qu'il a fallu plus de six mois aux Alliés pour parvenir à se mettre d'accord sur un règlement, on a du mal à imaginer que la nomination de l'aumônier des prisonniers ait pu se décider sur de simples considérations religieuses ou pratiques.

Le pasteur Yves Gounelle, ancien directeur général de l'aumônerie protestante aux armées dans les années 1980, réfute fermement cette idée[32]. « Les seules nations susceptibles de fournir un pasteur protestant étaient les États-Unis, la Grande-Bretagne et bien sûr la France, affirme-t-il. Mais, pour des raisons politiques évidentes, les Soviétiques, qui n'avaient pas eux-mêmes de pasteurs protestants, ont récusé les Américains. Quant aux Britanniques, ils se sont exclus eux-mêmes. À la fin de la guerre, l'armée anglaise n'a pas voulu que ce soit un Britannique qui se charge des criminels nazis. Bien que la prison de Spandau soit située dans leur zone d'occupation, ils trouvaient incorrect pour des gentlemen de s'occuper de ce genre d'individus. Alors, voilà, il n'est plus resté que les Français. »

Les pasteurs français nommés à Spandau par défaut ? Peut-être plus qu'on ne croit. « En 1947, l'aura de la France n'était pas bien grande, admet Serge Boidevaix. On faisait profil bas. On pourrait même dire qu'on avait été “raccrochés”. Si on était là, c'est parce qu'il y avait de Gaulle et que les Britanniques ne voulaient pas être les seuls Européens parmi les puissances occupantes. En Allemagne, à cette époque-là, on ne représentait pas grand-chose[33]. »

En effet, comment oublier qu'à l'image de la conférence de Yalta en février 1945, dont la France était la grande absente, la zone d'occupation finalement accordée aux Français à Berlin a été prise purement et simplement sur celles des Britanniques et des Américains ? Ainsi, ce serait « grâce » à son peu d'importance que la France aurait hérité du poste de l'aumônier auprès des criminels nazis jugés à Nuremberg ? Peut-être pas, mais, de toute évidence, comme l'avoue à mots couverts Serge Boidevaix, en 1947, les Français n'étaient pas de taille à imposer quoi que ce soit à leurs alliés, occidentaux ou soviétiques : « À cette époque, que ce soit à Spandau ou en Allemagne en général, nous ne pouvions pas nous montrer trop exigeants. On a pris ce qu'on nous donnait[34]. »

C'est au sortir de la Seconde Guerre mondiale que se met en place en Allemagne une aumônerie des troupes d'occupation. Basée à Baden-Baden auprès des FFA[35], sa direction, en la personne tout d'abord du pasteur Sturm, supervise, entre autres, le travail du pasteur nommé à Berlin. « Cette aumônerie était très importante, car très autonome et dotée de nombreuses activités », explique Philippe Vassaux. En effet, au quotidien, le pasteur en charge de la ville de Berlin a une mission à plusieurs facettes, à la fois diplomatique et militaire. Si sa tâche principale consiste à s'occuper des militaires de la garnison française, de leurs familles et d'une paroisse, il doit également assurer une présence auprès de l'ambassade de France et des milieux culturels français de Berlin-Ouest. Fait non négligeable, il est aussi une sorte de courroie de transmission entre les Églises protestantes allemandes et françaises qui, au fil des siècles, sont restées extrêmement liées depuis l'installation des huguenots français sur le sol allemand au XVIIe siècle[36]. Ce qui implique forcément d'établir des contacts – ou de les renforcer – avec les Églises que la construction du Mur en août 1961 a « rejetées » à l'Est. Cette mission confidentielle, avalisée officieusement par le Quai d'Orsay, conduit les aumôniers français de Berlin à servir de « messagers » entre les deux Églises allemandes déchirées. Pour l'essentiel, ils transportent en voiture de Berlin-Ouest à Berlin-Est du courrier, des livres ou du matériel de bureau, à la demande des Églises protestantes et des œuvres sociales est-allemandes. « On nous chargeait souvent d'apporter des documents pour des synodes[37] qui se tenaient alternativement à Berlin-Est ou Berlin-Ouest et pour lesquels un contact interallemand était impossible », explique le pasteur André Happel.

Ce petit manège se fait ostensiblement et sans visiblement provoquer de réaction excessive de la part des Soviétiques. « Nous étions très connus aux check points, dit Philippe

Vassaux. Lorsque nous passions en uniforme dans un véhicule militaire, nous n'avions même pas besoin de montrer notre laissez-passer. Après tout, notre statut d'armée d'occupation nous en donnait le droit. »

De 1961 à 1987, tous les aumôniers français de Berlin sacrifieront à la « coutume » du passage hebdomadaire à l'Est, sans chercher véritablement à savoir ce que contiennent exactement leurs coffres.

« Certains soirs, je me rendais dans les bâtiments à Berlin-Ouest de la direction générale de l'Église protestante et l'on chargeait ma voiture, raconte le pasteur André Happel. Une fois chez moi, je mettais tout ça à l'abri et ensuite, je prenais contact avec des membres des Églises de l'Est. Pas par téléphone bien sûr. Quelques jours plus tard, je passais le Mur et j'allais décharger ma cargaison. Je n'ai jamais su en détail ce qu'il y avait dans mon coffre et je n'ai jamais voulu le savoir. » André Happel raconte encore qu'en cinq ans à Berlin, il a dû passer l'équivalent de cinq Wolkswagen pleines à ras bord. « Parfois, nos coffres étaient tellement chargés que nos voitures éclairaient le ciel », s'amuse-t-il.

Même si tout cela fait un peu penser à un film d'espionnage, il serait exagéré d'imaginer les aumôniers militaires français de Berlin dans le rôle d'agents secrets. Au service de qui d'ailleurs ? « Au moment de la naissance du rideau de fer, les deux Églises avaient été coupées en deux, mais elles s'arrangeaient pour avoir des synodes sur le même sujet et au même moment. Notre rôle consistait à les aider à maintenir ce lien. Nous étions les seuls à pouvoir le faire », explique le pasteur Yves Gounelle, directeur de l'aumônerie protestante aux armées entre 1981 et 1986, qui, comme son ancien adjoint Philippe Vassaux, réfute toute mission de renseignements.

Ce qui est en revanche presque sûr, c'est que les cargaisons transportées par les pasteurs de Berlin comprenaient des documents confidentiels, voire des aides matérielles sonnantes et trébuchantes, destinées à permettre aux Églises de l'Est de survivre dans la RDA à domination soviétique. Le religieux rejoignait le politique. « Il ne faut pas oublier que la religion est en Allemagne autrement plus puissante qu'en France, dit André Happel. Là-bas, elle fait partie intégrante de la conscience des gens et des affaires publiques. L'État est impliqué dans les affaires de l'Église, qui à son tour est impliquée dans la vie de l'État. »

4 – La prison de Spandau

La prison de Spandau, qui peut accueillir jusqu'à six cents détenus, est une affreuse bâtisse en brique rouge sale cernée de hauts murs, située 23 Wilhelmstrasse, dans la zone britannique de Berlin-Ouest, et plus précisément au nord-ouest de la capitale, dans le quartier de Spandau, l'ancien village médiéval devenu ville de garnison à l'époque prussienne. Bien que n'en faisant pas partie, elle se trouve à peu de distance de l'ancienne citadelle de Spandau[38], dont les premières fondations datent du Moyen Âge.

Bâtie pour servir de forteresse militaire entre 1878 et 1881, elle a été utilisée comme prison civile pour les condamnés à une longue détention après la Première Guerre mondiale. Sous le IIIe Reich, elle faisait office de poste de triage pour les civils, les militaires et les prisonniers politiques en route pour les camps de concentration. Outre ses cent trente-deux cellules individuelles, ses cachots et ses immenses salles dans lesquelles on pouvait entasser jusqu'à quarante prisonniers, elle comprenait des installations permettant de pendre huit condamnés à la fois et même un local doté d'une guillotine dont le plancher en pente facilitait l'écoulement du sang.

L'obsession de la sécurité

Lorsque les Alliés réquisitionnent cette prison en novembre 1946 – après une première visite d'inspection menée le 10 octobre par des membres des comités chargés du logement de la Kommandatura –, plus de six cents prisonniers y sont encore détenus. La première mesure est d'organiser leur évacuation vers d'autres centres pénitentiaires de Berlin, essentiellement vers celui de Tegel en zone française[39], afin de laisser la place libre aux sept condamnés de Nuremberg. Mais l'urgence est également de procéder à de sérieuses réparations[40] et surtout de renforcer le système de sécurité. On démantèle les gibets, on fait disparaître la guillotine et on transforme la salle d'exécution en salle d'opération. Comme les prisonniers ne seront que sept, on se contente d'aménager une seule aile isolée du reste du complexe, dans le bâtiment principal. Après avoir abaissé les plafonds et fabriqué des étages intermédiaires, on modernise les installations sanitaires et on installe une infirmerie et une salle de soins. Le quartier des cellules est créé de toutes pièces sur le modèle de celui de la prison de Nuremberg. Situé au premier étage, ce bloc comprend trente-deux geôles, toutes identiques. Chacune mesure environ trois mètres de long sur deux mètres cinquante de large et quatre mètres sous le plafond voûté. Les murs, fraîchement peints en vert jusqu'à mi-hauteur, puis en « jaune maladif[41] », écrit Albert Speer, ne possèdent qu'une ouverture : une petite fenêtre, placée à plus d'un mètre soixante du sol et équipée de barreaux, qui ne peut que s'entrouvrir pour les besoins d'aération. Sur la porte, un petit judas grillagé permet aux gardiens de surveiller nuit et jour les activités du prisonnier. Par mesure de sécurité – essentiellement pour prévenir toute tentative de suicide –, on a enlevé tous les objets protubérants, protégé toutes les prises électriques[42], les conduits et les radiateurs. Au pied du lit – une couchette aux armatures métalliques – se trouve un W-C à lunette et, plus loin, une table en bois grossier aux dimensions réduites, une chaise et quelques étagères. Le système d'éclairage, installé au plafond, a été grillagé pour éviter toute électrocution. Il comprend deux ampoules, l'une pour permettre de lire, et une autre, plus faible, que les prisonniers doivent activer avant de se coucher pour que les gardiens puissent l'allumer environ quatre fois par nuit. Quand les Russes sont de garde, ces opérations de surveillance se déroulent jusqu'à six fois par heure[43].

Entre chaque cellule occupée, on a conservé une pièce vide afin que les détenus ne puissent communiquer entre eux. Les autres geôles sont transformées en bibliothèque, en chapelle, en toilettes pour les gardiens, en buanderie, etc.[44].

Le bloc des cellules n'est pas le seul endroit de Spandau à voir sa sécurité drastiquement renforcée. L'immense mur d'enceinte, haut de quatre mètres cinquante, qui cerne le complexe de quarante mille mètres carrés, est agrémenté d'une nouvelle clôture barbelée d'une hauteur de trois mètres, à laquelle on ajoute encore une palissade électrifiée d'une taille équivalente dans laquelle circule un courant de quatre mille volts. Cinq miradors, équipés de projecteurs capables de pivoter sur trois cent soixante degrés, sont répartis à divers endroits du mur d'enceinte.

Enfin, pour achever l'isolement de la prison qui doit absolument cacher aux yeux du monde les sept derniers criminels de Nuremberg, on va jusqu'à détruire plusieurs maisons et des bosquets d'arbres jugés trop près du complexe[45].

Le règne du quadripartisme

En vertu de la directive numéro 35 du Conseil de contrôle qui stipule que l'autorité exécutive suprême sur la prison alliée de Spandau appartient à la Kommandatura Interalliée de Berlin[46], il revient aux quatre puissances victorieuses de la

Seconde Guerre mondiale de se partager la responsabilité de la gestion de l'institution pénitentiaire. C'est ainsi qu'à tour de rôle, les Américains, les Français, les Britanniques et les Soviétiques prennent le pouvoir exécutif. En janvier, mai et septembre pour les Britanniques, en février, juin et octobre pour les Français, en mars, juillet et novembre pour les Soviétiques, et en avril, août et décembre pour les Américains[47].

Réunis en directoire, les quatre directeurs – ou gouverneurs – ont l'obligation de prendre leur décision à l'unanimité. Ils possèdent donc chacun un droit de veto. Même quand ils ne sont pas à la tête de la prison, ils se doivent de rester sur place ou tout du moins d'« être représentés par un adjoint au cours de leurs absences[48] ». Le personnel civil et militaire employé dans la prison répond aussi à cette règle quadripartite. Chacune des nations doit fournir des gardiens civils de profession – appelés aussi personnel disciplinaire –, y compris un gardien-chef et un assistant. Ces hommes ne sont « *pas nécessairement représentés de façon équivalente par nation dans les équipes de service, mais une représentation quadripartite devra en tout temps être assurée* », stipule la directive de la Kommandatura. En revanche, tous portent la même tenue réglementaire : un uniforme bleu foncé, une cravate, des bottes noires et une casquette dotée d'une visière et d'une mentonnière. Ils travaillent le jour en équipe mélangée de sept personnes pour une durée de huit heures, et la nuit par périodes de cinq heures[49].

Le personnel de bureau et domestique, à savoir les cuisiniers, les bibliothécaires, électriciens, etc., se compose de soixante-douze personnes de sexe masculin appartenant aux Nations unies[50]. C'est ainsi qu'on peut trouver à Spandau une véritable tour de Babel : des Zaïrois, des Espagnols, des Polonais, des Canadiens, des Bulgares, des Chinois... Comme on s'en doute, le passé et la carrière de chacun d'eux ont été soigneusement vérifiés avant l'embauche. Si l'Allemand est la langue officielle de la prison et ce, essentiellement dans les échanges avec les prisonniers, aucun employé de nationalité allemande n'est autorisé à pénétrer dans l'enceinte de la prison. Cependant, comme le précise le règlement, des personnes de cette nationalité peuvent être engagées normalement « *pour effectuer des travaux domestiques ou remplir d'autres fonctions dans les bureaux, les mess des officiers et les logements du personnel se trouvant hors de l'enceinte* ».

Le reste du personnel se compose uniquement de militaires issus des rangs des Alliés : quatre interprètes, un aumônier et quatre médecins officiers placés sous le contrôle du directoire. Ces derniers ont pour rôle de « *porter une attention continuelle à l'état physique et mental de tout prisonnier* », mais leurs décisions et leurs prescriptions doivent être prises à l'unanimité, ce qui nuit fortement à l'établissement des diagnostics et à la qualité des traitements, d'autant qu'en 1947, la médecine soviétique est loin de valoir celle du monde occidental. Pour compliquer également le travail des médecins, il est précisé dans le règlement que dans le cas « *où des mesures ordonnées par un médecin officier constituent, de l'avis des quatre directeurs, un danger pour l'ordre administratif ou pour le traitement des prisonniers, il [le directoire] aura le pouvoir de les annuler*[51] ».

En réalité, bien que les prisonniers fassent l'objet d'une surveillance médicale quasi permanente – leur poids est enregistré tous les quinze jours et les mesures d'hygiène sont draconiennes –, les soins qu'ils reçoivent sont de médiocre qualité. Les médecins officiers de la prison, ensevelis sous les attributions et les rapports administratifs, « *n'ont guère l'occasion de pratiquer la médecine. En outre, leur tâche est compliquée par le fait que les considérations purement médicales peuvent être à tout moment obscurcies par les pressions politiques exercées par le système de contrôle des quatre puissances*[52] ».

Comme il se doit, tous les litiges, infractions ou problèmes d'organisation sont discutés invariablement par les quatre gouverneurs, qui, malgré les crises et les divisions qui opposent fréquemment les nations dont ils sont issus, sont bien obligés de s'entendre. Tous les jeudis, à midi, les quatre représentants des Alliés, munis de leur précieux droit de veto, se retrouvent donc autour de la même table dans un bureau de Spandau avant de se rendre au mess des officiers, dans un bâtiment lui aussi en brique rouge, situé à droite du corps de la prison. Au cours de ces rencontres, beaucoup de palabres, mais également de copieux gueuletons bien arrosés, à en croire le Dr Hugh Thomas, qui fut dans les années 1970 chargé d'examiner le prisonnier Hess en tant que conseiller en chirurgie générale auprès de l'Hôpital militaire britannique de Berlin. « L'administration de cette geôle est si lourde et si grotesque que ces réunions prennent invariablement un caractère mondain [...]. Chacune [des forces d'occupation] rivalise avec ses prédécesseurs en offrant un plantureux banquet[53] », écrit-il. Ce qui est certain, c'est que les quatre gouverneurs, qu'accompagnent leurs interprètes, ne croulent pas sous le travail. Alors que leurs pays se déchirent sous le poids de la guerre froide et que les Soviétiques claquent la porte des organisations internationales, eux déterminent le prochain jour autorisé pour la lessive, commentent la récente pénurie de papier toilette et, parfois jusqu'à l'aube, pinaillent sur des points véniels du règlement. La construction du mur de Berlin en 1961 renforcera les crispations, et, dans les années qui suivront, l'opposition entre les Russes et les Occidentaux se révélera dans toute sa clarté – une opposition fréquemment cristallisée autour du problème de la censure, que les premiers voudraient voir totale.

Il arrive même parfois que le ton monte et que des noms d'oiseaux, traduits comme il se doit en russe, en français et en anglais, fusent autour de la table. Voilà comment le colonel Eugene K. Bird, directeur américain de la prison à partir de

1964, se remémore ces palabres d'un autre temps : « Pendant la période où les États-Unis semblèrent sur le point de déclarer la guerre aux Soviétiques – comme au moment du blocus de Berlin ou des fusées soviétiques implantées à Cuba –, ce fut uniquement à Spandau, lors des réunions des directeurs, que Russes et Américains eurent l'occasion de s'entretenir. Alors qu'on projetait des conférences au sommet pour prévenir une troisième guerre mondiale, nous autres directeurs discutions gravement d'un nouveau dentier pour Hess ou d'un bandage pour le genou de Schirach[54]. »

Une vie minutée, un régime draconien

Lorsque les sept condamnés par le tribunal de Nuremberg arrivent en juillet 1947 à Spandau, le règlement en vigueur dans l'établissement est basé sur celui qui régit toutes les prisons allemandes depuis 1943. Comme l'ont proposé les Soviétiques, il a été décidé qu'« il n'était pas possible que le règlement change à chaque présidence[55] » et il a été affirmé qu'il serait « unique et appliqué en permanence par tous les Alliés[56] ». C'est d'ailleurs probablement les deux seules modalités sur lesquelles les Alliés ont réussi à se mettre d'accord sans trop de difficultés. Car, pour le reste, on a très souvent frôlé la situation de blocage entre les Soviétiques et les Occidentaux, avec à leur tête les Britanniques. Pour preuve, entre l'établissement d'un premier brouillon de règlement (janvier 1947) et l'adoption du texte définitif, il va s'écouler plus de six mois. C'est d'ailleurs ce délai qui explique en grande partie pourquoi les prisonniers ont dû attendre aussi longtemps à Nuremberg avant d'être transférés à Spandau.

Les différends entre les Alliés proviennent de leur conception de ce que doit être une peine de détention pour un criminel de guerre. Tandis que les Soviétiques voient dans l'incarcération des sept prisonniers de Nuremberg l'occasion de prendre une revanche sur un régime qui a laissé leur pays exsangue, les Occidentaux tendent à privilégier à la fois le côté moral et légal du châtiment. À leurs yeux, le programme mis en place à la prison de Spandau ne doit pas seulement viser à punir, mais doit également donner aux détenus l'occasion de prendre conscience de leurs actes criminels.

Le premier point de litige porte de fait sur le degré d'isolement à leur imposer. Les Soviétiques le souhaitent le plus total possible. Depuis le verdict de Nuremberg qui leur a laissé une certaine amertume – rappelons qu'ils ont exprimé fortement leur désaccord avec les libérations de Schacht, Papen et Fritzsche et avec toutes les peines d'emprisonnement, surtout celle de Rudolf Hess –, ils prônent la sévérité la plus absolue. À ce titre, ils se déclarent opposés à ce que les prisonniers puissent avoir une activité collective au sein de la prison – travail, culte religieux, sortie dans le jardin – et soient autorisés à communiquer entre eux. De la même façon, ils refusent par principe que les détenus aient un quelconque rapport avec leurs proches : « Dans l'intérêt de la sécurité, les visites et la correspondance devraient n'être autorisées qu'en cas exceptionnel[57]. »

Cependant, au terme de tractations et d'une solide confrontation politique, le règlement de Spandau est enfin validé par les quatre puissances, à la mi-juin 1947. Soviétiques et Occidentaux sont arrivés à un compromis, comme en témoigne l'article 9 : « *L'emprisonnement sera subi dans l'isolement, mais le travail, les offices religieux et les promenades auront lieu en commun. Les prisonniers ne devront ni parler ni communiquer entre eux ou avec d'autres, sans autorisation spéciale du directoire*[58]. »

Dès le jour de leur arrivée, les sept prisonniers de Nuremberg ont pris connaissance de ce règlement que l'on a placardé dans leur cellule et qui va désormais régir chaque instant de leur détention. Ainsi ont-ils découvert qu'ils seront appelés par leur numéro matricule et en aucun cas par leur nom, qu'il leur est interdit de s'approcher des fenêtres, même de celle de leur cellule, que les montres, pendules, réveils leur seront retirés, qu'ils n'ont le droit de garder aucun de leurs objets personnels, sauf des photographies de leur famille avec l'autorisation du directoire, qu'ils ne peuvent s'étendre ou s'asseoir sur leur lit, même en cas de maladie, excepté entre dix heures du soir et six heures du matin, qu'ils ne peuvent manipuler aucun éclairage, briquet ou allumette… Pour des raisons de sécurité, leurs lunettes leur seront enlevées chaque soir, ils prendront leurs repas seuls dans leur cellule sans couteau ni fourchette, avec simplement une cuillère, et seront soumis à une surveillance de tous les instants : « *Les prisonniers, les objets leur appartenant peuvent être fouillés à tout moment. Leurs cellules le seront au moins deux fois par jour, et les barreaux des fenêtres contrôlés*[59]. »

Juillet 1947 étant un mois russe à Spandau, l'application du règlement y est stricte et aucun passe-droit n'est accepté. Déterminés à faire payer aux prisonniers la largesse dont, à leurs yeux, ils ont bénéficié à Nuremberg grâce aux Occidentaux, ils ne se contentent pas d'appliquer le règlement le plus rigoureusement possible, mais s'arrangent pour leur rendre la vie infernale. « Les geôliers russes avaient une tâche supplémentaire, raconte l'ancien gouverneur américain Eugene K. Bird, ils devaient mettre méticuleusement par écrit toutes les paroles qu'ils saisissaient lorsqu'ils étaient de service. […] Ils finirent par constituer d'épais dossiers sur les gardiens, les prisonniers et les fonctionnaires. La moindre infraction – par exemple, un gardien somnolant sur une chaise devant la porte des cellules – était immédiatement signalée[60]… »

Tandis que leurs homologues se contentent d'exercer une surveillance régulière, eux s'y emploient avec un zèle rare. Quiconque a le malheur d'être surpris en leur présence en train de serrer la main à l'un de ses proches au cours des visites est immédiatement sanctionné. Ainsi Albert Speer sera-t-il privé d'écrire et de recevoir sa lettre hebdomadaire et menacé d'une annulation de visites pendant trois mois pour avoir donné la main à son fils dans le parloir en présence du directeur soviétique[61]. Prompts à rappeler qu'ils sont une puissance victorieuse, les Russes traquent le moindre écart aux règles en vigueur, surtout lorsque ces dernières sont relatives à la conduite des prisonniers.

Les mois où ils prennent la présidence de Spandau, les fouilles inattendues au milieu de la nuit se multiplient, poussant les prisonniers à demeurer des heures dans le corridor, debout, en pyjama, dans un froid glacial. Car, comme le stipule le règlement, tout prisonnier doit se mettre au garde-à-vous en présence d'un officier, d'un fonctionnaire ou d'un gardien. « *La discipline de l'établissement prévoit la station debout du prisonnier. Le prisonnier saluera, rectifiera sa position en passant* [...] *et retirera sa coiffure en même temps.* [...] *Il ne s'adressera à un officier ou à un gardien que s'il y est invité*[62]. »

La rigueur voulue par les Soviétiques frappe les détenus de plein fouet. Albert Speer en a ainsi rendu compte : « Les deux premières semaines, je sombrai dans une profonde léthargie. [...] Les autres paraissaient aussi fatigués, ils avaient les traits tirés[63]. » Cependant, les sept hommes doivent s'adapter à la routine quotidienne qui va désormais être la leur pendant des dizaines d'années :

6 heures : lever.

6 heures – 6 h 45 : toilette ; rangement et nettoyage des cellules ; distribution des lunettes.

« *Au réveil, le matin, le prisonnier se lèvera immédiatement et fera son lit. Il s'habillera ensuite jusqu'à la ceinture, se lavera entièrement, se lavera les dents et se rincera la bouche*[64]. »

Sous la surveillance d'un gardien, chaque prisonnier à son tour est emmené jusqu'à la salle d'eau où il doit se laver torse nu à l'aide d'un savon de médiocre qualité et utiliser une serviette rugueuse. Chaque samedi, il a droit à un bain chaud qu'il prend en compagnie d'un autre de ses collègues de captivité, car il n'y a que deux baignoires dans la salle de bains. Pendant son absence, on procède à la fouille des cellules, dans lesquelles on confisque éventuellement tout reste de nourriture qui y a été dissimulé.

6 h 45 – 7 h 30 : petit déjeuner.

7 h 30 – 8 heures : nettoyage des cellules ; travaux domestiques.

« *Les vêtements, les chaussures et la cellule, y compris le mobilier, seront nettoyés aux heures et de la façon prescrites*[65]. »

Tous les lundis, deux prisonniers sont chargés à tour de rôle de laver à l'eau froide dans l'évier tous les draps et taies des cellules.

8 heures – 11 h 45 : nettoyage du bloc des cellules ; travail (jardin ou intérieur).

Chaque homme a une tâche définie à remplir dans le bloc des cellules. Dans les premiers temps, pendant qu'Albert Speer s'occupe des toilettes, les autres balaient les couloirs. L'opération est exécutée sous la surveillance des gardiens. Le travail journalier consiste à nettoyer la prison, à enlever les ordures et à défricher le jardin[66]. Quand le temps ne permet pas aux prisonniers de se rendre en extérieur, on leur trouve des occupations dans le bloc des cellules, comme tresser des corbeilles ou fabriquer des enveloppes qui sont immédiatement brûlées.

« *Pendant l'activité, il est interdit de faire du bruit, de crier, de siffler, de chanter et de jouer*[67]. »

11 h 45 – 12 heures : fouille ; ablutions.

« *Le rasage et les coupes de cheveux auront toujours lieu sous la surveillance du gardien-chef.* »

Les lundi, mercredi et vendredi, rasage par le coiffeur de la prison. Coupe de cheveux si nécessaire. Le sac du barbier est inspecté à chacune de ses sorties de la prison afin de vérifier qu'il contient autant de lames que lorsqu'il est arrivé[68].

12 heures – 12 h 45 : déjeuner.

« *Toutes les denrées alimentaires destinées aux détenus proviendront de source militaire alliée et feront l'objet d'une inspection journalière par le médecin officier.* [...] *Tous les repas seront servis dans les cellules sous la surveillance des gardiens.* [...] *Les prisonniers recevront une ration alimentaire correspondant en ce qui concerne le taux des calories à la ration normale des prisons allemandes*[69]. »

Pour éviter suicides et tentatives d'empoisonnement, aucune nourriture non préparée à l'intérieur de la prison ne peut être donnée aux prisonniers. Ces derniers n'ont d'ailleurs pas le droit de recevoir des colis de l'extérieur. En 1947, les rations sont maigres, voire insuffisantes, surtout pour des hommes qui travaillent : à peine mille huit cents calories par jour. Mais, après tout, le rationnement alimentaire est toujours en vigueur presque partout en Europe. Voici un menu type de 1947, tel que l'a décrit le colonel Eugene K. Bird : « Dîner : ragoût, dessert, en général fruits en conserve, pain et ersatz de café. Ou encore soupe de légumes, maigre ration de viande baignant dans la sauce, pomme de terre à l'eau, pomme et ersatz de café[70]. »

12 h 45 – 14 heures : repos ; lecture ; correspondance ; autorisation de fumer[71].

« *Les prisonniers pourront recevoir ou écrire au plus une lettre par période de quatre semaines*[72], *à moins que le directoire ne leur retire cette faveur pour une raison motivée.* [...] *Les lettres seront écrites sur une feuille de papier à lettres officiel comportant quatre pages maximum*[73]. »

14 heures – 16 h 45 : travail ; exercice dans le jardin.

« *Les petits travaux dans le jardin consistent dans le soin des plantes, l'arrosage, le ramassage des feuilles dans les sentiers*[74]. »

En juillet 1947, le jardin n'est encore qu'une vaste friche de six mille mètres carrés, « envahie d'herbes folles arrivant à la taille et d'énormes buissons qui n'ont pas été taillés depuis des années[75] ». Au départ, le travail des prisonniers consiste à créer, torse nu, des sentiers, à élaguer les arbres, à arracher les mauvaises herbes, à nettoyer. L'exercice obligatoire journalier a lieu dans la cour intérieure où, comme l'a raconté Albert Speer, les détenus « marchent pendant une heure autour d'un tilleul, à dix pas les uns des autres, dans le sens des aiguilles d'une montre, mains derrière le dos, avec six gardiens tournant en sens inverse autour d'eux[76] ». Ce n'est qu'à partir d'août 1947, sous la présidence américaine, que les prisonniers sont autorisés à cultiver chacun un petit lopin de terre aussi longtemps qu'ils en ont la force. Outre un lieu d'exercice et de travail obligatoire, le jardin deviendra pour certains, au fil des années, un réel loisir et même une véritable passion. « Il est à l'état sauvage, plein de noisetiers et de buissons de lilas, écrit Albert Speer à sa femme Margret le 18 septembre 1947. Nous y passons tous des heures tous les jours à arracher les mauvaises herbes, c'est bon pour nous. Je me sens déjà mieux[77]. »

En revanche, aucun jeu n'est autorisé pendant les périodes dites d'exercice, ni activité de plein air, ni même cartes à jouer ou échecs.

16 h 45 – 17 heures : fouille corporelle ; ablutions.

17 heures – 17 h 45 : dîner ; échange de livres à la bibliothèque.

« *Une bibliothèque convenable sera installée dans l'établissement et l'on tiendra compte dans la distribution des livres du caractère et des aspirations du prisonnier.* […] *Les livres destinés aux prisonniers seront censurés avant d'être placés à la bibliothèque.* […] *Les livres utilisés par les prisonniers atteints de maladie contagieuse ne seront pas remis aux autres prisonniers*[78]. »

À la fin 1947, les sept hommes peuvent emprunter quatre ouvrages : un dictionnaire, un roman, une bible et un livre religieux. Outre les ouvrages conservés à Spandau, ils peuvent aussi avoir accès au stock de la bibliothèque municipale du quartier de Spandau et recevoir de temps en temps un livre de leur famille, une fois que ce dernier est passé à la censure[79].

La lecture des journaux est en revanche strictement prohibée. Seule la revue paroissiale hebdomadaire du district a droit de cité dans la prison. Cependant, une anecdote, rapportée par le colonel Eugene K. Bird[80], prouve que les entorses au règlement naissaient parfois là où on ne les attendait pas ! Et ce, même dans les premiers temps de 1947. « D'après des bribes de conversation saisies au vol par des gardiens, raconte-t-il, les autorités s'aperçurent que les sept détenus avaient une connaissance inexplicable et immédiate de ce qui se passait à l'extérieur. On commença par soupçonner les divers membres du personnel [...] jusqu'au jour où l'on découvrit qu'ils tiraient leur source d'information de ce qui leur servait de papier hygiénique. En effet, au cours de leur transfert de Nuremberg, personne n'avait pensé à [en] commander. [...] On avait distribué donc aux détenus des pages de journaux coupées en morceaux... »

17 h 45 – 21 h 45 : repos ; lecture ; correspondance ; autorisation de fumer.

21 h 45 – 22 heures : préparation du coucher ; confiscation des lunettes.

22 heures : extinction des feux.

Aucun détenu n'est autorisé à se coucher avant 22 heures. Étant donné l'interdiction qui leur est faite de s'asseoir ou de s'allonger sur le lit avant l'extinction des feux[81], ils passent tous les soirs plus de trois heures trente assis sur l'unique chaise un peu branlante de leur cellule. « L'éclairage très insuffisant ne leur permet de lire que de façon sporadique[82]. »

La nuit, ils sont réveillés à intervalles réguliers non seulement par un faisceau de lumière braqué sur eux, mais aussi par le bruit du personnel qui monte la garde dans le corridor. « Tandis que les gardiens des trois autres puissances alliées portaient des semelles de crêpe pour amortir le bruit que faisaient leurs pas sur le sol en ciment, les Russes arboraient des bottes, raconte Eugene K. Bird[83]. […] Funk se plaignait du bruit, […] de leurs éclats de voix qui le rendaient fou. »

La censure s'applique à toutes les activités du prisonnier. La commission de censure qui est exercée par les quatre directeurs de la prison ou leurs représentants se réunit au minimum deux fois par semaine.

Toute la correspondance entrant et sortant doit passer par la commission. Elle doit être obligatoirement rédigée en allemand, de façon lisible, sans caractères typographiques et sans chiffres. Aucune note ne doit être portée dans les marges. Tout mot ou fragment rayé entraînera la destruction de la lettre. La correspondance écrite par les prisonniers sera transmise au directoire dans une enveloppe ouverte. Aucun prisonnier atteint de troubles mentaux ne pourra envoyer ou écrire de courrier, sauf autorisation du directoire et après consultation des médecins officiers. En outre, les écrits personnels, tels que journaux intimes ou Mémoires, sont strictement interdits.

En 1948, de nouvelles règles plus précises seront établies concernant l'envoi et la réception de correspondance. En voilà quelques exemples :

« *Le contenu de la lettre ne peut excéder mille deux cents mots* […] *et doit se limiter aux affaires privées et de famille.* […] *Le directoire peut retenir une lettre s'il est d'avis que le détenu a enfreint les règles de la censure, même s'il ne s'agit pas d'une infraction directe aux règles.* […] *Les informations concernant la vie officielle, la prison et ses employés, ainsi que les autres détenus sont interdites.* […] *Les détenus ne sont autorisés à avoir qu'une seule lettre en leur possession*[84]. » Ce n'est qu'en 1954[85] que le prisonnier « *pourra écrire au sujet de sa santé, d'affaires juridiques et de celles concernant sa famille* ».

Le courrier destiné aux prisonniers est ouvert à cette occasion, photocopié, puis examiné. « *Ce n'est que lorsque les photocopies auront été faites que le contenu inadmissible pourra être éliminé.* [...] *Tout autre courrier sera également examiné par les censeurs pour être détruit s'il est estimé dénué d'intérêt*[86]. »

Chaque prisonnier reçoit une seule feuille de papier par mois. Toutes sont *« distribuées sur signature des censeurs et portent un numéro de référence et un tampon »*. Quiconque est trouvé en possession d'un plus grand nombre de feuilles que celui auquel il est autorisé se voit immédiatement sanctionné.

Toute lecture est bien sûr également expurgée par la commission des censeurs. Quel que soit l'ouvrage, on découpe les passages ou les pages qui ont trait de près ou de loin, directement ou indirectement, à la période allant de 1933 à 1945 – les livres parlant spécifiquement de l'Holocauste, des Juifs, des anciens nazis, des procès de dénazification, etc., sont au premier chef prohibés. En ce qui concerne les ouvrages historiques, n'est consultable que ce qui est antérieur à la guerre de 14-18.

Le point du règlement qui évoluera le moins au fil des décennies concerne les visites autorisées. Dans les premiers temps, rares d'ailleurs seront les détenus qui les accepteront tant les modalités fixées par les Alliés leur paraîtront insupportables. Albert Speer en avait gardé un souvenir affreux. Dans les années 1960, il s'en plaindra par écrit aux quatre gouverneurs[87] :

« Je demande que soit prise en considération la requête suivante qui pour moi est fondamentale. Ma femme, mes six enfants et mon gendre sont mes parents les plus proches. Or ces huit personnes doivent se partager les visites annuelles auxquelles j'ai droit. [...] Je demande donc qu'on m'accorde la grâce d'établir le nombre de visites annuelles en prenant en considération le nombre des membres de ma famille. »

Mais à Spandau, on ne plaisante pas sur les rapports avec le monde extérieur. « *Les prisonniers pourront recevoir un visiteur par période de deux mois du calendrier.* [...] *Le directoire désignera les personnes qui seront autorisées à visiter les prisonniers.* [...] *La durée de chaque visite sera fixée à quinze minutes*[88]. » « *Un seul visiteur à la fois, ou un visiteur accompagné d'un enfant de moins de seize ans, sera autorisé...* »[89]

Les visites ont lieu dans un parloir spécial en présence d'un ou de plusieurs gardiens et des quatre directeurs qui enregistrent tous les propos prononcés. La censure est donc instantanée et celui qui prend le risque d'aborder un sujet interdit est immédiatement interrompu, voire renvoyé. Le déroulement des rencontres est particulièrement strict : aucun contact physique ne peut avoir lieu entre le prisonnier et le membre de sa famille. Le grillage à mailles fines ne permet que le contact visuel : ni embrassade, ni accolade, ni même possibilité de se toucher la main ne sont tolérées. « *Les signes, les gestes et les autres moyens de se faire comprendre et qui ne peuvent être interprétés sont interdits*[90]. »

Comme le stipule le règlement, tout visiteur qui violerait tout ou partie des mesures préconisées sera « *poursuivi pour violation d'un ordre du gouvernement militaire et pourra être emprisonné par le directoire* ».

Le personnel de la prison est soumis aux mêmes menaces et restrictions. Il ne peut adresser la parole aux prisonniers que pour des questions de service. De la même façon, il doit observer « *la plus grande réserve vis-à-vis des parents et des amis des prisonniers, de même qu'envers les prisonniers libérés, leurs parents ou leurs amis*[91] », et s'abstenir de raconter, une fois dehors, ce qui se passe dans l'enceinte de la prison.

Vigilants et pointilleux, les Russes pèsent sur leurs alliés pour que le règlement soit appliqué à la lettre. Et il arrive fréquemment que des punitions tombent. Rudolf Hess sera ainsi condamné à quinze jours de cachot, avec une seule heure d'exercice par jour, pour avoir refusé de sortir de son lit à l'heure dite. Et sans l'intercession des Américains,

Neurath, malgré ses presque quatre-vingts ans, aurait eu droit au même traitement pour s'être fait apporter du chocolat en contrebande[92].

Sans doute, au fil du temps, les sept détenus de Spandau apprirent-ils à connaître par cœur la liste des châtiments auxquels ils s'exposeraient en cas de violation des règles. Des sanctions allant d'un simple « *abolissement de certains privilèges, tels que la lecture, la correspondance, les promenades*[93] », à la « *suppression de la lumière dans les cellules ou au contraire lumière allumée toute la nuit ; diminution des rations alimentaires ; privation de mobilier ou de vêtements ; mise aux fers aux mains et aux pieds, régime à l'eau et au pain sec*[94] ». Il est cependant important de noter que les punitions auxquelles furent soumis les détenus durant leur incarcération ne dépassèrent jamais le stade des punitions que l'on pourrait presque – vu le lieu et les circonstances – qualifier de vénielles, c'est-à-dire suppression de la lecture ou des promenades ou d'une ration de nourriture.

LES TROIS ÉPOQUES

Bien que la vie au quotidien à Spandau ait connu peu de réelles et profondes transformations en quarante années d'existence, il n'est pas impossible, sur la foi des témoignages des aumôniers, de la fractionner en trois grandes périodes. La première, allant de 1947 à 1965, est marquée par la libération progressive des détenus, pourtant condamnés pour certains à la perpétuité. La deuxième, qui s'échelonne de 1966 aux années 70, révèle la lente – et par certains côtés énigmatique – transformation psychologique du prisonnier numéro 7, resté seul dans l'immense prison de six cents places. Enfin, la dernière décennie, 1977-1987, est celle du crépuscule du vieux Rudolf Hess, surnommé alors « le prisonnier le plus cher du monde ».

PREMIÈRE ÉPOQUE :
1947-1965

Des maladies de Hess au jardin de Speer

Après l'effervescence qui a accompagné durant près d'un an le procès de Nuremberg, la frénésie médiatique, les nombreux interrogatoires et contre-interrogatoires auxquels ils ont été soumis, les visites des experts psychiatres, les sept se retrouvent brusquement plongés dans un quotidien morne et silencieux, où chaque journée ressemble à celle de la veille et où le mot *avenir* n'a plus grand sens. « Nous étions plongés dans une grisaille absolue, a avoué Albert Speer des années plus tard. Je ne parviens même pas à me la représenter aujourd'hui tant c'était le néant[95]. » Pourtant, vaille que vaille, les anciens dignitaires du IIIe Reich s'installent progressivement dans ce qui va être désormais leur vie de tous les jours. Une vie où pas un instant n'échappe à leurs geôliers, dans cet étrange endroit où les gardiens sont plus nombreux que les prisonniers.

Durant leurs quelques heures d'oisiveté, les sept se réfugient dans la lecture ou dans les mots croisés, à l'exemple de Baldur von Schirach – l'ancien chef des Jeunesses hitlériennes et Gauleiter de Vienne. Pointilleux et maniaque, ce dernier passe son temps à récriminer, en menaçant son monde de se suicider, ce que bien sûr il ne fera jamais.

Tandis que Hess – le secrétaire et adjoint d'Hitler jusqu'en 1941 – se passionne pour les livres scientifiques et que le grand amiral Dönitz apprend le français, l'architecte d'Hitler,

Albert Speer, passe l'essentiel de son temps à dessiner, soucieux de se tenir au courant des évolutions de son métier d'architecte[96]. Pense-t-il déjà à sa future libération ? De toute évidence, il n'a pas renoncé à l'idée qu'un jour peut-être, une fois sorti de Spandau, il pourrait être embauché dans un cabinet d'architecture berlinois. En attendant, avec sa rigueur habituelle, il s'est établi de longues listes d'ouvrages à découvrir durant sa captivité, revisitant les classiques de sa jeunesse – Thomas Mann, Stefan Zweig, Franz Kafka, etc.[97]. Voilà comment, en 1955, il explique sa méthode à son ami Rudolf Wolters : « Je suis autorisé à détenir trois livres à la fois dans ma cellule, plus la bible. L'un deux porte habituellement sur l'architecture, un autre sur un sujet plus exigeant – philosophie, théologie ou science – et le troisième est plus distrayant – roman ou récit de voyage. Je commence à 17 h 30 avec le plus dur ; au bout de dix ou vingt pages, je passe à l'architecture, […] puis je termine pendant la dernière demi-heure avant l'extinction des lumières par le livre facile dont je lis encore quelques pages le matin avant de me lever[98]. »

Les « Amiraux », surnom que les autres ont donné à Raeder et à Dönitz, les deux « frères ennemis » pourtant inséparables, se sont autoproclamés respectivement chef bibliothécaire de la prison et chef adjoint. Ce sont eux qui gèrent les prêts de livres de leurs codétenus, heureux de faire montre de leur sens de l'organisation tout militaire. Quant à Walther Funk, que l'on surnomme le « clown de Spandau », eu égard à son talent pour raconter des histoires drôles, voire lestes, il a jeté son dévolu sur l'orgue de la chapelle, une pièce composée de deux cellules dont on a abattu la cloison. Au cours des services religieux, il joue avec ferveur des cantiques de Bach, attirant des gardiens, presque séduits, jusque devant la porte. Cependant, malgré les nombreuses heures qu'ils passent ensemble, les sept hommes ne partagent réellement aucune passion commune. Condamnés à composer les uns avec les autres dans une promiscuité qu'ils n'ont pas choisie, ils limitent leurs rapports au strict nécessaire et il n'y a en réalité que lors des sorties obligatoires dans le jardin qu'ils semblent former un groupe soudé, affairé à la culture des plantes et des légumes. « Chaque petit lopin de terre attribué aux détenus a été soigneusement délimité par une bordure ; les arbres et les buissons [ont été] taillés et soignés[99]. » Suivant leurs affinités, les prisonniers se sont lancés dans la culture intensive de leur légume préféré. Les tomates pour Funk, les haricots pour Dönitz… Speer, lui, a choisi les fleurs, en particulier les lilas et les roses, ce qui lui vaut dans les premiers temps l'ire des Soviétiques, qui ordonnent l'arrachage de tout ce qui, de près ou de loin, ressemble à un massif de fleurs, y compris les buissons de groseilliers et les tournesols. Seul Hess rechigne aux travaux de jardinage, qu'il juge dégradants. Dès qu'il le peut, il profite d'un instant de distraction des gardiens pour aller faire sa sieste sous un arbre pendant que ses codétenus transpirent en s'essayant à la culture du tabac ou des navets. Selon le colonel Bird[100], on le découvrira même un jour assoupi confortablement dans la brouette de la prison ! Mais peu lui importent les punitions ou les séjours au cachot auxquels le condamne régulièrement son insubordination : « Que penseraient les gens s'ils me voyaient, râle-t-il, ils peuvent parfaitement me voir du haut des immeubles édifiés autour de la prison et c'est alors qu'ils me croiraient réellement fou ; non, je me refuse à accomplir tous travaux de ce genre[101]. »

Comme le veut le règlement, tous les produits cultivés dans le jardin doivent être impérativement livrés dans la cuisine de Spandau. Si les prisonniers acceptent sans trop de difficulté de ne pas toucher aux légumes du potager – oignons, poireaux, choux, betteraves ou pommes de terre –, ils résistent moins au plaisir de manger des fraises ou des noix, malgré l'interdiction formelle qui leur en a été faite.

Au fur et à mesure des années, l'ancienne friche se transforme en parc aux allées bien tracées. Tous les habitants de

Spandau – personnel et prisonniers confondus – l'ont même rebaptisée le « jardin de Speer ». En effet, en bon architecte, l'ancien ministre de l'Armement d'Hitler a entrepris de faire de l'enclos un véritable paradis. Progressivement, aidé en cela par un assouplissement du règlement et la fatigue physique de ses codétenus, il réunit les différents lopins et les remodèle en une vaste étendue herbeuse, agrémentée de sentiers pavés et de bancs. « J'ai de grands projets pour ce jardin, écrit-il à son épouse Margret en septembre 1947 ; j'ai dessiné une promenade que nous allons tracer, et j'ai des plans pour toutes sortes de fleurs, un jardin de rocailles et, par-dessus tout, un verger. [...] Il y a beaucoup à faire, mais je pense que la terre est bonne[102]. »

À son départ, dix-neuf ans plus tard, le jardin de Spandau aura de quoi susciter l'admiration de tous les visiteurs occasionnels. « J'ai moi-même été surpris en inspectant mon jardin aujourd'hui, écrira Speer à ses enfants. J'ai compté que je “possédais” huit cents pieds de fraises, cent lilas de deux mètres de haut, cent châtaigniers et cinquante noisetiers[103]. »

De tous les prisonniers, Albert Speer est le seul à avoir accepté réellement l'idée de sa détention. Alors, pour mieux la mettre à profit, et selon ses propres termes « pour ne pas devenir fou », il s'oblige à un régime mental et physique rigoureux, qu'il ponctue d'autorité par deux semaines de « vacances » à périodes régulières. Outre le jardinage qu'il prend très au sérieux, il décide de se lancer dans ce qu'il appelle sa « marche autour du monde », un vaste programme destiné à effacer les murs de sa prison et qui consiste à arpenter les allées du jardin comme autant de voyages. Il a calculé qu'en faisant trente fois le tour du sentier qu'il a dessiné, il pourrait parcourir sept kilomètres par jour. En septembre 1954, il entame sa première promenade « imaginaire », qui l'emmène de Spandau à Heidelberg, son foyer.

« Cela me donnait un but un peu plus stimulant que de parcourir trente fois le même chemin comme j'avais fait jusqu'alors, confiera-t-il des décennies plus tard à sa biographe Gitta Sereny[104]. Ça m'a plu et j'ai donc continué, franchissant les montagnes pour passer en Italie et décidant finalement de voir jusqu'où je pourrais aller. »

Au moyen de cartes, d'atlas, de livres d'art, de récits de voyages, et avec l'aide de son ami Rudolf Wolters qui, par courrier de l'extérieur, le conseille sur les itinéraires à prendre, il entreprend ainsi le tour du monde. Chaque soir, il note les kilomètres parcourus dans la journée, les merveilles et les monuments rencontrés en chemin. Il a calculé que d'ici sa libération, à raison de cinq kilomètres en moyenne par jour, il peut en couvrir quarante mille. Finalement, quand il sortira de Spandau le 1er octobre 1966, il en aura parcouru trente et un mille neuf cent trente-six.

Mais la tâche la plus importante à laquelle Albert Speer va se consacrer durant ces vingt années de captivité, c'est l'écriture de ce qui deviendra ses Mémoires. Au total, vingt-cinq mille notes écrites la nuit à partir de mars 1953, et au mépris de tout danger, sur tous les bouts de papier qui peuvent lui tomber sous la main – papier hygiénique surtout, mais aussi emballages de tablettes de chocolat ou paquets de tabac. Il va même jusqu'à subtiliser les papiers que des peintres en bâtiment, chargés de rafraîchir les cellules, ont utilisés pour protéger les sols et le mobilier[105].

Bien qu'à l'instar de ses codétenus il ait la liberté dans la journée d'écrire ce que bon lui semble sur les quelques feuilles que l'administration lui octroie, la rédaction de journaux intimes et *a fortiori* de livres de témoignages est rigoureusement interdite. Le soir, l'ensemble de ce que les prisonniers ont rédigé dans la journée est collecté et soigneusement détruit, à l'exception de la lettre hebdomadaire à leur famille. Alors, Albert Speer va ruser et mettre sur pied un véritable réseau de complicités clandestines, destiné à le fournir en papier et à sortir sa production littéraire de la prison. « Chaque fois qu'il terminait un feuillet, raconte le colonel

Eugene K. Bird, il l'enroulait autour de sa jambe et l'y maintenait avec un élastique. Avant de subir les fouilles, il s'arrangeait pour cacher ces feuillets, puis les confiait ensuite à celui qui les sortait en secret de la prison[106]. »

Tout comme Neurath qui s'arrange pour se faire approvisionner en chocolat, son péché mignon, ou Funk qui, atteint de troubles de la vessie, profite de sa pause de drain hebdomadaire pour se faire livrer clandestinement du caviar et du cognac dans des bouteilles d'urines, Albert Speer bénéficie de l'aide de certains gardiens. En réalité, à Spandau, le « marché noir » et la contrebande fonctionnent à plein régime. Beaucoup de gardiens se livrent au trafic de nourriture, d'alcool ou plus prosaïquement de courrier, par vénalité ou simplement par compassion. Dönitz, par exemple, entretiendra grâce à ce trafic une correspondance assidue avec des personnalités haut placées afin de préserver son prestige dans le monde extérieur. Mais pour sortir ses brouillons[107], Albert Speer a besoin d'une complicité hors normes et surtout très fiable. Pour ce faire, il s'est attiré les bonnes grâces de l'un des deux infirmiers hollandais de la prison, un certain Toni Proost, qui, pendant la guerre, a fait partie des travailleurs forcés et à qui, dit-on, Speer aurait rendu service dans le passé. C'est cet homme qui, pendant un an, va transmettre dans le plus grand secret le gros de ces écrits à Rudolf Wolters, l'ami fidèle qui les lui restituera après sa libération.

Il semble en tout cas que Proost était réellement un type discret, car personne dans la prison ne s'apercevra du manège auquel se livrait Speer. Ni les gouverneurs, ni le personnel, ni même les différents aumôniers avec lesquels il passait pourtant plusieurs heures par semaine. « Quand il est venu me rendre visite après sa sortie, il m'a dit qu'il avait écrit des milliers de pages, explique le colonel Bird[108]. J'avais beaucoup de mal à le croire. Je me demande encore comment il a fait. »

Ses codétenus ont-ils su quelque chose de ces écrits secrets ? Rien ne permet de le dire. Car aucune complicité ne lie Speer à ses compagnons. En vérité, malgré la captivité et le passage des années, les sept hommes ne sont pas parvenus à mettre de côté les médiocres rivalités personnelles si caractéristiques de l'organisation du régime nazi, ni à dépasser leur quête stérile de prestige qui les opposait déjà au temps de leur grandeur. Comme c'était déjà le cas durant le procès de Nuremberg, les clans sont tenaces. Imbus de leur statut de militaires, les deux anciens grands amiraux, Eric Raeder et Karl Dönitz, ont tendance à rester ensemble et à éviter leurs codétenus, en dépit de l'animosité profonde qu'ils se vouent l'un à l'autre depuis que Dönitz a remplacé Raeder comme commandant en chef de la marine allemande en 1943. En réalité, leur relation de frères ennemis et leurs petites querelles mesquines ponctuent régulièrement le quotidien de Spandau. Trop de griefs accumulés dans le passé, de jalousies et de rancœurs. Tandis que Raeder, qui persiste à considérer Dönitz comme un vague employé rongé par l'appétit du pouvoir, dissimule mal sa condescendance, l'autre continue de lui reprocher d'avoir perdu la guerre en ne construisant pas assez de sous-marins[109]. Par-dessus tout, Dönitz voudrait que personne n'oublie que c'est lui qu'Hitler a désigné comme son successeur à la tête de l'État dans son dernier testament du 30 avril 1945. Les seules choses qui unissent les deux hommes sont d'abord la haine qu'ils vouent à Albert Speer, coupable à leurs yeux d'avoir, par sa déclaration de culpabilité, trahi Hitler durant le procès de Nuremberg, et le mépris qu'ils ressentent pour l'insolence et le manque flagrant de discipline militaire dont font preuve leurs compagnons. Ostracisé depuis Nuremberg, Albert Speer est de tous les prisonniers celui qui a le plus de mal à entretenir des rapports normaux avec les autres. Ses centres d'intérêt, son niveau de culture, sa démarche personnelle de « rédemption » et surtout son rejet public d'Hitler l'isolent. Il a de surcroît du mal à s'ouvrir suffisamment et ne comprend pas ses coaccusés, qui ont décliné toute responsabilité. « J'essaie – j'essaie

– vraiment de ne jamais montrer mes crises occasionnelles de désespoir, écrit-il à son ami Wolters en 1953. Le plus dur pour moi est de n'avoir personne à qui parler ici. J'ai bien peur d'être de tous le plus sensible. Cela dit, je ne me vois pas très bien demandant qu'on enferme un architecte avec moi juste pour me faire la conversation[110]... »

Ses relations sont exécrables avec Karl Dönitz et le resteront jusqu'au bout, l'ancien grand amiral ne ratant aucune occasion de lui reprocher la sentence dont il a bénéficié à Nuremberg, sentence que Dönitz considère comme une indulgence excessive de la part des juges américains. « Hier, il n'a pas arrêté de s'en prendre à moi, écrit encore Albert Speer à Wolters en parlant de Dönitz. Si cela ne tenait qu'aux Américains, m'a-t-il dit, vous seriez sorti avant moi. Les Juifs américains s'en chargeraient [...]. Ce qui me tape sur les nerfs, c'est qu'il fait de moi un faux-jeton[111]. »

Au fil du temps, néanmoins, Albert Speer parvient, comme il l'écrit dans son *Journal de Spandau,* à « stabiliser ses contacts avec les autres selon ce qu'ils furent autrefois », voire par instants à se rapprocher de certains de ses codétenus. De Walther Funk, par exemple, avec lequel il partage un goût très net pour la musique et une certaine jovialité. Avec Konstantin von Neurath, l'ancien ministre des Affaires étrangères, il n'a pas grand chemin à faire, car le vieux monsieur[112] est un homme facile, droit et courtois, d'allure aristocratique. Bien que très malade, jamais il ne gémit sur son sort. « Neurath reste, même dans cet univers, un gentleman de la vieille école, toujours aimable, serviable [et] modeste. Il ne se plaint jamais. Cela lui confère une certaine dignité et une autorité que cependant il n'exploite jamais[113] », dit Albert Speer.

Avec Baldur von Schirach, personnage vaniteux, Albert Speer cultive une distance raisonnable. D'autant que Schirach lui oppose, depuis le procès de Nuremberg, une froideur glaciale de tous les instants. Il n'aime pas Speer et le lui fait sentir. En cela d'ailleurs, il n'est pas le seul. Car même si, en règle générale, Albert Speer est vanté par tout le personnel comme étant le « prisonnier modèle », certains lui reprochent une certaine condescendance. C'est le cas de l'infirmier hollandais Jan Boon[114] : « Speer était arrogant et n'avait aucune spontanéité[115] », dit-il, tout en précisant qu'il était le seul à faire preuve de bonté vis-à-vis de Rudolf Hess.

Depuis son arrivée à Spandau, Rudolf Hess n'a pas changé de comportement, bien au contraire. Comme ce fut le cas durant tout le procès de Nuremberg et depuis même son arrestation en Grande-Bretagne en 1941, il se conduit de façon exaspérante, refuse les règles de la prison, hurlant, vociférant, se plaignant continuellement de douleurs abdominales.

« Ce qu'il lui faudrait, c'est un bon coup de pied au derrière », écrit Eugene K. Bird en citant la remarque d'un des gardiens britanniques, excédé par les caprices et les bizarreries du prisonnier numéro 7[116]. Le moins que l'on puisse dire, c'est que Hess ne s'habitue pas, du moins en apparence, à sa détention. Passant de l'euphorie au mutisme le plus total, il refuse tout contact avec ses codétenus et même avec sa famille, décline avec entêtement toute participation aux activités communes, tel le jardinage, ou par provocation se couche nu sous sa fenêtre ouverte. Le matin, pour l'obliger à sortir de son lit, les gardiens sont parfois obligés d'employer les grands moyens et de lui confisquer son matelas ou de le menacer du cachot. Il y fera d'ailleurs plusieurs longs séjours. « La nuit, il pousse de tels gémissements qu'il dérange sérieusement ses codétenus. Il est ausculté à plusieurs reprises par des médecins qui ne trouvent rien chez lui qui explique ses douleurs et ses crampes. Finalement, on le déménage dans une cellule à l'extrémité du couloir, le plus loin possible de ses camarades de détention. [...] Mais ce sont les gardiens, alors, qu'il empêchait de dormir[117]... » Parfois, pour avoir la paix, les médecins lui injectent de l'eau distillée en lui faisant croire qu'il s'agit d'un sédatif. « Notre supercherie marchait à chaque fois », commente l'infirmier Boon[118].

Client attitré des psychiatres, Rudolf Hess est examiné à plusieurs reprises au cours des premières années de sa détention. À chaque fois, l'énigme reste entière. Fou ou simulateur ? Les experts sont perplexes. Entre deux crises d'amnésie, il lui arrive également de développer une peur panique de l'empoisonnement, ce qui le pousse à se saisir du plat le plus éloigné de lui ou à échanger sa nourriture contre celle de Speer. Car ce dernier est en effet un des rares à le prendre en considération. Tandis que Raeder, Dönitz et Schirach toisent avec un mépris non dissimulé ce qu'ils considèrent comme des caprices destinés à attirer l'attention et à éviter les corvées, Funk et Speer se montrent plus attentifs, car ils voient dans son comportement de la détresse et des manifestations psychosomatiques. Quitte à déclencher la colère de ses codétenus, qui traitent le numéro 7 avec dureté, Speer n'hésite pas à venir à son secours en lui apportant son manteau lorsqu'il a froid, à nettoyer sa cellule à sa place quand il est malade et à prendre sa défense quand un gardien ou l'un des gouverneurs le menacent d'une punition exemplaire. Il est vrai que Speer et Hess, même s'ils n'ont jamais été proches par le passé, ont en commun l'animosité que leur vouent les autres. « Il existait une curieuse camaraderie entre lui et moi, a expliqué Speer à sa biographe Gitta Sereny[119]. Nous étions tous les deux des solitaires ; tous les deux des lecteurs infatigables ; tous les deux peu aimés des autres détenus. »

Les deux hommes étaient-ils amis pour autant ? Difficile de le dire, car, si Speer a confié à Gitta Sereny en parlant du prisonnier numéro 7 : « J'ai fini par beaucoup l'aimer », il ne semble pas que leur relation soit devenue davantage qu'une complicité née d'une situation exceptionnelle. Pour preuve, cette réponse sans équivoque que fit un jour Hess à Albert Speer, qui se demandait si, lorsqu'ils seraient dehors, ils trouveraient assez de ressources pour rire de leurs souvenirs de Spandau. « Si jamais nous sortons, aucun de nous ne reverra jamais les autres[120] », aurait répliqué Hess. Pour une fois, la lucidité était de son côté.

Au fond, pour comprendre les relations que nouèrent Hess et Speer à Spandau, il suffit peut-être de s'arrêter sur cette phrase lancée un jour par Hess à un médecin qui lui demandait comment il s'entendait avec les autres prisonniers : « Ma foi… ne sommes-nous pas tous dans le même bateau[121] ? »

Hôpital ou prison ? : les premières libérations

Avec les années, le poids de la captivité et des conditions de détention dans une prison mal isolée, mal chauffée, le mauvais sommeil et la piètre qualité de la nourriture finissent par se répercuter sur la santé des prisonniers. À l'exception d'Albert Speer et de Baldur von Schirach qui sont parmi les plus jeunes[122] – et dans une moindre mesure de Hess qui semble surtout atteint d'hypocondrie –, la plupart sont déjà, au début des années 1950, des hommes usés.

Atteints de troubles divers plus ou moins graves, certains, comme Konstantin von Neurath, ne sont même plus en état de travailler. À soixante-dix-sept ans, l'ancien ministre des Affaires étrangères du IIIe Reich doit même maintenant se faire aider par ses compagnons pour descendre ou remonter l'escalier en colimaçon qui relie le bloc des cellules au jardin[123]. Car, malgré la pitié que son état inspire, il ne peut en aucun cas demander de l'aide aux gardiens ou au personnel de la prison et, si les autorités acceptent qu'il soit exempté des tâches les plus difficiles, il n'est pas question pour autant d'enfreindre le règlement en sa faveur. « Nous ne devons pas perdre de vue le fait que nous nous occupons de prisonniers qui doivent se conformer aux règles, et non pas de patients dans un hôpital », déclare d'ailleurs le médecin officier soviétique, le major Pusankov[124].

Bien qu'atteint d'hypertension et d'artériosclérose, soumis à des vertiges et à de violentes névralgies qui l'empêchent désormais de s'habiller seul, Neurath reste pourtant le plus facile et le moins cyclothymique de tous les détenus. Ce qui n'est pas le cas de Walther Funk. En effet, depuis son arrivée à Spandau, l'ex-ministre de l'Économie d'Hitler, qui était déjà dans un état de santé déplorable[125] – il souffre entre autres de sérieux problèmes urologiques et de diabète –, alterne sans raison les moments de dépression et d'exaltation. Surtout, il est en proie à de dangereuses insomnies qu'aggrave encore le comportement des gardiens russes à son égard. Les inspections nocturnes de sa cellule à grand renfort de coups de projecteur sont, à en croire Walther Funk, une véritable torture. « Le bruit des commutateurs et la brutale lumière me donnent une terrible oppression et des palpitations. Je me sens comme assourdi, paralysé, et suis incapable de me rendormir[126] », gémit-il. Mais il a beau se plaindre à l'administration et recevoir même l'appui du médecin officier français, les Soviétiques font la sourde oreille. Pendant des semaines, Funk est au bord de la crise de nerfs. « J'implore les directeurs de m'éviter de tels tourments et de donner des instructions, selon les directives du médecin affichées à la porte de ma cellule, pour que la lumière ne soit pas allumée entre dix heures du soir et six heures du matin[127] », écrit-il au directoire. Funk est d'autant plus épuisé qu'il peine à se remettre d'une intervention chirurgicale délicate de la vessie, qui a eu lieu en octobre 1949, dans les locaux mêmes de la prison. Car, malgré l'extrême réticence des Occidentaux qui auraient jugé préférable de faire transférer tout prisonnier gravement malade dans l'un des quatre hôpitaux militaires de Berlin, et aussi fou que cela puisse paraître, les Soviétiques ont exigé que toute maladie grave soit soignée sur place. Pour ce faire, on a transformé en salle d'opération et de réveil l'ancienne chambre d'exécution de la prison. Comme on s'en doute, l'endroit est loin d'être à la pointe du progrès. Il n'y a pas de stérilisateur, pas de linges ni de table spéciale. Tout doit être apporté de l'extérieur. Mais la peur d'un accident n'est pas de taille à faire changer d'avis les Soviétiques. Aucun détenu ne doit sortir de la prison, sous aucun prétexte[128]. Finalement, après la mise sur pied de quelques améliorations médicales et, pour les Alliés, la garantie qu'on fera appel à des chirurgiens alliés expérimentés[129], le « bloc opératoire » de Spandau est étrenné en mai 1949 par Erich Raeder, sur qui l'on procède à l'opération d'une hernie et à l'ablation d'un testicule. L'ancien amiral n'a rien à envier à Funk ou à Neurath question santé. À près de soixante-quatorze ans, il a de plus en plus de mal à marcher et, malgré des traitements aux infrarouges pour ses hanches et ses membres inférieurs, il se voit désormais obligé de déambuler avec une canne. Son compère Dönitz, quoique plus jeune de six ans, connaît les mêmes problèmes liés à l'âge.

Plus les années passent, plus Spandau ressemble à une maison de retraite ou à un hôpital plutôt qu'à une prison. Et même si le confort matériel a connu quelques récentes améliorations avec l'achat d'une machine à laver le linge, l'ajout d'un W-C privé dans chaque cellule et la construction de douches plus modernes[130], les détenus semblent vieillir en accéléré. Certains, comme Neurath ou Funk, sont même dans un tel état qu'il devient urgent d'envisager leur mort prochaine. La question, qui s'est déjà posée de façon cruciale au moment de l'opération de Walther Funk, n'a pas réellement trouvé de réponse satisfaisante auprès des quatre alliés. Selon le règlement, il est prévu que tout prisonnier qui décédera en prison sera incinéré dans le secteur britannique de Berlin et que ses cendres seront ramenées dans le plus grand secret à Spandau. « Là, elles seront placées dans le coffre-fort du bureau principal et, à tour de rôle, une sentinelle de chacune des quatre nations montera la garde devant ce coffre jusqu'à ce qu'on dispose des cendres. Le coffret qui les a contenues sera ensuite brûlé en présence des quatre directeurs[131]. » Mais que faire par la suite de ces cendres bien embarrassantes ? Les faire disperser par les quatre gouverneurs à un endroit précis de la prison ? Les rendre aux familles ? Selon l'historien Norman J. Goda, le gouverneur soviétique aurait même proposé qu'elles soient déversées dans le jardin de la prison, où les autres détenus les mélangeraient eux-mêmes avec la terre[132].

En 1954, la question de l'éventuel décès d'un prisonnier au cours de sa détention se fait plus pressante. Deux ans plus tôt, Neurath a été victime d'une violente angine de poitrine qui a failli l'emporter, et ses problèmes cardiaques se sont aggravés. Lors d'une conférence interalliée qui se tient à Berlin en avril, les hauts-commissaires des quatre nations victorieuses établissent une nouvelle procédure concernant la question du décès des détenus de Spandau. Ils abandonnent l'idée d'une crémation et optent pour que les corps soient enterrés dans un endroit tenu secret au sein de la prison. Les charpentiers se lancent dans la fabrication de cercueils. Au mois de septembre de la même année, Konstantin von Neurath est déclaré mourant. D'après les médecins, au vu du régime pénitentiaire qu'il subit, son cœur ne devrait plus résister bien longtemps. Pendant que le vieil homme est placé sous tente à oxygène dans sa propre cellule, les quatre directeurs s'empressent d'envoyer chercher l'aumônier et sa famille, et de transformer une cellule vide en chapelle ardente, conformément à la procédure mise en place par leur hiérarchie. Mais, dans les coulisses, les Alliés sont parvenus à une décision d'importance[133] : « Konstantin von Neurath va être libéré. » Sans aucune autre explication que leur volonté de faire, selon leurs propres termes, « un geste humanitaire reflétant leur générosité de cœur », les autorités russes ont donné leur accord. C'est ainsi que le 7 novembre 1954, affaibli et hagard, l'ancien ministre des Affaires étrangères d'Hitler franchit, au bras de sa fille, la grille de la prison de

Spandau, dans laquelle il n'a purgé que la moitié de sa peine. Sa libération fait la une de tous les journaux ouest-allemands, tandis qu'à Spandau, ses codétenus, qui n'ont pas eu le temps de lui dire au revoir, sont partagés entre stupeur et joie. « J'étais content, mais au désespoir à l'idée de le voir partir[134] », avoue Albert Speer. Sans doute est-ce aussi l'état d'esprit de Neurath lui-même qui, d'après des témoins, aurait eu cette phrase en quittant ce qui avait été son univers pendant sept ans : « Que va devenir mon jardin sans moi[135] ? »

Pour les autres prisonniers, la libération inattendue de Neurath[136] apporte aussi un formidable regain d'espoir. Tous se prennent à croire qu'un jour peut-être, eux aussi seront autorisés à regagner le monde extérieur… Contrairement à toute logique, l'amiral Erich Raeder, bien que condamné à la perpétuité, quittera Spandau avant son frère ennemi Dönitz, qui n'a pourtant écopé que de dix ans. Raeder, déjà sérieusement malade, est libéré le 26 septembre 1955 « en raison de son âge avancé et de son mauvais état de santé ». Il est vrai qu'il a soixante-dix-neuf ans et que, d'après des médecins de l'Hôpital militaire britannique, ses graves problèmes circulatoires et son état de faiblesse généralisée sont susceptibles de l'emporter du jour au lendemain. Un an plus tard, le 1er octobre 1956, c'est au tour de Dönitz de dire adieu à ses codétenus. Mais lui, contrairement à Neurath et à Raeder, connaissait la date de sa sortie depuis le premier jour. Il ne bénéficie pas d'un traitement de faveur : il a purgé sa peine intégralement, à la minute près. À minuit moins cinq, le 30 septembre, on lui remet ses affaires personnelles et ses vêtements. Devant les grilles de Spandau, une centaine de photographes et de reporters attendent celui qui porte encore le titre de chef de l'État allemand. La sortie de Dönitz est houleuse. Ayant promis de garder la plus totale discrétion, l'ancien amiral s'engouffre dans un taxi anonyme, laissant partir devant lui un véhicule leurre, appartenant à l'armée britannique et occupé par des officiels. Mais la tactique ne se révèle pas sans conséquences : « Se rendant compte qu'ils s'étaient laissé berner, les journalistes tentèrent de franchir le cordon de police pour prendre le taxi en chasse, raconte le colonel Bird. Dans la bagarre [entre la presse et la police ouest-allemande], des caméras furent brisées et un coup de matraque assené. Mais Karl Dönitz leur avait échappé[137]. »

À l'automne 1956, il ne reste plus que quatre hommes derrière les hautes grilles de Spandau : Speer, Schirach, Hess et Funk. Les deux premiers ont encore dix ans à purger, les deux autres, condamnés à la perpétuité, ne devraient jamais revoir le monde extérieur. Mais, dans les coulisses, l'hypothèse de la libération de Funk, après celle de Raeder, pour des raisons de santé est de plus en plus discutée. En effet, l'ancien ministre de l'Économie est désormais un vieillard malade. Il est même à lui tout seul « une encyclopédie médicale : il titube quand il marche [...] et est à peine conscient quand on entre dans sa cellule, même durant ses périodes de lucidité[138] ». Et puis, surtout, il est atteint d'une dépression sévère. Entre deux crises de larmes, « il restait de longs moments à fixer le mur qui lui faisait face. [...] Il perdait le goût de lire et, dans la conversation, laissait traîner la voix[139] », témoigne le colonel Bird. Dans le registre des gardiens, on lit cette phrase à son sujet : « Ne répond plus aux encouragements. » Même s'il continue d'assurer la partie musicale du service religieux sur l'harmonium de la chapelle, lui qui faisait rire ses codétenus n'est plus que l'ombre de lui-même. Depuis son opération en 1956 de la vésicule biliaire, il semble n'avoir plus goût à rien et son état mental effraie ceux qui l'entourent. On le dit proche de la sénilité. « Flanquez-moi une balle dans la peau, mais cessez de me torturer[140] », hurle-t-il un jour à un gardien soviétique qui l'accuse de jouer la comédie.

Le 11 mai 1957, la décision est prise en haut lieu : Walther Funk sera libéré. Quelques jours plus tard, le 15 exactement, Funk quitte en toute discrétion la prison de Spandau au bras de sa femme Louise. Avant de partir, il a tenu à saluer ses codétenus, qui, désormais, ne seront plus que trois dans l'immense bâtisse glaciale.

Trois hommes dans une prison

Depuis la libération de leurs quatre compagnons, Albert Speer, Baldur von Schirach et Rudolf Hess ne peuvent plus compter que sur eux-mêmes pour trouver de la compagnie. Par la force des choses, ils se sont légèrement rapprochés. En tout cas, Schirach, qui s'est toujours montré extrêmement glacial envers les deux autres, s'efforce maintenant de gagner leur sympathie. « Ils se promènent tous les trois dans le jardin, raconte l'un des gardiens-chefs, et s'entretiennent de sujets qui ne risquent pas de les opposer[141]. » Cependant, les points communs entre les trois hommes sont trop infimes pour briser leur profonde solitude. Tandis que Speer, déterminé à subir sa détention avec le moins de mal possible, ajoute des kilomètres aux kilomètres (« J'ai réussi à remplacer ou à éviter l'apathie par des moyens physiques : ma "marche autour du monde", pendant laquelle je vis dans un monde imaginaire[142] », écrit-il). Baldur von Schirach coche les jours dans l'attente de sa future sortie. Sa paresse et sa nonchalance semblent le mettre à l'abri de toute dépression. Ce qui n'est pas le cas de Speer. Depuis les libérations imprévues de ses trois condisciples, il s'est lancé, grâce à des complicités amicales et familiales, dans une frénésie de démarches afin d'obtenir, lui aussi, son « sésame » pour l'extérieur. Grâce à ses directives et à ses conseils, ses proches tentent de prendre appui auprès de personnalités influentes, comme le chancelier Adenauer, Willy Brandt, Eisenhower et même de Gaulle. Mais, au début des années 1960, il doit se rendre à l'évidence : son dossier n'avance pas aussi bien qu'il le souhaiterait. Déçu, esseulé, Albert Speer broie du noir : « Mon existence est faite de solitude et de silence ; en moyenne, je ne parle pas plus de cinq minutes par jour. Je me sers des lettres et de l'écriture – comme Hess de ses chimères – pour *ressentir* quelque chose[143]. »

Et Hess, justement, que ressent-il ? En dépit des années écoulées, le prisonnier numéro 7 n'a visiblement toujours pas apprivoisé sa détention. Installé dans ce que Schirach appelle le syndrome de l'« ostréification », il se plaint continuellement : douleurs d'estomac, insolence des gardiens, manque de chauffage ou l'inverse, nourriture qu'on lui sert. « Il présente aujourd'hui les mêmes problèmes qu'il y a dix ans, rapporte l'un des gardiens dans son registre. Il a l'exercice en horreur, évite autant qu'il le peut de se livrer à un travail manuel et préfère se voir infliger une punition plutôt que de descendre au jardin. Il lui arrive parfois de refuser de se lever le matin, et même à certaines périodes de s'alimenter[144]. »

Si Hess, tour à tour méfiant, obséquieux, ronchon ou désespéré, parvient à conquérir l'attention de tout ce que la prison compte d'habitants, il n'attire en réalité aucune compassion. Démunis devant ce comportement qu'ils peinent à qualifier, les directeurs de Spandau continuent de le faire examiner en boucle par des médecins et des psychiatres qui, hormis une légère paranoïa, ne décèlent rien de réellement pathologique chez lui. Pourtant, rien ne semble l'atteindre, ni les menaces, ni les punitions, ni même l'isolement forcé. Excédés parce qu'en première ligne, les gardiens sont à bout d'imagination pour se faire obéir. Si beaucoup, comme les Soviétiques, rêvent de lui faire passer son goût pour la simulation au moyen d'une bonne raclée, d'autres, plus patients, ne voient en lui qu'un vieillard sénile. C'est d'ailleurs un avis partagé par certains médecins. « Un psychiatre de l'hôpital militaire américain déclara aux directeurs que [son] état s'était à ce point aggravé qu'il ressortissait plus d'un asile psychiatrique que d'un simple hôpital ou d'une prison[145] », raconte le colonel Bird. Mais les Russes réfutent totalement l'idée que Hess soit fou. « Ils préféraient croire qu'il avait toujours été parfaitement sain d'esprit, qu'il était pleinement responsable de ses actes et qu'il serait donc tout à fait justifié de le garder en prison toute sa vie[146] », commente le psychiatre américain indépendant Maurice Walsh, qui examina Hess en 1948 à la demande du Conseil médical des Alliés.

Pourtant, en novembre 1959, même les Soviétiques sont obligés de prendre le cas de Hess au sérieux. Car, en l'espace de trois semaines, il a perdu plus de dix kilos. « Il est d'une extrême faiblesse, rapporte l'un des gardiens à sa hiérarchie, [...] et a un besoin urgent d'examens et de soins médicaux[147]. »

Quelques jours plus tard, on trouve Hess, roulé en boule au fond de son lit, le poignet en sang. Il a tenté de se suicider avec ses verres de lunettes. Va-t-on enfin le transférer dans un hôpital psychiatrique ? Bien qu'envisagée sans trop d'ardeur, cette hypothèse ne résiste pas devant le changement d'attitude qu'adopte Hess dès le lendemain. En effet, à peine a-t-il effrayé toute l'armada de gardiens qui campe désormais jour et nuit devant la porte ouverte de sa cellule, qu'il se remet « à manger comme un cheval, reprenant près de quinze kilos en deux semaines[148] ».

Bien qu'agacé par l'attitude de son codétenu qu'il accuse de « tirer au flanc pour éviter les corvées », Schirach tente de le persuader de recevoir la visite de son fils unique ou de sa femme, ce qu'il refuse avec obstination depuis maintenant près de vingt ans. Speer unit ses forces à celles de l'ancien chef des Jeunesses hitlériennes, arguant du fait que si « Hess se conduisait normalement, il aurait plus de chances d'être libéré[149] ». Mais Hess semble mettre un point d'honneur à refuser tout contact avec l'extérieur. Au cours des vingt premières années, il n'a demandé qu'une seule visite, celle de son avocat en novembre 1964. Malgré l'insistance des différents aumôniers qui se sont succédé à Spandau depuis 1947, il a toujours repoussé la proposition d'assister aux services religieux et se contente d'ouvrir sa porte pour écouter les concerts de musique, retransmis par le tourne-disque de la chapelle. Parfois, il discute un peu avec Speer, d'articles de journaux ou de livres, mais repousse sans aménité les approches de Schirach. Pourtant, ce dernier s'est bien amendé. Depuis qu'il a failli perdre totalement la vue, suite à un décollement de la rétine[150], il s'en prend moins souvent à Speer, même s'il continue à le considérer comme un traître. L'ancien architecte lui fait néanmoins la lecture pendant des heures[151]. Mais le plus frappant dans l'attitude du Schirach des dernières années à Spandau, c'est la soudaine empathie qu'il paraît ressentir pour Hess. Au cours des promenades dans le jardin, il l'entretient inlassablement, confessant à qui veut l'entendre le souci qu'il se fait pour le sort qui attend Hess[152], une fois que lui et Speer ne seront plus là. C'est en tout cas ce qui ressort de la déclaration qu'il fait au colonel Eugene K. Bird au printemps 1966, quelques mois avant sa libération : « J'ai quelques suggestions à faire en ce qui concerne la vie que va mener maintenant Hess et j'aimerais que vous y pensiez. À mon avis, on devrait l'autoriser à avoir un chien [...], car il va certainement se sentir terriblement seul. Je pense aussi que ce serait une bonne idée de lui procurer le nécessaire pour qu'il puisse se préparer lui-même du thé et du café [...]. Cela me fait réellement de la peine de laisser ce vieil homme derrière moi[153]. »

Mais bien malin qui sait ce que Hess pense réellement. Il ne recherche ni l'amitié ni même la complicité de ses codétenus. La vie à Spandau est ainsi faite que seule la routine tient lieu de compagnie. Rien n'a changé, ou si peu, depuis vingt ans. L'emploi du temps est toujours le même, dans les couloirs ou dans le jardin, et, à quelques exceptions près, on y croise toujours les mêmes têtes. La seule différence, c'est qu'à l'exception des Russes, les gardiens se montrent désormais plus ouverts. C'est en tout cas l'avis de Speer : « Les deux dernières années, nous n'avions pas le moindre problème avec les gardiens alliés ; ils semblaient estimer – ils le disaient d'ailleurs ouvertement – que notre présence ici était grotesque[154]. »

Pourtant, le régime pénitentiaire, quoique légèrement assoupli, reste rigide. Toujours aussi peu de visites, de courriers. Seuls les repas, cuisinés maintenant au gré des pays directeurs, se sont grandement améliorés, à la fois au niveau qualitatif et quantitatif. La médecine « *made in* Spandau » a également fait des progrès. Depuis 1964, la salle d'opération de la prison a connu le même sort que l'ancienne chambre d'exécution : elle a été déclarée inutile et néfaste. Désormais, les prisonniers malades sont transférés à l'Hôpital militaire britannique, même s'il faut aux médecins officiers et aux directeurs occidentaux encore beaucoup de persévérance et de talent oratoire pour en convaincre leurs homologues soviétiques. Pour le reste, Spandau continue de traverser la guerre froide avec des mœurs d'un autre âge. Au moindre écart de langage ou de comportement, les détenus se voient toujours infliger les mêmes punitions. Gare à celui qui dissimule un fruit au fond de sa poche au retour du jardin ou qui expose ses « misères » dans une lettre à ses proches. Mais le plus grave est sûrement encore d'appeler un de ses codétenus par son nom ou de serrer la main de quelqu'un. Ainsi, peu de temps avant sa libération, Albert Speer sera privé de « *la faveur de recevoir et d'écrire des lettres*[155] » pendant une semaine, pour avoir tendu la main à son fils lors d'une visite au parloir. Schirach connaîtra le même châtiment après avoir, dans un élan lié à un moment d'euphorie, serré celle de l'ophtalmologiste qui venait de l'opérer avec succès, en s'écriant : « Je ne sais comment vous remercier d'avoir sauvé mon œil[156] ! »

Il avait oublié qu'à Spandau, seul le règlement devait avoir le dernier mot.

Les pasteurs Georges Casalis, André Happel et Bertrand de Luze

Georges Casalis, l'ancien résistant : 1947-1950

Georges Casalis est né en 1917 et a disparu en janvier 1987 au Nicaragua.

Comment résumer en quelques lignes le travail immense de cet homme, pasteur, docteur en théologie, fondateur du musée Calvin de Noyon, qui, du maquis aux bidonvilles algériens ou sud-américains, ou par sa participation de la première heure à la naissance de la Cimade[157], a été de presque tous les combats spirituels marquants du XXe siècle ?

En soixante-dix ans d'existence, Georges Casalis est devenu l'une des figures marquantes du protestantisme. À la fois théologien et militant de terrain, il était de ceux qui croient à l'imbrication inaliénable entre le spirituel et le politique, la théologie et la vie. « Il ne suffit pas de militer, écrit-il dans l'un de ses nombreux ouvrages, il faut encore lire ce que l'on fait à la lumière de l'Évangile[158]. »

Sa vie fut sans conteste marquée par une date. Celle de 1933, quand, à l'âge de seize ans, il voit Hitler accéder au pouvoir en Allemagne. Comme des milliers d'autres jeunes chrétiens européens, il fait sien le combat qui, en France et outre-Rhin, agite l'Église protestante face à l'idéologie nazie.

Les grandes figures de proue de ce mouvement de lutte s'appellent à l'époque Dietrich Bonhoeffer[159] et Karl Barth. Ce dernier, théologien protestant suisse, est l'un des principaux rédacteurs en 1934 de la *Déclaration théologique de Barmen*, texte fondamental d'opposition chrétienne à l'idéologie nazie. Suspendu à cause de son refus de prêter allégeance au Führer, puis expulsé d'Allemagne, Karl Barth s'est réfugié à Bâle, où il poursuit ses travaux, qui deviendront une référence théologique majeure pour son siècle, sans cesser de multiplier les avertissements aux hommes de bonne volonté. Comme beaucoup d'autres, Georges Casalis se reconnaît dans le combat de Barth – dont il sera un temps l'élève en Suisse – et dans sa célèbre phrase : « La journée doit commencer avec une bible dans une main et le journal dans l'autre. » En janvier 1941, il aide avec Roland de Pury[160] à diffuser la « Lettre aux protestants de France » (rédigée en octobre 1940), dans laquelle Barth prône la résistance à l'hitlérisme en ces termes : « Si la communauté chrétienne gardait le silence et si elle observait le cours des événements en simple spectatrice, elle perdrait sa raison d'être. » Quelques mois plus tard, avec un petit groupe d'une quinzaine de personnes, Georges Casalis rédige « Les thèses de Pomeyrol[161] », manifeste appelant à la nécessité d'une résistance à toute influence totalitaire et idolâtre. Suite à ce qui devient ni plus ni moins l'un des premiers actes de résistance spirituelle au nazisme et d'opposition aux persécutions des Juifs, Georges Casalis traduit ses prises de position en actes. En compagnie de son épouse Dorothée Casalis, elle-même théologienne et fille du principal collaborateur de Karl Barth, d'abord à Nîmes, à Lyon, puis dans les Deux-Sèvres où il est pasteur de paroisse, Casalis résiste contre l'occupant allemand. À Moncoutant, avec une équipe de pasteurs, il produit de faux papiers et met à l'abri de nombreux enfants.

Viendront ensuite dès 1945 les années berlinoises où, corps et âme, il se met au service d'une difficile réconciliation franco-allemande en mettant sur pied la première aumônerie militaire protestante de la capitale ouest-allemande. Sa décision d'accepter le premier poste de conseiller spirituel des criminels de guerre nazis enfermés à la prison de Spandau témoigne, s'il en était besoin, de son courage, de sa force d'engagement et de sa croyance dans la vie. C'est à lui qu'Albert Speer demandera de l'aide pour devenir « un homme différent ». Et aucune biographie sérieuse de l'ancien architecte d'Hitler ne peut passer sous silence le travail que fit pendant trois ans Georges Casalis auprès du prisonnier numéro 5. « En dehors d'Hitler, ce fut l'homme qui eut le plus d'influence sur Albert Speer[162] », écrit l'historienne Gitta Sereny.

De la bouche de tous les pasteurs qui lui ont succédé, Casalis était un modèle, le précurseur, peut-être même le seul véritable aumônier de Spandau. Un dilemme se posait : comment raconter le plus complètement et le plus justement possible ce qui s'était passé entre des pasteurs et ces détenus peu ordinaires sans même évoquer celui qui avait été l'un des principaux artisans de l'aumônerie protestante de Spandau ? Il y avait bien quelques rapports, un peu dispersés ici ou là, sur le travail accompli par Casalis avec les anciens criminels nazis, mais rien de bien vivant et surtout de complet. Ne pas en parler était tout aussi impossible. L'idée était donc de retrouver des gens qui l'avaient bien connu et aimé, et qui seraient susceptibles d'évoquer son œuvre. Deux noms se détachèrent immédiatement. Celui de sa veuve, Dorothée Casalis, et celui de Gitta Sereny, spécialiste d'Albert Speer. C'est par elle que le premier contact put s'établir avec Mme Casalis. En 2002, cette dernière résidait encore dans son petit appartement du 18e arrondissement de Paris. C'est là que la première rencontre eut lieu. Ce projet de livre n'étant à l'époque encore qu'embryonnaire, l'échange fut de pure forme, destiné surtout à tracer les grandes lignes de ce que pourraient donner de futures interviews. Pendant plusieurs mois, nous avons gardé le lien téléphoniquement. Lorsque nous nous sommes revues vers la fin 2003, Dorothée Casalis, qui était déjà âgée de quatre-vingt-dix ans, avait quitté son appartement parisien pour s'installer dans une maison de retraite dans les Hauts-de-Seine. C'est donc là-bas qu'eut lieu le premier entretien, dans son nouveau studio où elle vivait désormais entourée de ses meubles et de ses souvenirs. Pour l'occasion, elle avait préparé un thé et une assiette de gâteaux. Bien que d'apparence frêle et fragile, Dorothée Casalis paraissait dotée d'un caractère bien trempé. À l'image de son mari, elle avait été une militante. Et l'âge n'avait rien annihilé de ses convictions. Cependant, l'idée de se laisser envahir par le passé et les souvenirs de l'après-guerre ne l'enchantait guère. C'était visible. Son emménagement en maison de retraite était, disait-elle, une période difficile de sa vie. Elle avait besoin de toute son énergie pour y faire face. Le moment était mal choisi. L'entretien, néanmoins, dura une bonne heure et fut suivi de deux autres assez rapprochés. Mais, à chaque fois, sa réticence à évoquer Spandau était de plus en plus manifeste. Sans refuser réellement de répondre aux questions, elle donnait l'impression de fuir le sujet. Fallait-il lui laisser du temps, espacer les rencontres, ou au contraire l'« apprivoiser » encore davantage ? Elle en décida elle-même une semaine plus tard : « J'ai dit l'essentiel, je crois, de ce que je pouvais dire. » Mais, pour ne pas disparaître tout à fait, elle avait laissé sur une feuille de papier son autorisation pour la consultation du « Fonds Albert Speer », que son mari Georges Casalis avait constitué sur la base de ses échanges avec le criminel de guerre durant ses années à Spandau.

Pour compléter le témoignage de Dorothée Casalis et apporter un autre éclairage sur ce qu'avait été le travail du premier pasteur de Spandau, il s'imposait donc de s'entretenir avec Gitta Sereny, qui l'avait longuement rencontré et interviewé au début des années 1980 en vue d'écrire sa magistrale biographie d'Albert Speer, une des références du genre à ce jour. L'entretien s'est déroulé au téléphone début 2007, alors qu'elle était en déplacement à Paris pour la réédition de son livre « *Au cœur des ténèbres* » (Éditions Denoël), consacré à Franz Stangl, commandant de Treblinka. Dans un français impeccable, Gitta Sereny a évoqué ainsi, tour à tour, ses souvenirs d'Albert Speer, la façon dont il avait pu lui parler de son travail pastoral à Spandau et bien sûr ses entretiens avec Georges Casalis. Au cours des dix ans qu'il lui avait fallu pour écrire son livre, Gitta Sereny avait croisé sa route à plusieurs reprises. « C'était un homme très intelligent et plein d'humour, a-t-elle dit d'emblée. Je l'aimais bien. »

Il est évident que Georges Casalis aurait mérité que l'on puisse lui donner la parole, eu égard à ce qu'il a accompli, mais il n'était plus là. Et il était essentiel que son témoignage, même indirect, ne soit pas oublié.

Témoignages de Dorothée Casalis et de Gitta Sereny

Lorsqu'on lui propose de mettre sur pied la première aumônerie de la prison interalliée de Spandau, Georges Casalis, qui est déjà pasteur de la communauté française à Berlin depuis 1945, est âgé d'à peine trente ans. Pour l'ancien résistant qu'il a été, accepter de devenir le guide spirituel des prisonniers de guerre nazis n'est pas un acte anodin. Il sait que la mission qui l'attend ne sera pas facile. Car bien qu'à l'époque elle soit strictement limitée à un culte hebdomadaire, il sait, en son for intérieur, qu'un culte n'a rien de neutre, mais qu'il s'agit toujours d'une véritable rencontre entre plusieurs personnes. Là, en l'occurrence, des hommes qui ont appartenu au régime qu'il n'a cessé de combattre, des hommes responsables de la mort de millions de gens et aussi, indirectement, de plusieurs de ses amis.

Dorothée Casalis :

« Partir à Berlin en 1945 et devenir aumônier des sept prisonniers de guerre nazis représentait pour lui une mission claire : ce n'était pas en contradiction avec sa perception – notre perception – du régime hitlérien, de la Résistance, du regroupement de ces résistants. Il était antinazi, donc en ce sens-là anti-allemand, mais, dans le même temps, proche des milieux de l'Église confessante qui étaient entrés en résistance en Allemagne. Il y avait donc une certaine logique dans la démarche de Georges. Bien sûr, il se sentait malgré tout en équilibre. Il ne fallait ni avoir l'air de collaborer ni donner l'impression de rejeter ce qui était allemand parce que c'était allemand. Avant de prendre sa décision d'accepter ce poste, il a beaucoup réfléchi. Il s'est surtout demandé s'il serait capable de marcher sur ce mince fil. Il lui fallait réussir à ne pas tomber dans une sorte de “collaboration” tout en approchant ces hommes. En outre, il ignorait où ces derniers en étaient personnellement et s'ils allaient jouer franc jeu.

« Georges n'arrivait pas “neutre” face à ces hommes. Il savait qu'il allait devoir se positionner, leur faire comprendre qu'il n'était ni un otage ni un émissaire des gouvernements militaires alliés, donc qu'il n'était pas leur ennemi. Il n'était pas là non plus pour leur prêcher le pardon des péchés. Il fallait d'abord les amener à reconnaître ou à vouloir reconnaître qui ils avaient servi et la façon dont ils avaient soutenu ce régime criminel. C'était sans doute cela le travail le plus long, le plus lent et le plus difficile à faire.

« Mais nous avions nos propres points de repère depuis longtemps grâce à Karl Barth, qui était un ami personnel de mon père[163]. Grâce à ces deux hommes, nous avions, Georges et moi, gardé des relations avec des Allemands lucides. Quand la question s'est posée d'aller à Spandau, Georges en a discuté avec un grand nombre de ses amis. Il est apparu clairement dès le départ qu'on attendait de lui de mettre en place une aumônerie classique afin d'aider les prisonniers. Au fond, les Américains ne s'en souciaient pas tellement, mais les Britanniques et les Français, je crois, étaient davantage conscients qu'il ne fallait pas négliger cet apport spirituel et qu'après cet effroyable drame de la Seconde Guerre mondiale, il était important d'essayer de comprendre. En tout cas, beaucoup de gens étaient dans cet état d'esprit : ils pensaient que ce travail auprès des prisonniers non seulement avait un sens, mais encore qu'il était crucial. Ils voulaient qu'il s'inscrive dans la durée et qu'il pose les pierres d'une Allemagne plus consciente de son passé.

« Georges connaissait bien évidemment de nom les criminels avec lesquels il allait "travailler". Il s'agissait de personnalités éminentes qui avaient eu de hautes responsabilités dans le système hitlérien. Il savait qu'il allait toucher à quelque chose de sensible. En plus de ses amis, il a discuté de la décision à prendre avec des sommités ecclésiastiques et théologiques, en France essentiellement. Finalement, ils sont parvenus à la conclusion qu'il fallait tenter l'aventure. C'est ainsi qu'il est parti à Spandau. L'important est qu'il n'était pas seul. Il était entouré d'amis avec lesquels il savait qu'il allait pouvoir échanger à différentes étapes de sa mission, parler de ses difficultés, de ses incertitudes. Pour Georges, il ne s'agissait pas d'un accompagnement banal de prisonniers et, pour l'époque, ce qu'on lui demandait d'accomplir – devenir pasteur des criminels nazis – était un acte difficile et insolite. »

Gitta Sereny :

« Georges Casalis a éprouvé beaucoup de réticences à accepter ce poste à Spandau. Il se demandait surtout si ça pouvait marcher… En 1947, en tant qu'ancien résistant, c'était légitime. Il savait qu'il allait avoir des difficultés à surmonter, comme par exemple à ressentir de la compassion ou du détachement envers ces hommes, mais fondamentalement ce n'était pas de ses propres réactions qu'il s'inquiétait ou se méfiait le plus, mais de celles des prisonniers. Il craignait que ces hommes ne l'acceptent pas. Il pensait sincèrement qu'ils allaient avoir du mal.

« Georges Casalis était un intellectuel, un homme extrêmement intelligent, plein d'humour. C'était aussi, malgré sa notoriété théologique et l'importance de son parcours, un être d'une exceptionnelle modestie. Il n'y avait pas chez lui de "fascination morbide" ou de sentiment de cette sorte à l'égard de ces hauts dignitaires nazis déchus. Georges Casalis se connaissait trop bien pour cela. Non, je crois qu'on peut dire qu'il éprouvait une vraie curiosité pour ce qui l'attendait là-bas. Il était intéressé, dans le sens le plus noble du terme. Oui, c'est cela, il était dans une démarche totalement cérébrale. »

Le premier service religieux a lieu à la prison de Spandau le 11 octobre 1947 dans la petite chapelle de fortune de la prison, constituée de deux cellules dont on a abattu les cloisons. En attendant l'arrivée de ses futurs et étranges paroissiens, Georges Casalis a allumé quelques bougies dans la pièce encore vierge de tout mobilier. « J'étais horriblement nerveux à l'idée de rencontrer ces sept hommes, dit-il [...]. J'ai mis ma robe pastorale : j'ai pensé qu'un peu de formalisme pourrait les aider dans cette rencontre, même si ce n'était pas dans mes habitudes[164]. »

Dorothée Casalis :

« Ce premier contact avec les prisonniers a été assez rude, je crois. Georges les attendait à la porte. Soudain, il les a entendus venir de loin dans le couloir. Ils faisaient un vacarme épouvantable, non pas en marchant, mais parce qu'ils tiraient leurs chaises derrière eux. Ils ne les portaient pas, ils les traînaient sur le sol. Georges a pensé que c'était leur façon de contester, d'exprimer leur refus, leur rébellion ou leur mépris. Ou alors peut-être simplement de montrer leur présence. Georges n'a rien dit. Il s'est présenté à chacun d'eux en leur serrant la main : "Bonjour, Herr Raeder, Herr Dönitz, Herr Speer..." Je crois me souvenir que Hess n'était pas venu. Il n'a assisté au culte qu'une seule fois. Je ne pourrais pas dire comment s'est déroulé exactement le service. Je peux simplement raconter le court échange que Georges a eu avec Speer à la fin de cette première entrevue. En règle générale, mon mari me racontait très peu ce qui se passait à Spandau. En famille aussi, il était discret. Il avait confiance en moi, certes, mais il ne tenait pas à ce que les choses sortent de la prison. En tout cas, il ne donnait pratiquement pas de noms, ni de détails. Je crois qu'il prenait ces précautions pour ne pas se laisser déborder par les questions des gens. Il me disait souvent : "En tant que pasteur, je n'ai pas le droit de répéter les réflexions recueillies auprès d'un détenu. Cela s'apparente au secret de la confession et je dois le respecter. Je ne peux pas le transgresser, car, lorsqu'on commence, on ne sait pas où s'arrêter."

« Pour en revenir à ce premier contact avec Albert Speer, cela s'est passé alors que tous les prisonniers quittaient la pièce. Georges s'est posté près de la porte de cette chapelle improvisée et, pour les saluer, leur a tendu la main. Les six premiers hommes ont refusé ce contact physique. Albert Speer, qui, visiblement, s'était placé volontairement en dernier, s'est arrêté devant mon mari. "Qu'attendez-vous de moi ? Attendez-vous quelque chose ?" lui a demandé Georges. Avant que Speer ait eu le temps de répondre, Georges lui a dit en substance qu'il le considérait comme le plus blâmable d'entre tous, d'abord parce qu'il était l'un des plus intelligents et qu'en travaillant plus qu'un autre à l'effort de guerre, il était aussi l'un des plus responsables. Speer l'a remercié de son honnêteté puis lui a expliqué pourquoi il désirait lui parler : "J'ai été condamné à vingt ans de prison et je considère que cette condamnation est juste. Je veux mettre à profit ce temps, qui d'une certaine façon m'a été donné. Ce que je veux vous demander est ceci : voulez-vous m'aider à devenir un autre homme ?"

« Je crois que mon mari a été surpris par la phrase de Speer. Il ne s'attendait pas à cela. C'était comme un aveu, en quelque sorte. Cela sous-entendait : "Je sais ce que je suis, mais je voudrais changer." Sur un plan religieux, c'était presque déjà une confession des péchés. On devinait que cet homme avait déjà accepté certaines choses… »

Gitta Sereny :

« Casalis a compris que Speer lui demandait de l'aider à apprendre à étudier et à penser, pas à des éléments précis, mais dans des domaines qu'il ne connaissait pas. Il est sûr, en tout cas, que ce premier contact inattendu avec Speer a beaucoup impressionné Casalis. J'ai pu constater en écrivant mon livre[165] que tous ceux qui ont connu Albert Speer, même rapidement, ont gardé une image très forte de lui. Speer était un homme impressionnant, vous savez. Parler avec lui était toujours très intense. »

Suivant les conseils que lui a donnés Karl Barth, Georges Casalis propose tous les samedis aux prisonniers de Spandau le même sermon que celui qu'il donne le dimanche à la communauté française protestante de Berlin. Après le culte, il parle longuement aux détenus qui le désirent, soit dans la chapelle, soit dans une pièce annexe dans laquelle ils peuvent trouver un instant de solitude et de recueillement. Devant la porte, les gardiens veillent.

Dorothée Casalis :

« Pendant le culte, il y avait plusieurs gardes dans la chapelle. Personnellement, j'ai toujours trouvé cela normal. Surtout au début. C'était plus prudent. Il pouvait se passer n'importe quoi et il fallait bien que l'aumônier soit protégé.

« Lors de ses entretiens avec les prisonniers, mon mari n'abordait pas leur ancienne vie politique – d'abord parce que ces derniers ne le souhaitaient pas. Il posait certaines questions, mais il ne cherchait pas absolument à avoir de réponses. Il les posait pour les aider à voir plus clair dans leur existence. Il était pasteur, pas journaliste. Il n'a jamais eu la curiosité de leur soutirer des renseignements historiques. Il disait souvent que contrairement à celle des historiens ou des psychologues, la mission d'un pasteur n'est pas de sonder ou d'interroger les hommes, mais de les aider à vivre. Il n'a pas le droit de forcer une âme à se révéler. Bien sûr, concrètement, c'était souvent difficile à vivre. J'ai senti parfois qu'il avait du mal à approcher ces hommes. Il avait un certain respect pour eux en tant qu'êtres humains – le mot respect est peut-être exagéré, car on ne pouvait pas respecter ces hommes-là – et il trouvait normal qu'ils aient le droit de dire ou de taire ce qui les habitait, même s'ils étaient des criminels de guerre. »

Lors de son sixième samedi à Spandau, le sermon choisi par Georges Casalis provoque un tollé parmi les sept détenus. Le texte est celui de la guérison des lépreux par Jésus. Raeder, Dönitz, Schirach, Funk et Neurath, vexés, quittent la chapelle sans un mot et sans serrer la main au pasteur Casalis. La semaine suivante, Erich Raeder, bien décidé à ne pas laisser passer une telle injure, apostrophe l'aumônier à l'issue du service religieux.

Dorothée Casalis :

« Les prisonniers étaient furieux, ils croyaient que Georges avait fait exprès de les comparer à des lépreux. À l'époque de Jésus, ces derniers étaient condamnés à vivre en dehors de la communauté des hommes. Raeder a émis une protestation officielle au nom de ses camarades. “Vous nous avez gravement offensés, a-t-il déclaré. Il est inadmissible d'être traités de lépreux.” Il a ensuite dit quelque chose à propos de leur innocence et de leur condamnation injuste. Georges était ennuyé. Il ne savait pas comment leur expliquer qu'il ne s'agissait que d'une parabole. Il n'a pas eu le temps, d'ailleurs, car ils sont tous sortis d'un air hautain sans lui dire au revoir. Seul Speer est resté. Il a raconté à Georges que depuis une semaine, ses codétenus ne décoléraient pas et qu'ils parlaient d'eux-mêmes comme des lépreux : “Les lépreux doivent aller dîner”, ou : “Allez, c'est l'heure, les lépreux !” En apparence, ils faisaient de l'humour, mais en réalité ils l'avaient très mal pris. Finalement, quinze jours après ce malheureux incident, voyant qu'ils étaient quand même tous revenus, Georges s'est servi d'un texte pour leur expliquer que tout homme était un pécheur – ou un lépreux – aux yeux de Dieu, y compris lui-même. Après cela, il n'y eut plus aucun problème et Georges fut accepté par le groupe. »

Au fil des semaines, Georges Casalis éprouve un intérêt grandissant pour Albert Speer. Suite à leur premier échange devant la porte de la chapelle, Casalis lui a conseillé de se mettre à l'étude de l'œuvre de Karl Barth. L'ouvrage du célèbre théologien suisse, Die Kirchliche Dogmatik[166], *corpus théologique sans équivalent au XXᵉ siècle qui a influencé des millions de protestants dans le monde, est composé de neuf mille pages. Albert Speer relève le défi. Avec le soutien et l'aide de Georges Casalis, il entreprend d'en lire l'intégralité. Ce programme d'étude, allié à de riches et profondes discussions, nourrit la relation entre les deux hommes.*

Dorothée Casalis :

« Avant même Spandau, Speer avait déjà beaucoup réfléchi. Mais je pense qu'il ne s'était encore rien formulé. Il y a eu plusieurs étapes décisives à son cheminement. Comme, par exemple, sa grave maladie de janvier 1944[167], qui l'avait plongé dans le coma. Sa première question quand il a repris conscience a été : “Est-ce qu'*il* est venu me voir ?” On lui a répondu “Non”. Ce petit mot a agi sur lui comme un coup de fouet. Il s'est réveillé de son rêve qui n'existait plus ou qui n'avait jamais existé. Il s'est senti trahi et abandonné par Hitler, qui ne s'était pas déplacé pour lui rendre visite alors qu'il était malade et qui n'avait même pas répondu à ses lettres. Je crois que pour Speer, cela a été décisif. Au fond, sa rupture avec Hitler a d'abord été un acte affectif plutôt que moral. Il a toujours prétendu que lorsqu'il était inconscient, il avait vécu une expérience de mort imminente et qu'il s'était senti soulagé et heureux. Je sais qu'il en a parlé à Georges, qui a vu cela comme l'expression de la métamorphose qui se produisait en lui à cette époque-là. En tout cas, cette maladie étrange était le signe qu'inconsciemment il voulait mourir parce qu'il découvrait de plus en plus clairement ce qu'il *pressentait* auparavant – c'était son verbe favori : la vraie nature des crimes des nazis.

« Je me souviens que Georges disait que Speer était l'homme le plus angoissé qu'il ait jamais rencontré et qu'il avait un besoin farouche de se livrer. Speer était, je crois, un être qui avait du cœur. On pouvait encore l'atteindre. D'ailleurs, on pourrait presque dire qu'il l'a en partie retrouvé grâce à cette détention et à sa réflexion personnelle et existentielle. Il ne jouait pas, il ne faisait pas semblant, ça, j'en suis presque convaincue. En tout cas, Georges a toujours pensé qu'il était honnête, aussi honnête qu'il en était capable. Il le trouvait franc et, même s'il est arrivé à Speer de lui mentir, c'était sur des faits, non sur son cheminement intérieur. »

Gitta Sereny :

« Sa rencontre avec Speer a profondément marqué Georges Casalis. Même des années après, près de quarante ans plus tard, il restait sous le coup de cette expérience qu'il qualifiait d'extraordinaire. Speer, en tant qu'être humain en recherche d'exigence morale absolue, demeurait dans son esprit comme le point d'orgue de cette expérience unique. Quant à définir l'état de leur relation… Je ne dirais pas qu'ils étaient amis ; non, Casalis n'était pas l'ami de Speer. Il le comprenait bien. Il l'appréciait au sens profond du terme. Ils avaient de l'affection l'un pour l'autre. Mais ce n'était pas fraternel. Disons que Casalis comprenait parfaitement le travail que Speer faisait sur lui-même, ce qu'il essayait d'être. À cet égard, il a été plus convaincu de la sincérité de Speer que beaucoup d'autres. Casalis, qui était un homme extrêmement subtil, savait que les prisonniers sont des êtres ambivalents. Et que l'on vit toujours auprès d'eux dans une semi-vérité.

Speer, comme tout autre, gardait des choses par-devers lui, c'était sa façon instinctive de conserver son moi profond, de ne pas risquer une autodestruction intime. Ce débat sur la sincérité de Speer est immense. Moi qui l'ai bien connu aussi, je dirais qu'il était sincère quand il le décidait. Et il savait pertinemment quand il ne l'était pas. Pour résumer, on pourrait dire que ce qui était sincère chez lui, c'était la démarche qu'il avait entreprise envers lui-même, sa volonté de changer. Pour le reste, bien sûr, c'était un opportuniste. Totalement même et pas qu'à Spandau. Toute sa vie, il en a été un. Casalis, qui était un homme intelligent, le savait. Avec moi aussi, Speer a fait montre d'opportunisme, mais il avait compris que je n'étais pas dupe. En même temps, il faut reconnaître que pour survivre à Spandau, il valait mieux avoir ce trait de caractère.

En tout cas, Casalis m'a dit que Speer était l'homme le plus intéressant qu'il ait jamais connu. Je crois qu'au départ, il avait été étonné par sa simplicité. Il l'avait imaginé comme quelqu'un d'imbu de lui-même, pénétré de sa propre importance. Or il avait découvert un homme humble et cela lui avait plu. Casalis aimait également beaucoup l'intelligence de Speer. D'ailleurs, tout le monde trouvait Speer brillant – moi y compris. Mais Speer ne le savait que trop et, parfois, il avait tendance à le montrer ostensiblement, à tomber dans l'arrogance face à des gens moins intelligents que lui. Ce trait de sa personnalité était celui que Casalis aimait le moins. On a beaucoup dit que Speer avait du charisme, mais, croyez-moi, il ne se mettait en frais que lorsqu'il en avait envie et qu'envers ceux qui lui plaisaient. Vous savez, Speer était un homme très compliqué, ou plutôt complexe. C'était cela aussi que Casalis aimait chez lui. Derrière l'apparence affable et désinvolte, Speer avait des failles, des doutes sur lui-même, comme tous les gens intelligents. Et Casalis y était sensible.

« Georges Casalis et Speer parlaient beaucoup de choses privées, affectives et intellectuelles. Plus tard, quand ils ont commencé à lire et à discuter de Barth, Speer a appris, peut-être pour la première fois de sa vie, à utiliser les mots pour parvenir à définir ses émotions les plus intimes. Il n'était pas facile de le faire s'ouvrir. Il avait beaucoup à dire, mais le faire parler était un travail de tous les instants. Il était distant, plutôt "raide", incapable de se libérer d'une sorte de gangue derrière laquelle il se tenait caché. Il était si intériorisé que c'en était fascinant. Quand on lui parlait de lui, il ne répondait jamais. C'était absolument conscient de sa part. Pas du tout pour se protéger, car il n'était pas un homme fragile. C'était un être très réaliste. Sympathique certes, mais capable de se montrer très désagréable.

« Pendant toutes ces années à Spandau – c'est ce que m'a raconté Casalis –, Speer ne s'intéressait qu'à ce qui tournait autour du meurtre des Juifs. Il était complètement centré sur lui, sur son passé. Mais "égoïsme" est un mot trop simple pour le décrire. Tout prenait naissance dans son gigantesque sentiment de culpabilité. On ne pouvait lui parler de rien d'autre, ni du présent ni de l'avenir. Même moi, trente ans après, je l'ai constaté. On parlait de "ça" et beaucoup d'Hitler. Il n'en sortait pas. Il n'avait aucun talent pour bavarder. Casalis l'a décrit comme l'homme le plus torturé qu'il ait rencontré. Ce qui définissait Speer, c'était le malaise profond qu'il ressentait face à sa propre conscience. Sa bataille avec son âme, comme disait Casalis. Il s'accusait en toute sincérité sans être capable de parvenir à articuler son immense sentiment de culpabilité. Curieux mélange : il se justifiait tout en étant sincère envers lui-même. Il n'arrivait pas à sortir de cette ambivalence : son besoin moral d'affronter la culpabilité d'avoir su la vérité depuis longtemps, et celui, désespéré, de la nier, de la réprimer.

« Pour ce travail qu'il tentait de faire, Georges Casalis a été un homme essentiel. Il lui a réellement apporté quelque chose. Je ne sais pas s'il a réussi à en faire un "autre homme", comme il le lui avait demandé. Je pense que c'était un défi impossible à relever, car trop gigantesque. Mais Casalis lui a permis une confrontation fascinante avec sa propre conscience. Speer était d'ailleurs plus intéressé par la philosophie que par la religion, même chez Barth. À Spandau, Speer dépendait entièrement de Casalis. Il ne faut pas oublier qu'il a été longtemps et profondément déprimé, cliniquement déprimé. Il avait *besoin* de Casalis. En outre, il n'avait personne autour de lui avec qui réellement communiquer. Les autres détenus le méprisaient ou le haïssaient. Il a établi un lien avec Casalis parce qu'il savait que ce dernier le comprenait. Il me l'a dit. Il a accepté l'affection de Casalis – ce qui pour lui était une prouesse – car il dépendait de lui. En tout cas, des années après, il m'a parlé de Georges avec beaucoup d'affection. Ce qui était rare chez lui. Je crois qu'il l'admirait.

Mais l'inverse est vrai également. Grâce à Speer, Casalis a appris énormément, et des choses très différentes, sur la foi, sur ce qui se cache à l'intérieur des hommes et plus spécialement sur la nature d'un être humain de la stature de Speer. C'est pour cela qu'il l'appréciait. Casalis n'a été ni mal à l'aise ni gêné d'éprouver ce sentiment pour un homme comme lui. Il était suffisamment sûr de lui pour ne pas se mettre en danger. Je dirais que Casalis était un "protégeur" d'hommes. C'était sa nature. Alors, il a protégé Speer. »

Peu de temps après sa prise de fonctions à Spandau, Georges Casalis a demandé avec insistance au commandant militaire français de Berlin d'influer sur le règlement de la prison afin qu'il ait la possibilité d'entendre les confessions des prisonniers dans leurs cellules et non plus dans la chapelle commune. Devant le refus soviétique, Casalis s'indigne de ce qu'il appelle « une insupportable mutilation de son ministère ». « Je dois [l']exercer dans des conditions terriblement précaires sous une surveillance constante et au milieu de l'incohérence des différents directeurs. Les prisonniers sont parfois exaspérés et le culte devient l'événement le plus "dangereux" de toute la semaine », écrit-il[168].

Ainsi, périodes de calme et de tension se succèdent. En février 1950, à deux mois de son départ, il signale une nouvelle fois à sa hiérarchie qu'« à Spandau, la période de paix a brusquement fait place à une offensive soviétique visant à m'interdire l'entrée de la prison ».

Dorothée Casalis :

« Oui, c'était pesant. Georges me parlait de la dureté du règlement. Je n'irais pas jusqu'à dire qu'il en était indigné, du moins au début, car, à cette époque, la guerre était si proche, les souvenirs si lourds, qu'on ne pouvait que souhaiter que ces hommes-là paient pour ce qu'ils avaient fait… On ne pouvait pas demander d'allègements du règlement au nom de la pitié chrétienne. Georges naviguait à vue, il devait trouver un équilibre et une harmonie dans les rapports avec les prisonniers. Mais je pense qu'au fil du temps, le climat qui régnait à Spandau et le régime carcéral ont commencé à lui peser. Cela dit, que pouvait-il faire ? Il savait qu'il jouait sa présence dans la prison. Il ne pouvait pas se permettre d'intervenir. S'il demandait des assouplissements, il prenait le risque d'être évincé. Il n'avait aucune marge de manœuvre. C'étaient les autorités militaires et politiques de l'occupation qui avaient ça en charge. Et on peut comprendre encore une fois qu'à cette époque, elles avaient raison de garder le cap. On ne pouvait pas prendre de demi-mesures dans ces années-là. La notion de droits de l'homme passait bien après les considérations politiques. Ces anciens nazis étaient des ennemis, tout simplement.

« Georges estimait qu'il ne pouvait pas se permettre d'avoir des hésitations. Il se disait : "Je dois conserver mon poste afin de rester l'interlocuteur de ces criminels de guerre. Sans ma présence, ils n'auront plus rien. Alors, je dois faire attention." Il pensait que pour pouvoir continuer à pénétrer dans cette prison, il lui fallait observer les règles. Lorsqu'il arrivait qu'à la suite d'un entretien avec un détenu il éprouve un sentiment puissant de compassion, il s'efforçait toujours de ne pas remettre en question son obéissance au règlement. Je pense qu'il avait raison : il n'y avait pas d'états d'âme à avoir. Pour être à l'aise et tenir son rôle le mieux possible, il fallait être clair. Je crois que les prisonniers comprenaient son attitude. En tout cas, ils venaient tous au culte. Sauf Hess, qui ne voulait rien avoir affaire avec tout ça. Je sais qu'il a changé par la suite et que certains collègues de mon mari ont appris à bien le connaître, mais, durant les premières années, il refusait le contact. Georges n'était pas à l'aise avec lui. Il le sentait à la fois clair et ambigu. Et il ne voulait pas s'engager dans une relation trop personnelle, car il ne lui faisait pas confiance. Il avait peur qu'il ne lui joue un tour. Cependant, par rapport à la religion, mon mari disait qu'ils étaient, lui et Speer, les deux plus honnêtes. Speer parce qu'il cherchait et Hess parce qu'il ne refusait de jouer la comédie. Quant aux autres, disons qu'ils subissaient leur détention. Ils n'étaient absolument pas dans une démarche comme celle de Speer. Ils n'ont jamais perçu leur captivité comme quelque chose de mérité ou d'inéluctable. Certes, certains d'entre eux, comme Schirach ou Funk, s'interrogeaient sur les raisons de leur présence en prison, mais jamais ils n'allaient au-delà. Ils ne niaient pas leur culpabilité, mais jamais leur réflexion n'avait la profondeur de celle de Speer. »

Gitta Sereny :

« Je n'ai pas souvenir que Georges Casalis m'ait parlé des conditions de détention à Spandau. Je crois que ces dernières ne l'ont pas indigné. Mais, après tout, on était en 1947 et le passé était encore très présent…

« Il m'a également peu parlé de ses relations avec les autres détenus. Trente ans après, pour lui, Spandau, c'était Speer. Ce dernier était le seul à venir le voir régulièrement tous les samedis. Il considérait Funk comme quelqu'un d'intelligent qui aimait discuter du contenu philosophique des sermons, lui et Schirach se posaient des questions sur leur moralité, mais rien de comparable à Speer. Quant à Rudolf Hess, il était déjà fou à ce moment-là. Il disait des choses sans queue ni tête. Je me souviens que Casalis m'a dit : "Hess était presque fou. On ne parle pas avec un fou." »

En juin 1950, Georges Casalis demande sa mutation à un autre poste. Visiblement épuisé par ses trois longues années de travail à Berlin et à la prison de Spandau, il écrit en février 1950 : « J'essaie de tenir jusqu'à l'arrivée d'Albert Nicolas, auquel je ne laisserai pas un héritage facile [...]. À deux mois de mon départ, je vois à la fois le prix inestimable – à mes yeux – et la fin "interne" de mon travail : il ne faut pas laisser devenir blets les fruits mûrs. Il est sans doute bon que je m'en aille, laissant la place à un homme neuf[169]. »

Le départ de Casalis plonge Albert Speer dans une profonde léthargie, et un état dépressif qui va durer deux ans. Sans son tuteur – et peut-être son seul ami sincère –, il peine à poursuivre sa quête spirituelle, qu'il finira par abandonner tout à fait, préférant s'inventer un programme de vie. Pourtant, après sa libération, il ne cherche pas à revoir Georges Casalis et ce n'est qu'en 1970 qu'il croise à nouveau sa route lors d'une conférence chrétienne. Passé l'instant de gêne, Speer écrit à son ami le rabbin Geis : « Ma rencontre avec Casalis a été tout ce que j'espérais. Exactement comme il y a plus de vingt ans, il était là telle ma conscience, cette conscience que je me débrouille continuellement à diminuer et à réprimer par une utilisation excessive et superficielle[170]. *» Tandis qu'Albert Speer, fort du succès de ses livres, devient un personnage public, médiatique, très demandé, les chemins des deux hommes vont rapidement, après trois autres rencontres, se séparer pour de bon. Ce n'est qu'à la parution de son* Journal de Spandau *que Georges Casalis a appris tout ce que Speer avait écrit en prison. Étrangement, son nom n'apparaît quasiment pas dans ce livre.*

Gitta Sereny :

« En 1950, Georges Casalis était vraiment soulagé de partir. Trois ans, à cette époque-là, c'était vraiment très long.

Il pensait même qu'il aurait dû quitter Spandau plus tôt. Pourquoi ? Parce que cela tenait trop de place dans sa vie. À ses yeux, ce travail avec Speer – et à Spandau en général – prenait une importance psychologique plus grande que cela n'aurait dû. Cela le perturbait. Vous savez, Speer était vraiment très important pour lui. Et l'inverse était vrai. Mais jamais pourtant il n'a eu l'impression de remplir une mission. Il était trop modeste pour cela. Quand je l'ai rencontré au début des années 1980, il ne m'a pas parlé du Speer d'après sa libération. Il n'avait pas changé d'opinion sur lui, mais il y avait quelque chose de l'ordre de la déception chez Casalis, sans doute a-t-il constaté après la sortie de Speer que leur relation n'était pas aussi forte qu'il l'avait pensé.

« La première fois où ils se sont revus au printemps 1970, ils se sont peu parlé. C'était à l'occasion d'une conférence organisée par une théologienne protestante d'origine juive. Casalis ignorait que Speer y participerait. Je crois que Georges attendait que Speer vienne spontanément à lui.

« Mais il savait que, en général, celui qui a reçu de l'aide a toujours du mal à revenir vers celui qui lui en a apporté.

« Je me souviens que Speer m'a dit à plusieurs reprises qu'il était très conscient que leurs relations ne pouvaient qu'être différentes en dehors de Spandau. De même, quand je lui ai demandé pourquoi le nom de Casalis ne figurait même pas dans l'index de son livre, *Le Journal de Spandau,* il m'a répondu que c'était sans doute parce que c'était trop important ou peut-être parce qu'il n'avait pas été à la hauteur. Après avoir été libéré, Speer a refusé de dépendre de quelqu'un comme il y avait été obligé durant sa détention. Il est redevenu une personnalité de premier plan, alors qu'en prison il était petit et modeste. Sans doute voulait-il tourner la page… Sans dire que Casalis a ressenti de l'amertume, je dirais qu'il était un peu blessé de voir que maintenant que Speer était redevenu un personnage médiatique, lui ne pouvait plus avoir qu'une place marginale. Oui, Casalis a été déçu que Speer ait choisi de devenir une figure publique après sa libération. D'ailleurs, à ce sujet, je tiens à dire que Speer se mentait à lui-même : il disait qu'il était de son devoir de transmettre sa vérité aux jeunes générations, de révéler ce qu'il savait, or, en réalité, il ne faisait des conférences que parce qu'il aimait être dans la lumière. Pour Georges Casalis, ce trait-là de sa personnalité s'apparentait à une faiblesse. Mais il ne faut pas croire que Casalis jugeait Speer. Non, il l'admirait et, surtout, il en connaissait toutes les facettes. »

André Happel et les trois derniers criminels : 1959-1964

André Happel est né le 25 janvier 1920 à Strasbourg. À la déclaration de guerre en 1939, il est contraint comme des milliers d'Alsaciens d'évacuer sa ville natale abandonnée aux mains des militaires et de s'installer à Clermont-Ferrand, où vient de se replier son université. En 1942, fuyant la Gestapo qui rafle tous les étudiants d'origine alsacienne afin de les incorporer dans l'armée allemande, il se réfugie à Paris au sein de sa future belle-famille et parvient à poursuivre ses études en théologie. À la fin de la guerre, il devient assez logiquement pasteur de paroisse, d'abord dans les montagnes de Lozère, à Saint-Germain-de-Calbert, puis, en 1947, en Moselle, à Courcelles-Chaussy, où le nombre de ses « fidèles » n'excède pas les cinquante personnes.

C'est en mai 1949 que son apostolat change totalement de visage. Devenu aumônier militaire, André Happel se retrouve en Indochine – Saigon, Langson –, à l'heure où la guérilla entre le Viêt-minh et l'armée française tourne au conflit ouvert. Aux côtés des troupes, il sera même à un moment le seul aumônier français sur la frontière chinoise. Deux ans plus tard, autre partie du monde, autre trouble : le voilà à Meknès, au Maroc, où les attentats contre la présence française se multiplient. Il y restera huit ans, avant de rejoindre finalement les Forces françaises à Berlin.

Comme en atteste son livret militaire, André Happel a accompli son ministère à Spandau avec humilité et pragmatisme, conscient que pour bien remplir sa mission pastorale, il lui fallait au préalable accepter la règle du jeu imposée par la prison interalliée. Le double statut de pasteur et de militaire, qui peut paraître paradoxal après réflexion, voire antinomique, ne l'a jamais dérangé. Au contraire : « Je me suis toujours senti plus aumônier que pasteur de paroisse. C'est au sein de l'aumônerie militaire que j'ai trouvé la plus grande liberté. Je l'ai vécu comme une possibilité d'ouverture non contractuelle avec le monde. J'ai toujours éprouvé une relation de connivence avec le système de l'armée. Probablement à cause de mes racines. Après tout, je suis le fils d'un Alsacien qui a fait la guerre de 14-18. »

Particulièrement bien noté par ses supérieurs, André Happel a poursuivi sa carrière au sein de l'armée jusqu'en 1973 en tant que directeur des services de l'aumônerie protestante des FFA (Forces françaises en Allemagne) à Baden-Baden. Puis, comme il le dit avec son autodérision coutumière, il a « blagué à gauche et à droite », un temps aumônier d'un grand hôtel suisse, puis plus tard des étudiants africains chrétiens et francophones au Maroc ou dans une maison de retraite à Montpellier.

De tous les pasteurs de Spandau, André Happel est celui qui a vu construire le mur de Berlin, événement qui n'a fait que renforcer les dissensions soviético-occidentales au sein de Spandau. Sixième aumônier militaire protestant de Spandau, il est surtout celui qui est resté le plus longtemps auprès des trois derniers grands criminels nazis, Albert Speer, Baldur von Schirach et Rudolf Hess. Mais, de ces cinq années passées auprès d'eux, il n'a retenu réellement qu'un seul nom, celui d'Albert Speer. Comme Georges Casalis avant lui, André Happel avoue avoir éprouvé de l'estime et une forme d'admiration pour le travail spirituel auquel l'ex-architecte d'Hitler s'est soumis tout au long de ses vingt ans de captivité. C'est d'ailleurs autour de la figure de cet homme torturé, ambigu et charmeur, que tourne l'essentiel de ses souvenirs de Spandau. On peut même dire que, pour André Happel, Spandau, c'est Speer, et lui seul. Rudolf Hess et Baldur von Schirach ont peu compté à ses yeux. Il les jugeait inintéressants. Durant tous les entretiens qui se sont déroulés dans sa maison de Saint-Gely-du-Fesc, dans l'Hérault, entre 2001 et 2004, il répondait invariablement à chacune des questions sur ces deux personnages : « Je n'ai rien à en dire. » Le ton était ferme, quoique extrêmement courtois. Assis derrière sa table de travail, le buste droit, la mise impeccable souvent rehaussée par un nœud papillon, André Happel jouait le jeu des questions-réponses avec une maîtrise étonnamment professionnelle. On sentait chez lui l'homme habitué à se faire entendre et respecter. Néanmoins, il ne pouvait s'empêcher régulièrement d'exprimer ses doutes et ses interrogations sur l'intérêt de nos conversations. L'amener à évoquer Rudolf Hess ou même Schirach fut sans doute la partie la plus délicate et difficile de ces entretiens. De toute évidence, sa réticence à en parler résultait d'un – trop ? – impérieux souci d'honnêteté intellectuelle. En effet, il estimait n'avoir aucune analyse à émettre sur ces hommes, dans la mesure où ces derniers n'avaient jamais vraiment recherché son contact ou son aide et où il n'avait eu avec eux que des discussions épisodiques. Pourtant, au final, il en a fort bien parlé.

Témoignage d'André Happel

« Avec le recul, je ne saurais pas vraiment dire les raisons qui m'ont poussé à accepter ce poste à Spandau. Il y en a forcément plusieurs. D'abord, j'étais curieux d'aller voir l'Allemagne de plus près. J'avais vécu à Strasbourg, à deux kilomètres de la frontière, chez moi tout le monde parlait allemand couramment et mon père, qui était un patriote à tous crins, un ancien poilu de 14-18, m'avait expliqué un tas de trucs, et pourtant je n'avais jamais mis les pieds là-bas. C'était pourtant la porte à côté ! Alors, quand on m'a proposé ce poste d'aumônier en Allemagne, à Berlin, je me suis dit : “C'est l'occasion ou jamais.” Quant à l'idée de rencontrer ces criminels… C'est curieux, mais je crois que je considérais la situation encore une fois avec un regard d'Alsacien. Je me disais : “Casalis était un Français, toi pas tout à fait.” Je n'étais pas un Français de l'intérieur, comme on dit chez nous. Ça fait une grosse différence. J'avais une autre mentalité. Je n'avais pas appris l'allemand pendant mes études, cette langue était innée pour moi. L'Allemagne faisait partie de ma vie de tous les jours. C'est peut-être étrange, mais je savais que les Allemands – quelque peine qu'ils se donnent – ne pourraient pratiquement rien me cacher, notamment à cause de la langue. Je ne dirais pas que je me sentais proche d'eux… Non, disons plutôt en terrain connu. Pas vraiment de leur côté… certainement pas de leur côté, plutôt quelque part au milieu…

— Vous alliez dire quelque chose sur les criminels…

— Ah oui, les criminels ! Vous savez, quand je parle de Spandau et de ces années 1959-1965, je parle surtout de Speer. Non pas que les autres n'aient pas d'importance, mais c'est le seul que j'aie vraiment connu. Sa personnalité m'a considérablement facilité la tâche… Pour revenir à votre question, je reconnais que l'idée de rencontrer ces anciens ministres d'Hitler, ces nazis, explique pourquoi j'ai accepté volontiers la proposition qui m'était faite de m'expatrier à Berlin. J'étais à la fois intrigué et un petit peu inquiet de la manière dont les choses allaient pouvoir se passer. À tort ou à raison, je me disais : “Tu vas être face à des gens qui ont eu une expérience d'une incroyable envergure, alors que tu n'es qu'un petit gars de rien du tout !”

« Ces anciens dignitaires nazis, j'en avais entendu parler comme tout le monde. Je connaissais surtout le nom de Rudolf Hess, parce qu'il avait été le dauphin d'Hitler et qu'il lui avait pris l'idée de sauter dans un avion et d'aller se poser sur une pelouse en Écosse en vue de négocier une paix avec la Grande-Bretagne. Les autres, je n'en savais pas grand-chose. Autant que je m'en souvienne, la perspective de rencontrer ces trois hommes ne m'a pourtant pas fasciné outre mesure. J'étais curieux, comme tout le monde le serait. Ce qui est sûr, c'est que je n'avais aucune idée préconçue et encore moins de satisfaction intime à me dire : "L'heure de la revanche a sonné. Me voilà dans le camp des vainqueurs !" J'emploie volontairement ce terme de "vainqueur" parce qu'à Berlin, dans la colonie française, beaucoup de gens disaient : "Pourquoi voulez-vous qu'on soit plus royalistes que le roi ? Même les Berlinois appellent les représentants des pays alliés des vainqueurs." Personnellement, je me suis toujours méfié, car je n'ai jamais tenu la France pour victorieuse. Quand on savait d'où l'on sortait, comment on s'était comportés et que de Lattre avait eu une place pour signer l'armistice grâce au bon vouloir des Alliés, il n'y avait pas de quoi se vanter. J'avais du mal à comprendre tous ces Français de Berlin qui pensaient intimement qu'on était là de bon droit parce qu'on avait gagné la guerre. Moi, je me sentais plutôt mal à l'aise. Il est vrai que rencontrer ces criminels qui étaient au premier chef des "vaincus", alors que j'étais un pasteur et du "bon côté de la barrière", ce n'était pas forcément facile. D'autant que le simple fait de passer les grilles de Spandau vous renvoyait ça en plein visage. C'était un endroit qui matérialisait totalement cette idée de victoire, de domination. Il y avait des gardes armés partout, des types sur les dents qui semblaient craindre – c'était absurde – que les criminels ne fassent le mur en sautant du quatrième étage.

— Gardez-vous un souvenir précis de votre première visite à Spandau ?

— J'ai du mal aujourd'hui à me souvenir précisément du lieu en lui-même, mais je sais que c'était drôlement imposant. Il y avait une énorme double porte avec un petit portillon à l'entrée. Quand j'ai sonné pour annoncer mon arrivée, je me suis dit : “Dans quel guet-apens vais-je tomber ?” Finalement, tout s'est bien passé. Un gardien soviétique – décembre était le mois russe, comme on disait – m'a conduit au secrétariat pour y rencontrer les quatre “gouverneurs”. Le représentant de la France était là depuis 1947. D'ailleurs, il a dû finir par s'user ! Je pense que c'est la seule fois où je les ai vus tous ensemble. Ensuite, je n'ai plus eu cet honneur. Vous pensez bien que le samedi, jour habituel de ma visite, ils ne venaient pas au bureau !

« Je n'ai pas un souvenir très précis de ce rendez-vous. Par l'intermédiaire d'un interprète, les “quatre” m'ont informé de l'essentiel de ma mission, des consignes à suivre, en un mot de tout ce que devait savoir un nouveau venu à Spandau. Je me rappelle leur première phrase qui m'a mis immédiatement dans l'ambiance. [Il éclate de rire.] “Pasteur Happel, m'ont-ils dit, quand vous rencontrerez ces hommes dans le couloir ou dans leurs cellules, n'oubliez pas qu'ils sont des criminels et que vous n'avez donc aucunement le droit de les appeler par leur nom.” Ils m'ont expliqué que je devais leur dire, en allemand, “*Guten Tag Nummer 1*” pour Baldur von Schirach, “*Guten Tag Nummer 5*” pour Albert Speer et “*Guten Tag Nummer 7*” pour Rudolf Hess, et surtout ne pas leur serrer la main. Cette entrée en matière m'a stupéfié, mais les représentants des quatre pays victorieux étaient on ne peut plus sérieux. Franchement, l'ambiance ne m'a pas paru lourde, mais plutôt grotesque !

« Vous pensez bien qu'avant d'arriver, je m'étais renseigné, surtout auprès de l'un de mes prédécesseurs, Bernard Kopp. Je n'avais pas pu rencontrer l'aumônier auquel je succédais directement, car celui-ci n'était resté que six mois et s'était fait débarquer à cause d'une sombre histoire, paraît-il… Je n'en sais pas plus. Il me semble que c'était un ancien militaire des FFA. Je ne me rappelle pas avoir beaucoup parlé du règlement de la prison avec mon directeur de Berlin, car là-bas personne ne savait ce qui se passait à Spandau. C'était le mur du silence. C'est surtout le patron des services de l'aumônerie protestante des FFA, en poste à Baden-Baden, qui m'a mis au courant. Il m'avait dit : “Tu verras, c'est un truc antédiluvien, pas une virgule n'a bougé depuis 1947.” Et c'était vrai, je l'ai compris au premier coup d'œil. Spandau était l'un des derniers endroits de Berlin où s'exerçait le quadripartisme. Il y avait encore quelques couloirs aériens, pour la gestion desquels les “quatre” devaient s'entendre, mais le reste avait disparu. Alors, automatiquement, ne serait-ce que pour la galerie, les “quatre” tenaient à marquer le coup, à conserver leur autorité intacte. Ils ne faisaient et ne décidaient rien les uns sans les autres. C'est pour cela que le moindre problème insignifiant, comme acheter un supplément de papier toilette, pouvait prendre des semaines avant d'être réglé. Oui, l'ambiance de Spandau était étrange. C'était du Kafka. À Berlin, les Allemands faisaient comme si la prison n'existait pas. Les gens évitaient de passer devant et, s'ils y étaient obligés, ils changeaient de trottoir. Moi, je me suis fait immédiatement une opinion et j'ai refusé d'en faire un drame. Je n'avais aucune raison de me mettre à dos ces gens qui faisaient ce qu'on leur demandait. J'ai enregistré les informations sans être dupe et je les ai gardées pour moi, c'est tout.

« Donc, après ce court entretien formel avec les directeurs, le gardien russe m'a conduit au premier étage de la prison et m'a présenté au gardien-chef, russe aussi, bien évidemment. Les trois prisonniers étaient logés dans le même couloir, un corridor long et sonore. Ils m'attendaient devant la porte de leurs cellules, tous vêtus de salopettes et de sabots. Il y avait un espace d'environ deux mètres cinquante entre chaque geôle, si je me souviens bien. L'ambiance était tendue, carrément glaciale. J'ai eu l'impression d'être un officier passant ses troupes en revue… Je n'étais pas fier ! Après que le gardien m'a présenté, j'ai commencé mon travail. Pendant les cinq ou six premières semaines, le gardien chargé de m'accueillir à l'entrée m'accompagnait dans les cellules pour voir si je me comportais normalement. Quand il a constaté que je ne faisais pas d'esclandre, il en a eu assez de m'attendre. Il s'est contenté d'ouvrir la porte d'entrée du corridor, de la verrouiller derrière moi et de me laisser seul avec les détenus. Pour sortir, j'appuyais sur une sonnette et on venait me chercher. Rien à Spandau ne souffrait l'improvisation. C'était un univers totalement sclérosé. Rien ne pouvait changer sous peine de provoquer des incidents diplomatiques, avec les Soviétiques surtout. Les Américains et les Britanniques ne se crêpaient pas le chignon, mais les Russes étaient très chatouilleux. Ils ne se mêlaient pas aux autres. Leur pays avait été tellement détruit par les nazis qu'ils ne concevaient pas le pardon. Les Français, eux, étaient sympathiques, un peu sentimentaux, légèrement désordonnés. L'équilibre était difficile à trouver, le plus simple était alors de laisser les choses en l'état.

« Le matin, il y avait l'appel. Ensuite, les portes étaient ouvertes à grand bruit, puis les gardiens vérifiaient que les prisonniers avaient fait leur lit, leur toilette, leur ménage – oui, c'était eux qui nettoyaient. Ils le faisaient d'ailleurs volontiers, car c'était une occupation comme une autre. Ensuite, ils avaient droit à deux ou trois heures d'intimité : ils pouvaient lire – tout ce qui n'était pas censuré – et écrire. Même s'ils savaient que tout ce qu'ils écrivaient était récupéré le soir, lu et détruit (excepté les courriers autorisés). Le nombre de feuilles leur était compté, ça n'a pas empêché Speer de sortir l'équivalent de 25 000 feuillets de Mémoires par l'intermédiaire d'un infirmier… Même dans la prison la mieux gardée du monde, ça grouillait de complicités.

Après, les trois avaient droit à une heure de promenade. Ils avaient à leur disposition un grand jardin où ils pouvaient, aux heures de sortie, agencer des plantations florales ou potagères. C'était le domaine de prédilection de Speer. Je me souviens que tous les ans, avant mes congés, il m'offrait un bouquet de lavande pour ma femme. Toutes leurs journées se passaient de la même façon, sans jamais rien d'exceptionnel. À part le samedi, avec la visite de l'aumônier. Et celles, d'une demi-heure une fois par mois, de leur famille. Ça, c'était abominable pour eux, vraiment inhumain. Pour Speer en particulier : il était le seul à avoir six enfants. À ce rythme-là, vous imaginez qu'il ne les a pas souvent vus.

— De quelle façon avez-vous décidé de travailler avec les prisonniers ?

— Concrètement, ma mission était définie à la virgule près, comme celle de mes prédécesseurs. J'avais droit *stricto sensu* à deux heures que je pouvais organiser comme bon me semblait. Évidemment, au départ, j'ai mis un certain temps avant de sentir ce que l'on pouvait attendre de moi, mais, ayant très vite vu que l'originalité serait mal perçue, j'ai procédé comme mes anciens collègues. Je commençais par une demi-heure de culte – ça m'a paru très vite suffisant. Je ne crois pas qu'ils en demandaient plus, car la religion ne les intéressait pas vraiment. Ensuite, les prisonniers avaient l'autorisation de rester à tour de rôle seuls avec moi et, après, d'écouter de la musique une heure durant. C'est Speer qui, au fil des années, avait réussi à instaurer ce rituel. Il était un parfait mélomane, et il était parvenu à obtenir que, tous les samedis, le pasteur apporte un ou deux disques qu'on passait sur un vieux tourne-disque. Le directeur français m'avait expliqué que "c'était devenu une habitude, une tradition incontournable". Chaque semaine, je passais au secrétariat à 14 heures et je récupérais les disques commandés par Speer deux ou trois semaines plus tôt. Quand je quittais Spandau à 16 heures, celui-ci me tendait un bout de papier, souvent un morceau de papier W-C, sur lequel il avait griffonné quelques titres. C'est toujours lui qui passait les commandes. Les autres prisonniers semblaient s'être désistés en sa faveur. Au fil du temps, il est devenu évident pour moi que je pouvais me fier à Speer, c'est lui qui choisissait le programme musical de nos séances. Cela dit, le choix final des disques était obligatoirement passé au crible par le conseil des directeurs. Les prisonniers n'avaient pas le droit d'écouter des chansons ou des opéras parlant d'amour. Et interdiction d'écouter quelque musique que ce soit, en dehors des séances avec l'aumônier. Rien que pour ça, je pense que ma présence leur était importante.

Personnellement, ce sont les instants que j'ai préférés à Spandau. Écouter de la musique avec Albert Speer avait quelque chose de grandiose. Il avait une telle culture que j'étais vraiment à la fête. Il « me » mettait de l'opéra, du Wagner bien sûr, mais aussi du Schumann, du Mozart, quelques compositeurs français comme Ravel ou Debussy. En entendant cette musique face à lui, je ne pouvais pas m'empêcher de penser au nombre incalculable de fois où il avait dû accompagner Hitler ou d'autres grands du régime au concert ou à l'Opéra, en tenue de soirée. Il avait une oreille parfaite et me faisait partager son plaisir. Il m'expliquait gentiment les morceaux en jouant les professeurs. Je vous assure que c'était passionnant, d'autant qu'il n'y mettait pas vraiment de condescendance. C'est vrai qu'il se comportait comme si je n'y connaissais rien, alors que j'étais moi-même pianiste, mais son enthousiasme était communicatif. Et surtout, dans ces instants-là, nous étions sur une même longueur d'ondes. Il était impossible de ne pas être intéressé par une rencontre avec cet homme.

« Sur les deux autres, je n'ai pas grand-chose à dire. Ils ne participaient jamais à ces petites réunions musicales hebdomadaires. Rudolf Hess, par exemple, ne m'a jamais demandé un disque particulier, mais je suppose que, pour lui, il était entendu au bout de quatorze années de tradition que c'était le privilège de Speer. Cela dit, il devait aimer la musique, car même s'il ne se joignait pas à nous, il demandait toujours qu'on laisse sa porte ouverte pour écouter. Cette attitude est assez révélatrice de la façon dont il s'est comporté avec moi. Il a assisté seulement trois fois au culte au début, probablement par curiosité, histoire de savoir qui était ce nouveau venu, puis il y a renoncé. Il me semble que pour excuser son absence, il m'a déclaré qu'il était athée. Quelque temps après, ayant eu l'impression qu'il pouvait ressentir une certaine gêne à l'idée que je n'étais pas dupe de sa réserve, j'ai pris les devants : "En ce qui me concerne, lui ai-je dit, vous avez la liberté la plus absolue de réagir ou d'agir comme bon vous semble. Je ne vous impose absolument rien. Vous savez que je viens tous les samedis, si cela vous intéresse, vous pouvez venir me trouver. Pour le reste, faites exactement ce que vous voulez." Cette phrase-là, je l'ai dite d'ailleurs également à Speer : "Cette liberté, ce n'est pas moi qui vous la prendrai."

— Comment a réagi Rudolf Hess ?

— Hess s'est retiré en lui-même dès le début, une fois pour toutes. Je n'ai pratiquement eu – sauf exception rarissime – aucune relation avec lui, aucune discussion. Il n'a jamais demandé à me parler. Alors, j'ai tenté d'être attentif, en me posant des questions par rapport à ce que je savais de son histoire. J'avais tellement entendu dire parmi les Alliés et même les Allemands qu'il était fou, amnésique ou que sais-je encore… Il est vrai qu'en tant que dauphin d'Hitler, il fallait être fou pour atterrir en 1941 dans la propriété d'un lord anglais ! J'ai voulu en avoir le cœur net. J'ai eu le sentiment qu'il n'était pas plus fou que quiconque. Je crois qu'il était persuadé d'avoir été "prédestiné", au sens où, comme beaucoup, il avait été fasciné par Hitler. Il avait eu lui aussi l'impression d'avoir été choisi, élu pour réécrire l'histoire du monde. En outre, il avait longtemps été le dauphin d'Hitler, celui qui devait lui succéder. Mais après ce voyage en Grande-Bretagne, tout s'est arrêté. Je suis persuadé que Hess n'était pas fou, mais qu'il n'a rien fait pour ôter cette idée-là de la tête des autres. Je le soupçonne d'avoir souvent joué la comédie et d'avoir donné de lui une image conforme à sa réputation. Il était plein de certitudes, de lubies aussi, il était monomaniaque en somme et son comportement en découlait. Il n'a jamais voulu remettre en question ce en quoi il avait cru. Cela explique son attitude à Spandau et avant à Nuremberg : il ne voulait plus rien avoir affaire avec le monde actuel, dans lequel il vivait pourtant encore. Il assumait ses actes et sa responsabilité avec difficulté, alors il préférait tirer un trait une bonne fois pour toutes.

« On a parlé de neurasthénie à son propos ; il avait fait, paraît-il, des tentatives de suicide dès le début de son incarcération. C'est vrai qu'il avait un étrange regard, très fermé, avec ses arcades sourcilières protubérantes, les yeux très enfoncés dans les orbites. Il était curieux, extrêmement introverti. Mais, s'il parlait peu, c'est parce qu'il avait décidé qu'il ne voulait rien dire. Il n'était pas bien dans son monde, j'en suis sûr. Je m'en suis rendu compte quand, après mon arrivée, il m'a déclaré en substance : "J'ai été condamné à tort, alors qu'on me fiche la paix, je n'attends plus rien de ce système." Comme j'étais un des rouages de ce système, il était normal qu'il ne veuille pas de contact approfondi avec moi. En outre, j'étais pasteur. À l'exemple de tous les dignitaires nazis, la religion était le cadet de ses soucis. Là-dessus, j'ai toujours été clair. Je leur ai dit – ou je l'ai pensé : "Ce n'est pas parce que je suis là que vous devez me faire le grand jeu. Sentez-vous libres, faites ce que vous voulez." Quant à savoir s'il était athée ou pas, comme il l'a déclaré en arrivant à Spandau, je l'ignore. Je n'ai jamais cherché à forcer sa réserve. Et lui n'a rien demandé, parce que c'était sa façon, je crois, de s'opposer à sa condamnation qu'il n'acceptait pas. Durant mes années de service à Spandau, il refusait même de rencontrer sa femme et son fils unique, qu'il n'avait pas vus depuis 1941. Cela faisait plus de vingt-huit ans ! Ça, il me l'a dit avec ces mots : "Lorsque j'ai découvert comment les choses fonctionnaient ici, j'ai refusé toute visite de ma famille." Sa déclaration avait un but clair : je ne devais pas me tromper sur son cas ; il était *la* victime et cette attitude était sa façon d'user d'une ultime liberté. C'était pour lui le seul moyen de se révolter, de récriminer. Il n'en avait pas d'autre.

« Je ne me suis fait aucune illusion par rapport à lui : son comportement a transparu dès le début. Il a dû se dire : "Autant que je mette le nouveau venu au courant." Il constatait ma présence, me serrait la main par politesse tout en pensant : "Sachez que nous en resterons là, nous n'avons rien de commun." S'il avait pu se dispenser de mes visites, il l'aurait fait. Il était enfermé dans le refus de toute relation humaine. J'aurais bien voulu aller vers lui, mais il en a décidé autrement. Au fond, je n'ai rien su de lui et je ne sais pas pourquoi j'en parle. Pour moi, il est toujours resté un chef nazi qui n'a jamais exprimé le moindre regret. Durant la première année, lorsque je passais devant sa cellule, j'entrais et lui disais bonjour en lui serrant la main. Mais, au bout de six mois, je me suis aperçu que ça ne l'intéressait pas. Comme je voyais que ça le gênait presque, j'ai arrêté. Je ne me suis pas posé de problème de politesse : il était assez grand pour savoir ce qu'il voulait et pour comprendre mon attitude. Je pense que cette absence totale de relations lui convenait parfaitement. Quand j'arrivais dans le couloir, je l'apercevais souvent allongé sur son lit. Je ne le dérangeais pas. Il somnolait ou faisait la sieste. À 14 heures, c'était normal, d'autant qu'il était déjà âgé. Chaque fois que l'occasion se présentait, je me contentais de le saluer de loin. Je ne sais absolument pas comment il occupait son temps. Dans sa cellule, comme dans celle de ses compagnons, il n'y avait rien, aucun objet personnel, à part quelques livres triés sur le volet. C'est le règlement qui voulait cela.

« D'ailleurs, une chose m'a toujours laissé perplexe à Spandau. J'étais stupéfait de voir que ces hommes n'étaient pas devenus fous. Cette espèce de néant dans lequel ils vivaient depuis si longtemps – ou survivaient – avait de quoi rendre cinglé. Tourner en rond avec rien !… Schirach attendait que les années passent, Speer, lui, parvenait à s'occuper. Quant à Hess, parfois, je l'entendais parler tout seul. Il lui arrivait même de déclamer ses anciens discours politiques.

« Le couloir où se trouvaient les trois cellules résonnait beaucoup et le règlement stipulait que, lors des visites de l'aumônier, les portes devaient rester ouvertes. Hess devait tout écouter du fond de son "trou". C'est vrai que sa volonté de rester à l'écart – et surtout sa capacité à y parvenir – m'a impressionné. Je sais qu'en 1966, après la libération de Speer et de Schirach, il s'est ouvert progressivement, puis totalement aux aumôniers qui m'ont succédé. Peut-être parce qu'il ne voulait pas frayer avec ses codétenus. Alors, une fois resté seul dans cette immense bâtisse, il était vital pour lui de se "déboutonner". Sans doute a-t-il commencé aussi à espérer qu'il serait un jour libéré ? Après tout, le grand amiral Erich Raeder et Walther Funk, condamnés également à perpétuité à Nuremberg, étaient bien sortis avant terme pour raisons de santé. Il est curieux que Hess soit resté jusqu'au bout… À mon avis, il a payé son étiquette de dauphin d'Hitler et sa tentative ratée en 1941. Et il a fini par se suicider quand il a vu qu'il n'avait plus d'espoir, selon la version officiellement proclamée.

— Avec le recul, regrettez-vous de ne pas avoir forcé sa réserve ?

— Bien sûr, avec tous d'ailleurs ! Quelle personne normalement constituée ne ressentirait pas une chose pareille ? Mais c'était la ligne de conduite que je m'étais fixée : être présent avec une attention décuplée et ne répondre à leur attente que dans la mesure où ils en faisaient la demande. Je répondais à leurs questions quand ils m'en posaient. Mais voilà, Hess ne m'a jamais rien demandé.

— On dirait que vous avez le sentiment d'être passé à côté…

— Oui, un peu, mais ce sont des réflexions que je ne me fais qu'aujourd'hui. À l'époque, je n'éprouvais pas grand intérêt pour lui, je l'avoue. Ni pour Schirach d'ailleurs. Celui-là s'est révélé très vite inintéressant à mes yeux. Étrangement, c'est un homme dont on ne parle pas souvent. Il semble n'avoir marqué personne et, pourtant, il a été l'un des personnages marquants du IIIe Reich. En tant qu'ancien dirigeant des Jeunesses hitlériennes, il a eu de grandes responsabilités. Être chef à vingt-six ans de la jeunesse d'un pays de quatre-vingts millions d'habitants, ce n'est pas rien. Puis Gauleiter de Vienne, avec toute l'Autriche à sa botte… À son contact, pendant cinq ans, j'ai immédiatement senti que ça lui était monté à la tête. C'était le type même du Prussien plein de morgue. À le voir, je l'imaginais plus avec des culottes bouffantes et des bottes montant jusqu'aux genoux – tellement cirées et au cuir si souple qu'on aurait pu y faire des plis rien qu'en soufflant dessus – qu'en salopette et en sabots ! Je ne dirais pas qu'il avait de la prestance, mais c'était un homme qui ne se prenait pas pour la queue d'une poire, comme on dit familièrement. Je reconnais qu'il a essayé de trouver, sans toutefois s'abaisser, une façon d'entrer en contact avec moi. Mais il n'y est jamais parvenu ! Car, au fond, il ne parvenait pas à voir en moi autre chose qu'un Français, un ancien ennemi. Il ne me l'a jamais dit, mais je sais qu'il se considérait condamné à tort, lui aussi. Et puis, à ses yeux, je n'étais qu'un petit pasteur. Bien sûr, j'allais le voir pour parler quelques instants avec lui, mais ça ne signifiait pas grand-chose. Il a assisté au culte tous les samedis pendant une année et puis, du jour au lendemain, il n'est plus revenu. Je n'ai jamais su pourquoi. Les premiers temps, quand nous discutions, je le sentais mal à l'aise, car il ne pouvait être que dans l'ombre de Speer. Albert Speer était le seul des trois à posséder un véritable rayonnement intérieur. Il dégageait un tel charisme qu'à côté, les autres avaient l'air de gamins. Et dans le cas de Schirach, d'un gamin pas très intelligent. Au fil de nos rencontres, en cinq ans, j'ai compris qu'on n'avait strictement rien à se raconter. En un mois, tout était dit. Alors qu'avec Speer, il y avait continuellement quelque chose à découvrir. Schirach était un gars qui n'avait jamais eu besoin d'être intelligent. Il était paresseux et paraissait toiser les autres avec une commisération railleuse, vide de sens. C'était toujours moi qui faisais le premier pas, mais nous n'avions aucun langage commun. Il n'avait aucun sujet de conversation et, comme je lui laissais le droit de ne rien dire, c'était vite fait. On discutait de banalités, du temps qu'il faisait. En arrivant dans le couloir, quand je l'apercevais allongé sur son lit dans sa cellule, j'entrais et je lui serrais la main sur un "*Guten Tag, Herr Schirach*". Il semblait ne s'occuper à rien, à part aux mots croisés. Il laissait sa porte ouverte pour écouter la musique et donnait l'impression d'attendre que ça se passe. Je n'ai jamais rien su de sa famille. Je crois qu'il était divorcé. C'était un type apparemment vide de ressources intérieures qui semblait n'attendre qu'une chose : parler à n'importe qui de n'importe quoi, sauf à moi ! Il entretenait des rapports distants avec ses codétenus. Ses relations avec Albert Speer étaient polies, mais extrêmement glaciales. Je crois – et cela se sentait – que Speer ne lui faisait pas confiance. J'en reviens toujours à Speer, mais il était des trois prisonniers le plus sympathique, le plus intelligent, le plus charismatique, et aussi le plus torturé et le plus ambigu. C'est vrai que mon expérience humaine à Spandau se réduit essentiellement à ce personnage. Je l'avoue à mon corps défendant, mais c'est le seul avec lequel j'ai pu entretenir des relations vraiment… "normales".

— Comment expliquez-vous cela ?

— Bien qu'il soit bridé par l'humiliation et la bureaucratie stupide qui régnaient dans l'univers étouffant et mesquin de Spandau, il avait réussi à "faire son trou" et un véritable travail sur lui-même. Ce qui me rassurait en le voyant, c'est qu'il comprenait apparemment pourquoi il était là. Il n'avait aucune illusion et, même s'il souffrait de la situation, il l'acceptait avec intelligence. Il semblait se dire "mieux vaut encore être là qu'entre quatre planches". Il avait toujours pensé, pendant le procès de Nuremberg, qu'il finirait pendu. Il reconnaissait sa culpabilité. Il a dit que si, à l'époque du procès, les autres avaient eu une arme, ils l'auraient descendu séance tenante.

« Ce qui le faisait le plus souffrir, c'était de ne pas voir ses enfants. Je crois me souvenir que les derniers avaient deux ou trois ans au moment de son incarcération (il ne les connaissait pas bien, car, durant les dernières années de la guerre, il était toujours à droite et à gauche). De toute façon, les petits ne pouvaient pas venir à Spandau et, au rythme d'une visite d'une heure par mois, il ne pouvait voir chacun de ses six enfants qu'à peine deux fois par an. Finalement, ces derniers ont préféré laisser leur place à leur mère. Margret Speer, qui vivait à demeure dans leur propriété de Heidelberg, avait pris un petit pied-à-terre à Berlin pour être plus près de Spandau. Je suis allé lui rendre visite à deux reprises, à la demande de Speer. “Ma femme serait très contente que vous alliez la voir, m'a-t-il dit un jour, tous vos prédécesseurs l'ont fait.” J'ai donc suivi le mouvement et je ne l'ai pas regretté. C'était une femme d'une extrême gentillesse. J'ai également rencontré la fille aînée, Hilde. Elle devait avoir quinze ou seize ans à l'époque. C'était une adolescente étonnante, beaucoup plus mûre que son âge. Elle semblait assumer son héritage avec une force stupéfiante. Nous avons discuté une heure ou deux, il me semble. Nous avons essayé d'entrer dans le vif du sujet, de ne pas rester au niveau d'une visite de courtoisie. J'ai senti qu'elle était en train de faire son deuil… disons plutôt de se faire une raison et d'essayer de comprendre quelle attitude elle devait adopter par rapport aux autres. Elle a été l'un des grands soutiens moraux de son père. Elle venait régulièrement le voir en prison.

« Quand j'ai connu Albert Speer, il avait déjà beaucoup changé. Il allait sur ses cinquante-cinq ans, la fin de sa détention se profilait et il ne lui restait plus que six ans à faire. J'ai entendu dire que beaucoup auraient voulu qu'il soit libéré avant terme, des Américains surtout. Certains disaient : “C'est lamentable de laisser un gars pareil entre quatre murs.” Mais, de toute façon, il aurait fallu un miracle pour qu'il sorte de là avant l'heure. C'était une décision qui engageait trop de pays, un sujet de crispation, notamment pour les Russes. Tout le monde savait que Speer était le plus intelligent des trois, mais c'était quand même à cause de lui que la guerre avait duré deux années de plus[171]. Finalement, on ne lui a fait aucune faveur, il est sorti à la minute prévue, à minuit exactement, au bout de vingt ans de captivité. Je crois profondément que Speer avait compris qu'il devait payer sa déclaration de culpabilité à Nuremberg. Et il était suffisamment intelligent et fort, mentalement, pour se dire : "Si j'arrive au bout de ces vingt ans, c'est mieux que rien." Grâce à Georges Casalis, qui l'a remis en contact avec la foi chrétienne – ce qui au départ était pour lui secondaire –, il avait connu un revirement considérable et sa volonté de devenir un autre homme s'illustrait de façon profondément honnête et loyale. Il a souvent évoqué devant moi son travail de conscience et de rédemption, mais jamais très clairement... probablement parce que je n'étais pas sur la même longueur d'ondes théologique que Casalis. Casalis était celui qui lui a permis de ne pas perdre courage et de retrouver l'équilibre nécessaire pour tenir le coup. Ça n'a pas toujours été facile. C'était même souvent visible : Speer était un homme torturé qui faisait des efforts constants pour ne pas perdre pied. En même temps, il était d'une telle discrétion et d'une telle subtilité psychologique que jamais il ne m'a demandé quelque chose, comme transgresser le règlement en sa faveur, faire passer du courrier ou lui raconter ce qui se passait à l'extérieur. Je lui en ai su gré, car j'ai reconnu là l'usage d'une certaine liberté.

— Éprouviez-vous plus que de l'estime pour lui ?

— Oui, de l'amitié. Cela s'explique dans une certaine mesure par le charisme qu'il dégageait. Tous ceux qui l'ont rencontré et avec lesquels j'ai pu m'entretenir par la suite tombaient d'accord sur cette constatation : Speer était un charmeur. Il avait une allure et des manières séduisantes. Dès les premières minutes, on éprouvait très vite une grande sympathie pour lui. Tout en étant peu expansif, il était d'un abord si facile que, parfois, on pouvait même se laisser prendre sans s'en rendre compte.

— Prendre ?

— Oui, on pouvait succomber à son charme sans s'en rendre compte. Attention, il n'était pas familier, ni du genre à vous taper sur l'épaule, mais c'était excessivement plaisant de discuter avec lui. J'ai entendu dire que certains gardiens le trouvaient condescendant… Je ne sais pas pourquoi. Personnellement, je ne parlais jamais des criminels avec le personnel de la prison, cela m'était interdit et je ne voulais pas mettre ces gens mal à l'aise. Je suppose que c'est parce qu'ils n'étaient pas tous d'une grande sensibilité ou délicatesse. Mais c'est vrai qu'à certains moments, il transparaissait chez Speer une sorte de souvenir de sa gloire passée. C'était fugitif. Il était suffisamment discret et bien élevé pour faire attention à son comportement. Avec moi, il ne s'est jamais montré hautain ou condescendant, même si parfois il a eu l'air déçu…

— Déçu par qui ? Par vous ?

— Par moi, oui, mais plus précisément par le fait que je n'avais pas une théologie aussi profonde et solide que Georges Casalis. Du moins, c'est ce qu'il percevait. Il m'a longuement parlé de Casalis, jusqu'au jour où il s'est rendu compte que je ne connaissais pas aussi bien Karl Barth que mon collègue et prédécesseur. À ce moment-là, j'ai eu l'impression fugace d'être nettement moins intéressant à ses yeux. Quand, de temps à autre, il découvrait que je n'avais pas les mêmes réactions que Casalis, il ne cachait pas sa déception. Il faut dire que Casalis l'avait beaucoup marqué. Mais je ne crois pas qu'il m'en ait voulu d'être différent. Cela dit, je préparais toujours mes cultes de Spandau avec une attention spéciale pour Speer, afin de pouvoir éventuellement répondre aux questions qu'il me poserait. Je ne connaissais évidemment aucun président américain ou russe ou autre sur lequel faire pression pour le faire libérer. Je le répète, le seul pouvoir que j'avais par rapport à ces prisonniers, c'était de les aider dans leur démarche spirituelle. Avec Speer, quand nous nous retrouvions seuls après le culte, nous parlions surtout de musique, de théologie. Suivant les circonstances, il me racontait ce qu'il avait lu dans les journaux. Il n'avait pas le droit de les garder dans sa cellule, mais, comme il avait une mémoire très aiguisée, il était au courant de beaucoup de choses. À certains égards, il connaissait mieux la marche du monde que moi, d'ailleurs. Jamais il ne m'interrogeait sur l'actualité. Ce n'était pas le genre à demander quoi que ce soit, mais rien ne lui échappait. Il devait tirer ses renseignements de certains gardiens, je crois qu'il avait le chic pour savoir les faire parler. Il me racontait son "tour du monde", comment il avait entrepris d'effacer mentalement les murs de la prison. Par contre, il ne m'a jamais avoué qu'il écrivait ses Mémoires en secret avec la complicité d'un infirmier hollandais, entre autres. J'ai appris cette histoire de brouillons sortis sur du papier toilette des années plus tard. Qu'il ne m'ait rien dit ne m'a pas choqué. C'était un jeu dangereux, il aurait fallu être fou pour distiller cette information à gauche et à droite. Encore une fois, je m'interdisais de lui poser des questions. Spontanément, il lui est arrivé d'évoquer le souvenir d'Hitler. "Personne ne peut se rendre compte à quel point Hitler avait le don de pourrir les gens, m'a-t-il dit. Et pourtant, s'il avait été du genre à avoir des amis, j'aurais été l'un des plus proches, moi qui avais mes entrées au Berghof, à Berchtesgaden, où n'étaient reçus que ses intimes."

« Son indulgence pour Hitler restait son plus grand questionnement. Je crois qu'il cherchait à comprendre comment il avait pu continuer à soutenir un régime dont il avait découvert le caractère nuisible et tragique, tout en donnant le meilleur de lui-même presque jusqu'à la fin. "Hitler possédait un pouvoir de fascination tel que je n'ai connu pratiquement personne qui a pu lui résister", disait-il. Et je me souviens, il a ajouté : "Je me demande encore aujourd'hui comment moi, j'ai pu succomber à un type pareil. Je le vois aujourd'hui comme le parangon du mal." En disant "moi", il parlait de ce qu'il était devenu, du meilleur côté de sa personne. Il était stupéfait et intrigué de constater qu'il n'avait pas su résister. En revanche, il a peu évoqué la Shoah devant moi, ou du moins jamais explicitement.

« Jamais je n'aurais osé le presser de questions. Ce n'était pas l'idée que je me faisais de mon ministère. Mais je me suis bien rendu compte que ce sujet restait son plus grand traumatisme.

— L'avez-vous perçu réellement comme un homme sincère ?

— Ah ça, c'est la grande question ! Elle mérite d'être posée et elle l'a été bien souvent ! Il y avait chez lui une telle volonté de se "flageller", d'exprimer sa culpabilité, que cela pouvait paraître suspect. Personnellement, je lui ai fait crédit. Encore une fois, j'ai considéré que puisque je ne pouvais rien faire sur un plan pratique, il me fallait lui laisser cette liberté. La question de sa sincérité m'a, je l'avoue, traversé l'esprit à l'époque. Je me suis demandé par instants s'il n'était pas opportuniste, mais je ne m'y suis pas arrêté. Je n'ai jamais pensé qu'il pouvait me mentir. En revanche, il est fort possible qu'il se soit "reconstruit" un personnage. Quand je l'ai connu, il avait réussi à quitter les eaux troubles de son passé, de son arrestation et de ses longues années de questionnement ; il était déjà quelqu'un d'autre. Il était presque parvenu à une sorte de sérénité. Pourtant, un an ou un an et demi avant sa libération, il n'avait pas encore réussi à voir clair en lui-même. Speer était un cas étonnant : il possédait une honnêteté totale… mais tordue à la base. Il avait toujours du mal à franchir le dernier pas. On sentait qu'il n'étalerait jamais ses secrets les plus intimes. Il gardait par-devers lui cette ultime part. Il ne faisait jamais état du rôle qu'il avait tenu. Il ne m'a jamais laissé entendre qu'il avait réussi à prendre une véritable distance avec son passé. Il fallait que je lise entre les lignes. Il ne disait que ce qu'il voulait bien dire. Et il me faisait la confiance de penser que j'étais capable de prolonger certaines phrases. Non pas de découvrir ce qui se cachait derrière, mais de suppléer, de compléter. Je me suis contenté de cela. Mais le peu qu'il disait dans sa recherche de vérité était très important à mes yeux. J'ai tendance à penser qu'il s'est distancé du passé dans le secret de sa conscience, même s'il ne l'a jamais avoué. C'est en cela qu'il était passionnant : à chaque rencontre, on le devinait toujours en évolution.

« Mais attention, si j'éprouve de l'admiration pour le parcours intérieur qu'il a su mener en vingt ans de captivité, je ne le juge pas exemplaire. J'ai tendance à penser qu'il y était contraint. Il ne pouvait pas faire autrement. Les autres prisonniers n'ont pas eu cette démarche, car ils *n'étaient pas* Speer. Finalement, quand on le connaissait, on ne pouvait pas être surpris par ce qu'il avait entrepris, car c'était un caractère, une personnalité dotée d'innombrables ressources, quelqu'un d'assez exceptionnel en cela. Ce qui explique d'ailleurs tout ce qu'il a entrepris sous Hitler et pour Hitler. Il faut lui reconnaître ce mérite : il a essayé de devenir quelqu'un d'autre alors qu'il aurait pu tourner comme Hess et s'enfermer dans le néant total. Toutes les conditions étaient réunies pour cela. Je ne veux pas le défendre, mais lui rendre justice : il a choisi la voie la plus difficile, remonter toute une vie en s'interrogeant quotidiennement afin de trouver la sérénité qui lui permettrait de repartir. Est-ce du bon pied ? Il ne m'appartient pas d'en juger. Attention, tout ce que je dis sur Speer ne le dédouane pas de ses actes passés. Mais ce que j'ai constaté de façon aiguë, à partir du « cas Speer », c'est que chaque être humain a ses secrets et son mystère que personne ne pourra jamais découvrir. On ne peut jamais lire complètement dans le cœur d'un homme, et c'est bien ainsi. Autrement dit, je considère que je ne peux parler de Speer qu'en fonction d'une époque et d'une situation données. Je ne peux pas en arriver à des conclusions fermes et définitives. J'en reviens toujours au concept de liberté : c'est une des vertus les plus difficiles à pratiquer, mais chacun y a droit.

« Je mentirais en disant que je ne me suis pas posé la question de savoir ce qu'il savait réellement sur le génocide des Juifs. Bien sûr que je me suis demandé s'il était au courant pour la Solution finale ! Mais je ne l'ai jamais interrogé – je m'y suis toujours refusé. D'une certaine manière, cela n'aurait pas changé mon regard sur lui. Ce qu'il avait fait n'était pas "rattrapable". Mais il est parvenu à avancer dans la compréhension de son personnage, il s'est découvert. Comment a-t-il utilisé par la suite ce qu'il avait appris sur lui ? Ça, c'est un secret entre Dieu et lui. Au fond, je n'ai pas su grand-chose de sa foi. Sous le régime nazi, il avait, comme beaucoup d'autres, fait la démarche administrative de "quitter l'Église", par commodité et sans états d'âme. Il n'y est plus jamais rentré. À l'image de ses contemporains, il était plutôt théiste, au fond assez indifférent. Par sa quête spirituelle, il ne visait pas à se mettre en règle avec l'« institution ». Je crois que sa volonté de vivre a été davantage un obstacle et une faiblesse pour lui qu'une ouverture de vie. Finalement, il est difficile de dire si sa conversion a été réelle, sincère et définitive.

« Après mon départ en 1965 et notre ultime "*Auf Wiedersehen und alles Gute !*" ("Au revoir et tous mes vœux !"), je ne l'ai plus jamais revu. Pourtant, cela aurait pu se faire une fois. C'était environ dix ans après sa sortie de Spandau. J'étais enseignant à Montpellier et, une année, nous avons organisé un voyage à Heidelberg pour les élèves. Une fois sur place, j'ai décidé d'aller lui rendre visite. Mais il était absent. Vous voyez, j'allais dire : "Il aurait pu m'inviter"… mais je n'ai pas voulu être celui qui lui rappellerait ses vingt années de prison. Il avait le droit de tourner la page. S'il avait eu envie de me voir, il aurait su où me trouver. Je n'ai connu le reste de sa vie que par la presse ou les livres. Il m'en reste quelques-uns sur lui et, de temps à autre, je me prends à relire la dédicace qu'il m'a écrite sur un de ses ouvrages qu'il m'a envoyé après sa libération. »

André Happel se lève et va chercher dans sa bibliothèque les Mémoires d'Albert Speer, rédigés secrètement pendant son incarcération. Sur la page de garde y sont inscrits ces mots en allemand : « Avec mes plus chaleureux remerciements pour les soins et les prévenances discrètes que vous m'avez témoignés. Albert Speer. Heidelberg. Le 1er octobre 1975. »

« Je ne jugerai pas ce qu'il est devenu, reprend André Happel. Il fallait qu'il s'en sorte par lui-même. Cela étant, il semblerait qu'une fois dans sa nouvelle vie, il ait souvent pris avec humour – cet humour qui le caractérisait – tout ce qui s'était passé avant. Pour le relativiser ? Il a un jour prononcé cette phrase : “En fin de compte, je trouve que je ne m'en suis pas si mal sorti que ça. Après tout, *j'ai été* l'architecte d'Hitler, *j'ai été* son ministre de l'Armement et de la Production. *J'ai passé* vingt ans à Spandau et, en sortant, *j'ai fait* une nouvelle et bonne carrière. Pas si mal tout compte fait, non[172] ?” En lisant ces mots, j'y ai vu une ultime pirouette, l'expression d'un orgueil destiné à rappeler ce qu'il avait été. À moins qu'il ne s'agisse que d'amertume… Allez savoir !

« Puis-je être sûr de ne pas me tromper ? En tout cas, Albert Speer reste à mes yeux l'un des hommes les plus forts mentalement que j'aie jamais rencontrés. Il a assumé ses vingt années de captivité avec un appétit de vivre extraordinaire. Il a saisi son destin à bras-le-corps et est parvenu à se bâtir une nouvelle vie. J'ai vu mon rôle de pasteur presque comme celui d'un accoucheur. Un pasteur, c'est quelqu'un qui permet de faire avancer les autres imperceptiblement dans une recherche personnelle sans qu'ils aient de comptes à rendre à d'autres qu'à Dieu. Le but est d'arriver, soit à ce qu'ils s'amendent, bien que je n'aime pas ce mot, qu'ils retrouvent un certain équilibre, soit à ce qu'ils parviennent à assumer certaines responsabilités, aboutissant ainsi à une nouvelle démarche. Et tout cela, quoi qu'ils aient pu faire auparavant. Lorsque je compare Albert Speer à Rudolf Hess, je ne peux qu'admirer le premier. Je constate que Hess a tout "bloqué" de façon irrémédiable, tandis que Speer a accepté d'être confronté à son horrible passé, à l'histoire du régime qu'il a soutenu pour voir si, éventuellement, il y avait quelque chose à en retirer. C'est une démarche honorable que Rudolf Hess a refusé de faire pour des tas de raisons qui lui sont personnelles. C'est pour cela que je ne le condamne pas non plus. Je remarque simplement que ces deux hommes ont eu des comportements diamétralement opposés. Celui de Speer me plaît ; il me paraît plus honnête et plus humain que celui de Hess. Pour ce dernier, c'était : "Le monde dût-il périr, je m'en fiche." Avec une telle attitude, il ne se passe plus rien. Vous conviendrez que c'est grâce à l'attitude de Speer qu'on est là, aujourd'hui, à discuter de tout cela.

« Il a souvent été dit que Hess et Speer ne s'entendaient pas à Spandau, mais c'est plus compliqué que cela. Certes, Hess refusait de se mêler aux autres, mais je crois que lui et Speer arrivaient parfois à communiquer. Au cours de certaines conversations, Speer a essayé de m'expliquer qu'il pensait du bien de Hess, mais qu'au vu des circonstances et de leur situation, il ne voyait pas de raison essentielle de le lui manifester. Il avait sans doute raison. Je le redis, j'ai toujours trouvé ahurissant que ces trois hommes ne soient pas devenus fous. Ils étaient là, piégés sans aucune possibilité, obligés d'être ensemble, malgré leurs origines différentes, avec leurs souvenirs. Schirach refusait de partager la gloire dont il s'était nimbé. Hess, c'était l'ancien « dauphin » du Führer, et Speer, le traître pour certains. Ils étaient restés figés dans leur monde, leur passé. Leurs souvenirs s'estompaient. L'univers autour d'eux se métamorphosait et ils en étaient exclus. C'est pour cela, je crois, que l'aumônier que j'étais était le bienvenu. Ils voyaient enfin quelqu'un d'autre que les éternels gardiens.

— Finalement, avez-vous le sentiment d'avoir joué un rôle important ?

— Bien sûr. Je n'ai jamais douté de cela. En revanche, j'ignore ce que j'ai pu apporter de définitif à ces hommes… Une présence tout simplement humaine ? Plus, peut-être ? La religion les intéressait peu ou pas du tout. Malgré tout, il a dû passer quelque chose entre eux et moi… forcément. En tout cas, j'étais convaincu d'une chose : je n'étais pas là pour faire la révolution. Il me paraissait aberrant de songer qu'on pouvait changer localement quelque chose au destin de ces prisonniers. Que pouvais-je faire ?

« On ne peut pas comprendre Spandau si on ne le replace pas dans le contexte de ce qu'était la ville de Berlin à l'époque. C'était l'extravagance à l'état pur, un univers rocambolesque. La guerre froide battait son plein, le Mur séparait les deux Allemagnes et, dans le même temps, les Occidentaux et les Soviétiques étaient condamnés à s'entendre pour diriger cette énorme prison interalliée. On s'espionnait, on se glissait des peaux de bananes, la paranoïa était totale. Tout cela pesait sur le sort et le quotidien des prisonniers. J'ai ressenti de la colère face aux humiliations que ces hommes subissaient à Spandau. Mais j'étais démuni. À tort ou à raison, je pensais que c'était "le pot de fer contre le pot de terre", je n'avais aucun moyen de modifier ce système. J'ai d'ailleurs toujours pensé que ce n'était pas le rôle de l'aumônier. J'étais intimement persuadé qu'il ne servait à rien d'abîmer les rapports qui prévalaient à Spandau – même si ces derniers étaient minables, inhumains – au bénéfice d'un rêve. De toute façon, je n'ai jamais été du genre à me croire indispensable, même dans mon ministère. J'ai fait ce que j'ai pu, ce que j'ai cru devoir faire. Je me suis contenté avec une attention toujours en alerte d'être ouvert à leurs angoisses, à leurs attentes, et d'y répondre le mieux possible.

« Étaient-ils heureux ou malheureux ? Franchement, je l'ignore. Ce qui est sûr, c'est qu'ils n'avaient pas trouvé leur équilibre. Comment pouvait-on ne pas être malheureux dans une situation aussi "idiote" ? Excusez-moi, il n'y a pas d'autre mot. Pour autant, je n'ai pas éprouvé de pitié à leur égard. J'aurais eu le sentiment de les rabaisser, d'insinuer que je pouvais leur donner quelque chose alors qu'eux en étaient incapables. Je m'en suis tenu à une seule politique : leur donner le sentiment que le monde qui continuait à vivre à cent mille lieues de leur existence était également *leur* monde et qu'ils pouvaient y conserver une certaine place, même s'ils se trouvaient dans une situation aliénante. Mon accompagnement pastoral visait à leur donner conscience de leur dignité d'êtres humains. Je n'étais absolument pas là pour juger leur passé. Leur condamnation à Nuremberg était leur affaire et celle de l'Histoire, pas la mienne. Ils avaient été punis pour leurs actes. Mon rôle de pasteur était de prendre en compte leur passé, leurs souffrances et leurs erreurs afin qu'ils ne sortent pas de là désespérés. Y suis-je parvenu ? Je n'en sais rien. Je suis ainsi fait que je ne peux pas me délivrer de certificat de satisfaction. Je reconnais que, contrairement à certains de mes collègues, j'ai peu transgressé le règlement au profit des prisonniers. Je m'en suis aperçu le jour de mon départ, en 1965, lorsque les quatre directeurs m'ont félicité en ces termes : "Nous avons rarement eu un aumônier tel que vous !" Inutile de vous dire que je suis tombé des nues. Cela voulait dire que je ne leur avais pas posé de problème. Après coup, je n'ai pas pris cette phrase pour un compliment et j'aurais préféré qu'ils ne remarquent pas trop mon "obéissance", d'autant qu'ils ne l'ont pas comprise.

— Que gardez-vous aujourd'hui de cette expérience ?

— C'est difficile à dire. Il est clair que je ne suis pas sorti de Spandau comme j'y suis entré. Cela m'a appris une certaine gravité, j'y ai vécu des choses uniques, face à des gens uniques. Je n'en reviens toujours pas d'être "tombé" là-dedans. J'ai été propulsé avec une brutalité inouïe dans une petite niche du monde, une sorte de "splendeur négative" draconienne et inhumaine. C'est quelque chose que j'ai encore du mal à m'expliquer et à transmettre. »

Bertrand de Luze, le pasteur de la transition : 1965-1972

Bertrand de Luze est né le 9 décembre 1920 à Bordeaux. Appelé au service armé en 1940, il a été démobilisé en novembre 1945 après avoir servi un an, entre 1943 et 1944, dans les FFI. Entre-temps, jeune étudiant en théologie à la faculté de Montpellier, il s'est engagé dans le maquis du Vercors, plus précisément dans le célèbre camp des théologiens de Montpellier, qui aidaient les protestants réfractaires au STO, où il échappera de justesse à une rafle allemande. Après la guerre, dès l'année 1947, il a milité avec son épouse, la Fédération protestante de France et le Conseil œcuménique des Églises de France pour la réconciliation franco-allemande. En 1951, il a intégré l'aumônerie militaire des forces armées pour le culte protestant. Il débute par l'Extrême-Orient avec Saigon, Phnom Penh, puis, plus tard, il s'installe durant sept ans à Bangui, en République centrafricaine d'où il sillonne jusqu'au Cameroun, au Tchad et au Gabon. C'est de là, à la demande de Georges Casalis, qu'il est parti en 1965 pour rejoindre son affectation auprès du commandement en chef des forces françaises en Allemagne pour le secteur de Berlin.

Bertrand de Luze a été l'aumônier d'Albert Speer, de Baldur von Schirach et de Rudolf Hess à partir de l'été 1965. Il était en poste à Spandau lorsque, le 30 septembre 1966 à minuit, Albert Speer et Baldur von Schirach recouvrèrent la liberté devant des centaines de caméras et de photographes du monde entier, après vingt ans de captivité. Jusqu'en 1972, date à laquelle il a quitté l'aumônerie militaire protestante, il est resté le seul interlocuteur de Rudolf Hess. C'est sous son ministère que le prisonnier numéro 7 s'est peu à peu ouvert au monde qui était désormais le sien et qu'il a finalement accepté, après plus de vingt ans de silence, de revoir sa famille. Y a-t-il un Rudolf Hess d'avant le pasteur de Luze et un autre d'après ? Un homme neuf ? C'est ce que diront les aumôniers qui suivront.

Lors de ces entretiens, trente-cinq ans plus tard, Bertrand de Luze ne s'était pas complètement débarrassé de la profonde rébellion qu'il avait éprouvée pour l'univers carcéral de Spandau. « Ma notion d'obéissance aux autorités n'a jamais été absolue », confiait-il avec malice. Sa colère contre les « traitements humiliants » infligés aux prisonniers était en revanche presque intacte. Il n'y avait pourtant en lui aucune compassion angélique, pas le plus petit arrangement avec sa conscience.

Homme et pasteur engagé, il avait fait sienne, tout comme Georges Casalis, la célèbre phrase de Karl Barth : « Un protestant doit avoir une bible dans une main et un journal dans l'autre. » Et c'est tout naturellement que Bertrand de Luze deviendra directeur en septembre 1972 du journal *Réformes*, né en 1945 sous l'inspiration de protestants français, résistants actifs ou philosophiquement engagés.

L'état d'esprit avec lequel il a travaillé auprès des prisonniers à Spandau – et son évolution – est limpide à la lecture de son dossier militaire. Ainsi, dans les premières années, en 1966 précisément, on peut y lire sous la plume de son supérieur : « Bertrand de Luze est un aumônier particulièrement qualifié pour le poste délicat de Berlin. »

Puis, plus tard, toujours dans ce même dossier, cette note de service du commandement du secteur français de Berlin en juillet 1970 : « Personnel classé dans l'"élite" pour son goût des responsabilités et sa valeur morale. » En 1971 et 1972, premiers bémols pour le « capitaine » de Luze : « Un peu frondeur au niveau disciplinaire », écrit sa hiérarchie. Plus loin : « Aumônier plus enclin à se laisser accaparer par l'aspect social de son apostolat que par son aspect théologique et militaire. » Enfin, peu de temps avant le départ de Bertrand de Luze de Berlin, cette appréciation signée par son général de division : « Je crois le pasteur de Luze déchiré entre sa mission pacifique d'apostolat chrétien et celle d'aumônier militaire, et je me demande s'il a encore sa place dans l'armée. Par ailleurs, homme éminemment respectable et sympathique. »

Aujourd'hui décédé, Bertrand de Luze était, en 2004, déjà gravement malade. Nos entretiens se sont échelonnés sur plusieurs mois et se sont déroulés en présence de son épouse Daisy en région parisienne, dans leur petit appartement de Sceaux, modeste refuge de retraités, en apparence, plus riches en souvenirs qu'en biens matériels. Devant l'exiguïté des lieux, on ne pouvait que se demander avec admiration comment ils parvenaient lors des grandes occasions à y réunir leur famille, composée de neuf enfants, dont deux adoptés, et leurs petits-enfants.

Présence discrète, Daisy couvait son mari d'un regard attentif, attentionné, souvent inquiet. Par moments, d'un ton respectueux et à peine audible, elle complétait un souvenir, apportait une précision et se renfonçait dans le silence, tandis qu'assis dans son fauteuil qu'il ne quittait plus guère, Bertrand de Luze tentait d'une voix tremblée de répondre aux questions. Il y mettait parfois un temps infini. Lançait un mot puis s'arrêtait, les yeux soudain clos. « Vous dormez, Bertrand ? » tentait Daisy. Il fallait parfois reformuler la question, puis attendre une ou deux minutes avant que, la voix soudain affermie, le pasteur de Luze se raccroche à son récit.

Il régnait par instants dans le petit salon un étrange silence qui aurait pu être embarrassant, mais qui s'est révélé avoir un certain charme. La maladie était là, presque palpable, et, dans le même temps, ce silence semblait vivant, comme habité par la puissance de l'esprit et la profonde intelligence du pasteur de Luze. Le plus frappant était son regard clair, brillant d'une profonde humanité. « Je pourrais vous répondre, disait-il parfois, mais ce qui m'ennuie, c'est que j'ignore si ce que je vais vous dire n'émane pas de mes élucubrations ou de mon invention. »

Son impatience à chercher ses mots, il ne la tournait que contre lui-même. De la même manière, lorsqu'une idée peinait à venir, il se concentrait, toujours soucieux de se dépasser. La justesse était sa principale préoccupation.

Il ressort de ces entretiens l'image d'un homme généreux, viscéralement révolté par l'injustice. On ne peut qu'éprouver de l'admiration pour son intelligence subtile, son absence totale de manichéisme et sa clairvoyance parfois dérangeante. La voix du pasteur de Luze, bien qu'affaiblie, est l'une des plus éclairantes sur la difficulté qu'il y a à juger, avec le recul, la personnalité profonde des prisonniers de Spandau.

Témoignage de Bertrand de Luze

« Je mentirais en disant que je n'ai pas hésité avant d'accepter ce poste d'aumônier à Spandau. En vérité, j'ai même longuement hésité. Peut-être à cause de mon passé dans la Résistance. Pendant la guerre, alors que j'étais étudiant en théologie, j'ai appartenu au maquis des théologiens de Montpellier, plus précisément au camp de Treminis, dans le Vercors. Cette expérience-là, même si elle n'a pas duré longtemps, m'a marqué. Un jour, les Allemands ont fini par se rendre compte de l'existence de ce maquis. Je me souviens, c'était à l'automne 1943[173], j'avais été désigné pour porter un message à Lyon. Sur le chemin du retour, alors que j'allais retrouver mes compagnons, des Allemands sont montés dans le bus où j'étais assis. J'ai compris… »

Bertrand de Luze semble avoir du mal à achever sa phrase. Spontanément, Daisy, son épouse, vient à sa rescousse.

« Bertrand a tenté de faire prévenir les autres, poursuit-elle. Pendant ce temps, les Allemands, qui ignoraient l'emplacement exact du camp, ont arrêté un garde forestier, l'ont interrogé et l'ont forcé à les conduire sur les lieux. Or ce garde forestier était un Alsacien réfugié dans la région. Il les a baladés toute la journée pour donner aux maquisards le temps de s'enfuir. Les villageois des environs, qui étaient tous au courant, ont donné l'alerte. Furieux, les Allemands ont fusillé le garde forestier. Heureusement, les autres ont pu s'échapper… »

Le pasteur de Luze se redresse dans son fauteuil. Sa voix est chargée de chagrin.

« Certains… certains de mes camarades ont pu se sauver, reprend-il d'un ton affermi, d'autres ont été pris ou sont morts. Cela a été très dur…

— En 1965, quand vous avez été nommé aumônier militaire de la prison de Spandau, aviez-vous dépassé ces blessures ?

— Oui, les années avaient passé. Cependant, je suis fréquemment retourné à Treminis pour commémorer le maquis et mes compagnons. La dernière fois où je m'y suis rendu, c'était en 2000. J'étais le dernier survivant… Mais, en 1965, j'étais très engagé en faveur de la réconciliation franco-allemande. Depuis la fin de la guerre, j'avais beaucoup participé avec Daisy aux rencontres organisées par la Fédération protestante de France et le Conseil œcuménique des Églises de France en faveur du rapprochement franco-allemand. D'ailleurs, c'est lors d'un de ces rassemblements que j'ai connu ma femme. C'était en janvier 1947 à Strasbourg. Au cours de cette réunion, l'idée de renouer des relations avec le peuple allemand avait commencé à germer fortement. Et puis cela a continué, jusqu'à la Conférence chrétienne de la jeunesse à Oslo en 1947, où, pour la première fois, des Allemands étaient présents. Nous avons été très actifs dans ce mouvement. On pourrait donc dire que j'avais reçu une sorte de formation pour m'installer à Berlin. Mais même si j'ai accepté ce poste avec un grand esprit d'ouverture, il serait exagéré d'affirmer que je suis parti libre de toute rancœur, dans l'unique but d'aider l'Allemagne. Je me suis posé beaucoup de questions sur l'obéissance à Dieu. Avais-je le droit de refuser ? Et je dois avouer une autre réticence : ce rôle d'aumônier auprès de ces prisonniers nazis m'apparaissait comme celui d'un gardien. Je sentais confusément que ce qu'on attendait de moi était très différent de la mission que j'avais eue jusqu'ici en République centrafricaine. L'idée de remplir ma vocation dans un univers carcéral me pesait. J'avais très peur à l'idée de me retrouver dans le camp des vainqueurs. Il y avait cette frontière entre nous. Eux, c'étaient les vaincus.

— Est-ce la seule image que vous aviez d'eux ?

— Bien évidemment. À cette époque, ils n'étaient pour moi que des noms, ils symbolisaient la guerre et le nazisme. Je ne savais rien de plus. Avant de partir, j'ai eu de longues conversations avec mes supérieurs hiérarchiques, des membres de la Fédération protestante de France. J'ai recueilli des informations auprès de mes prédécesseurs, surtout auprès d'André Happel. Nous avons eu de longues conversations. J'étais très en demande de conseils. Je n'arrivais pas bien à comprendre précisément en quoi consisterait ma mission. Je crois que je me sentais un peu dépassé. En outre, j'avais un problème de langue. Je parlais allemand, puisque c'était la condition *sine qua non* pour être envoyé à Berlin, mais assez mal. Je n'étais pas un spécialiste, et je craignais de ne pas pouvoir tenir une longue conversation courante. Bien sûr, j'ai également rencontré Georges Casalis. J'ai lu tous ses travaux. Tous les deux, nous avons essayé d'organiser un peu les futures réunions que j'allais devoir tenir – les cultes, si vous préférez. Nous avons lu la *Dogmatique* de Barth, chapitre après chapitre… »

Bertrand de Luze pousse un soupir d'exaspération. Son agacement est palpable. Les mots se bousculent, lourds de colère.

« En vérité, c'était un peu fou de nous charger de ce travail !

— Fou ? Pourquoi ?

— Mais parce que je n'y comprenais rien ! Je ne comprenais rien à ces entretiens. À ce qu'on allait faire à Berlin !

Pourquoi était-on là au fond ? Excusez-moi, je crois que je dis n'importe quoi. Mais être à Berlin dans ce rôle de vainqueurs face à ces hommes-là, c'était intolérable !

— Pourtant, vous dites que Georges Casalis vous a beaucoup aidé à vous situer par rapport à ces hommes ?

— Oui, bien sûr. Nous avons beaucoup parlé des relations qu'il avait eues avec ces criminels. Il m'a expliqué que cela avait été dur pour lui au début. C'est grâce à nos conversations que je me suis senti finalement prêt à partir pour Spandau. Avec même une certaine curiosité et de l'intérêt. Je me suis dit qu'il valait mieux qu'il y ait là-bas un aumônier français plutôt que pas d'aumônier du tout, que je pouvais apporter à ces hommes un peu plus de « liberté » que ceux qui les gardaient. Je suis arrivé sans crainte particulière ni idée préconçue. Mais j'avoue que l'univers de Spandau m'a particulièrement déplu. Oui, j'ai éprouvé un sentiment de révolte à l'égard de cet endroit. Rencontrer des hommes dominés par un régime carcéral a toujours été difficile. C'est ce qui m'a le plus marqué.

« Dans le même temps, j'étais partagé… Il s'agissait d'une bataille intérieure à livrer, vous comprenez… J'étais partagé entre le fait de trouver normal le sort qui était fait à ces hommes, le dégoût pour les humiliations qu'ils subissaient et la dureté de la vie qu'on leur imposait. C'est l'une des choses que l'on apprend dans une expérience comme celle-là : le mal que l'on peut faire d'un côté et le bien qu'on fait de l'autre sont très relatifs, interdépendants. Je comprenais fort bien l'idée qu'il y ait un règlement, que mes conversations avec les prisonniers soient enregistrées. Il était même normal qu'elles le soient. Je pense que les gouverneurs de Spandau se demandaient en permanence si les détenus n'allaient pas me faire des révélations. Bien que ces hommes aient été jugés, l'horreur du nazisme était encore dans tous les esprits. Il y avait une nette volonté de faire payer ces trois prisonniers. Dans les années 1960, l'Allemagne vivait encore dans une atmosphère de remords. Elle devait à la fois se reconstruire et affronter tout ce que l'on continuait de découvrir sur son sinistre passé. Payer ses fautes était un passage obligé. En revanche, la prison de Spandau était un endroit scandaleux. Ce qui était scandaleux, ce n'était pas que ces trois hommes y soient enfermés, c'était la manière dont ils l'étaient. Le règlement ne leur permettait que de recevoir ou d'envoyer une lettre par mois. C'était pareil pour les visites, les prisonniers n'avaient droit qu'à une demi-heure par mois – au départ, c'était même un quart d'heure. Et encore, devant témoins et sans pouvoir toucher un visiteur. Interdire ainsi aux prisonniers tout véritable rapport avec leur famille me paraissait odieux. De la même façon, on leur refusait la liberté et la possibilité de s'entretenir réellement avec moi, puisque nous étions constamment sous la surveillance d'un gardien. Les détenus s'en sont souvent plaints auprès de moi : ils trouvaient insupportable de ne pas pouvoir avoir avec moi de relations d'"homme à homme", si j'ose dire. Le gardien n'était pas là pour le décorum, il écoutait nos échanges. Il était clairement là pour nous surveiller. Comment voulez-vous communiquer librement lorsque vous savez que ce que vous dites est susceptible d'être répété ? J'avoue que j'ai eu du mal à suivre ce règlement, vraiment beaucoup de mal. Je leur ai toujours serré la main, je les ai toujours appelés par leur nom. C'était pour moi impossible de faire autrement. »

Bertrand de Luze semble accuser une certaine fatigue. « Je l'ai fait sans regret », *déclare-t-il brusquement.*

« Qu'avez-vous fait sans regret ? Avez-vous aidé ces hommes ?

— Évidemment ! Dans la mesure de mes moyens, je les ai aidés en leur fournissant des livres et en favorisant leurs rapports avec leur famille. Par exemple, je transmettais du courrier en cachette. Je n'en tire aucune gloire, ce n'était pas spécialement courageux – d'ailleurs, je n'étais pas le seul. Il y avait un véritable réseau de complicités dans la prison, transgresser le règlement était une activité bien partagée... J'ai agi chaque fois sans états d'âme et sans remords. Spandau était un monde cruel, un monde de militaires. Au quotidien, l'ambiance était lourde de tensions. Il y régnait une méfiance généralisée entre les quatre pays alliés. C'était particulièrement dur pendant le "mois soviétique". Les Russes faisaient tout leur possible pour humilier les prisonniers. Je n'ai eu avec eux que des rapports formels, distants. J'avoue que dans l'ensemble ma relation avec le personnel était correcte. Avant d'aller rendre visite aux prisonniers dans leur cellule, le samedi, je déjeunais dans l'enceinte de la prison avec les principaux officiers de surveillance. Les seules discussions autour de la table concernaient ce qu'on avait dans les assiettes. Tout ce joli monde jouissait de son pouvoir, palabrait...

— Certains de vos collègues aumôniers ont défini Spandau comme un lieu kafkaïen. Vous êtes d'accord avec cette idée ?

— Kafkaïen ? Je ne sais pas. Oui et non... C'est exact dans la mesure où tout y était démoniaque, et faux dans la mesure où certains des hommes et des femmes – il n'y en avait pas beaucoup, pratiquement aucune d'ailleurs – qui y travaillaient avaient la volonté de rester des êtres humains. Généralement, le personnel était plutôt bienveillant. C'était le règlement qui était kafkaïen en fait. L'ambiance aussi. Non seulement les consignes étaient administrativement idiotes, mais elles ne visaient qu'à humilier les prisonniers, à se venger. Moi, le pasteur, j'étais quelqu'un de l'extérieur. Je ne suis d'ailleurs pas sûr que ma présence ait été très bien acceptée au début. Le paradoxe, c'est que nous étions là pour apporter un soutien aux prisonniers et qu'on nous ôtait presque tout moyen d'y parvenir. J'ai mis longtemps avant de trouver ma place, un rythme. Il fallait toujours naviguer entre deux interdictions. Et même si je ne craignais, au fond, rien de très grave, je devais constamment faire attention.

— À quoi exactement ?

— J'avais reçu des consignes à mon arrivée. Des consignes de silence. Je devais m'engager à ne pas répéter à l'extérieur les confidences des prisonniers. Et même si je n'étais pas fouillé lorsque je passais le porche, j'étais sous contrôle permanent. Cela dit, on ne m'a pas pris en traître. Lors de ma prise de fonctions, les gouverneurs de Spandau m'avaient lancé un avertissement solennel, en me conseillant la prudence dans mes rapports avec les détenus. Dans l'ensemble, je n'ai pas eu de problèmes. J'ai subi quelques observations, des rappels à l'ordre – pas des réprimandes à proprement parler. Ah si, j'oubliais… Je me suis fait "attraper" à deux ou trois reprises. La première fois, alors que je venais d'apporter un livre ; la deuxième à propos d'une histoire de lettres, des lettres qu'Albert Speer m'avait confiées pour son épouse. Ce jour-là, cela a été plus sérieux, j'ai eu droit à une sacrée réprimande du gouverneur français. Speer m'avait laissé des lettres dans les branches du cerisier, dans le jardin de la prison. Imprudemment, j'ai oublié de les récupérer. Un gardien les a trouvées. J'ai connu pas mal de problèmes de ce genre avec les gardiens. Finalement, cela ne m'a pas attiré d'ennuis trop graves : le directeur français m'a rappelé qu'il y avait un règlement et que je devais le respecter si je voulais conserver mon poste. Un autre jour, j'ai été surpris alors que je tendais une lettre à Hess, écrite par sa femme, je crois. Je n'ai pas été sanctionné, là non plus. Mais franchement, qu'y avait-il de compromettant dans le fait de donner à un mari un courrier de sa femme ? Cette humiliation volontaire, les priver de communication avec leur famille, je ne m'y fais toujours pas ! Le droit international ne s'appliquait pas. Personne ne s'est réellement révolté contre les conditions faites à ces prisonniers, aucune instance internationale ne s'en est préoccupée… »

Bertrand de Luze se tait de longues minutes, comme s'il cherchait d'autres mots pour exprimer son indignation. Finalement, il n'ira pas plus loin.

« Oui, j'étais très tendu à l'idée d'aller tous les samedis à Spandau… Je n'y étais pas à l'aise.

— J'ai souvent vu Bertrand rentrer le samedi soir, l'air catastrophé, s'anime Daisy de Luze. Il ne me disait rien, il se précipitait dans son bureau pour préparer le culte du lendemain pour sa paroisse francophone, qui était située dans la zone française de Berlin, mais je devinais qu'il avait eu un problème avec un gardien ou que l'ambiance avait été plus tendue que d'habitude. Parfois, il revenait avec le sourire en disant : “Aujourd'hui, on s'est réunis dans le jardin.” Les prisonniers cultivaient des petites parcelles, Speer surtout. Mais mon mari ne m'a jamais rapporté de fleurs ou de fruits ! Ah ça, jamais ! [Elle rit.] Rien ne sortait jamais de la prison !

— Daisy, votre mari vous racontait-il ce qui se passait avec les prisonniers, ce qu'ils lui disaient ?

— Pas vraiment. Je savais qu'il y avait ces “criminels de guerre”. Mais il restait très discret.

— C'est vrai, je ne parlais pas de ce que je vivais à Spandau avec ma famille, coupe Bertrand de Luze. Ni à mes amis d'ailleurs. Ensemble, on discutait essentiellement de la situation à Berlin. Bien sûr, les gens étaient curieux et me posaient des questions, mais je n'aimais pas aborder ce sujet…

— Pourquoi ?

— D'abord parce que j'étais souvent en opposition avec ce que les gens pensaient, les autres pasteurs surtout. Et puis, je tenais à rester discret. Je savais que j'étais surveillé.

« L'atmosphère de Berlin était très particulière. On était repéré. Quand je passais à l'Est, comme mes prédécesseurs, pour fournir de l'aide aux autres Églises protestantes, je n'avais même pas besoin de baisser ma vitre pour montrer mes papiers. J'étais connu comme le loup blanc. C'était tellement vrai que lors d'un séjour à Berlin, dix ans après mon départ, le soldat qui montait la garde au check point Charlie a lancé en me voyant : « Ah, vous êtes de retour, pasteur de Luze ! » Je me doutais bien que j'étais surveillé, même à l'extérieur de la prison. On savait que je voyais les familles des prisonniers. Boots – c'est comme ça qu'on appelait Wolf Rüdiger, le fils unique de Rudolf Hess – venait souvent à la maison, dans les années 1970, pour appeler sa mère qui se trouvait en Bavière, après avoir rendu visite à son père. Il ne venait à Berlin que de temps en temps. Il préférait appeler de chez nous pour éviter la censure. Il savait qu'il était suivi par la police et il était extrêmement méfiant. En bas de notre immeuble, dans la rue, il y avait des types qui surveillaient.

« Je me souviens, il nous demandait toujours de mettre de la musique en fond sonore pendant qu'il téléphonait les nouvelles. Cela me paraissait normal de l'aider. Je l'accueillais volontiers. Je trouvais important qu'il puisse parler avec sa mère après avoir vu son père. Disons surtout que je trouvais que jouer au détective avec les services secrets était à l'époque un jeu dénué de sens.

— Même moi et les enfants, complète Daisy, nous nous sentions surveillés. Certes, il n'y avait rien de précis, cela venait en grande partie de l'atmosphère de la ville de Berlin. Avec ces quatre secteurs alliés, la construction du mur, la guerre froide, il y régnait une ambiance paranoïaque. La méfiance était monnaie courante. La guerre et l'après-guerre étaient encore très présentes. Par exemple, dans l'appartement de fonction qui nous avait été attribué dans le quartier de Kurfürstendamm – qui correspond un peu aux Champs-Élysées de Berlin –, on a retrouvé beaucoup de choses cachées dans les plafonds, des livres et des lettres. Ce sont nos enfants qui nous ont alertés. “Vous ne trouvez pas que les plafonds sont bizarres, nous ont-ils dit. On dirait qu’ils ne tiennent pas.” Après vérification, on s’est aperçus qu’effectivement, il s’agissait de faux plafonds aménagés en cachettes. Bertrand les a ouverts. C’était plein de documents, de piles de courrier. En les lisant, on a compris que l’endroit avait été habité par une famille juive qui avait dû être chassée de chez elle et qui avait espéré y revenir un jour… On n’a pas voulu détruire tous ces papiers, Bertrand les a donnés à la Communauté juive de Berlin.

« Moi-même, j’ai eu la certitude parfois d’être suivie. Dans notre vie de tous les jours, l’accompagnement que Bertrand faisait auprès des prisonniers avait forcément des répercussions sur notre vie familiale. C’était très présent. On pensait à leurs familles, on se disait que ça ne devait pas être facile pour elles…

— Tout cela n’était pas chrétien… »

La phrase de Bertrand de Luze claque comme un coup de fouet. On le sent ému.

« C’est aussi pour cela que j’ai très peu parlé de cette époque de ma vie, autour de moi, même par la suite, poursuit le pasteur de Luze. Aujourd’hui, arrivé à la fin de ma vie, je me mets à y penser énormément. Cette expérience à Spandau a été extraordinaire, mais si difficile. Pendant longtemps, cela m’a gêné de l’évoquer. Je ne savais pas comment raconter ces trois hommes avec une véritable justesse. Surtout Speer. Chez lui, tout était à la fois faux et juste. »

Cette dernière phrase plutôt sibylline appellerait des précisions. Mais toute tentative d’en savoir davantage semble vaine. Bertrand de Luze se carre dans le mutisme. Peut-être y reviendra-t-il en abordant plus précisément ses souvenirs avec Albert Speer…

« Quels ont été vos premiers contacts avec ces prisonniers ?

— Fraternels avec Speer, froids avec Schirach. Moi, j'étais dans un état d'esprit pastoral vis-à-vis d'eux. J'étais ouvert, forcément. Je ne m'étais fixé aucune limite dans mes rapports avec eux : j'étais leur aumônier, pas leur juge ! Lorsque je leur parlais, j'avais en tête les crimes du IIIe Reich, mais cela ne m'obsédait pas. Le plus souvent, j'en faisais abstraction. Peut-être est-ce difficile de dire ça, mais j'arrivais à l'oublier. Cependant, quand j'y réfléchissais, cela me revenait de plein fouet. Je passais d'un sentiment à un autre : de l'oubli de ce qu'ils avaient fait au rappel permanent du passé. J'avoue avoir été parfois profondément troublé par mes propres opinions, par celles que je professais sur ces hommes au départ. En vérité, au fil des rencontres et des années, j'en suis arrivé à les regarder différemment. J'ai fini par les considérer comme des hommes qui avaient fait erreur…

— "Erreur" ?

— Oui, je sais ce que vous vous dites, que le mot est trop faible. (Un sourire las s'étire sur son visage.) Et vous avez raison ! Quand je dis "erreur", je parle de mauvais chemin. Il y a une chose que j'ai comprise à Spandau – et cela m'est apparu dans les derniers mois –, c'est qu'il n'y a pas d'homme juste. Pas un seul. Sauf Jésus-Christ, bien sûr. »

Il y a dans la voix de Bertrand de Luze, à cet instant précis, une profonde lassitude. Il se tait à nouveau de longues minutes. On sent comme une déception poindre dans ces derniers mots. Il est difficile d'oser lui demander si les êtres humains l'ont déçu. Il semble qu'il n'y ait rien à ajouter.

« Sur quel fondement de départ avez-vous travaillé avec ces trois hommes ?

— L'approche humaine avec laquelle Georges Casalis avait démarré puis mené cette aumônerie m'a beaucoup influencé.

Lui avait immédiatement cherché à aller au fond des choses. Son idée était de discuter du problème essentiel, ou, pour le dire autrement, de comment on peut se dire chrétien tout en étant nazi. Aucun de mes prédécesseurs à Spandau ne s'est fait d'illusions là-dessus : même si Speer, Schirach ou Hess avaient reçu une éducation religieuse conventionnelle, ils ne s'étaient jamais intéressés au problème de la foi. Ils avaient laissé tomber leur Église sous Hitler. Le national-socialisme était devenu leur seule religion. Chaque semaine, tous les aumôniers faisaient un service religieux, mais il est évident que les prisonniers n'en auraient pas fait la demande si on ne leur avait pas offert cette possibilité. J'ai essayé de parler de ça avec eux. Je me souviens en avoir discuté une fois avec Rudolf Hess dans le jardin, peu de temps après mon arrivée. Nous avons abordé le sujet des rapports entre l'Église et l'État. Il était contre la notion d'État laïc, et défendait plutôt l'idée d'une Église d'État. De toute façon, Hess s'affirmait non-croyant. Il refusait qu'on puisse le percevoir comme quelqu'un qui avait la foi. Autant Albert Speer admettait l'idée que sa vie ait un sens et une direction grâce à la présence de Dieu, autant Rudolf Hess refusait catégoriquement cette perception.

— Et Baldur von Schirach ?

— Le cas de Schirach est très simple : il était trop orgueilleux pour avoir le moindre rapport avec nous. Quand je dis "nous", je parle des aumôniers. La seule chose qui le préoccupait, c'était la date de sa libération. J'ai en mémoire l'image d'un homme incroyablement sûr de lui. D'un homme vivant seul, loin des autres. De tous les autres.

— Êtes-vous parvenu à créer un lien avec lui ?

— Honnêtement, non. Il assistait au culte, mais je ne l'ai pratiquement jamais rencontré seul à seul. De toute façon, je n'ai pas essayé de forcer sa réserve. Il me parlait peu et, quand il le faisait, c'était pour palabrer. Il adorait s'écouter parler. Il était arrogant, et infatué de lui-même. Il se croyait supérieur à tout le monde, à ses codétenus, au personnel. Il ne s'entendait pas avec grand monde, tant il était persuadé de sa suprématie. J'ai particulièrement en mémoire sa silhouette toujours impeccable et la propreté qui régnait dans sa cellule. J'ignore pourquoi, mais cette dernière était plus large que celle de ses compagnons. C'était de loin la mieux décorée, la mieux tenue. Tous ses objets de toilette étaient soigneusement alignés, de même que sa collection de pipes. Il occupait ses journées à lire les journaux. Il se flattait d'être incollable sur tous les sujets. Il est vrai qu'il était très instruit, et il tenait à le faire savoir. Il répétait à qui voulait l'entendre qu'il n'avait jamais rencontré un homme qui lui en imposait. Pas même Hitler. Cela dit, malgré les années, il demeurait persuadé que si on avait suivi Hitler, l'Allemagne aurait été une grande puissance.

— Donc, Albert Speer était le seul des trois à avoir renié le national-socialisme et Hitler ?

— Je ne dirais pas cela. C'est l'idée qu'on a communément d'Albert Speer. Tout le monde s'entend pour parler de rédemption à son sujet. Mais ça me paraît… »

Là, Bertrand de Luze cherche ses mots. Encore une fois, on devine que sa première préoccupation est d'être juste.

« Inexact ?

— Non, pas vraiment inexact. Je dirais simpliste. Le cas Albert Speer est à mes yeux extrêmement compliqué. Au fond, j'avoue que je n'ai jamais pu répondre à cette question : Speer était-il sincère ou pas ? J'ai tendance à penser qu'il était les deux, c'est-à-dire sincère dans sa démarche de devenir un autre homme, comme il l'a dit à Georges Casalis, et dans le même temps foncièrement encore attaché à la théorie de l'hitlérisme.

— Quelle impression avez-vous eue en le rencontrant pour la première fois ?

— C'était à l'été 1965. Il ne lui restait plus qu'un an de prison à faire. Depuis dix-neuf ans, il avait déjà beaucoup travaillé sur lui-même. De tous les prisonniers, il était de loin le plus intéressant, le plus sincère et sûrement aussi le plus triste.

— Mais, concrètement, quelle image gardez-vous de lui ?

— Oh, c'était un homme charmant ! Sympathique, plutôt affable, d'allure très distinguée. Il débordait de charme et était toujours prêt à discuter de tout, avec une politesse désarmante. Je reconnais que je l'ai apprécié. C'était le plus ouvert de tous les détenus. Cela dit, il était celui que je connaissais le mieux, et ça, déjà bien avant d'arriver à la prison. C'est important de le préciser. Georges Casalis m'avait beaucoup parlé de lui et des relations qu'ils avaient entretenues. Du coup, j'arrivais en terrain connu. En outre, Casalis et Speer étaient amis et cette amitié dont nous avions beaucoup discuté m'a bien évidemment influencé dans la façon que j'ai eue de l'aborder, de le regarder. Cette question de la sincérité de Speer a fait l'objet de nombreuses discussions entre Georges et moi. Il était normal qu'on se la pose. Tous les aumôniers de Spandau l'ont plus ou moins fait. Dans le fond, à mon arrivée, j'ai mis mes pas dans ceux de Georges. Je pense d'ailleurs que Speer attendait de moi la même chose : l'aider dans sa démarche de devenir un autre. Il était devenu un protestant convaincu et passait son temps à lire *La Dogmatique* de Karl Barth. Chaque semaine, nous en abordions un chapitre. Par exemple, que représentent les relations entre Dieu et l'homme ? Speer traduisait le texte de l'allemand au français et l'on revoyait sa traduction ensemble. Pour le reste, il n'éludait jamais aucune question.

— Même sur la Shoah ?

— Surtout sur la Shoah ! C'est le sujet qui le hantait. Nous avons souvent parlé des Juifs. C'est à ce propos que je disais que tout chez lui était à la fois faux et juste… Il avait, quand on parlait de la Shoah, des réactions honnêtes, tout en se murant dans le déni total lorsqu'il affirmait qu'il n'était au courant de rien. Je suis convaincu qu'il savait pour le génocide des Juifs. C'est une impression très forte en moi. Bien sûr, je ne dirais pas que c'est de l'ordre de l'évidence, puisqu'il niait farouchement toute responsabilité à ce propos. « Comment ne pas reconnaître l'honnêteté d'un homme capable de s'interroger sur ce qu'il "aurait fait s'il avait su, de se détester de n'avoir rien vu", tout cela sans chercher à se donner le beau rôle ? Or il pensait tout cela et, tout en le pensant, il savait au fond de lui-même que ce n'était pas la vérité. C'est formidable de voir à quel point cet homme sincère ou du moins désireux de l'être a pu se tromper lui-même. Il n'y avait chez lui aucune volonté de mensonge, ni de cacher quelque chose, ni de se justifier, ni d'être considéré comme un Juste. Pas du tout. Il a toujours dit, en parlant du génocide des Juifs et de ce qui se passait en Allemagne et dans les camps : "Je *pressentais*, mais je ne *savais* pas." Cette distinction était pour lui capitale. Cette différence qu'il faisait entre ces deux verbes signifiait pour lui : "Les indices étaient là, je l'avoue, mais je ne les ai pas vus. Au fond, je m'en veux, mais je dois reconnaître que je ne voulais sûrement pas les voir." Cet aveu terrible lui suffisait, ou, du moins, il ne pouvait pas aller plus loin. C'est ça le paradoxe Speer : il refusait le "savoir conscient". C'était un être en sincère repentance, pétri de remords et de culpabilité, et dans le même temps incapable de se reconnaître lui-même. Quand il m'a parlé d'Hitler, c'était la même chose : il m'a expliqué la fascination que ce dernier avait exercée sur lui tout en se repentant d'avoir succombé, mais s'est révélé inapte à renier son ancienne amitié pour lui. En général, il ne me parlait d'Hitler que pour regretter le mal que ce dernier avait fait à l'Allemagne et aux populations civiles. Finalement, Speer ne parlait jamais du rôle qu'il avait lui-même tenu : il lui est arrivé d'évoquer devant moi les autres dignitaires nazis comme Goering ou Himmler, mais pratiquement pas son travail de ministre de l'Armement et de la Production de guerre et encore moins le procès de Nuremberg. Ainsi, en n'abordant pas le rôle qu'il avait eu dans l'Allemagne nazie, il est parvenu à ne jamais chercher à nier ce qu'il avait pu faire. À ce titre, il me semble quand même curieux qu'il n'ait jamais avoué à Georges Casalis, dont il était si proche, ni même à moi, qu'il écrivait en secret ses fameux Mémoires, dans lesquels il donnait sa version du rôle qu'il avait tenu sous le IIIe Reich. Nous l'avons découvert des années après. Pourtant, à la prison, beaucoup étaient au courant, y compris le gouverneur américain Eugene K. Bird qui, d'ailleurs, fermait les yeux... N'aurait-il pas été logique qu'il en parle à ses pasteurs ?

— Peut-on lui reprocher cette attitude ? Après tout, le tribunal de Nuremberg ne l'avait pas condamné à mort... N'était-ce pas une façon de reconnaître qu'il n'avait tué personne directement ? »

La question volontairement provocatrice a l'effet escompté. Bertrand de Luze sort littéralement de ses gonds.

« Tué personne ?! Mais sa responsabilité est totale, terrible ! C'est certainement l'un des hommes les plus coupables qui soient. Il est l'un des plus grands responsables de ce qui s'est passé dans les camps ! Si je n'étais pas farouchement opposé à la peine de mort, je dirais qu'il aurait mérité d'être pendu à Nuremberg. C'est lui qui était *techniquement* responsable des trains qui amenaient les Juifs dans les camps, *techniquement* responsable des chambres à gaz ! Il m'a dit qu'il n'était pas au courant et je n'y crois pas. Il ne pouvait pas ne pas savoir. Moi-même, très tôt pendant la guerre, alors que j'étais dans mon maquis, j'ai su ce qui se passait pour les Juifs. Alors, lui !... Speer a été un excellent ministre : grâce à lui, la guerre a duré deux ans de plus ! Je ne comprends décidément pas comment cet homme a pu, tout en cherchant la vérité, s'en éloigner aussi radicalement ! Il n'a fait que se tromper lui-même. Par son attitude à Spandau, il a toujours cherché à démontrer qu'il n'était coupable de rien, qu'il n'était pas responsable des massacres, qu'il avait même plutôt rendu service à son pays en s'opposant à la politique de la terre brûlée demandée par Hitler. C'est assez suffocant de voir à quel point on se peut se tromper soi-même sur ses propres actions.

— À vous entendre, on pourrait presque croire qu'il a joué double jeu à Spandau ?

— Inconsciemment, oui ! Mais il n'y avait rien de volontaire dans sa démarche. Il a plutôt cherché à se construire un personnage, surtout à ses propres yeux. Je ne veux en aucun cas l'accuser de mensonge. Chacun de nous a la volonté inconsciente de se forger une image. Il s'en est construit une à l'opposé de celle qu'offraient ses codétenus qui, d'ailleurs, le détestaient, Schirach en particulier… Avec Hess, il avait des rapports plus complexes. Mais, dans l'ensemble, il s'est voulu très différent d'eux et il l'était. Il ne m'a parlé que rarement de Hess ou de Schirach, mais, quand il le faisait, ce n'était pas en des termes amicaux. C'était un homme foncièrement préoccupé de ce qu'on pouvait penser de lui. D'ailleurs, il est intéressant de noter que cet homme, qui a toujours donné l'image de quelqu'un de sympathique, n'était pas forcément aimé de tout le personnel de Spandau. Certains le trouvaient arrogant, condescendant. Je pense pour ma part qu'il avait une forte conscience de lui-même. Mais je récuse le mot "opportuniste" – il est trop négatif le concernant.

« La vraie bonne question pourrait être : Albert Speer a-t-il réellement changé grâce à Spandau ? Je pense que c'est le cas. Il a assurément changé de vie grâce à ses conversations avec Casalis. Je dis juste qu'il n'y avait pas en lui de sincérité absolue. Parce qu'un homme qui arrive à se remettre en cause au point où il l'a fait peut difficilement être sincère. À mon sens, c'est impossible. Il est difficile de s'engager devant soi-même, devant les hommes – et devant Dieu aussi – à ce point-là. Il se voulait totalement pur, et ça, je n'y crois pas.

« Si l'on sondait le cœur des êtres humains, je ne suis pas persuadé qu'on pourrait y trouver une sincérité absolue. Nous ne disons pas toute la vérité et nous ne mentons pas absolument. C'est d'ailleurs ce que j'ai retenu de cette expérience de Spandau : j'ai appris à relativiser et à voir quelle est la capacité d'un homme à dire la vérité.

« Au fond, Albert Speer s'est fabriqué une image à laquelle il a cru. Mais sa démarche de repentance et de rédemption peut paraître très égoïste. Il tenait à tout prix à montrer qu'il avait changé. Et, de la même façon que son parcours avec Hitler avait répondu à une ambition personnelle, sa quête de réhabilitation était uniquement tournée vers lui-même.

— Vous parlez de rapports complexes avec Rudolf Hess. Que pensez-vous de cette lettre écrite par Albert Speer à sa fille Hilde, le 19 septembre 1966, onze jours avant sa libération de Spandau : *"Le pasteur viendra à Heidelberg le 29 septembre avec un bouquet que je cueillerai dans mon jardin pour maman. Qu'elle lui demande qu'il nous rende visite plus tard avec son épouse ; je lui en ai déjà parlé, mais il faut qu'il l'entende aussi de sa bouche pour ne pas qu'il croie que ce sont des paroles lancées dans l'euphorie des derniers jours de prison. Je l'aurais de toute façon invité, mais je me suis arrangé pour qu'il surveille particulièrement Hess à partir de maintenant et il est donc doublement important pour moi en tant que lien avec ce malheureux. C'est une chose à laquelle je préfère ne pas penser, Hess restant seul ici*[174]*..."* »

Un silence profond et prolongé accueille la fin de cette lecture. De toute évidence, Bertrand de Luze n'a jamais eu connaissance de ce document. Il semble en proie à une certaine émotion.

« Je n'avais jamais entendu parler de cette lettre, finit-il par dire. Sur le lien que cela suppose entre Speer et Hess, j'avoue que cela me surprend. Hess ne parlait pas beaucoup avec ses codétenus et je n'ai jamais constaté de lien particulier entre lui et Albert Speer. Il n'y avait pas d'échanges, d'après ce que j'ai vu. Je me souviens cependant que Speer m'avait recommandé de prendre soin de Hess après sa libération. Il voulait que je l'aide à tenir le coup. Je crois qu'il était un peu inquiet. Mais nous l'étions tous. C'est vrai que Hess avait besoin d'aide. Ce n'était pas facile de voir partir les autres, même s'il n'avait pas de lien avec eux. Rester seul à Spandau aurait été difficile pour tout le monde. »

Bertrand de Luze n'en dira pas davantage. Plus étonnant, il ne demandera ni à relire cette lettre ni à prendre le temps de la réflexion pour analyser ce qu'elle induit de la façon dont Albert Speer voyait leur relation.

« Et cette invitation chez Speer, a-t-elle eu lieu ?

— Oui. Comme le dit cette lettre, je suis effectivement allé passer un week-end avec Daisy chez les Speer peu de temps après la libération de ce dernier. Mais nous étions également allés par deux fois rendre visite à Mme Hess en Bavière. Elle était très accueillante. À cette époque, elle avait transformé sa maison de Hindelang en pension de famille. De toute façon, j'ai toujours entretenu un minimum de relations avec les familles des prisonniers. Cela me paraissait normal.

— Mais là, le contexte était différent : Speer était libre. Vous n'étiez plus vraiment son aumônier…

— C'est vrai. C'était la première fois que je me rendais chez lui à Heidelberg. Nous ne sommes d'ailleurs pas restés longtemps… »

À première vue, le pasteur de Luze paraît à court de souvenirs sur le sujet. Mes questions provoquent de toute évidence un certain malaise. Non pas que Daisy et Bertrand de Luze répugnent à assumer cette visite. Leur hésitation ressemble davantage à un regret. De la déception ?

« Pour quelles raisons ? »

Bertrand de Luze répond une nouvelle fois à côté.

« Albert Speer était un homme prudent. Il avait astucieusement fait don de sa propriété à sa femme. La maison n'avait donc pas été saisie après la guerre et c'est là qu'elle y avait élevé ses enfants pendant qu'il était à Spandau. C'était un endroit magnifique, de près d'un hectare. »

Daisy de Luze laisse échapper un petit rire gêné.

« Le week-end a été un peu tendu, murmure-t-elle. [Un silence.] Pour nous, Albert Speer avait purgé sa peine de prison. Même s'il ne reconnaissait pas tout de son passé, il était redevenu un citoyen, il avait retrouvé sa famille…

— Oui, nous n'étions plus en prison, explique enfin Bertrand de Luze. Il n'y avait plus de gardiens entre nous, plus de censure… On pouvait se parler enfin d'homme à homme… Je devrais dire “on aurait pu” se parler d'homme à homme. Pourtant, nous n'avons évoqué que des choses légères. Dans une situation comme celle-là, je m'attendais à… nous aurions dû aborder des sujets plus sérieux…

— Avez-vous eu l'impression…

— D'avoir été accepté par Albert Speer ? [Le ton se fait amer.] Oh non ! »

La libération d'Albert Speer et de Baldur von Schirach

Dans la nuit du 30 septembre au 1er octobre 1966, Albert Speer et Baldur von Schirach sortent enfin libres de la prison de Spandau. Ils ont respectivement soixante et un et cinquante-neuf ans. Depuis plusieurs jours, les médias du monde entier ont envoyé des reporters et des photographes. Quand les grilles s'ouvrent à minuit et une minute exactement, les rues adjacentes sont envahies par une foule compacte et les télévisions ont érigé des plates-formes sur le trottoir d'en face. Des spots éclairent la nuit.

Depuis le matin, devant la prison, se sont rassemblés des milliers de badauds qui, par instants, interpellent les sentinelles plantées en haut des miradors. Plus la journée avance, plus les rues se remplissent de monde. Les caméras tournent sans interruption et les projecteurs illuminent la façade de la prison. Les Berlinois qui quittent leur travail déferlent sur la place pour voir sortir leurs anciens chefs. De temps à autre fuse un cri : « Libérez Rudolf Hess ! »

Les puissances occidentales auraient préféré libérer les deux prisonniers quelques jours plus tôt et le plus discrètement possible, mais les Soviétiques s'y sont refusés. Les prisonniers sortiront de Spandau à la date et à l'heure stipulées par le verdict de Nuremberg. Selon le colonel Bird[175], les Alliés avaient également envisagé de doter les détenus de vêtements neufs pour leur permettre une sortie digne, mais, de la même façon, les Russes ont marqué leur opposition. « Pas question, a déclaré le directeur soviétique, ils sortiront de prison comme ils l'étaient en arrivant. Je ne vois pas pourquoi on les habillerait comme des ministres », raconte Eugene K. Bird.

Une fois que les deux hommes ont récupéré à la réserve les biens qu'ils possédaient vingt ans plus tôt lors de leur incarcération – quelques milliers de marks, des livres, disques, lettres et photos –, l'attente commence. Un quart d'heure avant minuit, deux Mercedes noires pénètrent dans la cour centrale de la prison. À leur bord se trouvent respectivement les fils de Schirach, Margret Speer et le Dr Flächsner, l'avocat de Speer. Entourés des quatre directeurs, de gardiens britanniques, les deux ex-dignitaires nazis s'avancent vers leurs familles. Aux dires des témoins, si Schirach serre dans ses bras ses deux grands fils, Albert Speer se contente de serrer la main de Margret, son épouse, avec laquelle il n'a eu aucun contact physique depuis plus de vingt ans.

Cinq minutes plus tard, les deux voitures de location quittent en trombe la forteresse de Spandau sous le crépitement des flashes, les cris, les huées et les sifflets de la foule. Pendant ce temps, dans la cellule numéro 23, Rudolf Hess, âgé de soixante-douze ans, est allongé sur son lit, les yeux ouverts. Condamné à perpétuité, il est désormais l'unique détenu des quatre pays alliés.

DEUXIÈME ÉPOQUE :
1966-années 70

Rudolf Hess, l'homme le plus seul du monde

Durant les premiers jours d'octobre 1966, l'absence de Baldur von Schirach et d'Albert Speer ne semble pas spécialement peser sur le prisonnier numéro 7. Comme il en a pris l'habitude depuis près de vingt ans, Hess continue en fulminant à se plier au nettoyage de sa cellule ou au lavage de ses draps et mange plutôt de bon appétit. Aux dires du colonel américain Eugene Bird, qui, depuis son arrivée en 1964 à Spandau, tente de briser sa carapace, le départ de ses codétenus lui a arraché peu de commentaires. Il est vrai que leur libération était programmée de longue date. « Je suis content pour eux. Ils ont retrouvé la liberté[176] », s'est-il contenté de lâcher de son air buté. Néanmoins, devant l'étroitesse de ce qu'est devenu désormais son univers et l'immense solitude qui menace de l'engloutir, les autorités occidentales en poste à Spandau redoublent de vigilance. Constatant que toutes leurs tentatives de faire libérer Hess se heurtent au veto soviétique, les Russes persistant à voir en Hess le symbole vivant de l'opération Barbarossa – nom de code de l'invasion de l'URSS par les nazis déclenchée le 22 juin 1941 – qui fit vingt millions de morts dans leurs rangs, les Alliés compensent en multipliant leurs visites au prisonnier plusieurs fois par jour. La nuit, les gardiens ont ordre de ne pas le lâcher des yeux.

Étrange et paradoxale situation que celle de Hess. Il est peut-être l'un des hommes les plus seuls du monde et pourtant gravite autour de lui un véritable essaim : trente-deux gardiens, presque autant de soldats et de sentinelles, sans compter une vingtaine d'employés, quatre médecins et quatre directeurs… tout cela pour lui tout seul, déjà bien âgé.

Hess a beau aimer attirer l'attention, dans les derniers mois de l'année 1966, tout ce joli monde centré autour de lui ne suffit pas à le tenir à flot. À deux reprises, d'abord courant novembre, puis au moment de Noël, il sombre dans la dépression. La hantise d'un suicide revient hanter les Alliés. Hess refuse de s'alimenter, de se lever le matin. « Je ne comprends pas pourquoi on ne me libère pas, dit-il. […] Aucun des autres prisonniers condamnés à la réclusion à perpétuité […] n'est plus sous les verrous. Je suis le seul qui n'ait pas été libéré. C'est parfaitement injuste[177]. » Afin de l'égayer ou du moins de tromper son ennui, les Occidentaux sont tout prêts à accepter les propositions de son avocat, le Dr Seidl, qui, à défaut de parvenir à faire libérer son client, exige un certain nombre d'améliorations dans ses conditions de détention : la possibilité qu'il puisse écouter la radio, avoir une montre, se faire du café dans sa cellule et, s'il le désire, prendre un bain tous les jours au lieu d'une fois par semaine… Une fois de plus, les Russes s'y opposent farouchement. Seule la dernière mesure sera acceptée. « Pas de confort ! » vocifèrent-ils comme à chaque fois qu'est envisagé un assouplissement du régime pénitentiaire.

En dépit de ses sempiternelles jérémiades – auxquelles finalement tout le monde est pleinement habitué –, Rudolf Hess remonte progressivement la pente. Après une période d'inappétence, il se remet à manger, et plutôt deux fois qu'une. Imprévisible, il met les nerfs des gardiens et du personnel à rude épreuve, semblant presque les narguer. Car, au fond, le départ de ses anciens compagnons de détention lui a donné espoir. Il est persuadé qu'il finira par être libéré comme les autres, pour des raisons d'âge et de santé. Cependant, son orgueil est tel que lorsque le Dr Seidl tente pour la quatrième fois, en 1966, d'obtenir sa grâce auprès de la reine d'Angleterre et des trois autres chefs des gouvernements alliés en arguant de sa fragilité mentale, Rudolf Hess se hérisse : « Je me refuse absolument à ce qu'on présente un recours en grâce fondé sur mon état mental qui est parfaitement normal », coupe-t-il d'un ton glacial[178].

À en juger par ses activités intellectuelles, on ne peut effectivement pas en douter. Car Hess, en dépit de ses soixante-douze ans et de sa capacité à se replier sur lui-même, n'a rien, intellectuellement, d'un homme amoindri. Il est même plutôt un lecteur avide. Outre les ouvrages de la bibliothèque de la prison, il a à sa disposition la centaine de livres qu'il a conservés de son « séjour » en Grande-Bretagne. Nietzsche, Schopenhauer, Shakespeare ont sa préférence et, lors de ses séances musicales du samedi en compagnie de l'aumônier, il aime particulièrement entendre les œuvres de Bach, Schubert et bien sûr Wagner. Le plus frappant, c'est que, progressivement, le Rudolf Hess geignard et capricieux des premières années cède la place à un homme moins cyclothymique, plus attentif à son entourage et généralement plus ouvert. Est-ce dû à la bienveillance à son égard du colonel K. Bird, gouverneur américain de la prison, qui, déterminé à écrire un livre sur ce prisonnier pas comme les autres[179], lui rend de fréquentes visites dans sa cellule, l'obligeant à dialoguer ? Ou au départ de ses codétenus qui le laisse au centre de l'attention de chacun ? En tout cas, plus les mois passent, plus ses « caprices » se font mesurés. S'il continue à alterner les périodes de boulimie et d'anorexie, ou à faire tourner les gardiens en bourrique, il communique avec davantage de facilité et accepte plus facilement le régime auquel il est soumis. Il faut reconnaître que, sans aller trop loin pour ne pas risquer de heurts violents avec les Soviétiques, les Occidentaux l'ont dispensé de tous travaux pénibles. En 1968, le règlement a été encore légèrement assoupli. Hess a désormais le droit de rester dans sa cellule ou de s'occuper dans le jardin, puis de prendre ensuite une heure d'exercice, et cela, une grande partie de la matinée et de l'après-midi. Car, si sur le plan psychologique Rudolf Hess semble aller un peu mieux, sa santé laisse à désirer. À périodes régulières, il continue de se plaindre violemment du ventre, gémissant à fendre l'âme jusqu'à réveiller la nuit tout le personnel de la prison. Malgré l'insistance des médecins, il refuse tout examen approfondi, se réfugiant dans le rôle qu'il affectionne le plus : celui de la victime.

Au début de novembre 1969, les choses prennent cependant une tournure plus grave : il refuse à nouveau de manger et de sortir de son lit. Dans un premier temps, les Russes, dont c'est le mois à Spandau, font la sourde oreille. À leurs yeux, il ne s'agit que d'un nouveau caprice. Cependant, le 19 novembre, ils sont forcés de se rendre à l'évidence : Hess est gravement malade. Après avoir appelé en urgence en consultation le médecin officier britannique, le lieutenant-colonel Brien, ils constatent que l'abdomen du prisonnier est anormalement gonflé. Mais leur intransigeance reste plus forte que leur inquiétude. « Il fallut plusieurs jours avant qu'il [O'Brien] n'obtienne des Russes l'autorisation de transférer le patient à l'Hôpital militaire britannique. Ce n'est qu'à [son] insistance qu'il dut d'y être transporté [...]. Le patient aurait pu mourir », écrit le Dr Hugh Thomas, qui fut amené à ausculter Hess dans les années 1970[180].

Pour la première fois depuis vingt-trois ans, Rudolf Hess quitte la prison de Spandau pour être hospitalisé en urgence. Mais le retard pris pour établir un diagnostic a eu de graves conséquences. À peine a-t-on constaté que Hess souffre d'un ulcère perforé ayant provoqué une péritonite et le blocage de ses fonctions organiques que, quelques jours plus tard, il est victime d'un arrêt cardiaque temporaire. Ainsi, ce qui a été pris très généralement, depuis des années et des années, pour des manifestations psychosomatiques ou des caprices exagérés était un problème médical majeur... passé totalement inaperçu. Ce qui est un comble quand on songe au nombre d'examens et de consultations dont Hess a bénéficié en vingt-trois ans ! Cette situation indigne d'ailleurs de nombreux médecins de l'Hôpital militaire britannique, dont le Dr Hugh Thomas, qui ne comprend pas pourquoi il a été dit de Hess qu'il était le patient le plus surmédicalisé du monde : « Le plus négligé aurait été plus près de la vérité, dit-il [...]. Les soins médicaux donnés au prisonnier la plupart du temps à Spandau furent des plus médiocres [...]. » Quatre-vingt-dix pour cent des notes inscrites dans son dossier consistent en observations parfaitement inutiles comme « Mieux aujourd'hui » ou « Se plaint encore de douleurs à l'estomac[181] ».

Si Hess a regimbé au départ à l'idée d'être arraché à son univers familier et de se faire soigner à l'hôpital, très vite, il apprécie le nouveau cadre de vie que lui apporte son hospitalisation. Bien que gardée par des hommes armés de fusils-mitrailleurs, sa chambre lui offre un magnifique panorama sur Berlin, ville qu'il n'a pas revue depuis vingt-huit ans. Lorsque, par négligence ou générosité, les gardiens « oublient » de baisser les stores métalliques, il peut contempler de son lit « le stade olympique où il a autrefois harangué les foules nazies[182] ». Ce qu'il ignore, c'est que son installation à l'hôpital met littéralement sur les dents les puissances alliées. Une fois le transfert accompli avec une débauche impressionnante d'effectifs de sécurité, les représentants des quatre forces d'occupation, qui ont suivi en escorte l'arrivée de l'ambulance, parlementent quelque part dans les profondeurs de l'hôpital. Une fois qu'ils ont sacrifié au règlement qui exige leur présence à chaque nouvel examen médical du prisonnier, ils se réunissent dans une salle, entourés d'interprètes, d'officiels et de fonctionnaires, et boivent à la santé du prisonnier. Cette « procédure », initiée à l'occasion de ce premier séjour du prisonnier numéro 7 à l'Hôpital militaire britannique, deviendra vite une sorte de routine à chaque nouvelle hospitalisation de Hess, dans les années qui suivent. Voilà comment, selon le Dr Hugh Thomas, se déroule en septembre 1973 un des examens médicaux de Rudolf Hess : « En dehors des médecins réellement nécessaires, quelques pique-assiettes avides de festivité se joignirent à nous : d'autres membres du personnel de l'hôpital, des officiers commandant les autres hôpitaux des Alliés, des membres du gouvernement britannique et des fonctionnaires de Spandau [...]. Plus de vingt d'entre eux s'entassaient dans [...] le cabinet du radiologue, le salon de thé et le bureau du secrétariat où des boissons et des sandwichs au saumon étaient servis à profusion[183]. »

Pendant ce temps, à Spandau, prisonnier ou pas, la vie continue comme si de rien n'était. Pour les Soviétiques, il n'est pas question de mettre entre parenthèses le règlement habituel de la prison. Alors, malgré le grotesque de la situation, aucune procédure n'est modifiée. Et les sentinelles continuent de patrouiller dans le jardin, sur le chemin de ronde et sur les miradors, tandis que les gardiens veillent sur les cellules vides. « Nous autres Américains trouvions cela ridicule, et nous en avions parlé avec les représentants des trois autres puissances. Anglais et Français estimaient eux aussi qu'il serait infiniment plus normal – ne serait-ce que pour éviter d'attirer l'attention des équipes de télévision qui nous faisaient une déplorable publicité – que les sentinelles patrouillent à l'intérieur de la forteresse jusqu'au retour de Hess, mais une fois de plus les Russes s'y refusèrent[184] », écrit le colonel Bird. Ces derniers, en effet, estimant qu'il leur est « impossible de tolérer tout allègement concernant les gardes[185] », semblent craindre qu'un relâchement du règlement ne préfigure une tentative alliée de faire libérer Hess et de fermer la prison.

Inconscient des soucis qu'il donne à ses geôliers et en dépit de ses soixante-quinze ans, dans son lit d'hôpital, Hess se remet tout doucement. Ce séjour forcé semble même plutôt lui réussir. Au début du mois de décembre, alors qu'il est hospitalisé depuis plus de quinze jours, il accepte de réfléchir à la possibilité de demander à recevoir une visite de sa famille. Ce serait une grande première, puisque, à ce jour, aucun argument n'a pu venir à bout de ses refus répétés. Est-ce le sentiment d'avoir frôlé la mort, les pressions constantes entre autres de son « ami » le colonel Eugene K. Bird ou la progressive – et relative – sensation de liberté qu'il finit par éprouver loin des murs froids de Spandau ? Toujours est-il que peu de temps après avoir encore dit au colonel Banfield, le gouverneur britannique : « Aussi longtemps que des soldats montent la garde devant ma chambre, je me considère comme un prisonnier », il interroge le colonel Bird en ces termes : « Vous croyez vraiment que ce serait une bonne idée que je demande à voir ma femme ? » Pour le convaincre, le gouverneur américain met dans la balance l'argument ultime, à savoir qu'une visite de ses proches tendrait à le présenter comme un prisonnier, non pas modèle, mais du moins assagi. Ce qui ne pourrait qu'être propice à une future libération. Difficile de croire que cela suffit à convaincre Hess, puisqu'on se souvient que Speer et même Schirach avaient usé de la même plaidoirie, quelques années plus tôt. Il n'empêche, l'instant tant attendu a finalement lieu le 24 décembre 1969 à l'Hôpital militaire britannique. À titre exceptionnel, Hess a obtenu l'autorisation de recevoir ensemble sa femme et son fils. Mais le reste de ses demandes – les voir seuls durant le premier quart d'heure et pouvoir prendre le repas de Noël avec eux – lui est refusé. La visite a été, comme on s'en doute, planifiée jusque dans les moindres détails par les autorités alliées. Il a été convenu qu'un avion militaire spécialement affrété conduirait Ilse Hess et son fils, Wolf Rüdiger, jusqu'à l'aéroport de Berlin, où ils seraient pris en charge par des escortes d'agents de sécurité. La rencontre se déroulera devant témoins dans une petite pièce adjacente à la chambre de malade de Hess au deuxième étage de l'hôpital, autour d'une table d'un mètre cinquante de large[186] pour éviter tout contact physique. À en croire le colonel Bird, qui a assisté aux retrouvailles, l'instant est chargé d'une étrange intensité : « Sur le visage de Hess se lisaient l'angoisse et l'attente[187]. » Il faut dire que cela fait vingt-huit ans que ce dernier n'a pas revu sa femme. Et son fils n'avait que trois ans et demi lorsque Hess a quitté la maison, le 10 mai 1941, pour s'envoler secrètement vers l'Écosse. Pourtant, les revoir après tout ce temps ne semble pas l'émouvoir outre mesure. « Nous autres, les quatre directeurs, ne pouvions quitter Hess du regard, dit Eugene K. Bird. Il ne manifestait aucune émotion. Par contre, sa femme était visiblement bouleversée et son fils [...] avait les joues humides de larmes[188]. »

Du fond de son lit, Hess est presque devenu un autre homme. Lui, si difficile et capricieux depuis des années, se montre désormais communicatif envers ses gardiens, agréable avec les infirmiers et surtout nettement moins susceptible et méfiant. Il semble avoir pris goût à ses nouveaux quartiers et l'idée de devoir regagner un jour sa cellule de Spandau ne lui plaît guère[189]. « Ce ne sont pas de bonnes nouvelles, dit-il lorsqu'on évoque devant lui son futur retour. Mais il faut bien que je m'y résigne. Je suis destiné à finir mes jours en prison. Tout ça, c'est la faute des Russes[190]... »

Il est vrai que, dans les coulisses, ces derniers s'opposent toujours à la libération de Hess, et ce, en dépit de son âge avancé et de ses récents ennuis de santé. Constatant que rien ne semble pouvoir les faire fléchir, les Occidentaux décident alors de se concentrer sur un certain nombre d'aménagements à apporter à son futur quotidien. En effet, même si son ulcère a vite cicatrisé, il paraît inconcevable aux médecins de le laisser vivre désormais sans un régime spécial et quelques précautions de base. Au terme de ce qui s'apparente à un nouveau bras de fer, les Occidentaux – et, une nouvelle fois, les Britanniques en tête – parviennent à arracher aux Soviétiques quelques mesures d'assouplissement au règlement :

Hess ne sera plus réveillé à six heures du matin, mais à sept heures. Il déménagera dans une nouvelle cellule plus large – en réalité, deux réunies – dont il pourra laisser la porte ouverte. Il aura libre accès à une salle de bains adjacente, ce qui le dispensera de faire appel à un gardien. Les lumières seront éteintes à n'importe quel moment à sa demande. L'organisation de ses journées sera également allégée, ainsi, les corvées obligatoires se limiteront désormais à de menues tâches de jardinage qui « consistent dans le soin des plantes, l'arrosage, le ramassage des feuilles dans les sentiers et des petits travaux domestiques, comme le nettoyage de la cellule, faire le lit, la lessive et le maintien des toilettes et de la salle de bains en état de propreté[191] ». Cela dit, vu le peu d'empressement que Hess a mis dans le passé à s'y plier, il y a fort à parier qu'on ne l'embêtera pas trop avec ça, surtout à l'âge qu'il a atteint… D'ailleurs, Hess a déjà prévenu : « L'état de ma jambe ne me le permettrait pas. Quand je reste debout trop longtemps, mes chevilles enflent[192]. »

Le 13 mars 1970, après plus de quatre mois passés à l'hôpital, Rudolf Hess réintègre enfin la grande bâtisse de Spandau, où rien n'a changé. Pourtant, dans sa nouvelle cellule, la numéro 17, se trouvent depuis peu un lit médicalisé et une sorte de petit réchaud électrique qui lui permet de se faire une tasse de thé ou de café. S'il le désire, il peut maintenant conserver sur une étagère un paquet de biscuits ou des friandises. Cela dit, la sous-alimentation des débuts n'est plus qu'un lointain souvenir. Ses repas, qui tiennent compte de ses nouveaux problèmes médicaux, sont copieux et équilibrés. Le lait, les fruits et les légumes frais font partie de son quotidien. Il mange maintenant généralement la même chose que le personnel et les directeurs de la prison et, s'il le désire, peut quasiment choisir ses menus. Il lui suffit le plus souvent d'exprimer un désir pour que les cuisiniers lui préparent un plat de son choix… Le plus souvent, Hess affectionne les produits sains, les fruits cueillis dans le jardin de la prison avec, sans être strictement végétarien, une prédilection pour les légumes. Grâce à la nationalité des différents « chefs » qui se succèdent dans la petite cuisine de Spandau qui lui est réservée, il a le privilège de goûter à une cuisine quasi internationale. Car, même si les cuisiniers espagnols, chinois, turcs ou yougoslaves lui concoctent généralement des menus susceptibles de lui plaire, il lui arrive de goûter à leurs spécialités nationales. Depuis le mois de décembre de l'année 1969 qu'il a passé à l'Hôpital militaire britannique, il a désormais le droit à un repas de Noël arrosé d'un verre de vin allemand – le reste du temps, trop soucieux de sa santé, Hess ne boit pas d'alcool. Le jour de son anniversaire, il n'est pas rare que le cuisinier lui prépare un gâteau.

Si Hess apprécie ces petits plaisirs de la table qui, à soixante-seize ans et dans sa situation, sont les seuls qui lui restent, rien ne vient égayer ses journées[193]. Au saut du lit, il fait quelques mouvements de gymnastique, des étirements et des exercices d'assouplissement, puis attend en lisant le petit déjeuner qui lui est servi à 7 h 45. Il est maintenant autorisé à « se servir d'un couteau pour couper les tranches de son pain de régime, mais cela sous l'étroite surveillance de son gardien qui le lui reprend ensuite et le remet dans un buffet fermé à clef[194] ». Entre 8 h 30 et 9 h 30, il range sa cellule, fait un peu de nettoyage avant de pouvoir se reposer jusqu'à 10 heures. Vient ensuite le programme qu'il préfère entre tous, ce que le règlement appelle « *les exercices dans le jardin*[195] ». L'endroit traversé en son centre par un long sentier et dominé par un mirador est aujourd'hui joliment agrémenté d'arbres fruitiers, de buissons et de petits chemins sinueux. Il est vrai cependant que les bâtiments vétustes d'aspect peu engageant qui l'encadrent gâchent un peu le paysage.

Emmitouflé dans un gros pardessus, Rudolf Hess sillonne les sentiers, mains derrière le dos. Bien qu'il soit désormais vêtu de vêtements « civils », il porte toujours, au début des années 1970, son numéro 7 cousu sur son manteau. « Tête penchée en avant, écrit le colonel Bird, il va jusqu'au fond du jardin en deux cent quinze pas rapides et en revient également en deux cent quinze pas, tout aussi rapides [...]. Il couvre ainsi un peu plus de cinq kilomètres[196]. »

Une fois terminé sa longue marche, il s'assoit généralement sur l'un des bancs construits vingt ans plus tôt par Albert Speer et distribue des miettes de pain aux oiseaux, qui accourent en masse à son passage. Il aime aussi s'amuser à mesurer l'arbre – un peuplier – que Dönitz a planté dans les années 1950. En haut des miradors, les soldats le regardent passer de loin en grillant des cigarettes, malgré l'interdiction qui leur en est faite par le règlement. Il faut dire que le temps est particulièrement long là-haut. D'aucuns prétendent même, comme les sentinelles américaines, qu'il y a parfois des fantômes qui viennent les hanter la nuit. Dans les années 1970, tandis que la guerre froide bat son plein, à Spandau, les fantômes, ce seraient plutôt les Russes... Les rumeurs affirment que dans le rang des Soviétiques, il n'y a jamais de relève d'unité et que ce sont toujours les mêmes soldats du début à la fin du mois qui assurent les gardes. On dit même qu'ils ne sortent jamais de la prison et qu'ils campent dehors en période estivale[197]. « Les officiers russes vivaient enfermés dans une pièce, affirme Jacky Chudant, un ancien du 11e régiment des chasseurs qui a assuré des gardes à Spandau après 1975. On ne les voyait jamais. Ils ne frayaient avec personne. » En revanche, à la même époque, les unités et les services français ont le privilège de pouvoir sortir prendre leurs repas dans un bâtiment voisin faisant partie de la caserne britannique proche de la prison, dans une pièce propre et confortable, autour d'une grande table nappée, agréablement servis par une employée. Pour les sentinelles, c'est un contraste avec le quotidien : table en Formica, tabouret et plateaux en Inox. L'après-midi, ils peuvent aussi bénéficier d'un véritable thé traditionnel à l'anglaise.

Hess, que tous les soldats appellent déjà « le prisonnier le plus cher du monde », continue son tour du jardin sans chercher à approcher les sentinelles. Il sait que c'est rigoureusement interdit. Dans le ciel au-dessus de lui, à périodes régulières, passent de nombreux hélicoptères. Surveillance de routine, dit-on. Pourtant, dans les garnisons occidentales, la rumeur court parmi les militaires qu'on tente peut-être de faire évader Hess sans l'accord des Soviétiques. « Un jour, entre 1972 et 1976, un hélicoptère est venu le chercher, mais il a refusé de monter dedans », raconte Jean-Jacques Le Coze, aujourd'hui président du groupe Berlin de l'amicale du 46e RI, et à l'époque élève officier français qui montait la garde au sein du 46e régiment d'infanterie.

Lorsque sonnent 11 heures, le gardien qui l'accompagne dans tous ses déplacements lui fait signe qu'il est temps de remonter par l'escalier en colimaçon jusqu'au bloc des cellules. Une fois en haut viennent les sempiternelles fouilles, suivies de ce que le règlement nomme « *ablutions*[198] ». Après le déjeuner traditionnellement apporté sur une table roulante, le prisonnier numéro 7 rédige son courrier – n'ayant droit qu'à écrire une lettre par semaine, il la complète un peu tous les jours – ou se plonge dans un livre. Ainsi filent les journées : l'après-midi, de 14 h 30 à 15 h 30, à nouveau « *exercices dans le jardin* », puis, jusqu'à 16 h 30, « *repos dans la cellule ou petits travaux dans le jardin*[199] ». Quand il n'y a pas de Soviétiques dans les parages, c'est plutôt la deuxième activité qui l'emporte. De 16 h 30 à 17 heures, « *fouilles et toilette du soir* ». Comme le précise le nouveau règlement, « le rasage[200] et les coupes de cheveux auront lieu, aussi souvent que nécessaire, sous la surveillance du gardien-chef[201] ». À 17 heures vient le moment du dîner. Puis, de 17 h 45 à 23 h 30 – moment de l'extinction des feux –, « *échange de livres à la bibliothèque, lecture, courrier* ». Depuis quelque temps, Hess s'est mis à prendre des notes dans un grand cahier fourni par la prison, relevant scrupuleusement des informations dans les ouvrages qu'il vient de lire. Sa véritable passion du moment – elle ne se démentira d'ailleurs pas – tourne autour de tout ce qui a trait à l'espace. Depuis que les hommes ont posé le premier pas sur la Lune le 21 juillet 1969, il lit tout ce qu'il peut trouver sur les vols spatiaux. « Il avait épinglé au mur les photos en gros plan de la surface lunaire que lui avait envoyées de Houston la NASA. De plus, il collectionnait brochures, horaires spatiaux, interviews des cosmonautes et coupures de journaux[202] », raconte le colonel Bird. Parfois, grâce à la complicité d'un gardien, il écoute des émissions radiophoniques en direct de Houston. Et, à partir de 1971 – date à laquelle le premier poste de télé entre à Spandau –, il peut suivre quelques retransmissions, également en direct.

Ce qui est sûr, c'est, comme il le dit lui-même, qu'il s'est toujours efforcé de « ne pas laisser son esprit se rouiller » et, physiquement, il n'oublie pas de s'entretenir : « Il ne faudrait pas imaginer que je me balade dans le jardin de la prison uniquement pour regarder pousser les fleurs[203] », assure-t-il.

Il est vrai qu'après pourtant trente années passées à Spandau, Hess est, vers la fin des années 1970, « un homme de plus de quatre-vingts ans, en bonne condition physique et en pleine possession de ses facultés intellectuelles[204] ». Mais l'élément le plus frappant de cette époque est le changement considérable qui s'est opéré dans son comportement et sa personnalité. S'il est devenu incontestablement le prisonnier le plus seul du monde, Hess n'a plus grand-chose du « fou » qui empoisonnait la vie quotidienne de ses codétenus et du personnel de la prison. À croire que la solitude lui a été plutôt bénéfique…

Suite du témoignage du pasteur de Luze

— Vous souvenez-vous du jour où Albert Speer et Baldur von Schirach ont été libérés ?

— Non, pas vraiment. Je n'étais pas à la prison à ce moment-là. Je me souviens que pendant les semaines qui ont suivi, tout le monde était un peu sur les dents pour surveiller Hess, surtout la nuit. On craignait qu'il ne fasse une tentative de suicide. Ce dont je me suis surtout rendu compte, c'est qu'il était désormais désarmé. Mais je n'ai pas modifié mon attitude envers lui ou cherché à approfondir mes relations avec lui, sous prétexte qu'il se retrouvait seul. J'étais simplement plus vigilant. Honnêtement, je n'ai remarqué aucun changement chez lui, lors de ma visite qui a suivi la libération de ses codétenus. Je n'ai pas senti qu'il avait envers moi une plus grande demande. La seule différence s'est manifestée au niveau du service religieux. Depuis son entrée à Spandau, en 1947, il avait toujours refusé d'y assister. Même à Noël. Noël était pour lui, je crois, un moment de solitude très difficile à vivre, y compris quand Speer et Schirach étaient encore là. Il interdisait qu'on lui apporte une branche de sapin dans sa cellule. Ça lui rappelait trop les jours heureux. C'est donc à la libération des deux autres prisonniers – cette chance, si l'on peut dire – que l'on doit son changement d'état d'esprit vis-à-vis du service religieux.

Les sept criminels de la prison de Spandau

Le grand amiral Erich Raeder, commandant en chef de la marine, condamné à la perpétuité.

Baldur Von Schirach, chef des Jeunesses hitlériennes, condamné à vingt ans de prison.

Rudolf Hess, secrétaire et adjoint d'Hitler, condamné à la perpétuité.

Le baron Von Neurath, ministre des Affaires étrangères, condamné à quinze ans de prison.

Le grand amiral Karl Dönitz, commandant en chef de la marine, condamné à dix ans de prison.

Walther Funk, ministre de l'Économie et président de la Reischbank, condamné à la perpétuité.

Albert Speer, architecte d'Hitler et ministre de l'Armement et de la Production de guerre, condamné à vingt ans de prison.

Le procès de Nuremberg

De novembre 1945 à octobre 1946, 22 ex-dignitaires nazis sont jugés par un tribunal militaire international, dans la ville allemande de Nuremberg. Les juges et procureurs, de nationalité américaine, soviétique, anglaise et française, ont été nommés par les gouvernements des pays alliés victorieux. Le 1er octobre 1946, les sentences tombent. Trois prévenus sont relaxés, douze sont condamnés à la mort par pendaison, et sept à des peines de prison. Ce procès fut le premier grand procès international de l'histoire. Bien que forcément imparfait, il a cependant, comme l'a écrit René Rémond, « posé la première pierre d'une justice internationale, le premier effort pour fonder une jurisprudence à l'échelle de toutes les nations ».

La prison de Spandau

© D. R.

© D. R.

La forteresse-prison de Spandau est une immense bâtisse en brique rouge sale cernée de hauts murs, située 23 Wilhelmstrasse, dans la zone britannique de Berlin-Ouest. En 1946, les 600 détenus qui l'occupent sont évacués vers d'autres centres afin de laisser la place aux 7 condamnés de Spandau. En 1987, à la mort de Rudolf Hess, qui l'occupait seul depuis 1966, la prison est rasée. Sur son emplacement se dressent aujourd'hui un centre commercial et un grand magasin.

Les pasteurs de Spandau

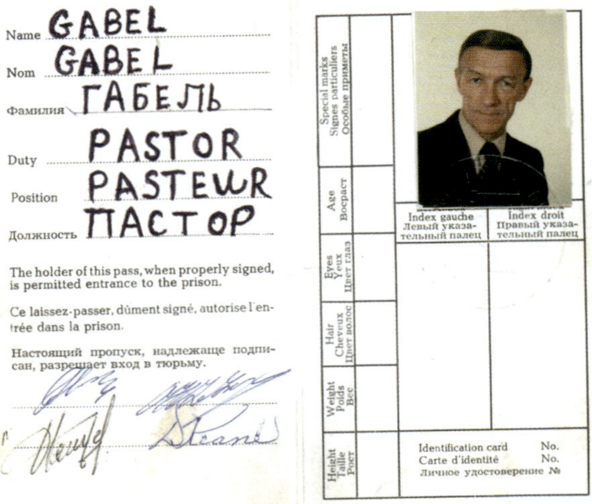

Name GABEL
Nom GABEL
Фамилия ГАБЕЛЬ
Duty PASTOR
Position PASTEUR
Должность ПАСТОР

The holder of this pass, when properly signed, is permitted entrance to the prison.

Ce laissez-passer, dûment signé, autorise l'entrée dans la prison.

Настоящий пропуск, надлежаще подписан, разрешает вход в тюрьму.

Special marks / Signes particuliers / Особые приметы
Age / Возраст
Eyes / Yeux / Цвет глаз
Hair / Cheveux / Цвет волос
Weight / Poids / Вес
Height / Taille / Рост

Index gauche / Левый указательный палец
Index droit / Правый указательный палец

Identification card No.
Carte d'identité No.
Личное удостоверение №

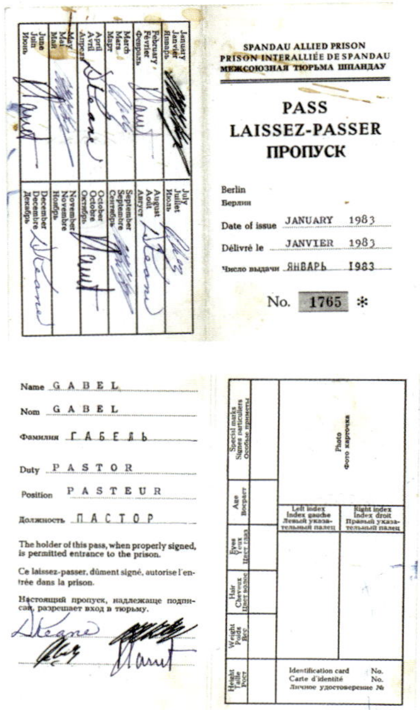

January / Janvier / Январь
February / Février / Февраль
March / Mars / Март
April / Avril / Апрель
May / Mai / Май
June / Juin / Июнь
July / Juillet / Июль
August / Août / Август
September / Septembre / Сентябрь
October / Octobre / Октябрь
November / Novembre / Ноябрь
December / Décembre / Декабрь

SPANDAU ALLIED PRISON
PRISON INTERALLIÉE DE SPANDAU
МЕЖСОЮЗНАЯ ТЮРЬМА ШПАНДАУ

PASS
LAISSEZ-PASSER
ПРОПУСК

Berlin
Берлин

Date of issue JANUARY 1983
Délivré le JANVIER 1983
Число выдачи ЯНВАРЬ 1983

No. 1765 *

Name GABEL
Nom GABEL
Фамилия ГАБЕЛЬ
Duty PASTOR
Position PASTEUR
Должность ПАСТОР

The holder of this pass, when properly signed, is permitted entrance to the prison.

Ce laissez-passer, dûment signé, autorise l'entrée dans la prison.

Настоящий пропуск, надлежаще подписан, разрешает вход в тюрьму.

Special marks / Signes particuliers / Особые приметы
Age / Возраст
Eyes / Yeux / Цвет глаз
Hair / Cheveux / Цвет волос
Weight / Poids / Вес
Height / Taille / Рост

Photo / Фото карточка

Left index / Index gauche / Левый указательный палец
Right index / Index droit / Правый указательный палец

Identification card No.
Carte d'identité No.
Личное удостоверение №

© J. Llobet / Collection privée de Charles Gabel

Le laissez-passer du pasteur Charles Gabel pour ses visites à la prison de Spandau. Pendant quarante ans, des aumôniers français s'y succèdent, le samedi de 14 h à 15 h 30, pour un service religieux collectif et un temps d'écoute individuel. Le règlement très strict, fruit de nombreuses négociations entre les quatre nations victorieuses, interdit formellement tout autre échange avec les prisonniers. L'aumônier est donc le seul contact régulier des détenus. Le témoignage de ces hommes de foi est d'autant plus précieux.

© J. Llobet

© J. Llobet

Les pasteurs Charles Gabel (*à gauche*) et Michel Roehrig. Né en 1929, Charles Gabel exerce en Afrique et en France avant d'être nommé en 1977 aumônier de Spandau, où il reste près de dix ans. Ses nombreuses interventions pour faire libérer Rudolf Hess lui valent l'inimitié des Soviétiques, qui finissent par obtenir son remplacement. Né en 1941, Michel Roehrig est l'aumônier des derniers jours de Rudolf Hess. D'abord très réticent à l'idée de parler de son expérience à Spandau, il a finalement accepté de témoigner.

© Collection privée famille de Luze

© Collection privée famille de Luze

Né en 1920, ancien résistant, Bertrand de Luze exerce son ministère entre l'Asie et l'Afrique avant de devenir l'aumônier de Spandau de 1965 à 1972. Sous son ministère, Rudolf Hess accepte, après plus de vingt ans de silence, de revoir sa famille. La voix du pasteur de Luze (*ici avec son épouse Daisy*) est l'une des plus éclairantes sur la difficulté qu'il y a à juger, avec le recul, la personnalité profonde des prisonniers de Spandau.

© Copyright Tristan Happel

Né en 1920, André Happel a été pasteur de paroisse avant de devenir aumônier militaire en Indochine puis au Maroc. Aumônier de Spandau de 1959 à 1965, il est celui qui a vu construire le Mur de Berlin, événement qui n'a fait que renforcer les dissensions soviético-occidentales au sein de la prison. Il est surtout celui qui est resté le plus longtemps auprès des trois derniers grands criminels nazis, Albert Speer, Baldur von Schirach et Rudolf Hess.

Les prisonniers

© Akg-images/Ullstein Bild

Une des très rares images des condamnés de Nuremberg à l'intérieur de la prison, pendant les travaux de jardinage obligatoires : de gauche à droite, Karl Dönitz, Baldur von Schirach, Konstantin von Neurath et Erich Raeder.

© Bettmann/Corbis

© DPA/Corbis

Entre 1954 et 1966, six des sept prisonniers de Spandau sont libérés : Konstantin von Neurath (*ci-dessus à gauche*) et l'amiral Erich Raeder, sérieusement malades, en 1954 et 1955 ; l'amiral Dönitz, à l'issue de sa peine, en 1956 ; Walther Funk, malade lui aussi, en 1957. Enfin, dans la nuit du 30 septembre au 1er octobre 1966, Albert Speer (*ci-dessus à droite*) et Baldur von Schirach sont libérés après avoir purgé leurs vingt années. À compter de ce jour, Rudolf Hess, âgé de soixante-douze ans, condamné à perpétuité, est l'unique détenu des quatre pays alliés.

Rudolf Hess

Rudolf Hess dans l'oratoire de la prison, pour le culte de Noël.

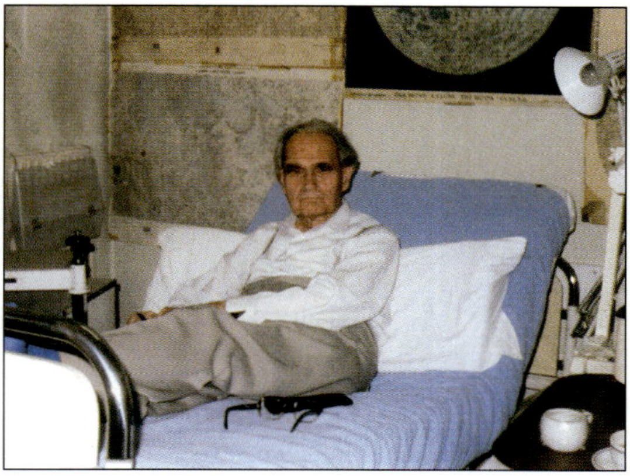

Rudolf Hess, ancien dauphin d'Hitler devenu le prisonnier n°7, reste seul dans la prison de Spandau de 1966 à sa mort en 1987. Caractériel, passant de l'euphorie au mutisme le plus total, il n'accepte pas sa condamnation et refuse longtemps les visites de sa famille. Mais sous le ministère de pasteur de Luze, il s'ouvre peu à peu et change d'attitude. Malgré son comportement erratique, les pasteurs qui l'ont rencontré au long de sa détention démentent les rumeurs de folie, car ses capacités intellectuelles sont demeurées intactes jusqu'au bout.

Le parloir, où, sauf sanction, le détenu peut recevoir une visite d'un quart d'heure par mois, un adulte à la fois, ou un adulte et un enfant, en présence de six gardiens et officiels définis par le règlement.

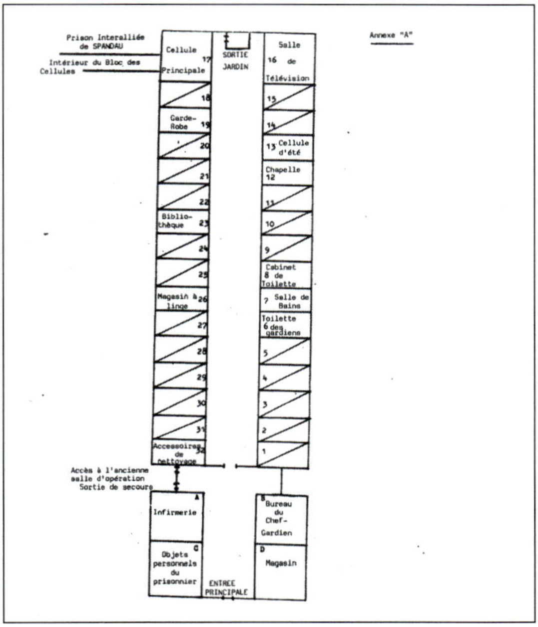

Plan de l'immense bloc des cellules, désormais réservé à un seul prisonnier.

Testament de Rudolf Hess

Le 17 août 1987, âgé de 93 ans, Rudolf Hess se donne la mort dans la serre du jardin de la prison.

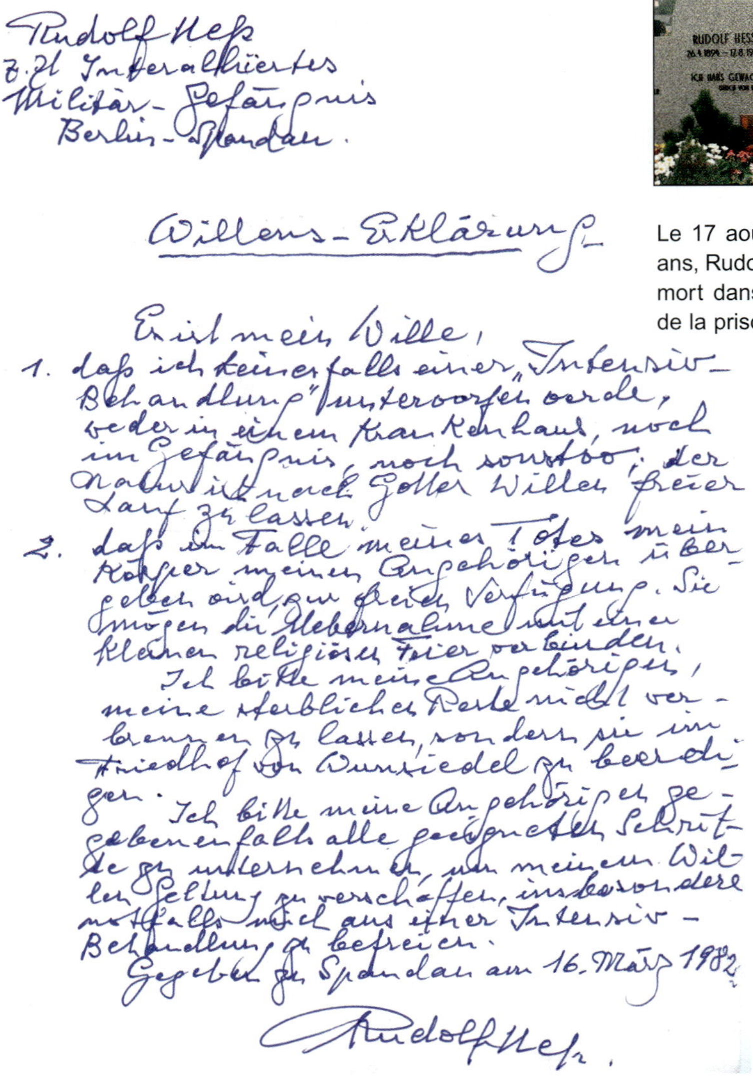

Rudolf Heß
z.Zt. Interalliiertes
Militär-Gefängnis
Berlin-Spandau.

Willens-Erklärung

Es ist mein Wille,
1. daß ich keinesfalls einer „Intensiv-Behandlung" unterworfen werde, weder in einem Krankenhaus, noch im Gefängnis, noch sonstwo; der Natur ist nach Gottes Willen freier Lauf zu lassen.
2. daß im Falle meines Todes mein Körper meinen Angehörigen übergeben wird, zur freien Verfügung. Sie mögen die Uebernahme mit einer kleinen religiösen Feier verbinden.
Ich bitte meine Angehörigen, meine sterblichen Reste nicht verbrennen zu lassen, sondern sie im Friedhof von Wunsiedel zu beerdigen.
Ich bitte meine Angehörigen gegebenenfalls alle geeigneten Schritte zu unternehmen, um meinem Willen Geltung zu verschaffen, insbesondere notfalls mich aus einer Intensiv-Behandlung zu befreien.
Gegeben zu Spandau am 16. März 1982.

Rudolf Heß.

Rudolf Hess - Prison militaire interalliée de Berlin-Spandau

Déclaration concernant mes dernières volontés

C'est ma volonté :
1) de n'être en aucun cas soumis à des « soins intensifs », ni dans un hôpital, ni en prison, ni où que ce soit. Il faut laisser libre cours à la nature selon la volonté de Dieu. 2) que, dans le cas de mon décès, mon corps soit remis à ma famille pour qu'elle en dispose librement. Je souhaite qu'elle associe à la remise de mon corps une modeste cérémonie religieuse.
Je prie ma famille de ne pas faire incinérer ma dépouille mortelle mais de la faire inhumer dans le cimetière de Wunsiedel.
Je prie ma famille d'entreprendre, le cas échéant, toutes les démarches requises pour faire respecter mes dernières volontés, et en particulier, si nécessaire, pour me soustraire des soins intensifs.
Fait a Spandau, le 16 mars 1982.
Rudolf Hess

Ce document exceptionnel a été confié à Laure Joanin par le pasteur Charles Gabel à l'issue de leurs entretiens.

— Vous rappelez-vous les circonstances de cette transformation ?

— Il a été très malade, fin décembre 1969. Il a été hospitalisé assez longuement. Je crois que c'était le premier Noël qu'il ne passait pas en prison depuis vingt-huit ans. C'est peut-être la raison. En tout cas, il a accepté de voir sa femme et son fils, le 24 décembre, pour la première fois depuis le début de sa captivité. Vous vous rendez compte, il ne les avait pas revus depuis 1941 ! Ensuite, le jour de Noël, je suis allé dans sa chambre à l'Hôpital militaire britannique avec des décorations et des bougies et j'ai pu faire avec lui un bref service religieux. C'était la première fois qu'il acceptait d'assister à un culte et surtout de dire le Notre-Père depuis son arrivée à Spandau. Mais, pour le reste, il est demeuré le même homme[205]...

« Je sais que Rudolf Hess a été considéré comme le prisonnier le plus difficile de Spandau, du moins durant les vingt premières années, mais moi, je l'ai toujours vu comme un homme facile. Il ne me posait jamais de problèmes. Il avait une attitude très correcte, bien qu'il gardât ses distances. Honnêtement, contrairement à ce qu'on a prétendu, il ne paraissait pas souffrir de problèmes psychologiques. Il n'était ni excentrique ni neurasthénique. En tout cas, il n'a jamais eu de "crises" devant moi. Il est vrai que la direction de la prison et même le personnel craignaient toujours qu'il ne se suicide. Si vous voulez mon avis, il était loin d'être fou. À mon sens, il était un excellent simulateur. Cela dit, pendant mon temps à Spandau, je n'ai pas souvenir qu'il y ait eu de sa part une quelconque tentative de mettre fin à ses jours. Non, ce qu'il faut comprendre, c'est que Hess vivait dans son monde, dans le passé. Il était psychologiquement très introverti.

— Quelle impression retenez-vous de lui ?

— Avant de le rencontrer, je ne pensais rien de lui et, au bout de sept années de visites hebdomadaires, je n'ai pas changé d'avis sur lui. C'était un type plutôt distant. Il avait un physique assez impressionnant, il était grand et costaud. Je le revois vêtu de son éternelle veste portée sur un chandail. Quand il ne venait pas vers moi, je ne forçais rien. J'estimais qu'il avait le droit d'user de cette liberté. Mais je dois dire qu'il n'a jamais refusé mes visites, bien qu'il semblât préférer être seul. Il occupait ses journées en lisant des journaux, surtout le quotidien est-allemand. Les Russes étaient très vigilants sur les informations qui parvenaient aux prisonniers. Hess aimait à se tenir au courant de l'actualité internationale, mais, la plupart des parutions étant censurées, il se plongeait souvent dans des journaux vieux d'une vingtaine d'années. De temps en temps, il s'arrangeait pour s'en procurer d'autres par l'intermédiaire du colonel Bird. De toute façon, pour lui, le temps s'était arrêté en 1941. Depuis cette date, il n'avait eu accès qu'à un nombre restreint d'informations. Il avait beau aimer l'histoire, à cause de la censure, il ne pouvait pas lire grand-chose. Le règlement de Spandau ne pouvait pas l'aider à sortir du passé. Il n'avait vécu la fin de la guerre de 39-45, la reconstruction allemande ou les débuts de la construction européenne que par le prisme d'articles, d'informations volés en douce à l'extérieur. Comment s'étonner qu'il soit resté figé dans les souvenirs ? Pour lui, la guerre de 14-18, c'était sa jeunesse, le conflit dans lequel il s'était illustré.

Pour le reste, il aimait l'économie, la géopolitique et la science. Deux fois par semaine, il faisait un peu de jardinage dans le jardin de la prison. Au fond, il était assez placide. Mais, sincèrement, il ne m'est jamais apparu comme un homme sympathique. Il était assez orgueilleux, méprisant envers son environnement. L'avantage avec lui, c'est qu'il ne refusait pas de parler. Il aimait volontiers raconter son passé et ce qu'il avait fait. Généralement, c'est moi qui l'interrogeais par curiosité et il me répondait volontiers. Il restait excessivement fier de ce qui avait été accompli. C'était un bon hitlérien ! Tout ce qu'il y a de plus classique ! »

Une note d'agacement perce dans la voix du pasteur de Luze. De toute évidence, cette plongée dans le souvenir de Rudolf Hess l'épuise et l'irrite. Il est temps de mettre un terme à l'entretien.

Le lendemain, même lieu, début d'après-midi.

« De quoi parliez-vous généralement avec Rudolf Hess ?

— Il nous arrivait souvent de philosopher ensemble. Nous lisions certains passages de la Bible et nous dissertions à leur sujet. Hess parlait de ce qu'il avait découvert dans les journaux : les premiers pas sur la Lune, par exemple, l'avaient beaucoup impressionné et il se passionnait pour les vols spatiaux, les projets de la NASA. Le moindre événement international le captivait. Il me posait également beaucoup de questions sur la façon dont les Français avaient vécu l'Occupation. Il voulait savoir comment les gens vivaient au quotidien. En revanche, il a pratiquement toujours gardé le silence quand j'ai essayé de l'interroger sur son voyage rocambolesque en Grande-Bretagne en 1941. Il ne m'a jamais expliqué pourquoi il s'était rendu là-bas, ni si Hitler était au courant. Il m'a simplement déclaré qu'il avait pu rencontrer Winston Churchill à plusieurs reprises, qu'il avait été reçu par lui. Je ne sais pas ce qu'il faut en croire…

« Quand il parlait de la guerre ou du IIIe Reich, il me donnait l'impression de ne pas avoir abandonné le personnage qu'il avait été. On le sentait fier de raconter les grandes heures du nazisme. Je me souviens avoir eu une longue conversation avec lui sur les massacres de la "Nuit des longs couteaux[206]". Bien qu'il n'y ait pas participé, il en parlait avec fierté. J'ai eu droit à un formidable panégyrique des SS : "Heureusement qu'ils étaient là", m'a-t-il dit. Il gardait une admiration totale pour Hitler et ses hommes. Sentait-il que je réprouvais ses paroles ? Je l'ignore, ce qui est sûr, c'est qu'il n'évoquait le Führer qu'au travers d'autres événements, jamais directement. Mais, à chaque fois, on sentait en lui une fascination, une loyauté à toute épreuve. Le génocide des Juifs était en revanche complètement tabou entre nous. J'ai essayé de l'interroger, mais il évitait le sujet. Le mot "camp" le faisait systématiquement détourner la conversation. Contrairement à Albert Speer, Rudolf Hess n'avait pas accepté sa condamnation, il se disait innocent. Il laissait souvent entendre qu'il espérait être libéré puisqu'il n'avait rien fait. En sept ans, jamais je ne l'ai entendu exprimer le moindre remords ni le moindre jugement négatif sur le IIIe Reich, Hitler ou le national-socialisme. Le procès de Nuremberg et sa captivité n'avaient eu aucune influence sur lui. Il n'avait perdu aucune de ses convictions. À ses yeux, Hitler restait la plus grande gloire de l'Allemagne.

— Et, malgré cela, vous l'avez soutenu ?

— Oui, je l'ai même aidé à mieux vivre sa détention. Une année, sa famille – sa femme et son fils "Boots" – m'a demandé de l'aider à organiser une petite fête, si l'on peut dire, pour son anniversaire le 26 avril. Ils voulaient que j'apporte des bougies et des petits gâteaux à Hess dans sa cellule. Je ne me souviens plus de l'année. J'imagine que ça devait être à la fin de mon séjour pour que je me permette une telle liberté. Je ne l'ai pas fait pour lui faire plaisir, ce n'est sûrement pas le mot. Je cherchais le moyen de lui rappeler Noël. C'était l'époque où l'on avait peur qu'il ne se suicide. Alors, j'ai aidé à organiser cette petite fête : j'ai apporté des bougies, des gâteaux et une cassette audio dans laquelle Mme Hess parlait à son mari, entre deux chants. Comme ce projet ne dépassait pas les murs de la prison et que cela ne pouvait pas être utilisé comme propagande, j'ai cru pouvoir accepter. Je n'étais pas obligé, c'est vrai. Pour moi, c'était l'occasion de lui offrir une sorte de fête de Noël avant Noël. Mais cette histoire a eu des conséquences. La famille Hess s'est révélée extrêmement malhonnête : elle a révélé l'information aux journaux. Du coup, j'ai rompu les ponts avec elle, surtout avec Mme Hess, car c'est elle qui m'avait demandé ce service. Cette histoire d'anniversaire m'a mis très en colère. Si j'avais eu connaissance de ce qu'ils manigançaient, jamais je n'aurais accepté. J'aurais même fait tout mon possible pour que cette fête n'ait pas lieu.

— Saviez-vous que toute la famille Hess restait admiratrice d'Hitler ?

— Oh ! oui, ils ne s'en cachaient pas.

— Et cela ne vous a jamais gêné de les fréquenter ?

— Non, j'estimais que rencontrer la famille des prisonniers faisait partie de mon travail. Il était important que quelqu'un entretienne le lien entre eux. C'était à l'aumônier d'aider ces hommes à ne pas être totalement seuls. Vous savez, Hess n'était jamais aussi ravi de me voir que lorsqu'il savait que son fils était passé chez nous ou que l'on rentrait d'un séjour chez sa femme. Il me demandait des nouvelles, il était heureux de parler d'eux avec quelqu'un. Cela dit, je ne sais pas si l'on peut dire que je fréquentais les Hess. Nous sommes allés, Daisy et moi, deux ou trois fois à Hindelang ; le fils se servait de notre téléphone après ses visites, c'est tout. Mes relations avec Boots se limitaient à transmettre des lettres. Je comprenais qu'il se donne du mal pour son père et pour rappeler au monde et à la presse qu'il restait un prisonnier à Spandau. Pourtant, j'ai rompu également les ponts avec lui un peu plus tard : j'avais pris son père en photo dans le jardin de Spandau et je lui avais donné les clichés. Il m'avait promis qu'ils ne seraient pas transmis à la presse, mais, quelque temps plus tard, je les ai découverts à la une d'un journal allemand. Ça aussi, ça m'a mis très en colère… (Un temps.) Mais ce n'est pas cela que je veux retenir. Malgré les problèmes, cette mission à Spandau ne m'a jamais lassé. En cela, je l'ai vécue comme une mission normale. La plus grande joie qui me reste aujourd'hui est d'avoir pu partager la réconciliation en Jésus-Christ avec mes "paroissiens", même s'ils n'étaient pas tout à fait ordinaires. Dans le fond, ces trois hommes étaient les "trois restants". Plus vraiment des hommes, mais des symboles. C'était un peu dérisoire quand on y pense. Ils étaient réduits au rang de personnages. Contrairement à Speer, dont on pouvait se demander s'il jouait un rôle, Hess avait l'air d'être lui-même puisqu'il restait fidèle à ses convictions d'hier. Et pourtant, à mes yeux, il jouait aussi. C'est pour cela que savoir s'il s'est suicidé ou s'il a été assassiné m'importe peu. Son maintien à Spandau, quarante ans après la guerre, n'avait plus aucun sens. Si tant est que l'existence de Spandau ait jamais eu un sens… »

TROISIÈME ÉPOQUE :
1977-1987

Hess, le prisonnier le plus cher du monde

Rudolf Hess approche de ses quatre-vingt-deux ans. Voilà maintenant onze ans qu'il vit dans un complet isolement, dans la cellule numéro 17 au fond du couloir du premier étage de l'immense forteresse, sur laquelle veille une petite armée de quatre-vingts personnes, dont trente-deux gardes militaires. Parmi les quarante-huit autres, on compte dix-sept ressortissants de pays autres que les nations alliées. Ces employés à statut civil, payés par le Sénat de Berlin, sont principalement du personnel de cuisine, dont quatre cuisiniers ou de service. Certains travaillent à l'infirmerie de la prison, d'autres à la lingerie, au secrétariat ou à la bibliothèque.

Les véritables « têtes » de cette énorme machine qui vit en autarcie sont au nombre de trente et une. On dénombre toujours parmi elles les quatre directeurs ou gouverneurs, les quatre médecins, trois interprètes et vingt gardiens civils. Ce sont ces hommes qui assurent le fonctionnement quotidien et administratif et qui veillent à l'application rigoureuse des règles quadripartites fixées en 1947.

À l'approche des années 1980, rien n'a réellement changé. Rudolf Hess n'a encore droit à la visite de sa famille qu'une demi-heure par mois et le parloir lui est interdit le 26 avril, jour de son anniversaire. Malgré ses demandes répétées, ses relations avec son avocat sont toujours quasiment nulles. Le Dr Alfred Seidl n'a toujours pas l'autorisation d'écrire à son client et ses visites sont extrêmement limitées : entre juillet 1947 et août 1987, il n'aura pu le rencontrer qu'à six reprises.

De la même façon, seule une lettre hebdomadaire à destination ou en provenance du prisonnier peut intégrer ou quitter l'enceinte de la prison. Tout courrier reçu par le détenu ne peut être écrit que par une personne à la fois. Les promenades dans le jardin ont lieu deux fois par jour, à raison d'une heure chacune. Il n'a droit qu'à trente minutes de musique par semaine, soit une face d'album, et toujours en compagnie de l'aumônier. Tout disque doit être impérativement choisi dans la collection de la « médiathèque » de la prison, qui comporte environ deux cents œuvres.

Aucun paquet, carte, message ou lettre provenant d'autres personnes que les quelques membres de la famille du prisonnier dûment accrédités ne peut franchir les grilles de la prison, quels que soient le jour ou la circonstance. Tout objet – chocolats, livres, bougies, fleurs, etc. – ne peut être apporté au prisonnier sans l'autorisation du directoire de la prison, qui se réunit une fois par semaine. La censure s'applique avec la même fermeté que dans les premières années sur les livres, journaux, revues et courriers. Elle touche sans discernement tout ce qui a trait, directement ou pas, à la période allant de 1933 à 1945 et au peuple juif. Même *Le Petit Larousse* prêté par la bibliothèque au prisonnier a été largement expurgé : son propre nom comme le résumé de sa vie et de son passé ont été soigneusement découpés. Il arrive aussi que des pages d'un ouvrage jugé « sulfureux » soient carrément arrachées. Pour une raison incompréhensible, il n'a pas le droit de regarder la moindre carte géographique, ni de posséder un agenda de poche.

En un mot, la liste des interdictions est telle qu'il est plus facile d'énumérer ce qui est autorisé. Ainsi, à Noël, la famille peut envoyer directement au secrétariat de la prison quelques bougies ou branchages en guise de sapin. Après accord des quatre gouverneurs, le prisonnier a pu accrocher au mur de sa cellule un calendrier lui permettant de suivre la marche du temps et, comme on l'a vu, quelques photos de la Lune. Chaque semaine, il a également droit pour sa correspondance à quatre feuilles de papier à en-tête de la prison et estampillé « numéro sept », et à un gros cahier sur lequel il peut à loisir prendre des notes personnelles. Mais il n'est toujours pas question de le conserver : une fois terminé, le cahier est rendu au secrétariat puis détruit immédiatement.

Tous les matins, on dépose sur une petite table, installée devant sa cellule, quatre quotidiens qu'il devra rendre chaque soir après en avoir, s'il le souhaite, pris connaissance. Chaque nation a choisi son propre titre. Les Américains fournissent le *Frankfurter Allgemeine Zeitung*, les Britanniques le *Die Zeit* situé dans leur zone d'influence berlinoise, les Français le *Tagesspiel* de Berlin. Les Soviétiques, quant à eux, ont opté pour le principal journal de Berlin-Est, le *Berliner Zeitung*.

Au quotidien, rien ne souffre d'improvisation. Hormis lors de ses promenades dans le jardin, Rudolf Hess est confiné au premier étage de la prison. Le long corridor sur lequel donne la pièce dans laquelle il vit est encadré par trente-deux cellules – seize de part et d'autre – vides et fermées la plupart du temps, sauf en cas de réfection. Certaines ont été transformées en magasin à linge ou en cabinet de toilette pour les gardiens. Tout est organisé de façon que les principaux besoins du prisonnier soient contentés dans un périmètre réduit. La bibliothèque, les sanitaires et la salle de douche ne se trouvent qu'à quelques encablures de sa cellule. Une double porte verrouillée, gardée jour et nuit, coupe le couloir au bout d'une dizaine de mètres. De l'autre côté se trouvent le bureau du gardien-chef, l'infirmerie et la cellule où sont conservés les objets personnels que possédait le prisonnier à son arrivée dix ans plus tôt. C'est là aussi que les Alliés ont choisi d'entreposer la tenue d'aviateur qu'il portait lors de son voyage raté en Grande-Bretagne en 1941. Le sujet d'ailleurs est source de polémiques fréquentes entre les quatre puissances : les Britanniques tiennent par-dessus tout à conserver ces reliques, tandis que les Russes pencheraient pour les brûler purement et simplement.

La pièce où vit Hess depuis dix ans, la « double cellule », mesure huit ou neuf mètres carrés. Deux portes dont une condamnée donnent accès au corridor. Bien que la pièce soit dotée de petites lucarnes, l'éclairage est très insuffisant, car les seules fenêtres donnant sur l'extérieur sont situées très en hauteur et l'une d'elles est fermée par un rideau. Un bout de ciel, quelques branches d'arbres, c'est à peu près tout ce qu'aperçoit Rudolf Hess lorsqu'il est allongé dans son lit.

Généralement, il se lève vers 4 ou 5 heures du matin, fait quelques étirements ou mouvements de gymnastique et se recouche pour s'endormir jusqu'à 6 h 30. Sa journée est consacrée pour l'essentiel à de grandes plages de lecture ou d'écriture, et ponctuée d'une sieste d'une demi-heure après le déjeuner et de deux visites par jour à l'infirmerie. Depuis 1982, il peut varier le moment de ses repas, et l'horaire du coucher, ou du lever, ne lui est désormais plus imposé. Il se met au lit assez tard, environ à 1 heure du matin, sans l'aide d'aucun somnifère. À cause de son grand âge, il est depuis quelques années dispensé du nettoyage de sa cellule, qui est maintenant effectué par l'infirmier.

Par tous les temps, le matin et l'après-midi, il emprunte le vieil escalier poussiéreux contigu à sa cellule, qui l'amène directement – mais toujours sous surveillance – dans l'allée centrale du jardin. « Nous fouillions tous les sentiers avant de prendre notre tour de garde en haut des miradors, raconte un ancien commandant de section britannique du régiment royal du Duke of Edinburgh[207]. Tous les pays alliés devaient suivre les mêmes procédures et, à cause des Soviétiques, certaines n'étaient pas des plus agréables. Comme les Russes enfermaient leurs hommes à clef dans les miradors – paraît-il pour éviter les désertions –, nous devions faire la même chose. Puis on postait nos hommes en sentinelle après leur avoir intimé les ordres suivants : interdiction de fumer et de parler à Hess. Ensuite, on les fouillait afin qu'ils n'introduisent pas dans l'enceinte de la prison des appareils photo ou des cigarettes. Les grilles latérales par lesquelles on entrait dans le jardin grinçaient d'une manière épouvantable. On se serait cru dans un film d'horreur. Tandis que nous nous dirigions en colonne vers le mirador, Hess arpentait le sentier, les mains derrière le dos, comme s'il passait ses troupes en revue. »

Tous les soldats français, anglais ou américains qui ont monté la garde à la fin des années 1970 se souviennent d'un vieux monsieur toujours accompagné d'un gardien, marchant seul pendant des heures, le corps voûté, appuyé sur une canne. Entre eux, ils l'appellent « l'illustre prisonnier » ou « le prisonnier le plus cher du monde ». « Il marchait en rond, en traçant des sentiers dans l'herbe, sans jamais repasser au même endroit, témoigne un garde militaire britannique. Il tournait longtemps ainsi, puis soudain il se mettait à marcher au pas de l'oie. Parfois, il se plantait en dessous du poste de garde, levait les yeux et fixait la sentinelle. Cela nous rendait fous. On essayait de l'ignorer, mais c'était dur. Il nous regardait comme s'il se demandait ce que nous faisions là. Il avait encore belle allure et ses yeux enfoncés dans leurs orbites lui donnaient un regard incroyablement pénétrant. »

Au cours de sa promenade solitaire qui, contrairement aux premières années, peut désormais se prolonger au-delà d'une heure, Hess tire parfois de sa poche un mouchoir empli de pain qu'il distribue aux oiseaux. Il lui arrive aussi de cueillir quelques prunes ou des noix. Bien que mal entretenu, le jardin de la prison a la superficie d'un parc. On y trouve des arbres fruitiers, des rosiers, un bassin avec des nénuphars, des fleurs de toutes sortes.

Soucieux du règlement, Rudolf Hess évite tout rapport avec les soldats et il lui arrive même d'aller se plaindre officiellement lorsque ces derniers s'en affranchissent trop facilement. Cependant, habitué à ce que les troupes se mettent au garde-à-vous lorsqu'il se promène en compagnie d'un directeur, il ne supporte pas que les militaires en faction dans le jardin ignorent totalement sa présence lorsqu'il est seul. En octobre 1981, il ira jusqu'à écrire une longue lettre au gouverneur britannique de Spandau dans laquelle il se plaindra longuement du fait que des soldats anglais lui « ont ostensiblement tourné le dos et opposé une froide indifférence ».

« Il essayait de s'imposer par le regard, se souvient Jacky Chudant, ancien adjudant au 11e régiment des chasseurs. Mais, théoriquement, il était inabordable. Nous avions des consignes très strictes – nous n'avions même pas le droit de l'apercevoir. »

En 1978, le directoire de la prison décide de lui installer, au milieu du jardin, une petite maison préfabriquée, curieux mélange de serre et de cabane, dans laquelle il pourra faire halte, lire ou se reposer. Il a fallu avoir recours à plusieurs grues pour la transporter depuis la rue. Au fil des années, la cabane – que Hess et son avant-dernier aumônier, le pasteur Charles Gabel, rebaptiseront la « Maison Blanche » – se dote d'un certain confort. Malgré les réticences des Soviétiques qui trouvent qu'on gâte trop le prisonnier, elle s'enrichit en quelques années d'une grande baie vitrée coulissante, d'un système de chauffage, de prises électriques et même d'un épais tapis, de deux chaises et d'une grosse lampe sur pied.

Malgré l'extrême rigueur du règlement, auquel aucun directeur n'ose toucher sous peine de se mettre à dos ses trois autres collègues, les années 1980 voient arriver certaines améliorations dans la vie du prisonnier.

Des bancs sont disposés dans le jardin, dont l'entrée se pare d'un dallage construit en pente douce, agrémenté de rampes latérales. Des éclairages extérieurs sont même installés. Des ouvriers vont jusqu'à aplanir les bosses du sentier central pour faciliter les promenades du prisonnier. Il faut dire qu'à près de quatre-vingt-dix ans, son état de santé se détériore inexorablement. En 1979, il a été victime d'une petite attaque cérébrale qui a rétréci son champ visuel, et la liste des troubles physiques dont il est atteint n'en finit pas de s'allonger : cécité à 65 %, problèmes circulatoires, calculs rénaux, difficultés respiratoires, arthrite, infections urinaires à répétition, douleurs intestinales, œdème des pieds, hémiplégie d'une jambe, hernies... En 1980, Hess refuse une opération de la prostate et, en 1982, il est victime de deux crises cardiaques. Mais sa grande inquiétude se focalise sur sa vue. Persuadé qu'il va devenir aveugle, il perd dix kilos en trois mois avant d'apprendre qu'il ne s'agit que d'une double cataracte et de se remettre à manger.

Bien que son état psychologique se soit amélioré – sa dernière tentative de suicide remonte à février 1977 –, il fait de fréquents séjours à l'Hôpital militaire britannique, où chacun de ses transferts donne lieu à de véritables démonstrations de force de la part des Alliés. Là encore, les règles du quadripartisme en vigueur à Spandau compliquent sérieusement la tâche des médecins. En effet, l'hospitalisation de Hess doit être agréée par les quatre pays et, souvent, les Soviétiques commencent par mettre un point d'honneur à en refuser l'idée. De la même façon, comme tout médicament donné au prisonnier doit recevoir l'aval écrit des quatre nations, la rédaction des ordonnances est elle aussi soumise à des polémiques sans fin. Les Russes, qui accusent un retard notable au niveau des avancées médicales, se montrent méfiants et contestent le traitement préconisé. À titre d'exemple, en 1979, il faudra une discussion de près de six heures, selon le pasteur Gabel, pour que le médecin soviétique de Spandau accepte de se ranger à l'avis de ses collègues pour administrer à Hess le traitement de base contre une infection urinaire !

Il est vrai que pour les Soviétiques, l'idée de voir le prisonnier échapper à l'univers bien réglé de Spandau, ne serait-ce que le temps d'une hospitalisation en zone britannique, est source d'inquiétudes. Car, en pleine guerre froide, la confiance qu'ils ont à l'égard de leurs confrères gouverneurs est loin d'être absolue. Pour ne prendre aucun risque, les modalités de transfert de Hess répondent à une procédure draconienne. Hess – accompagné d'un médecin – est monté à bord d'une ambulance que l'on fait précéder de plusieurs motards, tandis que le directoire de Spandau au grand complet suit le convoi dans une voiture banalisée, le long de Heerstrasse, sur une distance de trois kilomètres. Aux alentours, un énorme dispositif de sécurité est mis en place : pour écarter les journalistes qui se pressent sur le parcours, des soldats armés patrouillent sur les lieux, allant même jusqu'à se hisser en haut des arbres. Une fois sur les lieux, deux sentinelles se positionnent devant l'entrée de l'hôpital et des gardes et gardiens civils envahissent l'étage réservé au prisonnier. Les fenêtres de sa chambre sont fermées à clef et, sauf cas exceptionnel, les stores en fer sont maintenus baissés. Malgré tout, le confort de l'établissement n'a rien à voir avec les grands couloirs glacials de Spandau, ses hautes voûtes et son aspect sombre et sale.

À chaque hospitalisation, les quatre directeurs se réunissent pour établir la liste des laissez-passer qui seront attribués. Tandis que les Américains ou les Britanniques plaident immuablement pour un large nombre de visites, les Russes marchandent chaque accréditation et vérifient, à la seconde près, l'arrivée et le départ des visiteurs. Les membres de la famille ne sont pas autorisés à se rendre spontanément à l'hôpital et n'ont accès à la chambre du malade que si leur visite avait été préalablement programmée au parloir de Spandau. D'ailleurs, ils ne sont jamais avertis d'un brusque problème de santé du prisonnier et aucun des quatre médecins ne les informe des résultats des examens médicaux. Généralement, c'est la presse ou le pasteur qui leur transmettent les informations.

La santé déclinante de Rudolf Hess devient dans les années 1980 un vaste sujet de discussion entre les Alliés. Que se passerait-il s'il devenait grabataire et donc incapable de demeurer en prison ? Les Soviétiques accepteraient-ils qu'il soit hospitalisé jusqu'à la fin de sa vie dans un établissement militaire britannique ? Malgré l'urgence qu'impose la situation d'un Hess vieillissant et très affaibli, aucune discussion n'est poussée plus avant et les Alliés choisissent plutôt de réfléchir à ce qui se passerait lors de la disparition du prisonnier. La question centrale qui va les occuper entre 1980 et 1982 concerne les dispositions à prendre après le décès. Que faudra-t-il faire du corps de Hess ? Autoriseront-ils des funérailles ? Depuis les accords de 1947 qui stipulaient que tout prisonnier décédant en prison serait incinéré sans que l'on prévienne sa famille et que ses cendres seraient répandues secrètement, comme cela avait été fait pour les condamnés à mort de Nuremberg, le dossier a déjà connu une petite évolution. Un deuxième accord intervenu en 1952 prévoyait l'inhumation sur les lieux mêmes de la prison. Le troisième, datant de 1970, toujours en vigueur au début des années 1980, n'est pas revenu sur le principe de l'incinération, mais accepte l'idée que les cendres soient remises à la famille. Affaire délicate s'il en est, le dossier de l'après-décès de Hess divise les Alliés – le risque d'une crise diplomatique avec les Soviétiques est réel. Par précaution, toutes les solutions ont été envisagées et l'accord de 1970 prévoit que si Hess décédait à l'Hôpital militaire britannique ou pendant un mois de présidence occidentale, le corps serait transporté à la morgue de l'établissement militaire, autopsié, puis incinéré au terme d'une courte cérémonie. En cas de problèmes avec les employés du crématorium, une réquisition des lieux et la prise en main de l'opération par des soldats britanniques sont prévues. Ensuite, il ne resterait plus qu'à convaincre les Russes d'accepter la remise des cendres à la famille. D'après le pasteur Gabel, partie prenante dans ce dossier, il aurait même été envisagé un « enlèvement » au nez et à la barbe des Soviétiques par des hélicoptères.

Finalement, le 1er octobre 1982, les quatre gouverneurs de Spandau signent de concert un protocole d'accord. Les affaires personnelles du détenu seront brûlées jusqu'au dernier objet – de sa montre à son dentier, en passant par son uniforme de la Luftwaffe et ses vêtements. Mais, plus important, l'idée de l'incinération a été abandonnée et, comme l'a demandé le prisonnier lui-même dans ses dernières volontés[208], le corps sera rendu secrètement à sa famille et inhumé dans son village de Wunsiedel en Bavière. Le résultat est assez inespéré car, depuis trente-cinq ans, les Russes refusaient catégoriquement l'idée que le corps de Hess ait une sépulture, leur grande crainte étant que cela occasionne des funérailles politiques et que la tombe d'un ex-dignitaire nazi devienne un lieu de rassemblement pour les nostalgiques du nazisme. Il est certain que les Occidentaux se sont rapprochés, dans cette affaire, du gouvernement ouest-allemand pour obtenir l'assurance que tout serait mis en œuvre afin de garantir une inhumation dans la plus grande discrétion possible. En échange de ce document dont elle n'a pas copie, mais qu'elle a signé, la famille du prisonnier s'est engagée à ne rien révéler de cet accord.

Dans l'immédiat, le directoire de Spandau se lance dans une opération de « grands travaux », peut-être pour garder le vieux prisonnier en vie le plus longtemps possible. Ce qui est sûr, c'est que les dépenses frisent parfois le grotesque. En frais de personnel et d'entretien, la prison coûte à l'époque l'équivalent d'un million cent soixante-seize mille euros[209]. Une somme conséquente prélevée sur le budget fédéral et sur celui de la justice de Berlin, au titre de « frais d'occupation ». Selon Alois Mertes, ministre d'État aux Affaires étrangères allemand, l'Allemagne a déboursé, entre 1971 et 1984, plus de vingt millions de deutsche Mark, soit environ dix millions deux cent vingt-cinq mille euros pour la seule prison[210]. « Il est vrai que Spandau présentait un "intérêt" certain puisque les Allemands payaient », reconnaît Serge Boidevaix, ancien ambassadeur de France à Bonn. Une phrase que ne peut qu'accréditer le pasteur Charles Gabel, qui témoigne avoir entendu un gardien dire un jour, sous forme de boutade : « Hess, c'est mon pain et mon beurre. »

Outre les améliorations entreprises dans le jardin, le directoire ordonne la construction d'une nouvelle douche, car le prisonnier n'a plus la force de se hisser hors de sa baignoire, et fait revêtir le sol de la cellule numéro 17 d'une épaisse moquette destinée à prévenir les chutes. Enfin, et ce n'est pas le moins, il prend à la fin 1983 la décision de construire un ascenseur extérieur pour lui permettre de descendre plus confortablement dans le jardin. Hess l'utilisera très peu et restera jusqu'au bout assez dubitatif sur l'intérêt d'une « telle dépense ».

Une fois encore, ce chantier, qui doit s'étaler sur de longs mois, va coûter une somme considérable, soit cent trente mille deutsche Mark ou l'équivalent de soixante-six mille cinq cents euros[211]. Et tout cela pour un vieillard âgé de quatre-vingt-dix ans qui n'a, peut-on légitimement penser, que peu de temps à vivre… Le projet est même plus que surprenant quand on sait que le protocole d'accord, signé fin 1982 entre les quatre gouverneurs – donc juste un an auparavant –, stipulait que la prison serait entièrement rasée dans les jours suivant la mort du détenu numéro 7. Si l'on parle de travaux absurdes, on peut aussi citer la réfection complète, dans les dernières années, de certaines cellules du premier étage… totalement vides !

Il n'empêche, les travaux de l'ascenseur débutent en janvier 1984. L'entreprise est d'envergure puisqu'il s'agit de construire un engin à système hydraulique pouvant contenir dix personnes ou un brancard. On ira même, à la fin 1984, jusqu'à recouvrir d'un tapis de mousse le sommet de la cage pour amortir le bruit de la pluie venant frapper le haut de l'appareil. Le chantier nécessitant la présence d'ouvriers allemands – une petite quinzaine –, Rudolf Hess est régulièrement bouclé à clef dans sa cellule afin de ne pas les croiser. En effet, en près de quarante ans, le règlement n'a pas varié sur ce point : il est rigoureusement interdit au prisonnier non seulement d'avoir le moindre contact avec une personne d'origine allemande, mais aussi de la voir, de se faire voir ou même de l'apercevoir. Cet interdit est probablement de loin parmi tous les autres celui qui, s'il était outrepassé, entraînerait les plus sérieuses sanctions.

Périodiquement a donc lieu à Spandau un véritable jeu du chat et de la souris. Quand, par nécessité, des ouvriers allemands pénètrent dans l'enceinte de la prison, le directoire rivalise d'ingéniosité pour « faire disparaître » Rudolf Hess au regard curieux de ces visiteurs importuns et malgré tout indispensables, qui aimeraient bien apercevoir ce prisonnier si mystérieux, et qui posent, paraît-il, trop de questions. Par mesure de sécurité, les gardiens ne sont pas avertis des travaux prévus ni de la venue d'ouvriers extérieurs à la prison. On bouche les lucarnes de la cellule de Hess avec des morceaux de carton ; quand des peintres travaillent au premier étage – ils sont toujours sous la surveillance de soldats en armes –, on le consigne dans une pièce, puis on fait évacuer les hommes dès qu'il souhaite sortir – on les enferme généralement dans une cellule devant laquelle se postent plusieurs gardes. Dans le jardin, les mêmes précautions sont employées. Lorsque des couvreurs travaillent sur le toit d'un immeuble voisin, Hess est prié de ne marcher que sur les sentiers où il est dissimulé à leur vue. Parfois, on pousse la prudence jusqu'à baliser avec des bâtons la limite qu'il ne peut franchir sous peine d'être aperçu par les ouvriers.

Comme on s'en doute, la construction de l'ascenseur tourne à la véritable paranoïa. En effet, le chantier se trouve à quelques mètres de la cellule de Hess et le danger qu'il croise un des ouvriers est permanent. On a donc recours aux grands moyens. Tous les matins, Hess est enfermé à clef dans sa cellule et ne peut plus en sortir ni se rendre au jardin avant 15 h 30. Les échafaudages extérieurs sont évacués dès qu'il veut se rendre aux toilettes et on occulte sa fenêtre et les lucarnes donnant dans le couloir avec des pans de plastique bleu sur lesquels on tend – deux précautions valent mieux qu'une – d'immenses draps blancs. Bien sûr, le vacarme est si assourdissant que le prisonnier est souvent contraint de déserter ses quartiers réservés ou la salle de télévision[212].

En effet, au fil des années, Rudolf Hess est devenu un passionné de la petite lucarne, qui lui permet, malgré la censure, d'avoir quelques contacts avec le monde extérieur. Même s'il la regarde un peu moins que dans les années 1970, il sélectionne avec soin les programmes autorisés et il lui arrive même de retarder une promenade dans le jardin ou d'interrompre la rédaction d'une de ses nouvelles demandes de libération pour ne pas rater une émission, le magnétoscope étant pour lui encore un mystère. Ses préférences vont aux documentaires scientifiques, aux concerts de musique symphonique et à la retransmission de pièces de théâtre. En 1980, il assiste ainsi en direct au couronnement de la reine des Pays-Bas et, un an plus tard, à la grande messe médiatique que constitue le mariage de Diana avec le prince Charles. Ce qu'il ne manque sous aucun prétexte, ce sont les matchs de foot et de tennis. Fan de Boris Becker, il suit avec assiduité et force commentaires les tournois internationaux et, comme il déteste être seul devant le poste, il n'est pas rare que des gardiens ou même le pasteur s'installent dans la pièce et se divertissent avec lui. Comme il se doit, toutes les émissions politiques ou historiques lui sont interdites, même si parfois, en l'absence des Russes, il arrive à contourner la censure avec la complicité de certains gardiens. Son seul regret est de ne pas avoir le droit de regarder les journaux télévisés, qui d'ailleurs parlent de lui régulièrement, surtout à l'occasion de son anniversaire, le 26 avril. Ce jour-là, la direction de la prison est sur les dents. Car, outre les fuites dans la presse, qui donne des nouvelles de sa santé ou la parole à sa famille et aux personnalités qui plaident pour sa libération, elle doit gérer les manifestants qui se réunissent devant les grilles de la prison.

Plus les années passent, et plus le cas Hess et la longueur de sa détention font parler en Allemagne. Les grands quotidiens du pays sont « arrosés » d'informations qui émanent soit de Wolf Rüdiger Hess, le fils unique du prisonnier, soit du comité qu'il a créé, « Liberté pour Rudolf Hess » – une association qui ne fait mystère ni de ses sympathies pour le national-socialisme ni des théories révisionnistes –, soit encore, plus secrètement, de certains membres du personnel de la prison eux-mêmes.

À périodes régulières, des rumeurs souvent plus folles les unes que les autres envahissent les médias. Depuis son voyage manqué en Angleterre en 1941, que les historiens peinent encore à décrypter, le personnage Rudolf Hess fait couler beaucoup d'encre. Son état mental, son comportement à Nuremberg, sa longue détention derrière les barreaux de la prison la plus mystérieuse du monde ouvrent le champ à de nombreuses interrogations et stimulent les esprits fertiles en imagination. Ainsi, on raconte – sur la foi, paraît-il, de témoignages irréfutables – que Rudolf Hess aurait été une nuit de 1952 transféré à Berlin-Est par les Soviétiques, qui lui auraient proposé un drôle de marché : il retrouverait la liberté en échange d'une collaboration avec les Russes et la RDA, en vue d'une réunification de l'Allemagne dans laquelle il tiendrait un poste d'importance. S'il refusait, jamais il ne sortirait vivant de Spandau. Hess, bien sûr, aurait repoussé la proposition. Dans le Berlin des années 1980, encore coupé en deux par le Mur de la honte et soumis de plein fouet à la guerre froide, règne une ambiance de paranoïa propice à toutes les théories de complot inimaginables.

Mais la rumeur qui éclate en avril 1979 perturbe davantage les esprits. Elle est dans la droite lignée de l'énigme du Masque de fer : le Rudolf Hess enfermé depuis 1947 à Spandau ne serait pas Rudolf Hess, mais un sosie qui aurait pris sa place dès son arrivée en Grande-Bretagne en mai 1941. Celui qui affirme cela n'est pas n'importe qui, puisqu'il s'agit d'un ancien militaire anglais, le Dr Hugh Thomas, qui, en tant que chirurgien à l'hôpital britannique de Berlin, a examiné longuement et interrogé le détenu numéro 7 de Spandau en 1973. Son constat est formel : bien que le prisonnier ait été grièvement blessé au cours de la Première Guerre mondiale, son corps ne porte plus aucune des profondes cicatrices pourtant indiquées dans son dossier médical[213]. L'affaire va occuper les médias allemands pendant plusieurs semaines, poussant Wolf Rüdiger Hess et l'avocat de Hess, le Dr Seidl, à organiser une conférence de presse pour contrecarrer les déclarations du Dr Hugh Thomas. Bien que convaincu que son père est bien son père, le fils de Hess demande à ce que la Croix-Rouge internationale fasse examiner le détenu par des médecins neutres. Évidemment, cette réclamation n'aura aucune suite et les Alliés se contenteront d'envoyer à Spandau une délégation de deux médecins anglais chargés discrètement d'examiner en détail le corps du détenu. Informé de l'« affaire » par des indiscrétions, du fond de sa prison, Rudolf Hess en rira de bon cœur, aux dires du pasteur Gabel.

La libération de Hess a-t-elle jamais été envisagée ?

Les dix dernières années de Hess à Spandau sont essentiellement marquées par la montée en puissance des pressions de tous bords pour obtenir sa libération. Il n'y a cependant rien d'officiel, même si dans les coulisses de nombreuses voix s'élèvent en Allemagne, parmi la vieille génération, ou ailleurs dans les milieux les plus conservateurs, pour réclamer que l'on mette un terme à une détention qui dure maintenant depuis plus de quarante ans. Le pasteur Charles Gabel, aumônier de Rudolf Hess, sera d'ailleurs l'un des plus actifs dans ce combat et, à partir de 1979, il consacrera presque tout son temps et son énergie à multiplier courriers, démarches et actions en vue de faire appliquer ce qu'il estime être le simple droit humanitaire. C'est d'ailleurs essentiellement auprès de lui qu'ont été recueillies la plupart des informations qui vont suivre.

Depuis qu'Erich Raeder et Walther Funk, condamnés eux aussi à la détention à perpétuité, ont été libérés de Spandau, respectivement en 1955 et 1957 pour raisons de santé, l'« injustice faite à Hess » et les conditions « médiévales » de sa détention sont des sujets qui reviennent à périodes régulières. Déjà, Winston Churchill, dans ses *Mémoires*, écrivait en 1950 : « Je suis heureux de ne porter aucune responsabilité dans la façon dont Hess a été et est encore traité. [...] Il vint à nous de son propre gré, librement et, quoique sans pouvoirs, il avait en quelque sorte la qualité d'un envoyé diplomatique. Son cas relevait de la médecine et non de la justice et devait être considéré sous cet angle[214]. »

Dans les années 1960, le Conseil œcuménique des Églises allemandes et certains évêques avaient commencé des démarches auprès des différents pays alliés en faveur de Rudolf Hess. En 1967, le général de Gaulle aurait répondu à leur courrier en disant que la France était favorable à la libération de Hess, tandis que le chancelier Willy Brandt tentait de son côté en sous-main de convaincre les Russes. Et c'est là apparemment, aux dires des trois puissances occidentales, que le bât blesse. Les quatre pays sortis victorieux de la Deuxième Guerre mondiale étant détenteurs en commun de l'autorité sur le prisonnier et la prison de Spandau, rien ne peut se faire si l'un d'entre eux refuse d'envisager la libération du prisonnier. Ce qui est le cas des Soviétiques. En 1976, une délégation de députés anglais reçue par un conseiller de l'ambassade d'URSS à Londres se voit opposer une fin de non-recevoir. À leur argumentation, qui repose sur le fait que laisser mourir Hess en prison ferait de lui un martyr, les diplomates soviétiques répondent que, premièrement, leur pays a souffert plus que tout autre durant la guerre, deuxièmement, que Hess n'a jamais exprimé le moindre remords et que son vol en 1941 en Grande-Bretagne avait pour but de négocier une paix séparée dont ils auraient été les premières victimes.

Malgré cet échec, ces tenants de la libération de Hess ne désarment pas. Entre 1976 et 1977, alors même que l'on apprend que les dossiers concernant les interrogatoires de Hess par les Anglais en 1941 sont bloqués jusqu'en 2017 et que le nouveau général britannique de Berlin est chargé d'établir un rapport sur la santé mentale de Hess, ils relancent la question à la Chambre des communes en choisissant d'alerter l'opinion publique. Un journal britannique ira même jusqu'à proposer d'envisager que Rudolf Hess soit autorisé à quitter temporairement Spandau à chaque « mois russe », pour contrer l'opposition des Soviétiques.

En Allemagne, les appels à la libération de Hess sont timides, discrets, mais réels, et surtout concentrés parmi les leaders des partis conservateurs. Le président de la République fédérale, Walter Scheel, écrit à Podgorny, chef d'État de l'URSS, pour plaider la grâce de Hess. « Rudolf Hess n'a montré aucun regret et est toujours un nazi convaincu », rétorque l'ambassadeur russe de Berlin. Malgré cela, certains membres chrétiens de la CDU demandent qu'il soit au moins possible au prisonnier d'avoir un meilleur suivi médical et quelques congés de temps en temps pour aller voir sa famille. Sollicité par l'ancien gouverneur américain de Spandau, Eugene K. Bird, qui a pris fait et cause pour le prisonnier, Jimmy Carter lui aurait répondu dans une lettre officieuse que « les États-Unis étaient prêts à une libération anticipée que l'URSS refuse ».

La presse allemande se fait d'ailleurs l'écho de la position russe : « Nous gardons un symbole en vie, pas un individu », déclare un responsable soviétique dans le *Tagesspiegel* de mai 1979.

Face à ces sollicitations, la communauté juive dans son ensemble, et plus particulièrement celle d'Allemagne, se montre extrêmement opposée aux dires du pasteur Gabel à l'idée d'une libération anticipée de Hess, même si quelques sénateurs américains de confession juive avouent que dans le cas où elle aurait lieu, ils ne chercheraient pas à s'opposer à une telle décision prise uniquement pour raisons médicales. C'est également le point de vue du célèbre chasseur de nazis, Simon Wiesenthal, qui recevra longuement le pasteur Charles Gabel, venu plaider la cause du prisonnier Hess en 1980. La même année, au Parlement européen de Strasbourg, des députés conservateurs britanniques, allemands, hollandais et danois présentent une résolution en faveur de Hess. Elle ne sera signée par aucun Français.

Malgré les nombreuses demandes dont il a été saisi, entre autres par la famille du prisonnier, le Vatican se montre frileux sur la question. En 1980, en réponse à un courrier de l'avocat de Hess, le Dr Seidl, le cardinal Ratzinger – futur Benoît XVI – déclare poliment qu'il ne pense pas que le pape puisse faire quelque chose et qu'il ne lui en parlera donc pas. Il faudra attendre 1986 pour que Jean-Paul II déclare qu'il compte s'intéresser prochainement à la question. De leur côté, les Croix-Rouge française et allemande, saisies par des personnalités des Églises allemandes et par le fils Hess, dont les convictions toujours néonazies nuisent au dossier plus qu'autre chose, disent s'intéresser à l'affaire, mais se contentent de transmettre les courriers respectivement au ministère des Affaires étrangères à Paris, ou à la Croix-Rouge soviétique.

Malgré des centaines de démarches actives organisées par les partisans d'une grâce accordée à Hess – où l'on trouve tout à la fois de sincères défenseurs du droit humanitaire, mais aussi des personnages aux opinions douteuses – auprès de toutes les autorités susceptibles d'influer sur le dossier, la situation semble bloquée. Au début des années 1980, les Soviétiques estiment toujours que libérer Hess équivaut à absoudre le nazisme et qu'il purgera sa peine jusqu'à la fin. En 1981, décidé à faire un coup d'éclat et n'étant plus à une propagande près, Wolf Rüdiger Hess dépose une plainte devant le tribunal administratif fédéral de Berlin. Sa demande est rejetée, mais le jugement rendu comporte cette phrase sibylline : « Il n'est pas exclu que Rudolf Hess se trouve en prison en vertu d'un jugement non conforme au droit des peuples[215]. »

Le premier tournant réellement politique a lieu en septembre 1982 lorsque, en pleine négociation sur l'après-décès de Hess, le chancelier Helmut Schmidt adresse une lettre aux quatre puissances demandant la libération de Hess ou, pour le cas où il mourrait en prison, que le corps soit rendu à sa famille. Un an plus tard, la presse allemande écrit dans ses colonnes que « Bonn croit hautement improbable[216] » une libération anticipée, les Russes s'y opposant toujours durement.

L'année 1984 marque les quatre-vingt-dix ans de Rudolf Hess et ses trente-huit ans de détention à Spandau. Le 14 mars, le chancelier ouest-allemand, cette fois-ci Helmut Kohl, écrit aux quatre puissances alliées pour demander la libération de Hess. Cette information est révélée officiellement à la presse le 5 avril par un porte-parole de la chancellerie, qui « refuse cependant de préciser si ce courrier a reçu des réponses[217] ». On apprend également que le secrétaire d'État aux Affaires étrangères, Alois Mertes, a déclaré, en réponse à une question parlementaire, que les efforts de Bonn pour la libération de Hess ont toujours échoué à cause de l'intransigeance de l'URSS. « Tous les présidents et tous les chanceliers de la RFA depuis vingt-cinq ans ont tenté d'obtenir cette libération[218] », explique Alois Mertes.

Ce 26 avril 1984, date de son anniversaire, on frôle l'état de siège devant la prison. Les autorités britanniques, dont c'est le mois de présidence, ont eu beau établir un large périmètre de sécurité et afficher aux alentours des pancartes signalant l'interdiction d'approcher des grilles principales, des militants pro-Hess s'agglutinent de l'autre côté de la rue avec des fleurs ou des couronnes. Les Alliés sont repliés derrière les hauts murs, les journalistes se massent. Durant toute la journée, le secrétariat de Spandau sera envahi de cartes postales, de fleurs et de messages. À l'occasion de cet anniversaire, Wolf Rüdiger Hess a demandé officiellement aux quatre directeurs de pouvoir exceptionnellement serrer la main de son père lors de sa visite au parloir. C'est le major russe Chernykh qui a eu le dernier mot : « Toucher le prisonnier est interdit. »

Les démarches accomplies dans l'ombre en vue de la libération de Hess, l'activisme nauséabond du fils Hess, les fuites dans la presse, la pétition qui a circulé un an plus tôt dans un journal allemand semblent déranger de plus en plus les autorités soviétiques de Spandau. Depuis peu, les Églises protestantes des trois pays occidentaux se sont rapprochées en vue de parler d'une seule voix, contrairement à ce que font leurs pays respectifs. À l'intérieur de la prison, des gardiens occidentaux qui sont là depuis le début – certains sont arrivés en 1945 avec leur armée – ont de plus en plus de mal à taire leur indignation devant les conditions de vie du prisonnier. Des petites crises diplomatiques, sans grandes conséquences mais significatives, opposent parfois les Russes aux trois autres puissances. Il s'agit souvent de différends liés à une censure bâclée ou d'échauffourées entre soldats de différentes nationalités. Quand les Russes sont absents de Spandau, les Occidentaux font de vénielles entorses au règlement, comme, par exemple, autoriser le prisonnier à garder des fleurs dans sa cellule. Mais l'ambiance générale est à la crispation. Début 1985, le pasteur Gabel reçoit une lettre très officielle du lieutenant-colonel britannique Tony Le Tissier, gouverneur en charge : « Je suis chargé par le directoire de vous rappeler l'existence de règles applicables en matière de relations avec le prisonnier numéro 7. L'exercice de votre ministère ne vous confère aucun privilège particulier[219]. »

Sous la pression des Soviétiques, une reprise en main s'opère doucement derrière les murs de Spandau. Les Russes, en la personne du major Chernykh, voudraient voir appliquer de nouvelles règles pour éviter les fuites à l'extérieur. Ils aimeraient parvenir à ce qu'aucune mallette ne franchisse plus les portes de la prison – y compris celles des médecins – et que l'aumônier ne voie plus le prisonnier au jardin, comme cela se pratique depuis quinze ans, mais dans le parloir. Les Occidentaux refusent et, en apparence, les choses vont suivre leur cours.

En 1985, les anciens aumôniers des prisonniers de Spandau adressent une lettre à l'ambassade soviétique à Paris, saluant la visite de Mikhaïl Gorbatchev en France. Pour éviter que l'on fasse de Hess un martyr, écrivent-ils, il vaudrait mieux le gracier pour raisons médicales. Parmi les signataires de ce courrier, le pasteur de Luze, qui, en 1977, dans le journal *Réformes*, déclarait déjà : « Il est pensable de parler de raison humanitaire pour un homme de quatre-vingt-trois ans. »

C'est la même année que certaines personnalités, comme Helmut Kohl, vont faire entendre leur voix pour demander la libération de Rudolf Hess. Jusque-là, beaucoup s'y sont dits favorables, mais sans prendre publiquement position. On peut aisément les comprendre : à première vue, ce combat n'est pas de ceux qui grandissent une image. Si, dans les coulisses, et seulement lorsqu'ils sont sollicités, certains chefs d'État occidentaux, comme Ronald Reagan en 1985, se déclarent prêts à envisager cette libération, la condition reste officiellement toujours liée à l'accord des Russes. Aucun gouvernement ne veut créer une crise diplomatique Est-Ouest pour défendre un homme au passé aussi chargé que Rudolf Hess.

« La question n'a jamais été clairement posée à quatre. Et l'éventualité de sa libération n'a jamais fait l'objet d'un véritable débat », estime Serge Boidevaix, l'ancien ambassadeur de France à Bonn.

La première intervention officielle a lieu le soir de Noël 1985, quand le président de la République fédérale allemande, Richard von Weizsäcker, prononce publiquement dans son message télévisé le nom de Rudolf Hess en demandant sa libération pour des raisons humanitaires. En 1986, Amnesty International, déjà sollicité dans le passé à plusieurs reprises, répond dans un courrier : « Amnesty International exige uniquement la libération des prisonniers de conscience et, pour cette raison, ne peut pas demander la libération de Rudolf Hess. Cependant, elle a déjà plusieurs fois signalé aux quatre alliés que son isolement peut s'apparenter à un "traitement cruel, inhumain et dégradant"[220]. » De son côté, la même année, le CIRC répond à Charles Gabel : « Nous comprenons l'aspect purement humanitaire de votre démarche et le Comité a déjà été approché à maintes reprises pour intervenir en faveur de M. Hess, suite à quoi certains contacts officieux ont été pris mais sans aboutir[221]. »

Bien que l'arrivée au pouvoir de Mikhaïl Gorbatchev en URSS ait réveillé tous les espoirs de ceux qui militent pour une grâce humanitaire, rien ne semble aller dans le sens d'une libération d'un Rudolf Hess âgé maintenant de quatre-vingt-douze ans ou d'une amélioration de ses conditions de détention. En avril 1986, Mme Thatcher répond en ces termes au pasteur Gabel[222] : « Je partage vos sentiments, quant à l'emprisonnement prolongé de Hess. C'est inhumain [...]. Mais ces questions dépendent au préalable de l'accord des Soviétiques. » Cette déclaration du Premier ministre britannique surprend Jacques Attali, qui était à l'époque conseiller de François Mitterrand. « J'ai le souvenir assez vague d'une conversation entre le président Mitterrand et Margaret Thatcher au sujet de Hess, dit-il. C'est elle-même qui a abordé le sujet en disant qu'on lui avait encore demandé la libération de Hess et qu'elle y était farouchement opposée. Je sais que parfois on peut arranger les souvenirs, mais j'ai nettement gardé l'impression qu'elle était extrêmement hostile à l'idée d'une quelconque remise en liberté de Rudolf Hess. »

Le 21 juillet de la même année, le chancelier Helmut Kohl, qui a déjà répondu en septembre 1985 à une lettre du pasteur Gabel en ces termes[223] : « Je suis tout à fait en accord avec vos idées (...) Malheureusement, je dois dire après ma dernière conversation à Moscou que je ne vois aucune chance pour que la direction soviétique change de position (...) Je suis d'avis comme vous, que ce comportement est scandaleux. », adresse par courrier un nouvel appel aux quatre pays alliés. Son geste, relayé par son porte-parole Friedhelm Ost, reçoit un large écho dans les médias. « Poursuivre l'emprisonnement qui dure maintenant depuis quarante ans de cet homme malade est extraordinairement inhumain, écrit Helmut Kohl. Pardonner est un impératif d'humanité[224]. » Le chancelier ajoute également en teneur : « Accorder une grâce à un vieillard après quatre décennies et demie de détention ne signifie pas que les horreurs du national-socialisme tombent dans l'oubli. »

Derrière les murs épais de Spandau, grâce au pasteur Gabel, Rudolf Hess suit d'assez près ce qui se passe à l'extérieur. La naissance de ses deux premiers petits-enfants, Wolf-Andréas et Friederike, à la fin des années 1970, puis celle de sa petite fille Katherina-Charlotte en 1980, lui ont redonné un certain goût de vivre et il caresse l'espoir d'être un jour libéré, ou du moins de bénéficier d'une remise en liberté surveillée. Bien que tous les ans, le jour de Noël, il ait l'autorisation de visionner des films envoyés par sa famille – événements qu'il fait partager parfois à son aumônier ou même aux jeunes gardiens russes ! –, il s'impatiente à l'idée de les rencontrer en chair et en os. D'autant que les photos qui lui parviennent sont souvent « abîmées », volontairement ou pas, par le tampon provenant du secrétariat de la prison.

Inlassablement, il rédige des demandes de libération qu'il adresse aux quatre pays alliés. Dans la première, datée du 12 janvier 1979, il demande sa remise en liberté pour raisons de santé et de famille en expliquant qu'il n'a plus longtemps à vivre. Il ajoute également : « Je fais remarquer que dans trois autres cas (von Neurath, Raeder et Funk), une libération anticipée a eu lieu. »

Quelques mois plus tard, en septembre de la même année, alors que les médecins lui conseillent vivement une opération de la prostate, il refuse par écrit cette intervention chirurgicale et en profite pour réclamer une nouvelle fois sa mise en liberté. Malgré ces courriers restés sans réponse de la part des Alliés, il récidive en novembre 1980 en invoquant la durée de sa détention, son état de santé et l'envie de voir sa famille. « J'ai quatre-vingt-six ans [...]. Tous mes compagnons de captivité dans la prison de Spandau ont été remis en liberté depuis longtemps. Parmi eux, il s'en trouvait qui avaient été condamnés comme moi à la réclusion à vie. Depuis treize ans, je suis isolé, seul prisonnier dans une prison de trois cents cellules [...]. J'ai quitté mon fils alors qu'il n'était qu'un enfant. Depuis, je n'ai plus pu lui donner la main [...]. Je n'ai pas encore vu de mes propres yeux mes petits-enfants, seulement sur des photos. J'aimerais pouvoir être avec eux avant ma mort. »

Le courrier qu'il adresse en août 1982[225] est brusquement d'une autre teneur. Dans deux feuilles manuscrites dont il a souligné certains passages, il demande de nouveau sa libération en détaillant longuement ses problèmes médicaux et en mettant en avant son envie de passer encore un peu de temps avec ses trois petits-enfants, mais, pour la première fois, il l'assortit d'une déclaration plus politique. « On suppose que je sais quelque chose qui ne doit être connu de l'opinion sous aucun prétexte, dit-il, avant d'ajouter dans une sorte d'aveu, je me déclare prêt, dans le cas de ma libération à (...) observer une discrétion absolue si un sujet sensible était mentionné en ma présence. » Il ajoute également qu'il serait absurde de penser qu'il puisse avoir envie de le faire à l'âge de quatre-vingt-huit ans. La violation de ma parole, conclut-il, irait contre mon honneur et me priverait de toute considération aux yeux de l'opinion publique.

Pendant deux ans, aucune lettre de sa part ne semble avoir été envoyée aux Alliés. La suivante, en date du 27 octobre 1984, est motivée par sa brusque baisse de vision, qui le panique fortement. Il est alors persuadé qu'il va devenir aveugle et il lui faudra plusieurs semaines avant de se ranger à l'opinion des médecins qui diagnostiquent une double cataracte. Dans ce nouveau courrier long de quatre pages, il réitère son souhait d'être libéré pour raisons médicales.

Devant le silence assourdissant des « quatre », il leur adresse une nouvelle supplique en mai 1986, trois mois avant sa mort – dans laquelle il demande, à défaut d'être libéré, de pouvoir au moins bénéficier d'un congé pour aller voir sa famille. « Depuis que je suis parti pour l'Angleterre, quarante-cinq ans se sont écoulés. J'ai passé la moitié de ma vie séparé de ma famille. Je suis devenu un vieillard de quatre-vingt-douze ans. Je n'ai jamais vu mes petits-enfants [...]. C'est pourquoi je renouvelle ma demande de libération [...]. Si ce n'est pas possible, je prie que l'on m'accorde un congé de quatre semaines pour aller voir ma famille. Pendant ce temps, je n'entreprendrai aucune activité politique et ne donnerai aucune interview. Je donne ma parole d'honneur que je reviendrai à Spandau à la fin de mon congé. »

Pour la première fois, aux dires du pasteur Gabel, il décide de traduire sa lettre en français et en anglais et de la faire envoyer, en usant de complicités, directement au président Reagan, à Margaret Thatcher et à François Mitterrand sans passer par le directoire de Spandau. Le pasteur Gabel affirme lui avoir écrit en français, à sa demande, sur une feuille de papier, la formule « À remettre en mains propres » à inscrire sur l'enveloppe destinée au chef de l'État français.

À aucun moment, dans aucune de ses demandes officielles de libération, Rudolf Hess n'a exprimé le moindre repentir pour ses actions du passé, malgré l'insistance de son aumônier. La raison invoquée est que cela ne servirait à rien et qu'il n'en serait pas libéré pour autant. Pourtant, en juin 1986, il accepte l'idée que le pasteur Charles Gabel, en collaboration avec l'une des plus hautes autorités de l'Église allemande, travaille sur un nouveau projet de libération dans lequel, pour la première fois, il manifesterait ses regrets et sa condamnation des crimes nazis. Quelques jours avant son congé d'été en France, le pasteur Gabel lui remet un brouillon[226] de deux pages en lui demandant de le relire, d'y réfléchir, puis de donner son accord. « Je l'ai établi sur la base de ce que j'avais compris les dernières années des opinions de Hess, déclare aujourd'hui Charles Gabel. L'aurait-il signé ? Je n'en sais rien. »

Quelques jours plus tard, les Soviétiques, en plein « mois français », décidaient d'entreprendre une fouille poussée de la cellule de Hess, provoquant l'éviction du pasteur Gabel. Ont-ils trouvé le brouillon de la déclaration ? Hess l'avait-il signé, abjurant par là même toute une vie de fidélité à Hitler ? Qu'est-il advenu de sa demande de libération de mai 1986 ? Hess a-t-il pu l'envoyer directement, comme il comptait le faire, aux représentants des trois puissances occidentales ? Si oui, est-elle parvenue à leurs destinataires et, entre autres, à François Mitterrand ? Ces questions-là demeurent une énigme. « Je n'ai jamais entendu François Mitterrand parler de Hess, dit Jacques Attali. S'il s'était préoccupé de son sort, je l'aurais su. Bien sûr, il a pu avoir une conversation privée avec quelqu'un sans que j'en sois informé. Mais franchement, en ma présence, jamais il n'a abordé ce sujet, ni en présence des Soviétiques ou d'Helmut Kohl. »

Un an plus tard, selon la version officielle, Hess se donnait la mort dans ce qu'il appelait la « Maison Blanche » du jardin de Spandau.

La mort – mystérieuse ? – de Rudolf Hess

Le décès de Rudolf Hess, survenu en août 1987 à la prison interalliée de Spandau, a donné lieu à de nombreuses controverses – tout comme à de multiples rumeurs. Alors que les Alliés ont affirmé, sur la base d'une autopsie et d'une investigation, que le prisonnier numéro 7 s'était donné la mort en se pendant au moyen d'une rallonge électrique, les groupuscules néonazis et la famille de Hess ont toujours soutenu qu'il s'agissait d'un assassinat. On comprendra qu'il est impossible de tirer des vérités de toutes les informations contradictoires qui tournent autour de la disparition de l'ancien dauphin d'Hitler. Et que s'engouffrer inconsidérément dans la thèse de l'assassinat n'est pas exempt de conséquences, car le moindre mot en ce sens risquerait de donner des gages aux adeptes des théories les plus nauséabondes et à tous ceux qui sont impatients d'ériger Hess en martyr. En effet, il n'est pas une année sans qu'à la date anniversaire de son décès, des milliers de néonazis ne se pressent sur sa tombe à Wunsiedel, en Bavière. En Allemagne ou ailleurs en Europe, même en 2008, le nom de Hess, contrairement à sa volonté, selon le témoignage de ses deux derniers pasteurs, reste encore le porte-drapeau de tous les nostalgiques du IIIe Reich.

Le 17 août 1987, au beau milieu du journal télévisé de la télévision soviétique, le présentateur s'interrompt quelques secondes pour lire une dépêche de l'agence Tass : « Rudolf Hess, l'un des principaux criminels nazis, est décédé aujourd'hui à l'âge de quatre-vingt-treize ans. Condamné à la détention à perpétuité par le tribunal de Nuremberg, il purgeait sa peine à la prison de Spandau en Allemagne de l'Ouest. »

La déclaration faite par le porte-parole des autorités britanniques à Berlin, Anderson Purdon, quelques heures plus tôt dans la journée est tout aussi elliptique : « Rudolf Hess est mort à Spandau », annonce-t-il. Le même communiqué est délivré par les autorités françaises. À aucun moment en ce 17 août, les causes du décès ne sont révélées.

Dans l'après-midi du 17 août, Wolf Rüdiger Hess, alors à son bureau de Munich, reçoit un coup de téléphone d'une agence de presse lui apprenant que son père est mourant. Le même jour en fin d'après-midi, le directeur américain de Spandau, Darold Keane, l'appelle officiellement pour lui confirmer le décès de son père, survenu à 16 h 10, sans fournir d'autres explications. Aux dires de Wolf Rüdiger Hess, ce n'est que le lendemain qu'il apprendra ce qui s'est passé dans la serre de Spandau. Rudolf Hess y serait entré sous la surveillance d'un gardien, pour aller s'y reposer comme il aimait à le faire. Au bout d'un moment, le gardien de nationalité américaine – août était le « mois US » – aurait jeté un coup d'œil dans la serre et découvert Hess, assis dans un fauteuil, une rallonge électrique autour du cou. Après des tentatives pour le réanimer, on l'aurait transporté à l'Hôpital militaire britannique, où il a été déclaré mort quelques heures plus tard.

Les Alliés révèlent plus tard dans un communiqué que « Hess s'est donné la mort en se pendant avec un câble électrique ». Le 19 août, une autopsie est pratiquée à l'Hôpital militaire britannique par le Dr James Cameron, en présence des représentants médicaux des quatre nations alliées. Le rapport accrédite la mort par asphyxie causée par la pression du câble électrique sur le cou. Les investigations diligentées par les autorités concluent que le comportement et les faits et gestes des gardiens, le jour du suicide de Hess, ont été strictement fidèles à la normale.

Mais l'avocat et la famille de Hess ne croient pas à la thèse du suicide. Ils affirment que le lendemain, lorsqu'ils ont voulu récupérer les affaires personnelles du prisonnier, y compris ses grands cahiers, ils ont découvert que ses effets avaient déjà été brûlés. La serre a été démolie. Bien que les autorités s'en expliquent en disant qu'il a toujours été prévu que les biens personnels et la prison elle-même soient détruits dans les jours suivant la mort du dernier prisonnier pour éviter tout pèlerinage possible des néonazis, la famille décide de soumettre le corps à une nouvelle autopsie à Munich. Les conclusions de cet examen *post mortem* réalisé le 21 août à l'Institut médico-légal de Munich soulignent que les causes du décès semblent avoir été déterminées davantage par une action d'étranglement que par une strangulation due à une pendaison. Comme argument, le professeur Wolfgang Spann, qui a mené l'autopsie, explique que dans un suicide par pendaison, la marque de strangulation remonte sur le cou jusqu'à l'endroit où la corde, ou le câble, a été noué. D'après lui, les photos du cadavre de Hess indiquent clairement des marques sur le cou : des marques parallèles.

Bondissant sur ces informations, Wolf Rüdiger Hess réfute publiquement la thèse du suicide. Bien qu'un peu plus tôt dans l'année, l'Union soviétique ait fait savoir que la *glasnost* ne s'étendrait pas à l'unique prisonnier de Spandau, il se dit persuadé que Gorbatchev s'apprêtait à faire libérer son père. Il affirme avoir été reçu en mars 1987 par le conseiller d'ambassade d'URSS à Berlin-Ouest, qui lui aurait laissé entendre qu'un renversement de position était en cours à Moscou[227]. Cette information est accréditée en avril 1987 par les médias ouest-allemands, puis reprise par la presse internationale, y compris française : « Citant des sources diplomatiques à Moscou, l'hebdomadaire ouest-allemand *Der Spiegel* indique que le numéro un soviétique serait disposé à prendre une mesure de grâce permettant la libération de Rudolf Hess », écrit le journal *Le Monde*[228].

Le *Bild Zeitung* va même plus loin puisqu'il écrit dans son édition du 24 avril 1987 que « la libération de Hess est imminente et qu'il ne s'agit que d'une question de jours ».

Convaincu que Mikhaïl Gorbatchev avait pris la décision d'une amnistie, Wolf Rüdiger Hess accuse les Britanniques d'avoir fait assassiner son père avant de maquiller le meurtre en suicide. Cette thèse, quoique niée farouchement par les Alliés, trouve un certain écho dans l'opinion. Et c'est là qu'on ne peut passer sous silence le témoignage d'Abdallah Melaouhi, l'infirmier personnel de Hess à la prison de Spandau depuis 1982, après le départ à soixante-dix ans du Hollandais Boon, qui avait assisté tous les prisonniers de Spandau depuis 1947. D'origine tunisienne, il a longtemps travaillé à l'unité de soins intensifs du Hohengatow Hospital et à l'hôpital du quartier de Spandau, à Berlin. En vertu de son travail rapproché auprès du prisonnier numéro 7 avec lequel il a noué des rapports presque affectifs, Melaouhi est un des éléments importants du plan d'urgence médical – nommé opération Paradox – en vigueur à la prison interalliée. Depuis plusieurs années, en raison de l'âge et de l'état de santé du prisonnier, cette dernière s'est en effet dotée d'un certain nombre de dispositifs concrets – électrocardiogrammes et appareils de réanimation – pour être capable de faire face aux problèmes les plus sérieux.

Dans une déclaration écrite et assermentée devant les autorités allemandes et relayée par la presse, dont une dépêche de l'AFP titrée « Rudolf Hess ne s'est pas suicidé, mais a été assassiné[229] », Abdallah Melaouhi met formellement en cause la théorie du suicide[230]. Il raconte son irruption dans la serre après avoir été prévenu qu'il venait d'y avoir un accident : là, il aurait vu les chaises renversées, une énorme pagaille, comme s'il y avait eu une bagarre. Il affirme ensuite qu'auprès du corps apparemment sans vie de Hess allongé sur le sol se tenaient un gardien américain ainsi que deux soldats qu'il n'avait jamais vus auparavant. « Le gros cochon est déjà mort », aurait crié le gardien, tandis que l'infirmier tentait de réanimer le prisonnier. La lampe était tombée, aurait déclaré Melaouhi dans son témoignage, avant de préciser qu'il se rappelait clairement que son fil était toujours branché à la prise contre le mur. Selon lui, il n'y avait aucun câble près du corps ni nulle part dans la pièce, même si le cou de Hess portait effectivement la marque d'une corde.

Fort de ces cinq années passées à soigner le prisonnier, Abdallah Melaouhi a mis également en avant la grande connaissance qu'il avait des capacités physiques de Rudolf Hess, réfutant ainsi la possibilité qu'il ait eue de se suicider. « Monsieur Hess était si faible que, s'il tombait, il ne pouvait pas se relever, a-t-il juré sous serment. Il était presque aveugle et, surtout, il avait tellement d'arthrite aux mains et aux membres supérieurs qu'il ne pouvait pas nouer seul ses lacets de chaussures ou lever les bras au-dessus de ses épaules. » Autre doute, autre témoignage : celui exprimé par le colonel Eugene K. Bird, « écarté » de Spandau en 1972 pour « transgression au règlement », qui déclare au lendemain de la mort de Hess : « Je suis perturbé par la nouvelle de ce suicide qui me rend "perplexe". » Dans une interview donnée à la deuxième chaîne de télévision ouest-allemande, ZDF, le colonel K. Bird estime l'hypothèse du suicide « difficilement crédible ». « Sa cellule était fouillée en permanence. Hess lui-même faisait l'objet de fouilles avant tous ses déplacements entre cette cellule et le jardin de la prison où il était surveillé en permanence », dit-il avant de souligner l'importance des règlements et des mesures de sécurité qui entouraient à Spandau l'ancien dauphin d'Hitler, gravement malade et quasiment aveugle[231].

Au final, qui peut dire ce qui s'est réellement passé dans la serre de Spandau ?... Ses deux derniers pasteurs, Charles

Gabel et Michel Roehrig, professent eux-mêmes des opinions diamétralement opposées[232]. Rudolf Hess a-t-il choisi de se donner la mort, convaincu que jamais il ne serait libéré ? L'a-t-on aidé à en finir ? Y a-t-il eu vengeance personnelle de la part de gardiens qui ne l'aimaient pas ? A-t-il été éliminé pour des raisons d'État, politiques, liées peut-être à son séjour en Angleterre entre 1941 et 1945 ? De toute évidence, à l'image de son vol rocambolesque pour un pays ennemi au beau milieu de la guerre, sa disparition n'en finit pas d'alimenter rumeurs et fantasmes.

Le pasteur Charles Gabel, confident de Rudolf Hess de 1977 à 1986

Charles Gabel n'a jamais réellement tourné la page sur les années qu'il a passées à Spandau, et il n'est pas exagéré de dire qu'aujourd'hui encore, il semble habité par le souvenir du vieux prisonnier numéro 7. Véritable mine d'informations, il n'a oublié aucun nom, aucun lieu ou détail de ce qui a constitué visiblement l'une des plus grandes aventures de sa vie. De fait, il est de tous les aumôniers celui qui a accepté avec le plus d'enthousiasme de livrer son témoignage… et sans doute aussi celui dont les convictions peuvent être les plus difficiles à appréhender. Car, s'il n'y a chez lui aucune ambiguïté sur sa condamnation du passé nazi de Rudolf Hess, Charles Gabel est un sentimental, doté d'une foi inépuisable en l'être humain, même le plus mauvais. Il semble faire partie de ces gens qui ont du mal à accepter l'idée que ceux qu'ils estiment ne le méritent pas toujours. C'est pour cette raison que ces entretiens ont été menés sans aucune démarche polémique, et ce, afin de le laisser le plus librement possible exprimer son point de vue, même lorsque, par instants, on pourrait penser qu'il a cherché à trouver des justifications à ses propres convictions. La première rencontre avec Charles Gabel a eu lieu en 2004, bien après les prises de contact avec André Happel et Bertrand de Luze. Son nom était apparu à plusieurs reprises dans leurs témoignages, et dans son sillage flottait comme un parfum de scandale. « Viré à la demande des Soviétiques », répétaient ses confrères. Il n'en fallait pas plus pour exciter la curiosité. Après deux échanges téléphoniques, Charles Gabel a fixé le rendez-vous chez lui, dans sa bourgade du Gard, où il coule depuis plusieurs années une retraite très active, dévouée aux autres et à différentes œuvres humanitaires. À l'heure prévue, il était sur le seuil de sa porte, silhouette alerte et poignée de main franche. Dans le salon éclairé par une immense véranda, il y avait des piles de livres, des tableaux et une menora. Après une sorte de round d'observation, mélange de timidité et de méfiance, Charles Gabel s'est rapidement lancé. Il possédait de toute évidence la maîtrise de son sujet, dont il avait d'ailleurs fait un livre en 1987 aux éditions Plon. Cette avalanche d'informations méritait d'autres rencontres. Elles eurent lieu sur plusieurs années, parfois chez lui, parfois à mon domicile. Il accepta aussi un jour de participer à un déjeuner avec Michel Roehrig, le pasteur qui l'avait remplacé à Spandau et avec lequel il avait gardé d'excellentes relations. C'est sans crier gare et progressivement qu'il commença à mentionner l'existence de certains documents qu'il avait rapportés de Spandau. Un jour de 2005, alors qu'un nouvel entretien se déroulait dans son salon, il s'éclipsa quelques minutes et remonta de la cave avec une sorte de carton à chaussures rempli de papiers déjà presque jaunis. La plupart étaient couverts d'une écriture un peu tremblée et assez illisible, celle de Rudolf Hess. Il s'agissait de certaines de ses demandes de libération, de son testament et d'autres courriers rédigés au cours de ses dernières années de captivité. Après les ennuis que lui avaient valus son amitié pour le prisonnier numéro 7 et son départ précipité de Spandau, Charles Gabel n'avait jamais osé les rendre publics.

Charles Gabel est né à Waterloo en Belgique en septembre 1929. Au terme d'un engagement de jeunesse d'une durée de trois ans dans la marine en 1947, il rejoint avec sa jeune épouse l'école des cadres de l'Armée du Salut, pour laquelle il travaillera pendant huit ans en France et en Belgique. Mais la vocation de missionnaire dont il se sent investi ne trouvant pas à s'exalter dans les postes qu'il occupe, il se tourne vers des missions protestantes en Afrique noire.

Son baptême du feu a lieu au Congo où, pour une mission américaine, il enseigne la religion dans une ville de brousse. C'est là également qu'accompagné de son épouse, il démarre ses premiers engagements auprès de la Croix-Rouge. Revenu en France au bout de quatre ans, il enseigne ensuite l'allemand dans des lycées de la région nord, avant de devenir directeur d'une maison de retraite dans la Drôme. Mais sa vocation de missionnaire reste profonde. En 1969, il gagne le Tchad avec une mission franco-suisse et prend la direction du collège évangélique de N'Djamena. Au bout de sept ans, délivré de son engagement, il s'interroge sur la suite à donner à sa carrière. Bien que n'ayant pas fait d'études de théologie proprement dites, il met à profit sa formation universitaire – son diplôme de lettres et d'allemand – et son expérience acquise à l'Armée du Salut pour devenir pasteur. Plusieurs choix s'offrent à lui : pasteur d'une paroisse de l'Église réformée ? Directeur d'une œuvre sociale ? Finalement, il choisit l'aumônerie militaire protestante, et le premier poste qu'on lui propose est Berlin. Il y restera près de dix ans, dix années dont il sortira transformé et marqué à tout jamais par ses relations avec Rudolf Hess. Car Charles Gabel a éprouvé une réelle amitié pour l'ancien dauphin d'Hitler et ne s'en est jamais caché. On l'a taxé de naïf, d'idéaliste. Lui vous dirait qu'il a laissé parler son sentiment chrétien et qu'il était impossible de ne pas ressentir de compassion devant ce vieillard malade et reclus, « brimé », selon lui, « par quarante années de détention aberrante ». Alors, il l'a défendu de toutes ses forces, à l'image d'un Don Quichotte dressé contre des moulins à vent. Avec obstination toujours, maladresse souvent. Il faut cependant lui reconnaître un certain courage. Même dans les années 1980, il n'était pas facile de prendre la défense de Rudolf Hess. Peu s'y sont risqués, même ceux installés dans les plus hauts cercles du pouvoir – et ils sont nombreux – qui jugeaient que la prison de Spandau était une véritable entorse aux principes les plus élémentaires des droits de l'homme.

Charles Gabel, lui, n'a pas hésité. Principalement parce qu'il a toujours pensé que son combat était juste, que les convictions et la foi peuvent renverser des montagnes et qu'il croit en la réconciliation des hommes. Son soutien à Rudolf Hess ne l'a d'ailleurs jamais empêché d'être un ami actif et engagé auprès de la communauté juive. Jamais il n'a considéré cela comme un grand écart impossible : il a toujours fait cohabiter – dans son salon et dans son cœur – la croix et la menora. « Toute souffrance m'est insupportable », dit-il pour expliquer pourquoi il s'est installé en Israël après s'être battu, au péril de sa carrière et de sa réputation, pour faire libérer un ancien dignitaire nazi. Il s'est exposé, a brûlé ses vaisseaux et aucun appel à la raison ou à la prudence ne l'a détourné de l'objectif qu'il s'était fixé. Rudolf Hess n'a jamais été libéré, il est mort en prison, et Charles Gabel a continué sa vie, d'abord à Nétanya et à Jérusalem durant onze ans, puis dans la région des Cévennes. Mais, vingt ans après, il n'a rien oublié et, s'il lui fallait recommencer aujourd'hui, il est presque sûr qu'il referait le même chemin.

Témoignage de Charles Gabel

Je suis arrivé à Berlin le 1er mars de l'année 1977. J'avais alors quarante-huit ans. Rudolf Hess en avait quatre-vingt-quatre.

« Après de longues années passées au Tchad, j'avais posé ma candidature à un poste d'aumônier militaire. Quelques semaines plus tard, on m'a proposé de rejoindre Berlin, car celui qui allait devenir mon prédécesseur, Jean-Jacques Heitz, désirait s'en aller. Apparemment, je possédais les qualités requises pour cette mission : je parlais couramment allemand, j'avais une certaine expérience et je me sentais capable d'entretenir des relations avec les Églises allemandes. En outre, cette affectation m'intéressait. J'ai toujours considéré l'Allemagne comme un pays central en Europe et donc forcément passionnant. Mon épouse était aussi enthousiaste que moi. Cela nous plaisait d'aller à Berlin. Et comme nous avions déjà vécu pas mal d'aventures, nous n'avions rien contre l'idée d'en commencer une autre…

« Dans un premier temps, j'ai rencontré un certain nombre de responsables : les notables de l'Église luthérienne de Strasbourg, la hiérarchie de l'aumônerie générale à Paris, puis sa commission d'évaluation composée d'officiers généraux à la retraite. Après avoir examiné mon passé pour déterminer s'il n'y avait rien de défavorable dans ma carrière, ils m'ont expliqué de long en large la mission qu'ils attendaient de moi en Allemagne. Lorsque ma candidature a été officiellement agréée, je me suis rendu à Berlin-Ouest, sur la proposition de Heitz, pour découvrir les lieux et me faire une idée plus précise. C'était deux mois avant ma prise de fonctions. Une fois sur place, Heitz m'a donné de nombreuses informations : d'abord sur ma mission au sein de la paroisse francophone et de la garnison, puis sur les contacts avec les Églises allemandes de l'Ouest et de l'Est. Les rapports entre elles, passant par l'aumônier protestant de Berlin, étaient top secret, comme on peut s'en douter. Je crois qu'ils duraient depuis de nombreuses années – le Mur était encore en place. Pendant longtemps, je n'en ai pas parlé – même pas dans mon livre[233]. Aujourd'hui, les archives de la Stasi ont été ouvertes, il y a alors prescription. Heitz s'était beaucoup investi dans ces échanges avec l'Est. Il passait au moins trois fois par semaine à Berlin-Est, le coffre plein. Je me suis contenté, pour ma part, de deux fois. Nous étions très connus au check point Charlie. Il fallait voir les voitures arriver, complètement affaissées sur les roues arrière ! Personnellement, j'ai toujours accompli ces “voyages” sans trop d'états d'âme. Après tout, on ne fournissait aux Églises de l'Est qu'une aide matérielle et morale. Les seules fois où j'ai été un peu gêné, c'est lorsque j'ai vu arriver chez moi, à deux reprises, deux cartons à peine emballés remplis de billets de cent Mark de la RDA. Il paraît que cela provenait du Conseil œcuménique, en passant par l'Église allemande de l'Ouest. Mais il s'agissait d'argent issu du marché noir… Hormis ce détail, je n'ai rien sur la conscience. Je n'ai jamais passé d'armes ou quoi que ce soit de ce genre. Le seul risque qu'on prenait, c'était d'être suivis et repérés à l'Est. Alors, on s'entourait de précautions, on donnait des rendez-vous dans des endroits retirés. Au fond, ces opérations étaient plus dangereuses pour les pasteurs et les œuvres sociales est-allemandes que nous aidions que pour nous-mêmes.

« Mais ce "passe-droit" faisait parfois quelques vagues au sein de la garnison. Je me souviens que quelques mois après mon arrivée à Berlin, voyant que je poursuivais la tâche de Heitz et que je bénéficiais donc de la prérogative qui m'autorisait à franchir le Mur sans être obligé de prévenir à l'avance et sans que l'on ouvre mon coffre, la Sécurité militaire s'est plainte au général français commandant à Berlin. Elle avait déjà essayé de mettre des bâtons dans les roues à mes prédécesseurs, sans succès, et, à la vue d'un nouveau pasteur, elle a fait une nouvelle tentative. Finalement, c'est remonté en haut lieu : les responsables de la Sécurité militaire à Paris ont admonesté le directeur général de l'aumônerie : "Vous vous rendez compte, lui ont-ils dit, votre pasteur part à l'Est pendant des heures. On ne sait ni où il va ni ce qu'il y fait. Imaginez les conséquences s'il y rencontre une femme !" Bien sûr, le patron de l'aumônerie est monté sur ses grands chevaux en affirmant qu'il avait toute confiance en ses hommes.

« Ces passages à l'Est constituaient un point délicat, car ils étaient à la fois officiels et officieux. Tout cela avait été décidé depuis bien longtemps entre l'Église protestante ouest-allemande, la Fédération protestante de France et le Quai d'Orsay. Bien sûr, il n'existait nulle trace écrite de cet accord. On avait seulement demandé aux généraux à Berlin de fermer les yeux... N'oublions pas que le général commandant à Berlin dépendait du Quai d'Orsay. Ce qui n'empêchait nullement certains officiers et membres de la Sécurité militaire de régulièrement ruer dans les brancards, sans savoir que cet accord avait été négocié en haut lieu.

« Lors de cette première rencontre, Jean-Jacques Heitz m'a également détaillé la mission de l'aumônier à Spandau et le règlement en vigueur – tout ce qui était interdit et qu'on faisait malgré tout parce qu'il était indécent d'accepter de telles règles... Bien sûr, il m'a également parlé de son dernier prisonnier, Rudolf Hess. Je ne savais pas grand-chose sur cette prison, ni sur Hess d'ailleurs. Je n'avais retenu de sa vie que l'histoire de son vol vers la Grande-Bretagne en 1941 et sa condamnation à Nuremberg. Depuis 1947, date où il avait été enfermé à Spandau, on parlait peu de lui. Son nom n'a commencé à faire du bruit dans la presse que lorsqu'il s'y est retrouvé seul, vieux et malade.

« Comme tout le monde, je savais ce qu'avaient fait les nazis. J'avais vécu la guerre, enfant puis adolescent, et cette période m'avait profondément marqué. Mais, étant d'une famille chrétienne, mes parents ne m'avaient pas enseigné la haine de l'ennemi. Bien qu'il ait combattu les Allemands et ait été fait prisonnier en 1940, mon père, qui avait de lointaines ascendances germaniques, ne professait aucune idée de vengeance. Nous avions en Belgique une cousine qui avait été déportée en camp de concentration, pour avoir abrité un pilote anglais, un cousin officier dans la Résistance et quelques autres membres de la famille qui avaient été plutôt pro-allemands. Mais, malgré ces oppositions, notre famille s'était reconstruite après la guerre, sans ressentiment ni déchirement. Mon père détestait le régime national-socialiste et le nazisme, mais pas l'homme allemand.

« Sans doute est-ce pour cela que l'idée d'être l'aumônier de Hess ne m'a pas dérangé. En 1977, la guerre était de l'histoire ancienne et mon état d'esprit était forcément différent de celui des premiers pasteurs. Quand je pense à Georges Casalis, qui avait été résistant et avait combattu les nazis, je me dis qu'il fallait avoir un sacré courage pour accepter ce poste. Pourtant, il a été le premier à s'opposer aux conditions dégradantes faites aux prisonniers. Au début, c'était affreux : on leur donnait à peine à manger, on éclairait leurs cellules brutalement en pleine nuit pour les réveiller, tout était fait pour les humilier. J'ai été profondément choqué lorsque j'ai appris ça. Je me rappelle mon père nous disant : “Nous n'avons pas combattu les nazis pour nous comporter comme eux.”

« Les rapports des précédents aumôniers que j'ai lus à l'aumônerie de Berlin m'ont montré combien ces derniers n'étaient pas heureux de travailler dans ces conditions. Il me semble me souvenir que l'un d'eux écrivait même : “La situation est telle qu'il y a de quoi hésiter à accepter ce poste.”

« Vous savez, pour un chrétien, l'idée de jouer les vainqueurs et d'humilier des vaincus est odieuse, et un aumônier ne peut faire autrement que de défendre les hommes qu'il va visiter. Bien sûr, quand on est face à des anciens criminels tels que ceux-là, il est parfois difficile de séparer son regard d'homme de celui du pasteur. J'en avais déjà fait l'expérience comme visiteur de prison en France dans les années 1950. Alors que j'étais encore officier de l'Armée du Salut, j'allais visiter des criminels à la maison d'arrêt de Besançon ; il y avait même un condamné à mort. J'avais trouvé passionnant d'aider ces hommes et de leur apporter l'Évangile. L'important, c'est de voir comment l'autre, celui qui est en face de vous, se comporte. Cela dit, à l'époque, ce Hess, dont je connaissais un peu le passé, représentait un détenu hors du commun.

« Lors de nos premières rencontres, Jean-Jacques Heitz m'en a donc parlé. Il avait un vrai contact avec lui. J'ai appris qu'il arrivait à aborder avec lui des sujets délicats, tels que la Shoah. Il lui lisait même des textes de Dietrich Bonhoeffer, ce théologien allemand qui, en 1940, s'était engagé dans la conjuration contre Hitler et avait été arrêté le lendemain de l'attentat manqué de juillet 1944, puis condamné à mort et pendu en avril 1945, sur ordre personnel d'Hitler. Heitz n'a jamais caché à Hess qui était l'auteur dont il lui parlait. Et Hess acceptait très bien cela. J'en avais déduit que j'allais approcher un homme qui avait été nazi, mais qui s'était suffisamment ouvert pour entendre les paroles d'un théologien opposé au régime qu'il avait lui-même défendu. Un homme qui n'était absolument pas dérangé mentalement, comme en étaient persuadés certains.

— Dans quel état d'esprit étiez-vous le jour de votre première visite à Rudolf Hess ?

— En y repensant, j'avoue que je n'étais pas très à l'aise. J'avais été mis au courant par Heitz et M. Planet, le gouverneur français de la prison, que Hess avait fait une tentative de suicide quelques semaines auparavant. Du coup, je me demandais comment j'allais pouvoir aborder ce vieil homme seul, déjà très fatigué physiquement, et qui venait de dire adieu au pasteur qui l'avait accompagné pendant quatre ans.

« M. Planet, lors d'une visite préliminaire, m'avait lu des extraits du règlement de la prison. J'avais retenu que le directeur soviétique était un major de l'Armée rouge tandis que les trois autres gouverneurs étaient des civils. La langue allemande était la langue officielle à parler avec le prisonnier, surtout en présence des Russes. Quand on était seuls, on pouvait l'aborder en anglais ou en français. Contrairement à mes prédécesseurs, ma visite aurait lieu désormais le mercredi, et non le samedi. Sur les conseils de Heitz, j'avais décidé de ne pas faire de service religieux pour le prisonnier, à l'exception du culte de Noël. Je savais que Hess n'y tenait pas spécialement et qu'il n'y avait jamais assisté dans le passé. Depuis quelques années, en accord avec l'administration de la prison, les visites se déroulaient de la façon suivante : le prisonnier préparait une tasse de café à l'intention de l'aumônier, puis le programme démarrait par l'écoute d'un morceau de musique classique, suivi d'un peu de lecture. Hess se rendait ensuite dans la cellule contiguë pour se préparer en vue d'une promenade dans le jardin, qui durait une bonne demi-heure. Là, on pouvait aborder toutes sortes de conversations, des sujets personnels ou familiaux.

« Ma première rencontre avec Hess a eu lieu dans le jardin. C'était le 8 mars 1977. Après le déjeuner partagé avec les quatre directeurs au mess de la prison, M. Planet m'a conduit lui-même auprès du prisonnier pour faire les présentations. J'avais revêtu la tenue que portent les aumôniers de l'armée française : un uniforme d'officier aux épaulettes décorées de feuilles et de fruits d'olivier, rehaussé par une grande croix d'argent portée sur la veste.

« On a traversé tous ces longs couloirs sinistres tandis que des gardiens ouvraient les portes devant nous. Une fois devant la cellule de Hess, M. Planet a constaté qu'elle était vide. Le prisonnier faisait sa promenade quotidienne dans le jardin. Alors, nous sommes descendus par un vieil escalier en colimaçon. J'ai aperçu au loin un vieux monsieur qui arpentait le sentier de long en large. “Venez, m'a dit Planet, je vais vous présenter, mais faites attention. Ne le saluez surtout pas par son nom et ne lui tendez pas la main.” En nous voyant approcher, Hess s'est arrêté et nous a regardés venir vers lui. Je ne sais pas s'il avait été averti de mon arrivée. “Voici le nouvel aumônier”, a lancé M. Planet. C'est à cet instant que j'ai fait ma première entorse au règlement : sans réfléchir, instinctivement, j'ai oublié les mises en garde et j'ai tendu la main à Rudolf Hess. C'était ma première visite et je mettais déjà les pieds dans le plat ! À cet instant, il s'est passé quelque chose d'extraordinaire : Hess s'est redressé, m'a fixé droit dans les yeux et a caché ses mains derrière son dos en me disant en allemand sur un ton gentil mais ferme : “Monsieur le pasteur, vous n'avez pas le droit de me donner la main.” J'ai été tellement choqué, frappé, ému aussi, que je suis incapable de me rappeler la réaction que j'ai eue. Le fait qu'il parle ainsi devant le directeur de la prison m'a sidéré. Son ton était un peu ironique, mais ses paroles se voulaient formelles. J'ai pensé après coup qu'elles étaient destinées à montrer à M. Planet qu'il obéissait au règlement, mais j'ai senti qu'il avait apprécié mon geste.

« Finalement, la rencontre n'a pas duré. Comme ce n'était pas le jour officiel des visites, M. Planet m'a entraîné hors du jardin. Je me souviens qu'il m'a fait gentiment la leçon en insistant sur la nécessité de respecter l'interdiction de toucher le prisonnier. “Si vous ne souhaitez pas avoir de graves problèmes avec les Soviétiques, m'a-t-il expliqué, je vous conseille de vous y tenir.”

— Quelle attitude avez-vous choisi d'adopter par la suite ?

— Pendant les premiers mois de mon ministère, j'ai strictement observé les règles en usage. Comme Hess menait une vie extrêmement minutée, je m'efforçais d'être ponctuel. Le rythme de mes visites se déroulait de façon immuable. Je franchissais le grand porche vert, flanqué de bureaux de chaque côté, montrais mon laissez-passer et débouchais ensuite dans l'immense cour intérieure, où se déroulaient chaque mois les passations de pouvoir entre les quatre pays alliés. Mon arrivée était bien sûr surveillée, mais on finissait par me connaître et je n'ai jamais été fouillé. En cela, sans doute ont-ils eu tort… Ensuite, je montais le perron et saluais le gardien-chef du pays directeur qui m'ouvrait la première porte du corridor. Tout au bout se trouvait la cellule de Hess, au fond à gauche. Il n'y était pas enfermé, car il fallait bien qu'il puisse se rendre aux toilettes ou dans la cellule contiguë, où étaient stockés ses vêtements. En fait, il avait trois pièces à sa disposition : une principale, une pour sa “garde-robe” et ses chaussures et une dernière dans laquelle il gardait ses quelques livres. Il avait également une sorte de salle de bains minuscule. Donc, il pouvait aller et venir dans le corridor, mais il avait interdiction de passer les portes, sauf les jours où il se rendait à l'infirmerie ou au parloir pour les visites de sa famille. Sa cellule principale était franchement spartiate, quasiment vide, sans aucune décoration. Il y avait une petite fenêtre en hauteur d'où il n'apercevait que le haut des branches des arbres du jardin, un lit médicalisé, une chaise et une table de chevet où il déposait sa nourriture, et une autre très encombrée – il n'y avait pas d'armoire dans la pièce.

« Devant sa cellule, il y avait en permanence des gardiens civils, mais leur surveillance était plus formelle qu'attentive. En principe, ils étaient assis sur des chaises, mais, parfois, ils allaient et venaient dans le couloir. Honnêtement, je ne saurais vous dire si à mon époque il y avait des écoutes… Je ne l'ai jamais su et je n'ai jamais voulu le savoir. Une fois entré dans la cellule, je saluais Hess et on parlait généralement quelques minutes du temps qu'il faisait. Il m'accueillait à chaque fois avec la tasse de café rituelle – que j'ai réussi peu à peu à troquer contre du thé –, puis on écoutait de la musique classique sur un vieux tourne-disque que j'avais emprunté au secrétariat. Entre nous, le son de cet appareil laissait un peu à désirer. On demeurait dans la cellule un certain temps, puis, si la météo était correcte, on descendait dans le jardin. Mon problème était que Hess aimait sortir par tous les temps… Même l'hiver quand il neigeait ou par un froid glacial. C'était un homme d'un grand stoïcisme et j'étais bien obligé de le suivre. Avant d'emprunter le vieil escalier, j'allais demander au gardien-chef l'autorisation de quitter la cellule. Nous descendions accompagnés par un surveillant. Au bout de quelques années, Hess avait tellement de mal à marcher qu'un rite s'était imposé : le gardien nous précédait pour ouvrir les portes et pour recevoir Hess sur le dos si celui-ci venait à tomber. Au retour, à l'inverse, Hess grimpait les marches en tête. Je me souviens que plus tard, lorsqu'on a construit un ascenseur, en 1984, cela l'a fait beaucoup rire. Il ne l'avait pas demandé et il s'amusait à l'idée qu'on dépense autant d'argent pour lui. "C'est sûrement le signe qu'on veut me garder encore très longtemps", m'a-t-il dit avec un sourire.

« Une fois dans le jardin, nous avions la possibilité de nous promener en toute liberté. Hess adorait ça, et les changements de saison, les merveilles de la nature occupaient beaucoup de nos conversations. En principe, les gardiens auraient dû se trouver à quelques pas de nous, mais, généralement, ils se baladaient de leur côté. Souvent, ils lisaient sur un banc ou mangeaient des fruits, surtout les Russes. L'hiver, ils faisaient même des bonhommes de neige. Généralement, nous étions seuls. J'ai tendance à penser que ce relâchement de la surveillance durait déjà depuis pas mal d'années ; Bertrand de Luze avait même réussi à prendre une photo de Hess dans le jardin, une photo qui était parue dans les journaux allemands. Je reconnais que moi aussi, j'en ai pris ultérieurement. Beaucoup le faisaient d'ailleurs, même si c'était rigoureusement interdit. J'avais envie de garder des souvenirs, c'est tout.

« Mes relations avec Hess ont été cordiales dès le début, mais il a fallu près d'un an pour qu'elles deviennent amicales. J'étais arrivé avec l'idée qu'il avait des problèmes psychologiques et j'étais très inquiet. Mais, petit à petit, j'ai été agréablement surpris par le personnage. Au cours des premières visites, il était très, très réservé, pour ne pas dire totalement. Cela a duré environ huit mois. Il me laissait faire mon travail, mais n'entrait absolument pas en contact avec moi. Comme je n'avais pas encore bien compris comment s'exerçait la censure, je n'osais pas trop lui parler. Nos conversations étaient extrêmement banales. Puis j'ai commencé à lui décrire la nouvelle vie que je menais à Berlin lorsque je quittais l'enceinte de Spandau. De son côté, progressivement, il s'est mis à me parler de sa femme, de son fils, de sa belle-fille, des visites qu'il recevait. Nous en sommes venus à échanger sur nos enfants respectifs, sur leurs activités, sur ceux que j'avais adoptés avec ma femme, sur mes anciennes missions au Congo. Assez vite, j'ai fait la connaissance de son fils, Wolf Rüdiger. À l'exemple de mes prédécesseurs, je faisais le lien entre le prisonnier et sa famille. Je trouvais cela normal. Tout comme de lui apporter du courrier en cachette ou les articles censurés des journaux qu'il lisait. Il s'est ouvert de ce problème de censure assez rapidement. Cette interdiction de prendre connaissance de certaines informations le faisait sourire, mais il aimait bien savoir quels articles avaient été découpés. Alors, quand il m'en parlait, je faisais des recherches et, lors de la visite suivante, je lui apportais les passages qui avaient été prélevés. Cette censure me semblait totalement gratuite et imbécile. J'ai établi un jour par curiosité la liste des articles censurés en quelques semaines. Ils étaient extrêmement nombreux, étant donné qu'il n'avait pas le droit de lire tout ce qui était relatif aux deux guerres mondiales, au nazisme, à son histoire, aux personnalités du IIIe Reich, à la Shoah. Le moindre article dans lequel apparaissait le mot "juif" était immédiatement banni. Ainsi, je me souviens qu'on lui avait interdit entre autres la lecture de papiers sur le procès Barth, un ancien SS, à Berlin-Est, ou sur l'arrestation de Kujau, qui avait falsifié le soi-disant *Journal d'Adolf Hitler*. Généralement, il ne se plaignait pas, sauf – et c'est arrivé exceptionnellement une fois, je crois – lorsque ses journaux arrivaient transformés en morceau de gruyère. Quand il a eu la télévision, au début des années 1980, cela s'est passé de la même façon. On lui donnait un magazine de télévision sur lequel il pouvait cocher les émissions qu'il souhaitait regarder. Mais la commission de censure était déjà passée par là et avait soigneusement barré les programmes interdits. Beaucoup de documentaires passaient à la trappe. Ainsi, ce film sur la communauté juive à New York ou celui sur les bombardements alliés sur Dresde en 1945. À chaque fois, Hess me disait simplement : “Je ne comprends pas.” Parfois, il ajoutait : “Comment veulent-ils que je me rende compte de tout ce qui s’est passé ?” Dans l’ensemble, il prenait ces brimades assez bien. À mon sens, il avait une force incroyable pour tout encaisser. En outre, il n’avait aucune amertume, aucun esprit de revanche. Jamais je ne l’ai entendu parler avec haine de qui que ce soit, de quelque peuple que ce soit. Il avait beaucoup d’humour et prenait les choses comme elles venaient, sans se faire d’illusions. C’était un homme costaud mentalement et plutôt courageux, il faut lui reconnaître ça. Il avait une étonnante maîtrise de ses sentiments, de ses pensées et de son corps. Malgré son grand âge et ses nombreux ennuis de santé qui l’obligeaient souvent, l’hiver, à être hospitalisé, il aimait marcher dans le jardin sous l’orage ou en pleine tempête. Jamais il n’aurait dit “le temps nous empêche de descendre au jardin”, même s’il pleuvait des cordes. À mon arrivée, il me lançait : “Allez, monsieur le pasteur, couvrez-vous bien, on sort !” Il se forçait même à des choses incroyables. En plein hiver, par exemple, il refusait d’avoir des couvertures la nuit. Il dormait sans rien, sans chauffage dans la pièce et avec à peine un drap. Physiquement, il paraissait entraîné à supporter des choses extrêmes. Personnellement, en apprenant à le connaître, j’ai eu du mal à croire qu’il avait tenté de se suicider. Il ne m’a d’ailleurs jamais parlé de la tentative qui avait eu lieu un mois avant mon arrivée. À chaque visite, j’étais frappé par sa sérénité et sa maîtrise de lui-même. Il connaissait son corps à la perfection. Il est vrai qu’il avait été un grand sportif, un spécialiste de meetings aériens. Parfois, quand j’arrivais en début d’après-midi, il me disait : “Excusez-moi, monsieur le pasteur, mais je n’ai pas encore fait ma sieste. Alors, si vous le voulez bien, je vous demanderais de prendre un journal ou un livre et de m’attendre pendant dix minutes. Je vous promets de ne pas être long.” Il s’allongeait aussitôt et, dix minutes après, il était de retour.

— Dans les premiers temps, quels sentiments vous inspirait-il ?

— Je dois reconnaître qu'il m'a impressionné. Il avait quatre-vingt-quatre ans et il tenait le coup malgré son isolement et les conditions de vie qui lui étaient imposées. En parlant de sa force morale, j'avoue que j'ai du mal à faire le lien entre le personnage que j'ai connu pendant neuf ans et demi et celui dont a parlé l'Histoire – ce type affligé de problèmes mentaux, complètement paranoïaque. C'est mystérieux à mon sens. Pendant toutes ces années, et dès le début, j'ai vu un homme absolument normal. Bien que possédant une autorité naturelle, il n'en imposait pas spécialement. Certes, il était de nature réservée, mais pas vraiment "grand seigneur". Il avait de l'éducation et n'était jamais désagréable avec quiconque ni arrogant. Il était toujours très poli avec les gardiens et ne rouspétait jamais, du moins en ma présence. Je l'ai très peu entendu pester contre le règlement. À vrai dire, il s'était bien intégré à son univers. C'était un bon prisonnier, qui ne créait pas d'ennuis au personnel. Quand il se trouvait face à des interdictions ou des ordres aberrants, il souriait, il lui arrivait même d'en rire, et il s'y pliait sans rechigner. Il avait beaucoup d'humour. À titre d'exemple, je me souviens l'avoir vu plaisanter quand il devait faire une demande écrite sur une feuille à l'en-tête de la prison pour obtenir du papier toilette. "C'est le genre de détails pratiques qu'ils pourraient anticiper…", disait-il. De la même façon, un jour, alors que nous remarquions dans le jardin qu'une branche de cerisier avait été cassée, il s'est exclamé, à la façon d'un reporter qui révélerait un scoop : "Le prisonnier numéro 7 a voulu s'échapper en grimpant dans l'arbre afin de sauter ensuite par-dessus le mur de la prison. Mais il est trop bien nourri, il pèse trop lourd… et la branche a craqué !" Plus sérieusement, il prenait avec dérision le côté kafkaïen de Spandau. Il avait beaucoup de recul et peu d'exigences. Pendant les années où j'étais là-bas, comme il était seul, il avait le droit de choisir ses menus. Mais il n'avait que peu de désirs en la matière. La seule chose qu'il exigeait, c'était d'avoir six pommes par jour. Il les mangeait toutes. “Question de santé, disait-il, c'est très bon pour le sommeil.”

« Je crois sincèrement qu'à ses yeux cette prison était un théâtre, un théâtre de quatre-vingts personnes dans lequel il jouait seul le personnage du prisonnier. Je partageais son opinion. Au début de sa captivité, il avait refusé de jouer son rôle dans ce système, mais, les années passant, le désir de vivre avait pris le dessus. Avant même mon arrivée, j'avais compris grâce au pasteur Heitz qu'il avait résolument changé par rapport à ce qu'on pouvait dire de lui dans les premiers temps. Savoir qu'il avait accepté de parler religion avec un aumônier, de lire la Bible et de prier m'avait convaincu qu'il s'était transformé sur un plan personnel. Je pense sincèrement que cette “métamorphose” a démarré quand ses codétenus sont partis. Jusque-là, il ne voulait même pas voir sa famille tellement les conditions des visites le déprimaient. La grave maladie dont il a souffert, après la libération de Speer et de Schirach, a été un véritable tournant dans son comportement. Une fois guéri, il a ouvert sa porte à l'aumônier et accepté de voir ses proches.

« Ensuite, j'imagine que l'assiduité et la gentillesse des pasteurs successifs ont fait le reste. Ce processus de transformation est difficile à définir. Il faut l'accepter. Dans une vie d'homme, il y a toujours des mystères insondables. Et Hess n'était pas du genre à s'en expliquer. À ce titre, il était très différent d'Albert Speer. Ce qui est sûr, c'est que les aumôniers ont également joué un rôle décisif dans son histoire personnelle. Nous étions des personnages clés dans la mesure où nous étions les seuls à lui offrir un contact avec l'extérieur, ne serait-ce qu'en entretenant des liens avec sa famille. Officiellement, j'étais l'unique personne, avec l'infirmier, avec laquelle on l'autorisait à parler. Les gardiens n'en avaient pas le droit. Bien sûr, certains, surtout les Français, contrevenaient souvent à ce point du règlement, mais il n'empêche que, sur le papier, il lui était interdit de communiquer avec quiconque. Vous rendez-vous compte qu'il ne pouvait même pas parler allemand avec un Allemand ? On le cachait quand des ouvriers berlinois venaient travailler dans la prison. En un mot, il ne voyait personne de sa propre culture. Sauf une fois par mois, un membre de sa famille. Il n'a rencontré son avocat qu'à environ trois reprises en quarante ans. Et encore, il ne pouvait même pas discuter de son propre cas. Il n'avait pas le droit d'évoquer ses demandes de libération ou les démarches qu'il voulait entreprendre. Les directeurs assistaient à l'entretien et interrompaient les discussions dès qu'à leurs yeux, elles prenaient une mauvaise tournure. Toutes ces brimades peuvent à mon avis expliquer qu'il se soit rapproché des pasteurs au fil du temps. Je crois qu'avec nous, il a repris espoir.

« Sans me mettre en avant, il a davantage communiqué avec moi qu'avec mes prédécesseurs. Peut-être parce que nous avons eu le temps d'établir une relation de confiance. Ce n'était pas un homme communicatif ; il lançait rarement un sujet de discussion de lui-même, hormis quand cela concernait sa famille et ses petits-enfants en particulier. Dès qu'il recevait des lettres ou des photos, j'y avais droit. Il me racontait les caprices de sa petite-fille, les perles de son petit-fils. Au fond, il n'y avait qu'avec moi qu'il pouvait s'épancher ainsi. Il a fallu un an pour qu'il découvre que je pouvais être un ami et que, personnellement, j'en voie un en lui. Je crois qu'il m'a considéré avec amitié, sa famille également. Sur la fin, notre relation avait quelque chose de familial. J'allais le voir, je l'avoue, comme je serais allé voir un vieil oncle, oubliant la prison, oubliant son passé de nazi, ce que j'avais pu lire sur lui. Je sais bien qu'on a toujours dit ou écrit qu'il était étrange. Fou, fanatique, suicidaire, amnésique, excentrique, dépressif… les adjectifs n'ont pas manqué.

« Je suis catégorique : il m'a toujours paru équilibré. Au cours des neuf ans que j'ai passés à Spandau, il a reçu de nombreuses visites de médecins français qui l'ont ausculté sur le plan physiologique et psychologique. Très souvent, ils venaient s'entretenir avec moi. Tous m'ont confirmé qu'il était absolument normal, que ce soit dans ses raisonnements, dans son expression ou dans son comportement. Jamais je n'ai vu quoi que ce soit d'étrange chez lui. D'ailleurs, il est peut-être utile de préciser que tout le monde à Spandau – les gardiens comme les gouverneurs – le traitait comme une personne normale. Que pourrais-je ajouter ? »

Charles Gabel prend connaissance du chapitre consacré à Rudolf Hess, extrait des rapports du psychiatre de l'armée américaine, Leon Goldensohn, qui a examiné les différents criminels nazis pendant plusieurs mois au cours du procès de Nuremberg[234]*. Dans l'introduction du livre, il est écrit : « À l'exception de Rudolf Hess [...] les accusés de Nuremberg étaient tout sauf des malades mentaux », et, plus loin, en parlant de Hess : « Tout indique qu'il n'avait plus toute sa tête au moment des procès de Nuremberg. »*

Charles Gabel achève sa lecture, puis secoue la tête lentement, visiblement peu ébranlé par le texte de ce document officiel.

« Cette idée de la folie de Hess court depuis cette période et j'ai bien peur que jamais cela ne change. En tout cas, de mon temps, il avait toute sa tête, je suis catégorique. Pour un vieillard de quatre-vingt-dix ans, il était même impressionnant. A-t-il simulé la folie au moment du procès ? Était-il dépressif ? Je n'en sais évidemment rien. En toute sincérité, l'ayant bien connu, je ne l'imagine absolument pas ne plus se rappeler la personnalité de son père, comme l'écrit le psychiatre dans ce livre. J'ignore ce qu'il a simulé et comment il a trompé son monde, y compris les médecins. Il faut savoir qu'à quatre-vingt-dix ans, il était encore capable de parler de tous les sujets et qu'il s'intéressait à tout ! Je ne l'imagine pas oublier d'où il venait. Pour moi, il n'y a que deux solutions : soit il a joué la comédie, soit on lui a fait subir un traitement quelconque en Grande-Bretagne ou au moment du procès. Je pencherais plutôt pour la première explication. Même s'il est vrai qu'il s'est comporté assez bizarrement pendant ses vingt premières années de captivité – en se repliant sur lui-même, en se murant –, il a changé par la suite. Or, quand on est fou ou dépressif, cela ne s'arrange pas naturellement. Et, que je sache, il n'a jamais été soigné pour cela… Quand il allait à l'hôpital, c'était toujours pour des maladies organiques. On n'a jamais parlé de dépression. Il n'était même pas cyclothymique. Il avait parfois des coups de cafard quand les autorités ne daignaient pas répondre à l'une de ses demandes de libération, mais n'est-ce pas normal ? Il me disait : “Je ne comprends pas pourquoi.” Bien sûr, il supportait mal qu'on se désintéresse de lui. Mais il n'était pas fou, ça, non ! Je me demande même comment cette “légende” peut encore exister. Pourtant, je sais qu'aujourd'hui les gens continuent d'y croire. Vous savez, le problème, c'est qu'on a dit tellement de choses sur lui, sans le connaître, le voir ou l'entendre. Les seules personnes qui l'ont intimement approché, ce sont les aumôniers de Spandau. À part nous, qui peut vraiment témoigner de ce qu'il était ?

— Très vite, vous êtes passé d'un rapport amical à une démarche plus militante… Qu'est-ce qui a pu vous motiver ?

— C'est vrai que je me suis rapidement et de façon personnelle intéressé au cas de Hess. Je sais que beaucoup de gens pensent qu'il devait mourir en prison. Mais pour moi, en tant que pasteur, en tant qu'homme et démocrate, laisser derrière les barreaux un vieillard de quatre-vingt-dix ans, malade et qui n'avait pas réellement approché sa famille depuis plus de quarante ans, me paraissait impensable. D'autant qu'il s'agissait d'un homme qui avait été reconnu innocent de crimes de guerre et de crimes contre l'humanité au procès de Nuremberg. Toutes ces raisons me semblaient suffisantes pour que je m'intéresse sincèrement à lui et que je l'aide de toute la force de mes moyens. J'en étais arrivé à bien le connaître. C'est vrai que je me suis attaché à lui. Trop sans doute, puisqu'on me l'a reproché. Même dans ma propre famille. J'avoue qu'au bout de trois, quatre ans, j'étais… “pris”. Ma femme et mes gosses me disaient souvent : “Tu es trop obsédé par le cas Hess, tu ne penses qu'à ça.”

« Ce qui me peinait le plus, c'était de penser : “Si on l'abandonne là, il ne reverra jamais plus sa famille.” Il n'avait plus touché le bout des doigts de sa femme ou de son fils depuis le soir où il était monté à bord de son avion à Augsbourg en mai 1941. Sur le plan humain, aussi bien que chrétien, cela dépassait l'entendement. Je me souviens que lors de la première réception qu'il a donnée à Berlin en 1980, le nouveau général français, le général Liron, a bondi sur moi dès mon arrivée en me disant : “Monsieur l'aumônier, venez avec moi, je dois vous parler.” Il m'a entraîné dans le couloir et s'est mis à m'interroger sur Hess. Plus tard, dans une note me concernant, j'ai pu lire : “Il est important de laisser le pasteur Gabel aussi longtemps que ce sera possible à Spandau parce qu'il a la confiance du prisonnier.” J'ai tendance à penser qu'il avait senti, compris qu'il y avait un lien entre Hess et moi ; il se rendait compte que ma présence pouvait apporter quelque chose au prisonnier. Je parlais aussi de lui avec les médecins français qui venaient l'ausculter régulièrement. Ils pensaient comme moi qu'il fallait libérer Rudolf Hess.

« À Spandau, dans l'ensemble, les gens l'aimaient bien. Lui, malgré ses années passées en prison, continuait de s'intéresser à son entourage. Il ne faisait pas payer aux hommes autour de lui le sort qui était le sien. Il comprenait que c'était l'administration, le système même de Spandau qui voulait ça.

« Je me rappelle son attitude lorsqu'un jour, un vieux gardien civil américain, qui était là depuis 1946, est mort. Quand Hess a su que je serais présent à l'enterrement, il m'a déclaré : “J'aimerais dire combien je suis reconnaissant pour la manière dont il s'est toujours conduit envers moi. Il était très gentil et amical et je l'aimais bien. Il m'a été pénible d'apprendre sa disparition. Pendant de longues années de sa vie, il a été ici avec moi et s'est très bien occupé de moi, simplement, avec discrétion et avec le sourire. Si vous aviez l'occasion de dire quelques mots à sa famille de ma part, cela me ferait plaisir." Pour l'obliger, au moment où j'ai pris la parole pendant le culte des funérailles, j'ai ajouté ces quelques mots : "Il y a quelque part, non loin d'ici, un vieux monsieur qui pense à nous en cet instant et qui partage la peine de la famille." Personne n'a osé me reprocher ces paroles. Hess tenait à faire part de son émotion, il me semblait normal de la communiquer aux autres. Ce n'est qu'un exemple pour vous montrer que cet homme avait du cœur et qu'il n'était plus ce qu'on a dit de lui.

« Un autre jour, alors que je venais de lui apporter un disque de folklore russe en cachette – je ne devais normalement utiliser que les albums de sa collection, mais sincèrement, à la longue, j'étais un peu fatigué du classique –, il m'a déclaré : "Monsieur le pasteur, il y a aujourd'hui un gardien russe dans le couloir, alors ce serait gentil d'ouvrir la porte pour qu'il puisse entendre la musique de son pays." Je me suis exécuté et nous avons ainsi communié dans l'amour de la musique. À la fin, Hess a eu droit à un charmant sourire et aux remerciements du jeune Soviétique. Si je vous raconte ces petites anecdotes, c'est pour vous montrer que Hess ne vivait ni dans la haine, ni dans l'amertume, ni dans la vengeance. La seule chose qu'il ne comprenait pas, c'est qu'on ne réponde jamais à ses demandes de libération. Même par la négative. Il avait le sentiment de ne plus exister.

« Il a commencé à réclamer très sérieusement par écrit sa libération dès la fin des années 1977. Je ne l'ai pas poussé et je ne lui ai pas insufflé cette idée, il s'est contenté de m'en parler et de me montrer ses brouillons. Je pense que cette envie d'être libéré lui est réellement venue au moment de la naissance de ses premiers petits-enfants. Et, par la suite, ce désir s'est amplifié. Il éprouvait depuis longtemps le besoin de retrouver sa femme et son fils unique, mais devenir grand-père a été un événement déclencheur. Voilà pourquoi, à cette période-là, j'ai décidé de l'aider de mon côté, avec le peu d'armes que j'avais. Il a rédigé, en tout, cinq ou six demandes dans lesquelles il réclamait solennellement sa libération pour des raisons humanitaires et de santé. Il y a fait la promesse de ne jamais parler à la presse, de ne pas écrire de livres, de n'avoir plus aucune action publique, et il s'engageait à demeurer chez lui discrètement entouré de sa famille. Je le connaissais suffisamment pour le croire et savoir que jamais aucun mot ne serait sorti de sa bouche. À chaque fois, il écrivait ces courriers en deux exemplaires, l'un adressé aux dirigeants des quatre nations alliées par l'intermédiaire des gouverneurs de la prison, et l'autre à moi. En réalité, ce sont ses brouillons qu'il me donnait pour m'aider dans les démarches que je menais parallèlement, et peut-être aussi afin de garder une trace écrite. À chaque nouvel envoi, il se confiait à moi : "Je vais encore tenter une action, me disait-il, mais je n'ai pas beaucoup d'espoir." Il disait ces mots avec beaucoup de calme. Je pense qu'au fond de lui, il était résigné, mais il avait encore, du moins dans les premières années de mon ministère, un peu de force pour se battre. À chaque nouvelle tentative, il y croyait un peu, puis il était déçu. Jamais personne ne lui a répondu. Ça m'a toujours paru révoltant. Je trouvais inhumain qu'on le laisse croupir en prison. Il n'y a que dans les dictatures que de telles pratiques ont cours ; dans des États démocratiques, même la perpétuité se conclut toujours par une libération.

« Cette prison était une aberration, une vitrine de je ne sais quoi. Les directeurs allaient jusqu'à s'octroyer le titre de gouverneurs. C'est assez symbolique, non ? Quatre-vingts personnes au service d'un vieux châtelain… un châtelain parqué, seul, vieux et malade. C'était complètement fou.

« Quelles étaient les vraies raisons, les motivations de ce maintien en détention qui n'en finissait pas ? Je ne l'ai jamais compris. Bien qu'il ait été condamné à la même peine de perpétuité que Walther Funk et Erich Raeder à Nuremberg – pour complot et crimes contre la paix et non pour crimes de guerre et contre l'humanité –, lui n'est jamais sorti. On peut se poser des questions. Funk et Raeder ont été libérés respectivement au bout de onze et neuf ans, officiellement pour "raisons de santé", tandis qu'à Hess, rien n'a jamais été accordé. Pourtant, plus les années passaient, plus il y avait de motifs réels de le gracier, à commencer par sa santé. Mais je crois qu'il était devenu le symbole du nazisme à lui tout seul. D'une part, les Soviétiques tenaient à ce que rien ne bouge, et d'autre part, il pâtissait de ces cinglés de néonazis qui reprenaient son nom et de la publicité que lui faisaient involontairement les médias. À Nuremberg, les Russes avaient demandé son exécution, tandis que les Français réclamaient vingt ans. Finalement, la prison à vie a mis tout le monde d'accord.

« Sincèrement, je pense l'avoir aidé. Pas sur le plan matériel, bien sûr, là, je n'y pouvais pas grand-chose. De ce côté, c'était d'ailleurs correct à la fin. C'est l'isolement dans lequel on le laissait qui était inhumain, toutes ces petites interdictions au quotidien, ce règlement humiliant. Tous les papiers administratifs, même son papier à lettres portait l'en-tête numéro 7… Il n'était pas franchement révolté par ça, il l'acceptait. Sans doute était-il habitué depuis le temps. Je ne l'étais pas !

« L'une des rares fois où je l'ai vu vraiment en colère, ce fut à propos de ses petits-enfants. Il mourait d'envie de les connaître, mais les conditions de leurs éventuelles visites lui paraissaient insupportables. Au départ, cette idée avait même été refusée par les Alliés. Puis elle avait fait son chemin. "La décision sera prise au niveau des quatre capitales", m'a dit un jour M. Planet. Je n'en revenais pas. Finalement, il a fallu plusieurs mois pour que les "quatre" se mettent d'accord. Hess avait demandé à pouvoir rencontrer ses petits-enfants, avec leurs parents, sans présence étrangère dans le parloir. Il ne voulait pas que des enfants aussi jeunes soient soumis au traitement habituel qui lui était infligé, c'est-à-dire recevoir ses visiteurs devant six personnes qui écoutent tout – les quatre gouverneurs, le gardien chargé de l'accompagner et un interprète –, sans pouvoir à aucun moment les toucher.

« La décision du directoire a été sans appel : la visite aurait lieu à l'endroit et sous la surveillance habituels. Chaque parent (père ou mère) entrerait à son tour au parloir pour une demi-heure avec un enfant. Lorsque j'ai averti Hess de ce qui était convenu, il a bondi littéralement et il a grondé, le visage fermé : "En aucun cas !" J'ai essayé de le convaincre de réfléchir encore, mais il m'a interrompu avec un "*Nein*" déterminé. Étant lui-même un étranger aux yeux de ses petits-enfants, il ne supportait pas l'idée de leur imposer une visite au milieu d'inconnus. Venir le voir en prison lui paraissait déjà suffisamment traumatisant pour eux. J'avoue que j'ai été bouleversé de voir qu'encore une fois, ce sacro-saint règlement était dépourvu d'humanité. Les "quatre" prétendaient qu'il était immuable. Pourtant, quand cela les arrangeait, les choses pouvaient changer. Pour preuve, la télévision avait été installée, un ascenseur, de la moquette avait été posée dans la cellule et le sentier du jardin avait été aplani pour éviter qu'il ne tombe.

« Finalement, Hess n'est jamais revenu sur sa décision et n'a donc jamais fait la connaissance de ses petits-enfants.

— Concrètement, savez-vous dans quelles conditions et surtout dans quelle ambiance se déroulaient les visites de la famille ?

— Je n'ai pas beaucoup d'éléments pour répondre. Rien ne filtrait vraiment. Un jour, cependant, j'ai aperçu ce fameux parloir. Cela s'est fait par hasard alors que je passais devant. Discrètement, j'ai ouvert les portes pour y jeter un coup d'œil. Il s'agissait à l'origine de deux salles assemblées au centre par une grande baie vitrée, dotée d'un petit guichet par lequel on pouvait se parler. Cet espace était étroit et conçu visiblement pour que les prisonniers ne puissent pas passer leur main. Pendant toutes les visites, Hess était entouré des six personnes dont j'ai parlé plus haut. Il n'avait le droit d'évoquer que des questions familiales ou la météo. Aucune allusion à l'actualité, au passé, à sa situation, à son éventuel avenir ou à ses conditions de détention n'était acceptée. Dans les dernières années, sa femme était trop âgée pour faire encore le déplacement et Hess ne voyait plus que son fils et sa belle-fille. Les autorisations de visite – quand elles n'étaient pas annulées arbitrairement au dernier moment – avaient été délivrées au départ, une fois pour toutes. Cinq personnes avaient reçu un agrément : Ilse Hess, sa femme, Wolf Rüdiger Hess, son fils, Andrea Hess, sa belle-fille, ainsi que son frère et sa sœur.

— Vous disiez que vous avez entretenu des relations assidues avec la famille de Rudolf Hess… Comment les choses ont-elles commencé ?

— Il est vrai qu'à l'exception du frère et de la sœur de Hess, j'ai fort bien connu sa famille. J'ai rencontré Mme Ilse Hess en avril 1978 à l'occasion d'une de ses visites à son mari, à Spandau. Elle était déjà âgée de soixante-dix-huit ans, mais c'était une femme alerte, extrêmement cordiale. Mon épouse et moi avons eu assez rapidement d'excellentes relations avec elle, ainsi qu'avec Andrea, sa belle-fille. Comme la plupart de mes prédécesseurs, je l'aidais à transmettre des petits colis à son mari, des gâteaux à Noël, du courrier. Par la suite, nous avons été reçus à plusieurs reprises dans sa maison de Hindelang, où elle hébergeait par ailleurs des hôtes toute l'année. Au cours de nos vacances, on y faisait halte en rentrant en France ou bien on louait quelque chose dans les environs. Nous avons beaucoup discuté ensemble. De son mari, bien sûr. C'était une femme cultivée, qui n'avait ni rancœur ni amertume. La seule chose qu'elle ne comprenait pas, me disait-elle, c'était que l'on puisse s'acharner sur un vieillard. Le couple qu'elle formait avec Rudolf Hess m'a beaucoup intrigué, je l'avoue. Ils semblaient ne s'être jamais vraiment livrés l'un à l'autre. Peut-être la connaissait-il mieux qu'elle ne le connaissait ? Elle donnait l'impression de se heurter à quelqu'un qu'elle ne comprenait pas. Il faut reconnaître que Hess était un homme plein de facettes et possédant un certain mystère. Je me suis souvent demandé de quoi était faite leur relation. Ils avaient bien sûr partagé au départ des choses en commun : leur amour pour l'Allemagne, leur désir de changement, puis leur enfant. Elle a pris part à son engagement dans les premiers temps, mais, très vite, elle s'est retirée. D'après ce que j'ai pu comprendre, tout ne lui plaisait pas dans la politique à laquelle participait son mari. Lui s'est donné à fond dans la structuration du parti national-socialiste. Mais, d'après sa femme, il n'avait pas vraiment de grands désirs personnels. Il voulait juste servir. Ilse Hess le jugeait comme un suiveur, un homme un peu en marge, que son éducation protestante et bourgeoise différenciait profondément des autres dignitaires nazis.

« J'ai toujours senti que Hess regrettait profondément ce qu'il avait fait endurer à sa famille. Il avait énormément de sentiments pour sa femme. Sur la fin, son état physique n'était pas bon non plus et il s'inquiétait pour elle. Il a cédé à la colère un jour, après avoir reçu d'elle une lettre inquiétante dans laquelle elle lui expliquait qu'elle souffrait d'une fièvre persistante. Le problème, c'est qu'avec la censure, ce courrier n'était arrivé que près de trois semaines après son envoi. Cela pouvait arriver, mais, généralement, cela ne prenait que dix jours. Vu le retard, Hess était convaincu qu'on lui cachait des informations, que sa femme était peut-être morte. Il a demandé au directeur américain de Spandau de bien vouloir téléphoner à sa famille pour avoir des nouvelles, mais celui-ci a répondu qu'il lui fallait d'abord l'accord des trois autres gouverneurs. Hess était hors de lui. Il criait dans le couloir qu'il était inadmissible que l'on ne puisse pas passer un simple coup de fil à sa femme malade, et peut-être mourante. Je me souviens qu'il a employé à plusieurs reprises le verbe "torturer".

« Du fait de la censure, leurs échanges étaient limités, bien sûr. Dans leurs lettres, ils ne pouvaient jamais aborder le passé, y compris leur passé commun. Je sais qu'il a été question à un moment qu'on les autorise à se téléphoner une fois de temps en temps, mais les Russes, encore une fois, ont mis leur veto.

« En tout cas, Hess admirait beaucoup sa femme. Même si je ne suis jamais parvenu à définir exactement le lien qu'il y avait entre eux, je sais qu'ils éprouvaient l'un pour l'autre un attachement rare. Vu les circonstances, il s'agissait même d'une fidélité extraordinaire. Jusqu'au bout, sa femme a espéré sa libération. Elle gardait sa chambre et son bureau prêts. Dans le grand chalet, personne n'avait le droit d'entrer dans ces pièces. Elle attendait son mari. Elle l'a toujours attendu. Et ce, depuis 1941. Il a disparu un beau soir de mai et, depuis cette date, jamais il n'est revenu chez lui.

« J'ai eu du mal à comprendre pourquoi, pendant vingt ans, il avait refusé de la revoir. Je mets ça sur le compte de l'orgueil. Il ne voulait pas lui montrer la condition à laquelle il était réduit. Il a été longtemps dépressif. Je crois qu'elle l'a compris. D'ailleurs, il faut noter que la première fois qu'il a accepté sa visite, il était à l'hôpital et non à Spandau. Puis les choses se sont remises en place tout doucement entre eux. Par la suite, ils ont échangé des courriers abondants, souvent pleins d'humour. Quand il voulait lui signaler que la phrase qu'il venait d'écrire était à lire au second degré, il ajoutait dans la marge des petits signes typographiques, des sortes de v. Ils avaient une grande complicité, on pourrait même parler de “communion”.

« Mes relations avec Wolf Rüdiger Hess, le fils unique, ont été plus distendues. Je l'ai rencontré pratiquement dès mon arrivée, comme mes prédécesseurs, et il m'arrivait de le croiser chez des amis communs qui fréquentaient notre chapelle. Nous étions “unis” par les démarches que nous faisions, chacun de notre côté, pour obtenir la libération de Hess, même si nous étions loin d'être toujours d'accord. Je n'avais pas la même vision de son père que lui. J'ai tendance à penser que Wolf Rüdiger le considérait toujours comme un partisan d'Hitler. Moi non. Quant à dire si Wolf Rüdiger était lui-même un proche des idées nationales-socialistes, je ne saurais l'affirmer. En tout cas, il ne l'a jamais avoué devant moi. Je ne discutais avec lui que de son père, du règlement de la prison, jamais du passé. Nous n'avons jamais rien abordé d'autre, et sûrement pas ses propres convictions. De toute façon, il n'aurait jamais exprimé le fond de sa pensée devant un « modeste » pasteur français. Il n'était pas dans son intérêt de se fâcher avec moi. Il était trop heureux que j'aie de bons rapports avec son père pour mettre cela en péril. Nous n'étions pas vraiment amis. Je trouvais simplement normal d'avoir des contacts avec lui, de l'aider dans ses démarches. Wolf Rüdiger était quelqu'un de trop catégorique à mes yeux ; je me méfiais de ses "maladresses", et les moyens qu'il utilisait pour atteindre son objectif – toute cette propagande ! – me déplaisaient souvent. Je ne l'ai jamais reçu à la maison. On se donnait rendez-vous soit chez un pasteur allemand, soit à l'école Berlitz. Il n'empêche que le combat qu'il a mené pour son père avait quelque chose d'admirable. Il s'est beaucoup usé et l'on pourrait même dire qu'il y a laissé la vie.

— Et vous-même, quand et comment avez-vous entamé des démarches pour aider à la libération de Hess ?

— J'ai commencé mes premières démarches actives deux ans après mon arrivée. Ensuite, elles sont allées crescendo. En un an, je m'étais déjà rendu compte que beaucoup de gens avaient conscience que Hess vivait sous le coup d'une injustice évidente. Et la situation m'est apparue de plus en plus aberrante au fur et à mesure que le temps passait. Je vous avoue que, malgré mon attachement au prisonnier, j'avais parfois l'envie de me trouver à cent lieues de là. Dans les années 1980, plus encore qu'auparavant, Spandau était archaïque. Vous rendez-vous compte ? Des soldats d'une puissance jugée ennemie par les Alliés occidentaux gardaient avec eux depuis trente-cinq ans sur un territoire dit "libre" un vieux prisonnier dans son propre pays… qui payait les frais ! En tant que Français, comment comprendre l'existence de cette prison en plein essor de la construction européenne menée par le couple franco-allemand ? Plus l'amitié entre ces deux pays grandissait, illustrée entre autres par les liens puissants entre Helmut Kohl et François Mitterrand, plus cet endroit me semblait médiéval. Je ne suis pas le seul à avoir réclamé la libération de Hess ou du moins sa mise en liberté surveillée. Beaucoup de voix se sont élevées au fil du temps, celle d'Helmut Schmidt, celle de Kohl, mais aussi celles du CICR, d'Amnesty, des Églises allemandes et tant d'autres. Même Churchill, déjà en 1950, dans ses Mémoires, écrivait que "son emprisonnement n'était d'aucune utilité". François Mitterrand, à qui j'ai écrit, ne m'a en revanche jamais répondu.

« J'ai commencé concrètement mes démarches à la fin 1979, quand je me suis avisé de ce qui pourrait se passer dans le cas du décès de Hess à Spandau. Après plusieurs modifications, les accords alliés de 1970 prévoyaient que le prisonnier, à sa mort, serait incinéré et que ses cendres seraient rendues à sa famille.

« Il me semblait important que le prisonnier puisse lui-même exprimer ses dernières volontés. Je ne pouvais douter de son adhésion au christianisme : tout comme le pasteur avant moi, je le voyais s'intéresser aux lectures bibliques, prier ou dire le Notre-Père. J'ai commencé à en discuter avec sa famille, puis avec Hess lui-même. Il était farouchement opposé à l'idée de crémation et souhaitait pouvoir reposer dans son caveau familial. Muni de ces informations, j'ai entrepris alors un certain nombre d'actions, auprès des Églises allemandes et des autorités. La France a été très dynamique à ce sujet. Elle estimait que l'incinération équivaudrait à une double peine. Elle tenait à ce que l'on rende le corps à sa famille. Il m'est revenu plus tard aux oreilles que Valéry Giscard d'Estaing, président de la République à l'époque, était intervenu dans ce dossier. C'était un dossier sensible, l'affaire était d'importance et susceptible de faire naître une crise politique avec les Russes.

Finalement, il a fallu près de trois ans avant que les “quatre” se mettent d’accord. Rudolf Hess a alors rédigé ses dernières volontés, dans lesquelles il était prévu qu’une modeste cérémonie religieuse aurait lieu. La famille m’a alors demandé d’officier lors du service funéraire.

« De toutes les démarches entreprises en neuf ans, c’est la seule qui ait abouti. Début 1980, j’avais, en accord avec un diplomate en poste à Berlin, fait officiellement un certain nombre de propositions pour améliorer les conditions de détention du prisonnier, mais cela n’a rien donné. Je demandais que la censure soit levée sur les livres, la presse et le courrier familial, que Hess puisse lire des ouvrages historiques sur la Seconde Guerre mondiale ou regarder les informations télévisées, embrasser sa famille, avoir le droit de toucher ses visiteurs, s’entretenir librement avec sa femme et son fils, bénéficier d’un tourne-disque en permanence et avoir l’autorisation de garder des fleurs ou une plante dans sa cellule. Cela me paraissait le minimum d’un point de vue humain.

« Tout ce qu’il m’a été possible de faire, je l’ai fait. Lui ne m’a jamais rien demandé. Dès que j’étais face à quelque chose d’aberrant ou d’inhumain, j’essayais de l’effacer. C’est ainsi que j’ai toujours essayé de contourner la censure. Je suis content de l’avoir fait.

— Vous insistez beaucoup sur le fait qu’à vos yeux, dans les années 1980, Rudolf Hess n’était plus le même homme. Sur quoi vous fondez-vous pour affirmer cela ?

— D’abord parce qu’il s’était ouvert aux autres. En général, lorsque j’arrivais dans sa cellule, il était allongé sur son lit. Comme je venais généralement après la sieste et qu’il n’avait pas de fauteuil à sa disposition, c’était ce qu’il pouvait faire de mieux vu son état physique. À mon entrée, il était immédiatement chaleureux. Je ne me rappelle pas une seule fois où il ait oublié ma visite. Il avait un petit calendrier fixé au mur sur lequel il écrivait, en face du mercredi, “*Pastor kommt*” (le pasteur vient). Cela me touchait beaucoup. En fait, il m'attendait comme quelqu'un que l'on connaît bien, avec qui l'on entretient de bonnes relations. À la fin, dans les années 1985-1986, je le considérais presque comme un membre de ma famille. Il sentait que je ne venais pas comme simple visiteur ou seulement pour lui faire la conversation, mais que je lui rendais visite avec plaisir, librement, volontairement. Il avait pris conscience que je ne me contentais pas de faire mon métier, mais que j'allais le voir en ami, pour le soutenir. Il m'en a remercié plusieurs fois. Il savait qu'il pouvait avoir confiance en moi. Il s'ouvrait de ses problèmes de santé, de l'avancée de ses demandes de libération, de petits riens survenus dans sa famille. Nous avions des rapports très sympathiques et je me plaisais en sa compagnie. Je restais avec lui parfois plus longtemps que ne m'y autorisait le règlement.

« Pendant des années, j'ai été assez libre. Un jour, je crois bien y avoir passé presque tout l'après-midi. Il était rare que les gardiens me disent quoi que ce soit, sauf pendant les mois russes. Dans l'ensemble, les Français qui travaillaient dans la prison avaient de la sympathie pour Hess. Ils le considéraient comme un vieux grand-père. Souvent, ils me prévenaient : "Faites quand même attention, ne lui donnez pas la main comme ça. Il peut y avoir un Soviétique dans les parages." De la même façon, les soldats qui montaient la garde le considéraient avec cordialité, souvent même avec compassion, notamment les dernières années, quand ils le voyaient marcher d'un pas hésitant dans le jardin, presque aveugle, le corps voûté. Je ne mentirais pas si je disais que globalement il était aimé du personnel. Son dernier infirmier, un homme d'origine tunisienne, était très attaché à lui et réciproquement. Il m'a confié un jour : "Quand je vois le matin le vieux monsieur sortir péniblement de son lit, saisir sa canne et se mettre en marche doucement, il m'arrive de me mettre à pleurer."

« Si je devais parler de lui à des gens qui ne le connaissent pas, je dirais qu'il était un honnête homme. Oui, un homme droit, qui ne prenait pas de détours. Comme il ne s'épanchait pas, il ne disait jamais n'importe quoi. Il parlait avec parcimonie. Il réfléchissait avant. Évidemment, je vous parle du Hess dans le quotidien, au cours des dernières années de sa vie. Je ne sais pas comment il avait pu se comporter dans d'autres temps et dans d'autres circonstances. Mais, concernant sa réserve et sa discrétion, j'ai une certitude : il a toujours été comme ça. Sa femme me l'a confirmé : il n'était pas homme à se livrer. Mais il a souffert pendant ses quarante-cinq ans de détention et il a réfléchi. C'est au fil de ses années de prison qu'a eu lieu sa rédemption – même si elle était différente de celle de Speer. Elle est venue petit à petit, progressivement.

« Contrairement à ce qu'il a déclaré à son arrivée à Spandau, il n'était pas athée : il avait reçu une éducation religieuse assez poussée et cela se voyait ; il était religieux, à sa façon. Chacun a sa manière de croire et je sais qu'il croyait en Dieu. C'est au moment de Noël que c'était le plus évident. Il participait au culte comme un croyant convaincu. La pièce où était installé le poste de télévision servait, pour l'occasion, de chapelle provisoire. La cérémonie avait lieu généralement le 25 décembre et plus rarement le 24. J'apportais mon matériel en toute discrétion : une nappe, une croix, une bible, la couronne de l'Avent, deux bougies et des disques parmi lesquels Hess choisissait. Ses goûts le portaient vers des œuvres classiques : du Haendel, du Bach ou des cantiques de Noël, d'Allemagne ou d'ailleurs. Même si nous étions tous les deux seuls pour cette célébration, je préparais le culte comme s'il y avait mille personnes. Toute la liturgie de Noël, c'est-à-dire l'adoration, la prière, la confession des péchés, la confession de foi. Une prédication entière pour lui tout seul pendant deux heures. Très solennellement, il prenait place devant moi, très raide, attentif, dans ses habits de fête – une veste bleu marine –, puis je lui disais de s'asseoir. Vu son grand âge et ses difficultés physiques, je ne le faisais pas trop se lever. La plupart du temps, il demeurait assis dans son fauteuil. À la fin, au moment du Notre-Père, il se mettait debout de son propre chef, croisait les mains et baissait la tête. Je ne sais pas s'il priait, mais cela m'était égal. Je terminais par une bénédiction, mains tendues vers lui, puis on se donnait l'accolade. Après avoir échangé quelques vœux, nous retournions dans la cellule où je sortais de mon sac les petits cadeaux que Mme Hess m'avait envoyés pour lui. C'était en général de la nourriture, le *Stolle* traditionnel ou le massepain – de la pâte d'amandes –, ainsi qu'une carte de vœux. J'en profitais pour lui donner un petit présent de la part de toute ma famille – une bougie, une carte sur laquelle j'avais écrit quelques versets – ou bien les messages qui m'étaient parvenus de l'extérieur à son intention : des lettres de membres de la communauté protestante de Berlin, par exemple. Avant mon départ, il me rendait cartes et messages par peur d'avoir des ennuis. Tout courrier étranger ou cadeau étaient strictement interdits.

« De toute ma vie, je n'ai pas connu de Noëls qui ressemblent à ceux-là. Aucun ne m'a marqué autant. Tout concourait à en faire un moment d'une intensité exceptionnelle. Je me disais : "C'est son trente-neuvième Noël ici", puis l'année d'après : "C'est son quarantième"... Nous étions seuls, il était vieux, malade, enfermé depuis si longtemps. Je n'arrivais pas à oublier qu'il n'avait plus connu de vrais Noëls en famille depuis 1940. Je me demandais s'il repensait à l'époque d'avant-guerre où il était chargé de délivrer à la radio un message de Noël aux Allemands du monde entier. J'avais cela en tête pendant la célébration, et j'étais souvent très ému. Il l'était autant que moi, je crois. Ce jour-là, sa solitude était criante et je sentais qu'il puisait beaucoup de réconfort dans ce moment de partage. En règle générale, il semblait toujours rasséréné après avoir prié.

« Depuis l'époque du pasteur de Luze, il n'y a pas eu une seule visite d'aumônier sans lecture des Évangiles. C'était souvent lui qui me demandait d'ouvrir la bible. Parfois, quand nous revenions dans la cellule après nous être promenés dans le jardin, il me disait : "Monsieur l'aumônier, peut-être est-il temps de lire ?" Et il sortait sa bible. Au début, je ne vous cache pas que cela me sidérait. Ce comportement était à l'opposé de celui qu'il avait adopté pendant de longues années en refusant d'assister aux offices ou de rencontrer les pasteurs. J'ai toujours pensé que cette attitude de repli était due à la présence de ses codétenus et à sa propre mise à l'écart. Il ne voulait pas montrer qu'il avait besoin du secours de la religion, alors qu'il avait dit le contraire. Il ne voulait pas faire comme les autres, donner l'impression d'assister au culte pour faire plaisir à l'aumônier ou pour chasser l'ennui. Je suis convaincu qu'il a toujours cherché à se démarquer de ses codétenus. Il avait toujours été un homme à part. Même quand il avait des responsabilités au sein du parti, il ne fréquentait pas les autres dignitaires nazis et il n'a jamais fait partie des invités du nid d'aigle d'Hitler. D'ailleurs, dès le début de la guerre, en 1939, il a disparu du premier cercle. Sa femme me l'a dit : "Il n'avait aucun ami dans les sphères importantes." D'après ce que l'on a pu me dire en Allemagne, même s'il n'était pas populaire au sens strict du terme, il était l'un des mieux acceptés par la population, car il n'était pas du genre à s'accaparer tous les postes ou à se bâtir une fortune. Il ne possédait pas de grand château, il conduisait sa propre voiture. Je lui ai demandé un jour ce qu'il pensait des Goering, Borman, Himmler et consorts. Sa réponse a tenu en cinq mots : "On ne se fréquentait pas."

« Contrairement aux autres dirigeants nazis et même s'il n'était plus pratiquant, Hess n'a jamais renié officiellement sa foi, puisqu'il est toujours resté membre de l'Église luthérienne allemande. J'ignore si, pendant ses quatre ans de détention en Grande-Bretagne, la religion le préoccupait, mais je sais qu'à aucun moment, lui et sa femme n'ont cessé de payer leur cotisation à l'Église.

« Une fois seul à Spandau, il y a eu pour lui une urgence à reprendre des relations plus "normales". Il lui fallait s'ouvrir un peu, échanger pour ne pas sombrer. Dès qu'il a commencé à sortir de sa coquille grâce au pasteur de Luze, la présence des aumôniers a été le déclencheur, non pas d'une conversion brutale, mais d'un processus d'une évolution profonde. La preuve, c'est que, malgré l'intimité qui existait entre nous, ce n'est pas à moi qu'il a confessé, trois mois avant de mourir, qu'il croyait en Jésus-Christ et demandait son pardon, c'est à mon successeur. Pour nous, pasteurs, c'est une déclaration importante, très forte. Cela prouve bien que sa rédemption s'est étalée sur un grand nombre d'années, jusqu'à la fin en fait. La maladie, la solitude, la durée exceptionnelle de sa détention ont été évidemment des facteurs déterminants. Hess était un homme intelligent, capable d'analyse. Je sais qu'il a beaucoup réfléchi sur le plan spirituel. Et même s'il ne m'a jamais clairement exprimé les raisons de son "changement", il lui arrivait de me poser des questions suite à la lecture d'un texte. Mais il ne se dévoilait jamais réellement. Aucune de ses paroles ne laissait transpirer ce qui se passait dans sa tête.

« Je suis absolument sûr qu'il ne faisait pas semblant d'avoir changé. Il n'était pas du genre à vouloir plaire coûte que coûte aux gens, ni à moi en particulier. La façon dont il m'a parlé de la religion, de la prison, des Juifs, me prouve qu'il avait évolué. Mon prédécesseur, le pasteur Heitz, partageait mon point de vue. Il était devenu proche de Rudolf Hess. Je sais que d'autres pensaient différemment : le pasteur de Luze par exemple n'était pas d'accord avec moi sur ce sujet, mais, depuis son passage à Spandau, plusieurs années s'étaient écoulées. J'ai même connu un pasteur alsacien à qui vous n'auriez jamais fait admettre l'idée de devenir l'aumônier de Rudolf Hess. Personnellement, il me semblait naturel de prendre en compte l'homme qui était face à moi, et non celui qu'il avait été.

« Les préceptes que j'avais reçus à l'Armée du Salut – toujours privilégier la vision de l'autre, de celui qui souffre – étaient ancrés en moi. Dans mon travail, j'ai toujours approché les criminels ou les condamnés non seulement sur le plan humain, mais aussi sur le plan chrétien. Quoi qu'on ait fait, on n'est jamais irrécupérable pour le Seigneur.

« On m'a souvent posé la question : "Et si tu avais dû aller visiter Hitler en prison, comment aurais-tu réagi ?" Là, je confesse que cela aurait été différent. J'aurais sans doute atteint mes limites. Le fait que Hess ait été déclaré innocent à Nuremberg des chefs d'accusation les plus graves était un point capital à mes yeux. En outre, et au risque d'insister, je suis formel : à l'époque où je l'ai rencontré, il n'avait plus rien d'un nazi ou d'un antisémite. Penser que ses années de détention ne l'ont pas amené à réfléchir à son passé, à se rendre compte des terribles fautes qu'il avait commises, est une erreur. Il l'a fait. Même s'il ne l'a jamais avoué, il serait dommage de ne se fier qu'à ce qu'il n'a pas dit. Ce n'est pas parce qu'on se repent à voix haute, comme a pu le faire Speer, qu'on est sincère. Il est vrai pourtant que j'aurais souhaité le voir faire une déclaration solennelle dans laquelle il aurait regretté son passé, mais il refusait en disant que cela ne servirait à rien, que ce texte ne serait pas communiqué à l'opinion internationale et que, de toute façon, il ne serait pas libéré pour autant. Quelques années plus tard, il a même eu cette phrase : "Si elle était rendue publique, elle serait déformée par la presse qui y verrait une demande de grâce. Je ne veux pas de cela."

« Voilà ce que j'essaie de vous faire entendre : il n'a jamais dit ce qu'il avait en lui, mais ses regrets et ses remords étaient réels. Jamais il ne m'a affirmé, comme il avait pu le faire les premières années : "Je suis innocent" ou : "Je ne suis coupable de rien." Il ne disait pas que sa condamnation était injuste. La seule chose qu'il ne comprenait pas, c'est pourquoi il était encore là, alors qu'il était vieux et malade.

« Par le biais des articles censurés que je lui apportais, nous avons souvent eu l'occasion de discuter du génocide des Juifs et des camps de concentration. Dès mon arrivée, j'ai cru de mon devoir de lui parler de ses responsabilités dans l'arrivée du nazisme au pouvoir, des atrocités commises au nom de l'Allemagne. J'ai évoqué tout cela en détail, mais le point qui le choquait le plus, c'était l'extermination des Juifs. Il disait qu'ayant quitté l'Allemagne en 1941, avant la conférence de Wannsee[235], il n'avait jamais été au courant. Il répétait sans cesse qu'il n'avait aucune responsabilité vis-à-vis de ces horreurs. “Jamais, m'a-t-il confié, je n'aurais pu donner d'ordres semblables ou les approuver.” Sa femme, avec laquelle j'en ai aussi longuement parlé, m'affirmait à chaque fois : “Si mon mari était resté en Allemagne et avait appris cela, il aurait réagi avec force. Il se serait élevé contre ce qui se passait dans les camps. Jamais il n'aurait cautionné cela. Il avait le respect de l'Homme.”

« Il y avait beaucoup de choses qu'il ignorait sur les horreurs et la chute du IIIe Reich. Je ne crois pas que les Anglais l'avaient informé pendant qu'il était emprisonné là-bas. À l'occasion de certains événements, par exemple la première diffusion à la télévision du film *Holocauste,* qui a agi comme un révélateur sur les Allemands, ou celle de *Nuit et brouillard*, nous sommes revenus sur cette question. C'était l'un des sujets dont il parlait le plus volontiers. Il était toujours très touché dès que l'on évoquait le processus ignoble d'extermination des Juifs. Je me souviens de cette phrase qu'il m'a dite un jour en me regardant droit dans les yeux : “Jamais je n'aurais accepté les crimes qui ont été commis et certainement pas l'anéantissement des Juifs. Je serais intervenu auprès du Führer et des autres, c'est certain.”

« Au départ, malgré les preuves apportées à Nuremberg, il est clair qu'il n'en avait pas cru un mot. Il s'était muré dans ses dénégations et s'était replié sur lui-même, refusant absolument de parler de son passé. D'après ce que j'ai compris de Hess, j'imagine que cette découverte choquait trop profondément la conception qu'il avait eue du régime national-socialiste et l'image qu'il avait eue d'Hitler. Je sais qu'on m'a reproché de dire cela, mais je persiste, Hess était un idéaliste.

« C'était de l'ordre de l'impossible pour lui. Hitler tenait encore une telle place dans son esprit et dans son cœur. C'est Heitz qui a commencé à lui parler vraiment des crimes des nazis. Je ne dis pas que les autres pasteurs n'ont pas essayé, mais c'est Heitz qui est parvenu à fissurer un peu sa carapace. Il a réussi à instaurer un rapport de confiance qui fait que progressivement Hess a accepté l'idée que la Shoah avait été une réalité. Il lui a fallu du temps et, quand il a digéré l'information, il en a été bouleversé. Jamais il n'a nié devant moi les camps ou cherché à minimiser les crimes commis. Quand je lui ai expliqué l'existence du négationnisme ou du révisionnisme, il a trouvé cela "grotesque et honteux". Lorsqu'il apprenait que des néonazis avaient fait du grabuge en son nom, il était outré. Eux le voyaient comme leur porte-drapeau, leur héros. Hess ne voulait pas de ce statut. Il les traitait d'"irresponsables" et condamnait fermement leurs activités. Si vous saviez le nombre de fois où il m'a dit, quand je lui racontais qu'ils venaient de manifester : "Stupides ! Ils sont stupides !" Ou bien : "Des fous et des provocateurs qui s'amusent avec une époque révolue et ne me rendent pas service."

« Il ne feignait pas la colère non plus lorsque nous évoquions les atrocités commises dans les pays de l'Est ou en Europe. Je me souviens qu'un jour, nous avons lu ensemble, un après-midi de 1986, un article de journal qui relatait la rencontre qui avait eu lieu, des années auparavant, entre un groupe de jeunes Allemands et la population d'Oradour-sur-Glane, le village martyr du Limousin[236]. L'article avait pour titre "Le courage de la réconciliation". Hess était visiblement bouleversé par cette histoire. Il m'a dit d'une voix émue combien il déplorait cet affreux massacre contre des innocents, puis il m'a demandé de lui noter le nom d'Oradour-sur-Glane sur un papier pour qu'il puisse mieux s'en souvenir.

« Bien sûr, au travers de l'actualité, nous évoquions aussi souvent les Juifs et l'État d'Israël. Ma femme et moi, à l'époque, nous y rendions déjà plusieurs fois par an. Mes parents avaient toujours été proches de cette culture et, moi-même, j'ai toujours eu pour elle une réelle affinité. Quant à mon épouse, elle est encore presque plus passionnée que moi par ce pays. À l'époque, nous envisagions déjà d'aller nous y installer et je ne l'avais caché ni à Hess ni à sa femme. Cette dernière se montrait toujours intéressée par nos récits de voyage. Elle professait une admiration pour Moshe Dayan et les pionniers, et disait souvent qu'à son sens "seuls les Juifs étaient capables de faire revivre le désert, comme cela était dit dans la Bible". Une autre fois, elle m'a déclaré sur le ton de la confidence : "Je n'ai qu'un regret par rapport à mon passé et c'est le grand regret de ma vie : j'avais une excellente amie juive à l'école. Je ne me suis pas rendu compte, je n'ai rien fait pour la sauver."

« Hess, lui, se montrait également curieux d'en savoir davantage. Après chacun de mes voyages, il me posait beaucoup de questions. Israël a été l'un de nos sujets de conversation les plus intenses. Je le répète, jamais je n'ai décelé le moindre antisémitisme dans ses propos ou son attitude. Il admirait Israël et se disait enthousiasmé par ce pays neuf qui avait réussi à voir le jour, où des gens s'installaient et se battaient pour le faire exister. Son intérêt pour le sujet était même étonnant quand on y pense, presque étrange. Quand je lui ai raconté en 1981 que les Israéliens venaient de bombarder la centrale atomique d'Osiris en Irak, je l'ai entendu formuler son avis sans détour : "Entre nous, je donne absolument raison à Begin. Je pense que les Arabes veulent la bombe atomique et qu'ils menacent Israël." Oui, il avait pour ce pays un intérêt particulier. J'avoue qu'il ne m'a jamais expliqué pourquoi, et je n'ai pas osé le questionner plus avant. En tant que pasteur, je me suis tenu à une certaine réserve vis-à-vis de lui. Même si la religion nous permettait d'évoquer grand nombre de sujets, j'étais avant tout là pour le spirituel. Je n'étais ni historien ni journaliste. Je ne me sentais pas le droit de lui arracher des confidences ou des secrets.

« Mais lorsque j'ai senti au fil des années que sa curiosité pour le sujet ne se démentait pas, j'en ai parlé aux directeurs de la prison puis leur ai demandé, d'abord de lui apporter un ou deux ouvrages sur Israël, puis, plus tard, de lui faire projeter une série de diapositives rapportées d'un de mes voyages. C'était, je pense, en 1983. Les gouverneurs ont pris le temps de la réflexion et m'ont finalement donné leur accord. Même le Russe. La seule réserve qu'il a émise était de visionner les photos au préalable. La séance a eu lieu de façon très naturelle, en présence d'un seul gardien. J'avoue que même encore aujourd'hui, je ne sais par quel miracle j'ai obtenu cette autorisation. C'est assez incompréhensible quand on sait ce qui était censuré au quotidien à la télévision et dans les journaux. En tout cas, à cette occasion, particulièrement émouvante et symbolique pour moi qui crois à la réconciliation des peuples, Hess m'a frappé par sa volonté de comprendre, d'en savoir plus.

« C'est le seul sujet que je pouvais aborder avec lui assez naturellement. Pour le reste, il ne revenait jamais sur ce qui concernait son passé avec Hitler, ses anciennes responsabilités dans le régime. De ce côté-là, il restait silencieux. Une seule fois, je crois, il m'a parlé d'Hitler. Il s'est contenté d'évoquer le personnage en me parlant de son physique et de ses yeux verts perçants.

« Je crois que si Hess en était venu à condamner tout ce qui avait été commis par le régime auquel il avait participé, il ne pouvait se résoudre à condamner Hitler en tant que personne, tout simplement parce qu'il avait été son ami. Il était dans le même état d'esprit que ces gens qui refusent de trahir un proche quoi qu'il ait fait ou que ces parents qui ne renient pas un fils pourtant meurtrier. Il l'avait considéré comme une idole, elle était tombée de son piédestal certes et s'était révélée être un monstre, mais il ne supportait pas d'aller jusqu'à enterrer l'amitié qu'ils avaient connue entre hommes. Ils avaient été en prison ensemble, il avait été son secrétaire particulier et Hitler avait été le parrain de son fils. Personne ne l'aurait fait renier ce qu'ils avaient partagé. Il n'arrivait pas à le rejeter.

« Hess a été plus longtemps et profondément aveuglé par Hitler que les autres. Il l'était encore à Nuremberg et il l'est resté pendant des années à Spandau. Jamais vous ne lui auriez fait admettre la vérité sur ce qu'avait été Hitler. J'en suis même certain quand je vois les réactions qu'il avait lorsque je parlais des atrocités commises. J'avoue qu'à force de parler, je ne comprenais pas comment un homme comme lui avait pu suivre – je dirais même s'accrocher à un type comme Hitler. Mais il ne faut pas oublier qu'Hitler avait aveuglé des millions de gens. Combien d'ambassadeurs en poste à Berlin, de journalistes, même des Français, avant guerre, voyaient en Hitler un homme bien. Il avait relevé l'Allemagne en cinq ans. Malgré *Mein Kampf,* peu ont compris ce qui allait se passer, peu ont imaginé la suite…

— Vous parlez de *Mein Kampf*… Comment oublier que Rudolf Hess a aidé à sa rédaction ?

— Je pense que s'il a participé à cette rédaction, c'est de toute façon sous la dictée d'Hitler. Je sais aussi qu'il a contresigné les lois de Nuremberg en 1935. Bien sûr que je le sais ! Il a alors forcément adhéré aux idées qui apparaissaient dedans. Mais tous les historiens vous le diront, il a été écarté du cercle d'Hitler dès que le régime est monté en puissance. On le considérait comme trop farfelu, trop idéaliste. Pourtant, il a payé aux yeux du monde le fait d'avoir été l'administrateur du parti, le deuxième dauphin du Führer. Mais c'était un homme politique, pas un exécutant. Les juges de Nuremberg l'ont reconnu ; je vous rappelle que les Français n'ont demandé que vingt ans de réclusion contre lui. En revanche, les Britanniques ont été autrement plus durs avec lui qu'avec Albert Speer, qui avait pourtant très concrètement soutenu l'État nazi jusqu'à la fin de la guerre. Il est vrai que ce dernier les avait séduits. Pas Hess. Pour son malheur, beaucoup de gens l'ont vu comme un symbole. Quoi qu'il fasse ou dise, il restait l'un des derniers criminels de Nuremberg encore en vie. Son nom était devenu un symbole du nazisme et le point de ralliement de cinglés nostalgiques. Mais combien étaient-ils à cette époque en Allemagne ? Quelques milliers ou à peine plus. Je me souviens qu'à chaque anniversaire de Hess, le 26 avril, des énergumènes se rassemblaient devant la prison. Ça lui était nuisible et, quand il l'apprenait, la colère le gagnait. En outre, beaucoup le confondaient – même un jour un général français à Berlin – avec le tristement célèbre Rudolf Hoess, le commandant du camp d'Auschwitz. C'est lui qu'évoquait Robert Merle dans son livre *La mort est mon métier*, pas Rudolf Hess.

« L'homme que j'ai connu m'est apparu très différent de ce qu'on pouvait raconter sur lui. Et je n'aime pas l'idée qu'un être humain ne puisse pas changer. On voit tous les jours des détenus qui s'amendent. Si on ne croit pas au pardon, à la réinsertion, à la rédemption, alors à quoi sert la prison ? Je crois profondément que Dieu peut avoir une influence sur le cœur des hommes, quels qu'ils soient et dans n'importe quelles circonstances.

« Hess me disait toujours : "Le passé est révolu. Pour moi, le tiroir est fermé." Dans son esprit, il n'y avait rien à ressusciter. Le nazisme, la politique au sens large, il ne voulait plus en entendre parler. Vous savez quel est le personnage politique allemand qu'il admirait le plus ? C'était Helmut Schmidt, un social-démocrate. Il m'en parlait souvent. Le parti auquel il appartenait lui importait peu, il trouvait simplement, et ce sont ses termes, que c'était "un homme bien". Quand il promettait dans ses demandes de libération de ne plus jamais ouvrir la bouche sur aucun des sujets du passé, je sais qu'on pouvait le croire. En cela, il était très différent d'Albert Speer, qui ressassait ce qu'il avait fait ou pas fait. "Un tiroir, ça s'ouvre et ça se ferme, m'a-t-il dit. Et, concernant le passé, j'ai fermé le tiroir."

« Quand je pense que l'on m'a soupçonné en 1986 d'avoir sorti les Mémoires de Hess de Spandau… Quelle idée risible ! Hess n'était pas du genre à s'épancher ni à écrire quoi que ce soit pour la postérité. La plupart du temps, quand je mettais sur le tapis l'histoire de son voyage en Grande-Bretagne en 1941 – un voyage qui divise encore aujourd'hui les historiens –, il se contentait de hocher la tête, comme amusé par ma curiosité. Sur ce sujet, je n'ai pas de réponse formelle à apporter. J'ai juste tendance à penser, à la façon dont il répondait à mes questions avec ce sourire en coin, qu'il avait agi sans l'accord d'Hitler. Comme beaucoup de gens de sa génération, il avait été révolté par le traité de Versailles et c'est de là qu'il tirait son engagement politique. À l'exemple de la majorité du peuple allemand, il voulait effacer la honte de la défaite de 1918 et il s'est jeté dans les bras d'Hitler.

« Mais je ne pense pas qu'il avait vraiment l'âme guerrière. Sa femme m'a raconté qu'en 1940 il avait essayé de convaincre Hitler de ne pas imposer de conditions trop lourdes à la France. Il était francophile, mais avant tout anglophile. Mme Hess m'a confirmé qu'à leur table à Munich, ils recevaient souvent le duc et la duchesse de Windsor. D'après elle, son mari n'arrivait pas à imaginer que l'on poursuive cette guerre contre la Grande-Bretagne. Je pense qu'il voulait la paix avec l'Europe et surtout avec l'Angleterre.

« Il a toujours eu un côté farfelu, visionnaire d'une certaine façon. Il est vrai que son geste n'était que pure folie. Il a voulu tenter quelque chose d'extraordinaire. Dans nos rares conversations sur le sujet, j'ai toujours eu l'impression qu'il avait pris seul la décision d'aller proposer un accord aux Britanniques. À demi-mot, il a laissé entendre que c'était *sa* décision. J'ai tendance à le croire, car il n'a même pas averti sa femme en partant. Si cela avait été un voyage commandé, même secret, il l'aurait mise dans la confidence. Mme Hess m'a dit, en parlant de sa disparition subite le 10 mai 1941, qu'elle avait cru qu'il était parti voir le maréchal Pétain, qu'il vénérait depuis Verdun. Le vol qu'entreprit Hess était dangereux : il fallait traverser l'Allemagne, les territoires occupés, éviter la chasse anglaise. Je me souviens que quand je lui ai livré cette petite analyse, il s'est contenté de me regarder en souriant, visiblement amusé. Je suis incapable de dire s'il avait eu connaissance des plans d'invasion de l'URSS qui ont été mis en œuvre un mois et demi après, ou ce qui s'est passé entre lui et les Britanniques, une fois qu'il a été emprisonné là-bas. Je ne sais pas si l'on connaîtra un jour la vérité.

« Quand, en 1978, on a appris qu'il existait en Grande-Bretagne des archives secrètes – concernant les interrogatoires de Hess – bloquées jusqu'en 2017, je lui en ai touché un mot. Il a ri. Mais, par la suite, il m'en a reparlé en me demandant pourquoi cette date et ce que contenaient ces documents. Bien sûr, de nous deux, il était le plus susceptible d'avoir la réponse. Je le lui ai dit. Et il m'a répondu cette phrase : "Ce sont sans doute les propositions de paix que j'ai apportées. Les Anglais ne veulent pas qu'on s'aperçoive qu'on aurait pu arrêter la guerre."

« Ce mystère autour de ce voyage explique pourquoi les Russes n'ont jamais voulu libérer Hess. Ils restaient persuadés qu'il avait cherché à proposer une paix séparée aux Anglais, pour s'unir contre l'URSS. C'est pour cela qu'ils tenaient Spandau d'une main de fer. Quant aux Britanniques, ils paraissaient indifférents, mais, en réalité, je les soupçonne d'avoir toujours refusé l'idée d'une libération, sans jamais le dire.

— Comme en témoigne votre dossier militaire, vous avez été renvoyé brutalement de Spandau à la demande des Soviétiques. Que s'est-il passé ?

— Au début du mois de juillet 1986, alors que j'étais en congé annuel en France, j'ai appris par la radio que Hess venait d'avoir une crise cardiaque la nuit d'avant et qu'il avait été transporté à l'hôpital britannique de Berlin, avec l'accord des Soviétiques. Je l'avais quitté le 25 juin sur une longue et chaleureuse poignée de main. J'ai immédiatement téléphoné au cabinet du général gouverneur du secteur français de Berlin pour avoir des informations, et surtout pour savoir si je devais écourter mes vacances pour me rendre auprès de Hess. "Non, non, m'a-t-on répondu, surtout pas ! Restez tranquille et ne parlez pas de cette affaire." On m'a expliqué que Hess subissait un certain nombre de contrôles médicaux, suite à une “émotion”, et que j’aurais des informations ultérieurement. J’ai immédiatement eu le sentiment que l’on me cachait quelque chose et que ma visite auprès du prisonnier n’était pas souhaitée. Le général Cavarrot que j’ai eu en ligne le lendemain me l’a confirmé : “Ne bougez pas pour l’instant. Je ne pense pas qu’on vous donnera l’autorisation de vous rendre à Spandau, ni même à l’hôpital.” Moins d’une semaine plus tard, j’ai pris le train pour Berlin. J’étais inquiet, à la fois pour la santé de Hess et parce que je sentais que mon droit de visite pouvait être remis en question. À peine arrivé, je me suis rendu au rendez-vous que m’avait fixé le général. C’est là que j’ai appris ce qui venait de se passer. Après ma dernière visite fin juin – et bien que l’on soit dans un mois français –, les Russes avaient fouillé la cellule de Hess et découvert d’anciennes lettres que le prisonnier avait reçues de sa famille. Constatant cette infraction au règlement, les Soviétiques avaient ordonné une deuxième inspection plus poussée et saisi un certain nombre de documents. J’apprendrai plus tard que c’est à la suite de cette fouille que le prisonnier, choqué, avait fait ce malaise cardiaque.

« Quant aux documents, il s’agissait visiblement d’une vingtaine de feuilles de papier à lettres, couvertes de l’écriture de Hess, accompagnées d’une lettre qui m’était adressée et dans laquelle il me remerciait. D’après ce que j’ai pu comprendre, il ne s’agissait pas du dernier projet de déclaration que j’avais étudié avec Hess au début du mois de juin, mais de tout autre chose. Je nageais en plein mystère. Visiblement, les Français n’avaient que peu d’informations des Russes et Spandau était en pleine agitation. Il y avait réunion sur réunion et il était difficile d’y voir clair. Les Soviétiques étaient convaincus, me disait-on, que j’avais aidé à sortir les Mémoires de Hess. Furieux, ils avaient annulé mon laissez-passer et le directeur russe avait même placardé une note dans le bureau des gardiens pour préciser que l’entrée dans la prison m’était interdite. D’après ce que j’ai appris de ma hiérarchie sur cette affaire, les Britanniques épousaient le point de vue des Russes, tandis que les Américains m'étaient plus favorables. En haut lieu, on était persuadé que les deux premiers avaient affreusement peur de révélations. Quant aux Français, ils s'agitaient pour aplanir la crise. J'avoue que j'avais du mal à comprendre comment ils avaient pu laisser les Russes agir seuls, avec autant d'autoritarisme.

« Personnellement, je n'ai jamais vu ces courriers et je n'ai aucune idée de ce qu'ils pouvaient contenir. Hess n'avait jamais fait allusion à une envie de raconter par écrit ce qui s'était passé pendant la guerre ou pendant sa détention en Angleterre. Les seules fois où il écrivait dans sa cellule, c'était pour noter des réflexions ou des analyses suite à la lecture d'articles de journaux – non censurés, je le précise. On lui donnait de grands cahiers sur lesquels il aimait coucher ses idées dans les domaines qui le passionnaient : la nature, l'écologie, l'environnement, tout ce qui concernait l'espace, la géologie de la Lune ou les grandes découvertes. En 1980, il s'était enthousiasmé pour l'exposition "Toutankhamon". Il lisait quantité d'ouvrages sur la question et recevait même de temps à autre le *National Geographic*. Mais quand il écrivait, c'était pour lui. J'ai eu parfois l'occasion de parcourir ses cahiers. Il n'y avait rien dedans de compromettant ou d'interdit. J'ai cependant su par mon successeur, Michel Roehrig, qu'après 1986 Hess n'avait plus droit à ces grands cahiers. Que sont devenus ceux qu'il m'a montrés ? Brûlés, volés ? Une chose est sûre, ils ont disparu.

« Je n'ai jamais cru à cette histoire de Mémoires. Ce n'était pas le genre de Hess. Il était en plus formidablement prudent. Je peux vous assurer que jamais je n'ai eu de tels documents entre les mains ! Aurait-il pu les écrire en cachette sans m'en parler ? Franchement, je ne le pense pas. Mon avis est que, s'il a réellement écrit quelque chose, cela devait dater de plusieurs années. Je me souviens qu'il était assez lent pour rédiger ses demandes de libération. Il les recopiait en plusieurs exemplaires, les corrigeait, barrait, recommençait. Il mettait un temps infini pour écrire quatre ou cinq pages. Alors, des Mémoires… Je n'ai sorti de Spandau que des courriers pour sa famille et ses dernières volontés concernant sa future inhumation, rien de politique. Je vous le dis, cela ne l'intéressait plus. La meilleure preuve que Hess n'a jamais rédigé ses Mémoires, c'est qu'ils n'ont jamais été publiés. Depuis le temps, on en aurait entendu parler.

« Ce que je n'ai jamais compris, c'est pourquoi les Russes ont subitement décidé de fouiller la cellule de Hess, qui plus est pendant un mois français ? C'est un mystère total. Cela s'était déjà produit à l'époque où il y avait encore tous les prisonniers, mais jamais depuis qu'il était seul. Au fond, je ne sais pas ce qui s'est réellement passé. Tout cela a-t-il été monté, inventé ? Les Russes ont-ils vraiment fouillé la cellule et découvert des documents ? On peut se poser la question. Je pense que c'est le cas, sans quoi, pourquoi Hess aurait-il eu un malaise cardiaque et pourquoi moi aurais-je été ainsi écarté ?

« Le plus étrange, c'est que, pendant neuf ans et demi, j'avais bénéficié d'une certaine liberté. Mon intimité avec Hess était connue de tous, comme mes démarches pour sa libération. Je ne dis pas au vu et au su de tout le monde, mais les Russes étaient forcément au courant : ils auraient pu m'arrêter bien plus tôt s'ils l'avaient voulu. J'avais toujours pu parler librement au prisonnier, et pas seulement dans le jardin. Y avait-il des écoutes dans la cellule à mon époque ? J'en suis venu à en douter malgré ce qu'on m'a dit, sinon, j'aurais été sanctionné. Je faisais des entorses flagrantes au règlement depuis plus de neuf ans en lui apportant entre autres les articles censurés, ou en discutant de sa libération. Je restais parfois deux heures supplémentaires auprès de lui ; j'avais pu, avec l'autorisation des Russes, lui faire visionner des diapositives sur Israël ; je pratiquais des cultes de Noël de plus de trois heures… La brutale réaction des Russes est incompréhensible. J'avais reçu, de-ci, de-là, quelques remontrances dans le passé, mais rien à côté de ce qui s'est déroulé en 1986.

C'est devenu terrible pour mon successeur. Le règlement a été appliqué à la lettre, pire, il s'est durci. La vie pour le pasteur et le prisonnier est redevenue à Spandau celle qu'elle était dans les premières années, ou presque.

« Ce qui m'a le plus surpris, je l'avoue, c'est que mes relations avec les officiers russes étaient plutôt bonnes. Je n'étais pas "antisoviétique", et nous avions souvent des conversations intéressantes. Cependant, depuis plusieurs mois, la pression exercée par diverses personnalités pour la libération de Hess s'était accentuée ; de nombreuses démarches avaient été relayées par la presse. Les Russes ont dû être courroucés de tout ce que j'entreprenais. À Noël 1985, inspiré par un évêque allemand dont j'étais l'ami, le président de la République fédérale allemande de l'époque, Richard von Weizsäcker, avait parlé de Hess dans une allocution télévisée et demandé sa libération pour raisons humanitaires. C'était directement inspiré de nos démarches. Les Russes ont dû se sentir montrés du doigt publiquement. La dernière action que j'ai menée en allant plaider à la fin juin pour la libération du vieux prisonnier auprès du Conseil œcuménique de Genève, dans lequel l'Église orthodoxe russe avait une grande influence, a dû les alerter encore davantage.

« La vérité est que je n'ai jamais su le fin mot de toute cette affaire. Je n'ai jamais revu aucun membre du personnel de la prison de Spandau. Il était difficile de rencontrer des gardiens en dehors de leur travail et, dès mon retour à Berlin, j'ai été mis sous surveillance.

« Bien sûr, je n'ai plus eu aucune nouvelle de Hess. Lui, de toute façon, n'avait aucun moyen d'entrer en contact avec moi. Je sais plus ou moins qu'après mon départ, il n'a pas été très bien. Quoiqu'il n'ait jamais été informé de ce qui s'était passé, je crois qu'il avait compris que mon "départ brutal" était mauvais signe pour lui. J'ai d'ailleurs su par Roehrig, mon successeur, qu'il s'était mis à avoir peur des gardiens soviétiques. De mon temps, cela n'était jamais arrivé.

« Ce qui me révoltait le plus, c'est qu'il n'était informé de rien, et je trouvais inacceptable qu'il ne puisse recevoir aucune visite. Dans un premier temps, fin juillet, le général m'a expliqué que le principe même de l'aumônerie, négocié dans les accords de 1947, n'était pas remis en cause, mais qu'il faudrait sans doute attendre le mois de septembre avant que je puisse retourner à Spandau. Alors que moi je me préoccupais du sort du prisonnier, dont j'imaginais la détresse, les autorités cherchaient à régler la crise sans faire de vagues. À leurs yeux, la prison de Spandau n'était qu'un élément dans un grand ensemble. Le plus important était les accords quadripartites et il fallait à tout prix éviter une crise diplomatique. Plus le temps passait, plus je trouvais anormal et inhumain, après autant d'années d'aumônerie, de laisser Hess tout seul, sans le secours de la religion. Alors, contrairement à ce qu'on me demandait, je n'ai pas voulu garder le silence sur l'interruption de mon ministère. Je me sentais incapable de faire croire à la famille de Hess que je continuais de voir le prisonnier, alors que c'était faux. J'ai protesté, j'ai alerté les Églises et les autorités allemandes, l'aumônerie générale à Paris, l'évêque de Berlin… La plupart m'ont soutenu. Finalement, en septembre, j'ai appris que je devais renoncer à visiter Rudolf Hess et que l'on m'envoyait un adjoint, le pasteur Michel Roehrig, spécialement chargé de Spandau. Il était prévu que je poursuive mes autres missions sur Berlin au moins pendant encore un an. J'avoue que je n'ai pas pris cette nouvelle de gaieté de cœur ; cependant, j'ai compris que cette solution était la condition *sine qua non* pour que Hess continue à recevoir la visite d'un aumônier, et français de surcroît. J'ai su plus tard que nos diplomates s'étaient réellement battus pour conserver le poste, surtout contre les Britanniques qui voulaient le reprendre à leur compte. J'ai donc accueilli Michel Roehrig et nous nous sommes partagé le travail, même si lui n'avait toujours pas reçu l'autorisation de se rendre à la prison. De mon côté, j'avais abandonné l'idée de me défendre, puisque je restais à Berlin. Il valait mieux que je me fasse oublier un peu.

« J'ai malgré tout continué à entretenir des relations avec la famille Hess. Je leur ai fait savoir ce qui s'était passé. Ils ont réagi et, dans la foulée, les journaux allemands ont publié des articles expliquant l'interruption de l'aumônerie auprès du prisonnier, après quarante ans de service. Les Alliés n'ont sans doute pas apprécié. Il était gênant pour eux d'avouer que Hess n'avait plus droit aux visites d'un pasteur depuis plus de trois mois.

« Ce n'est qu'au début du mois d'octobre que Michel Roehrig a obtenu l'autorisation de se rendre enfin à Spandau. Le lendemain, alors que j'étais sur la route pour me rendre chez Mme Hess à Hindelang, je l'ai appelé pour savoir comment s'était déroulée sa première visite. Quand j'ai appris qu'elle avait tourné à la catastrophe à cause d'un petit mot d'au revoir que j'avais glissé dans la bible de Michel à l'intention de Rudolf Hess[237], je suis parti dans une rage terrible. À peine arrivé chez Ilse Hess, j'ai écrit un courrier à l'ambassadeur de France à Bonn en lui demandant de s'enquérir de la situation et surtout d'intervenir. Trois jours plus tard, j'ai reçu un appel du pasteur Gounelle, chef de l'aumônerie générale à Paris, qui m'expliquait que, pour sauver l'aumônerie de Berlin, il valait mieux que je parte. C'était le seul moyen, selon lui, de réussir à imposer Roehrig aux Alliés. C'est ainsi que j'ai appris que ma mission en Allemagne était terminée. On me donnait le temps nécessaire pour regagner Berlin et faire mes bagages, mais la décision prenait effet quasiment immédiatement. Le général Cavarrot demandait ma tête pour “infraction au règlement” afin d'obliger les Russes. Je tiens à souligner que la direction de l'aumônerie était désolée de la situation et m'a toujours assuré de son soutien. Elle m'a d'ailleurs proposé aussitôt un nouveau poste aux Antilles. Mais j'étais tellement furieux que j'ai préféré démissionner. Je ne suis pas retourné à Berlin pendant des années à cause de ces mauvais souvenirs.

« Les derniers jours ont été pénibles : mon bureau et mes déplacements étaient surveillés, mon téléphone sur écoute. Cela durait probablement depuis longtemps, mais je ne m'en étais jamais soucié. Pendant toutes ces années, j'avais adopté quelques règles basiques de prudence, comme ne garder aucun document à la maison – je les groupais dans une mallette que je déposais chez des gens de confiance.

« Mais là, les choses ont pris une autre tournure : peu avant mon départ, j'ai été convoqué par les services de la Sécurité militaire français. Pendant plusieurs heures, j'ai dû subir un interrogatoire aberrant. On m'accusait d'avoir sorti des documents, dont les fameux Mémoires, mais également des affaires appartenant au prisonnier, et surtout l'uniforme d'aviateur que portait Hess au moment de son arrivée en Grande-Bretagne. Ses vêtements, ses bottes et son casque avec ses écouteurs intégrés avaient transité du tribunal de Nuremberg à Spandau en 1947 et étaient depuis lors conservés dans une cellule spéciale fermée à clef. L'uniforme proprement dit, ainsi qu'une grosse veste fourrée et ses lunettes étaient enfermés dans une armoire, elle aussi verrouillée. Or la veste avait disparu depuis le mois de mai dernier. En un mot, on m'accusait de l'avoir volée. La Sécurité militaire m'a demandé si j'avais eu l'occasion de voir ces souvenirs. Effectivement, quelques années plus tôt, sur autorisation du directeur français et en l'absence des Soviétiques, le gardien-chef français m'avait conduit dans la cellule pour me montrer ces reliques. Je le leur ai dit. Il était clair que cette expédition rigoureusement interdite avait dû être signalée aux autorités. Néanmoins, cette accusation était ridicule, car je ne vois pas comment j'aurais pu embarquer des affaires au nez et à la barbe des gardiens, sachant que les deux trousseaux, celui de la cellule et celui de l'armoire, ne quittaient jamais le bureau des gardiens-chefs. Entre nous, je n'ai jamais compris pourquoi les Britanniques avaient trouvé utile d'emporter ce matériel d'abord à Nuremberg, puis à Spandau. Je sais que Hess, en 1971, grâce à la complicité du gouverneur américain de l'époque, Eugene K. Bird, avait pu les contempler un instant. J'ai souvenir qu'il se demandait ce que deviendrait son uniforme après sa mort. Il exprimait le souhait qu'il soit exposé à l'Imperial War Museum de Londres, où se trouvaient déjà les restes de son *Messerschmitt*.

« Un an environ après cette accusation portée contre moi, j'ai appris le fin mot de l'histoire : deux anciens gardiens britanniques venaient d'être arrêtés en possession de la veste volée. Ils l'avaient d'abord rapportée en Angleterre avant de prendre contact avec le fils Hess. Ils lui proposaient de lui remettre ces reliques en échange de cinq mille deutsche Mark. Wolf Rüdiger leur a donné rendez-vous dans un hôtel de Hambourg et les a fait cueillir par la police. Je sais que ces deux hommes ont été condamnés en Allemagne, mais j'ignore ce qu'il est advenu de la veste et du matériel d'aviateur. Ils ont dû être détruits. La prison n'existait plus et les autorités allemandes ne voulaient pas que ces reliques soient remises à la famille ou tombent dans les mains d'un groupuscule néonazi.

« Enfin, la troisième accusation de la Sécurité militaire concernait ma prétendue appartenance au Mossad, les services secrets israéliens. Ils voulaient absolument me faire confesser que j'étais "manipulé" de l'extérieur. Ils devaient baser leurs stupides soupçons sur mes allées et retours en Israël. "A-t-on essayé là-bas de vous approcher au sujet de Hess ? Connaissez-vous des personnalités ou des autorités israéliennes ?" m'ont-ils demandé. J'étais littéralement ahuri. Mon intérêt pour Israël était connu de longue date dans la garnison. J'avais même été félicité par les généraux pour les animations que je mettais sur pied – spectacles, projections de diapositives, voyages organisés. Apparemment, le fait que je me rende deux fois par an dans ce pays et l'appartenance de ma femme à l'Association des femmes juives de Berlin leur paraissaient plus que suspects.

« À l'époque, nous envisagions de nous y installer. Finalement, mon éviction de Berlin a rendu cela possible plus tôt que prévu. Nous y sommes partis dans l'année qui a suivi et nous y sommes restés onze ans : trois ans sur la côte à Netanya, puis le reste du temps à Jérusalem. Comme nous n'étions pas migrants juifs, nous ne recevions aucune aide financière. Nous nous sommes débrouillés pour gagner notre vie. Les gens là-bas considéraient qu'on avait fait notre *alya* en tant que chrétiens. Nous avons vécu des années formidables, entourés de Juifs et d'Arabes, mais, pour des raisons à la fois matérielles et familiales, nous avons été obligés de regagner la France. Ce n'est pas facile de vivre à cheval entre deux pays. Aujourd'hui, quand je repense à cette époque, il me prend toujours une immense nostalgie. Demain, si c'est possible, même très vieux, j'y retournerai.

— Le fait d'être l'aumônier de Rudolf Hess tout en cultivant des liens étroits avec Israël vous a-t-il valu d'autres problèmes ?

— Oui, du moins à la fin de ma mission à Berlin. À Spandau, j'ai eu un jour une réflexion du gouverneur soviétique : “J'aimerais bien savoir comment vous pouvez concilier le fait d'être en même temps l'ami des Juifs et d'Israël et l'ami du prisonnier”, m'a-t-il dit. Je me souviens lui avoir répondu qu'il n'avait qu'à lire la Bible pour trouver la réponse. “Dieu demande aux croyants d'aimer tous les hommes sans exception, quels que soient leurs origines, leur passé, leurs différences, ai-je répondu. Il n'y a aucune contradiction entre avoir de l'amitié pour le prisonnier et également pour mes amis juifs de Paris, de Berlin ou d'Israël.” J'ai bien senti que ma réponse ne le contentait pas.

« En revanche, en Israël, je n'ai jamais caché que j'étais l'aumônier de Rudolf Hess, et cela ne m'a jamais créé de problèmes ni de remarques acerbes. Les souffrances du peuple juif sont constamment présentes dans ma mémoire. Mais je ne puis voir aucune souffrance sans réagir, c'est pour cela que j'ai aidé Hess. Lorsque j'ai entrepris toutes ces démarches pour sa libération, je me suis toujours inquiété de savoir comment pourrait réagir la communauté juive de Berlin et j'ai rencontré cette dernière. J'ai aussi pris contact avec Simon Wiesenthal, qui nous a reçus, ma femme et moi, pendant une heure et demie. Il m'a demandé pourquoi j'étais aumônier à la prison de Spandau et, quand je lui ai expliqué que cela me paraissait normal en tant que chrétien, il l'a très bien compris. Bien sûr, il émettait de lourdes réserves sur le cas de Rudolf Hess. Il avait bien connu Albert Speer et ne pouvait s'empêcher de faire un parallèle entre les deux. Quand je l'ai mis au courant de l'interdiction faite à Hess par le règlement de prendre connaissance d'articles ou de livres traitant de la période 1939-1945 ou des Juifs et d'Israël, il a tressailli. Il pensait qu'au contraire on aurait dû permettre à Hess de lire tout ce qui s'était passé. Pour finir, il m'a déclaré qu'il ne s'opposerait pas à une éventuelle grâce médicale ou remise en liberté de Hess pour raisons humanitaires, et que si cela se produisait il ne protesterait pas. En un mot, il m'a dit : "Faites ce que vous croyez devoir faire", tout en précisant "mais ne me demandez pas de signer un papier en faveur de sa libération". J'ai trouvé sa démarche parfaitement compréhensible.

« Après avoir quitté Berlin, j'ai décidé de démissionner de l'aumônerie et de me consacrer à l'écriture d'un livre sur les années passées auprès de Hess. J'avais déjà eu cette idée plus tôt dans les années 1980, mais je craignais que cela ne puisse remettre en cause le poste de Spandau. Quand je me suis retrouvé libre de cet engagement dans les conditions que vous connaissez, je tenais à poursuivre mes efforts en vue de la libération du vieux prisonnier. Je pensais que ce livre l'y aiderait. J'ai appris la mort de Hess alors que j'étais en train de le terminer. J'ai été atterré. J'avais fait tellement de démarches, je désirais tant qu'il recouvre un jour la liberté. Au fond, je n'avais pas perdu espoir. Je me disais qu'il était tellement vieux et malade que cela finirait bien par arriver. Mais plus que bouleversé, j'étais en colère, révolté. Je voulais que mon livre paraisse, que ce cri provoque des réactions, qu'il soit un déclencheur. Je reconnais que c'était un peu ambitieux et utopique de ma part. Aujourd'hui encore, j'ai ça sur la conscience ; j'aurais voulu pouvoir en faire plus. Je pense que si Hess avait vécu un ou deux ans supplémentaires, on serait parvenus à le faire libérer. Avec la perestroïka, tout bougeait à l'Est.

« Ce 17 août 1987, des amis de Berlin m'ont téléphoné pour m'annoncer la nouvelle. Peu après, j'ai reçu un appel de la famille Hess, de Wolf Rüdiger plus précisément : “Monsieur le pasteur, m'a-t-il dit, mon père est mort. Vous nous aviez promis de faire la cérémonie funèbre. Nous comptons sur vous.” C'est une question dont nous avions effectivement discuté à l'époque où s'était réglé le problème des dernières volontés de Hess. La famille désirait que la cérémonie des funérailles soit assurée par le pasteur le plus proche de lui, en accord avec les autorités religieuses allemandes et en leur nom. Par crainte de se voir reprocher d'avoir elles-mêmes enterré l'un des derniers dignitaires nazis, elles préféraient ne pas y participer officiellement. D'autant qu'on pouvait supposer que l'affaire allait être fortement médiatisée. J'étais absolument seul face à ma décision. Mais m'impliquer ne me faisait pas peur. Personne ne pouvait m'empêcher de le faire. C'était de ma part un geste personnel. J'estimais que je devais bien ça au vieux prisonnier que j'avais accompagné si longtemps et, de toute façon, il n'y avait rien d'extraordinaire dans le fait que ce soit l'un des derniers visiteurs de prison qui porte en terre le détenu dont il s'était occupé. C'est une tradition assez fréquente. J'ai donc accepté : je l'avais promis à la famille et j'étais pleinement décidé.

— Avez-vous été informé immédiatement des conditions dans lesquelles Rudolf Hess était décédé ? Et croyez-vous personnellement à la version officielle ?

— Les causes du décès de Hess ne m'ont pas été révélées sur l'instant. Je crois d'ailleurs me souvenir que les Alliés ne les ont rendues publiques que le lendemain. Quand j'ai appris qu'il s'était suicidé et la façon dont il avait prétendument opéré, cela m'a paru étrange. J'ai même franchement douté de cette version. D'après les autorités, il s'était pendu dans la petite cabane de jardin que nous appelions entre nous, pour rire, la "Maison Blanche".

« Je me souviens quand on l'a construite. On y entrait par une baie vitrée coulissante et elle n'était meublée que de deux chaises et d'une grosse lampe sur pied. Nous allions souvent nous y asseoir au cours de nos promenades pour discuter. Sur l'un des murs, il y avait une fenêtre dotée d'une poignée. Nous avions ri, Hess et moi, à propos de cet endroit, parce que, pendant des mois, il était ouvert à tous vents. Il manquait carrément une cloison !

« D'après les informations officielles, Hess se serait emparé d'un câble électrique – sincèrement, je ne comprends pas ce qu'il pouvait faire là, à moins qu'il s'agisse d'une rallonge de la lampe ? –, il l'aurait attaché à la poignée de la fenêtre puis mis autour de son cou après avoir fait un nœud coulant, se serait assis dans l'un des fauteuils et se serait jeté en avant. J'ai du mal à croire qu'on puisse se pendre ainsi… mais admettons.

« À la demande de la famille, une nouvelle autopsie a été pratiquée quelques jours après, qui a mis en cause la version officielle. Honnêtement, je ne sais pas quoi en penser. J'avais quitté Hess depuis un an et n'avais pas suivi son évolution. Je peux simplement dire qu'en juin 1986, une telle idée ne l'habitait pas. Peut-être s'est-il mis à avoir peur en voyant sa santé se dégrader et sa cécité gagner du terrain. Il ne supportait pas non plus son incontinence. La dernière année, à une ou deux reprises, il m'avait demandé pardon avant de s'éloigner pour aller uriner contre un mur au fond du jardin. Cela devait lui coûter énormément. Il était fier et l'idée de "s'oublier" dans un lit ou de devenir grabataire lui était intolérable. Tout cela pourrait expliquer pourquoi il en est venu à se suicider. Mais j'avoue qu'en neuf ans et demi, je ne l'ai jamais vu ni dépressif ni habité par une telle envie. C'était un homme lucide et ce geste ne lui correspond pas. Il était en outre à cette époque plus surveillé que jamais. Comment est-il possible qu'on l'ait laissé seul aussi longtemps ? Il se mouvait avec difficulté et il a dû lui falloir beaucoup pour arranger le câble et tout mettre en place. D'autant qu'il n'était pas très agile. Pourquoi, au cours de cette promenade, n'y a-t-il pas eu un gardien avec lui ? Il n'y avait certes pas grand risque à le laisser seul vu son état physique – on l'imaginait mal à son âge prendre la poudre d'escampette et escalader le mur –, mais quand même… Certains détails sont étranges. Je ne suis pas convaincu par cette histoire de suicide. Ou alors, on l'a laissé faire…

« Ce qui me pose également question, c'est le témoignage de l'infirmier Melaouhi. Je l'ai revu, ainsi que deux ex-gardiens, il y a dix ans à Berlin, et je sais qu'il soutient la thèse de l'assassinat. C'était un type clair, un garçon sérieux. Quel intérêt avait-il de mentir, et qui plus est sous serment ? Il connaissait bien Hess et a pu témoigner des difficultés physiques qu'aurait eues Hess à se suicider. J'ai plutôt tendance à me fier à sa version. En tout cas, les rumeurs sont allées bon train. D'autant que le fils Hess a raconté que quelques mois auparavant, il avait été convoqué au consulat russe de Berlin en vue d'une libération prochaine de son père. Gorbatchev, entraîné par Kohl, en aurait sérieusement envisagé la possibilité.

« Il y aurait beaucoup à dire sur cet étrange décès survenu, il faut bien le dire, très tardivement. J'ai su par un membre des services de sécurité français qu'un garde américain, qui avait pris Hess en grippe et lui faisait des misères, avait été prestement renvoyé aux États-Unis et jugé là-bas par un tribunal militaire. De là à imaginer qu'il ait pu l'étrangler… D'autres disaient qu'il s'agissait d'un assassinat politique commis par les Britanniques. Personnellement, je pencherais plutôt pour le crime isolé commis par un type qui avait des griefs contre Hess…

— Finalement, quel a été votre rôle au cours des funérailles de Hess ?

— L’enterrement de Hess devait avoir lieu le mardi 26 août au cimetière de Wunsiedel, en Bavière, dans son village natal. Après avoir préparé ma prédication que j’avais ensuite soumise au pasteur de la communauté luthérienne allemande à Bruxelles, je me suis mis en route le 25 pour Munich, où la famille Hess m’avait retenu une chambre à l’hôtel. Je devais attendre de leurs nouvelles pour connaître l’itinéraire jusqu’au cimetière. C’est là, en allumant la télévision, que j’ai appris que l’enterrement était annulé. La famille, alors en grande discussion avec les autorités allemandes, avait oublié de me prévenir. C’était une affaire d’État. Des centaines de journalistes du monde entier avaient loué tous les appartements donnant sur le cimetière. Le service dans la chapelle étant privé, ils tenaient à prendre des images de la mise en terre. C’était de la folie. Paniquées par la publicité et par l’annonce de la venue de groupuscules néonazis, les autorités allemandes ont préféré reculer. À Paris, la Fédération protestante et l’aumônerie générale étaient assez inquiètes à l’idée de ce que j’allais dire au cours de la cérémonie. Je peux les comprendre, il est vrai que, sous le coup de la colère, ma prédication était assez virulente.

« Finalement, cette annulation a arrangé tout le monde. J’ignore ce qu’on a fait du corps de Hess. Je crois qu’on l’a mis au frigo en attendant des jours meilleurs… Personne n’en a rien su. La famille a passé un accord avec les autorités afin de l’enterrer ultérieurement et en toute discrétion. Après cela, j’ai progressivement perdu le contact avec les Hess. J’ai revu sa veuve, mais pas son fils. Il avait fait un accident cérébral le 24 août et il ne devait même pas assister aux obsèques de son père. Il est mort quelques années plus tard, assez rapidement je crois.

« C’est en mars 1988 que Hess a finalement été enterré. Un pasteur de la région de Wunsiedel a accepté à la demande de la famille d’inhumer discrètement le corps en présence d’une dizaine de personnes. Il n’y a eu aucun compte rendu dans les médias et aucun néonazi n'y a assisté. Moi, j'étais en Israël et il m'était impossible de sortir du pays pour aller enterrer Rudolf Hess. Je ne pouvais pas me le permettre. Je me suis simplement rendu quelques années plus tard sur sa tombe et j'ai rencontré le pasteur qui l'avait inhumé.

« Pour finir, je tiens à dire que je suis pleinement conscient que le regard que j'ai porté sur Hess peut étonner ou choquer un certain nombre de gens. Nous ne sommes pas légion à avoir partagé ce point de vue et il m'a souvent été reproché. Ai-je été manipulé par le vieux prisonnier ? Je ne le pense pas. Je l'ai plaint, je l'ai pris en amitié et je l'ai aidé parce que c'était mon devoir de chrétien. »

Le pasteur Michel Roehrig, la présence des derniers jours : septembre 1986-août 1987

Michel Roehrig est assurément le plus atypique des pasteurs protestants de Spandau. À première vue, rien dans son passé ou son parcours ne le prédisposait à devenir le dernier aumônier d'un ancien criminel nazi et à l'accompagner aux portes de la mort. Même son engagement dans l'armée française peut avoir de quoi surprendre. Fils de brasseurs alsaciens, Michel Roehrig est né le 10 avril 1941 en région parisienne. Enfant, il parlait chez lui le dialecte alsacien et se plaît encore à raconter comment son grand-père a changé quatre fois de nationalité au fil de l'histoire et a eu des ennuis à la fois pendant la guerre et à la Libération. « Nous les Alsaciens, dit-il, nous sommes entre les deux, entre la France et l'Allemagne. On ne nous a jamais demandé notre avis. »

Sa première vie, puisqu'il faut bien l'appeler ainsi, le conduit d'abord à reprendre le flambeau familial, puis à poursuivre une carrière dans l'industrie pharmaceutique. C'est à près de quarante ans qu'inopinément la foi de son enfance le rattrape et le pousse à changer radicalement de voie en devenant pasteur, puis aumônier militaire.

Ces deux existences, diamétralement opposées – du moins au premier regard –, ont fait de Michel Roehrig un homme d'une immense originalité et pourvu d'une rare richesse intérieure. L'homme n'est jamais loin derrière le pasteur. Doté d'un formidable franc-parler et d'un grand sens de l'humour, tout laisse deviner chez lui qu'il est de ceux qui, un rien frondeurs, n'abandonnent jamais une décision pour plaire au plus grand nombre.

Divorcé, puis remarié à une jeune femme allemande en 1989, Michel Roehrig habite toujours à Berlin. Le tout premier entretien s'est déroulé au téléphone. Il s'est montré extrêmement réservé, voire réticent à l'idée d'apporter son témoignage. C'était à l'hiver 2003. Dès ses premières paroles, il est apparu que non seulement il avait gardé d'exécrables souvenirs de sa période passée à Spandau, mais qu'il détestait aussi les journalistes. Son rôle de dernier pasteur de Hess lui avait visiblement valu beaucoup de pressions de la part des médias, et sa méfiance était totale. Il avouait également avoir un peu peur de s'exprimer sur un sujet qui, en Allemagne, attire encore de nombreux groupuscules néonazis. « J'habite toujours là-bas et j'ai des enfants encore assez jeunes », s'est-il justifié.

Finalement, la « caution » qu'avait apportée Charles Gabel et le fait que plusieurs de ses prédécesseurs aient accepté de témoigner ont eu peu à peu raison de sa réserve, même si, au départ, il avait demandé à conserver son anonymat.

La véritable rencontre a eu lieu de nombreux mois plus tard, lors d'un de ses voyages annuels en France, au cœur des Cévennes, où depuis de nombreuses années il retape lui-même une petite maison plantée sur la place principale d'un charmant village.

À la gare d'Alès, il attendait dans le hall, bel homme d'allure encore jeune, coiffé d'une casquette à la gentleman-farmer, le rire à la bouche. Les entretiens ont démarré devant un repas limite pantagruélique dans l'unique bistro de son village, face au temple local. Direct et volontiers disert, Michel Roehrig a répondu aux questions sans chercher à biaiser. Cependant, derrière son air malicieux et désinvolte, l'homme n'était pas du genre à s'en laisser conter. Il était clairement inutile de chercher à passer outre sa volonté. Même si, au fil du temps, à force de rencontres, de discussions et la naissance de rapports cordiaux, il a ajouté des détails aux détails et entrouvert la porte sur quelques petits « secrets », on ne peut s'empêcher de penser qu'il a gardé certaines informations par-devers lui. Ne serait-ce que sur les derniers jours qu'a vécus le prisonnier le plus vieux du monde dans l'incroyable prison de Spandau.

Témoignage de Michel Roehrig

Par une extraordinaire coïncidence, je suis né au mois d'avril 1941, quelques semaines avant la date où Rudolf Hess a été mis en prison. J'ai pris conscience de cet incroyable pied de nez du destin en arrivant à Spandau. J'avais quarante-cinq ans. C'était le nombre d'années que le vieux prisonnier avait passées entre quatre murs. J'avais déjà une bonne partie de ma vie derrière moi – une vie riche, remplie – et lui avait vécu tout ce temps-là derrière des barreaux. Peut-être est-ce de cette comparaison qu'est venue ma compassion pour cet homme oublié de tous ?

« Je suis issu d'une famille alsacienne fabricante de bières. Logiquement, après avoir suivi des études de brasserie, je suis devenu moi-même maître brasseur. Ensuite, j'ai commencé à travailler dans l'industrie pharmaceutique, d'abord comme directeur régional d'un laboratoire, puis en tant qu'ingénieur technico-commercial dans une firme de stimulateurs cardiaques. À trente-six ans, alors que j'étais installé et que je gagnais correctement ma vie, j'ai décidé de me lancer dans des études de théologie tout en poursuivant mon activité professionnelle. Je ne sais pas vraiment ce qui m'a poussé vers cette démarche. Ma mère était catholique, très pratiquante, et mon père protestant. En se mariant, mes parents s'étaient mis d'accord pour que les filles à naître soient élevées dans la religion de leur mère et les éventuels garçons dans celle du père. Ils ont eu trois fils. J'ai bien sûr reçu une éducation religieuse protestante – je suis allé aux éclaireurs. À vingt ans, la mort de mon frère suite à une leucémie a fait voler mes certitudes en éclats. Il n'avait qu'un an et demi de plus que moi et je n'ai pas pu admettre sa disparition. J'ai perdu la foi. Je me suis lancé dans la vie avec la volonté d'« arriver », le besoin intense de courir après la réussite sociale. J'ai eu tout cela. Puis, un soir, des années plus tard, alors que j'étais dans une chambre d'hôtel au cours d'un déplacement professionnel, j'ai découvert une Bible sur la table de chevet. Je me suis mis à la feuilleter, puis à la relire. Imperceptiblement, cette plongée dans ces textes que je connaissais bien m'a "travaillé"... J'ai commencé à me poser des questions sur le sens et le but de la vie : à quoi servait-elle, pourquoi étions-nous là ? Petit à petit, j'ai vu les choses différemment. J'ai entamé des études de théologie à Strasbourg en dehors de mes heures de travail. Je me souviens de la réaction de mon patron quand je l'ai mis au courant : "Pourvu que cela ne nuise pas trop au chiffre d'affaires", m'a-t-il répondu...

« Plus sérieusement, je ne peux expliquer cet "appel". À la suite de cet épisode, j'ai changé de route. Les gens m'ont traité d'imbécile. C'est vrai que je gagnais pas mal d'argent. Tout le monde pensait : "Quel est cet idiot qui veut devenir pasteur ?" Ma mère était presque horrifiée : "Ce n'est pas sérieux, Michel, que va dire monsieur le curé ?" Mon père, lui, a eu cette phrase : "Si c'est ta voie, vas-y, je te soutiens !"

« Ce qui est sûr, c'est qu'à la suite de cette décision, j'ai perdu pas mal de relations et de connaissances. Je suis finalement devenu pasteur à l'âge de quarante ans. Quant à mon engagement dans l'aumônerie militaire, il s'est fait complètement par hasard, suite à une rencontre avec un ancien ami éclaireur qui m'en a parlé. J'ai signé à l'aumônerie aux armées tout en continuant tranquillement ma maîtrise de théologie. Voilà comment je me suis retrouvé à porter de nouveau un uniforme alors que je m'étais juré de ne plus jamais en revêtir un à la fin de mon service militaire !

« J'étais en poste depuis deux ans dans le Pacifique, mon renouvellement de séjour pour deux années supplémentaires me fut refusé par le corps médical car je ne supportais pas le climat polynésien et je fus muté à Besançon. À peine revenu là-bas, l'aumônerie générale protestante m'a proposé cette nomination en Allemagne. “On est très embêtés, m'a expliqué le pasteur Gounelle, le patron des services, il y a des problèmes là-bas, il nous faut quelqu'un immédiatement.” Tout s'est passé très rapidement. On ne m'a expliqué que peu de chose, si ce n'est que la situation sur place était problématique, ce qui ne m'a pas étonné. Je connaissais l'existence de Spandau et je savais que cette prison était dirigée par les quatre grandes puissances alliées. Pour le reste, je maîtrisais les grandes lignes de l'histoire de Rudolf Hess, mais j'avais surtout retenu son rôle de secrétaire d'Hitler, de corédacteur de *Mein Kampf*. Ce serait exagéré de dire que l'idée d'être son aumônier me fascinait. Bien sûr, cela me paraissait intéressant d'aller voir ce personnage de plus près, mais, honnêtement, si j'avais eu le choix, j'aurais préféré un autre poste. Cela dit, je n'ai pas vraiment eu la possibilité de refuser, car j'étais peut-être, à ce moment-là, le seul aumônier disponible capable de parler allemand.

« Finalement, je suis parti à Berlin sans avoir le temps de rencontrer mes prédécesseurs. Mon départ a été bouclé en quelques jours. Lors de mon premier rendez-vous à l'aumônerie générale, on m'a annoncé qu'une couchette dans le train était réservée à mon nom, et je me suis retrouvé à Berlin.

— Dans quel état d'esprit étiez-vous ?

— Oh, le pire qui soit ! Bien qu'on ne m'ait donné aucun détail, je savais que ce poste n'allait pas être une partie de plaisir. Je ne connaissais que très peu Charles Gabel avant d'arriver à Berlin et je n'étais pas au courant des détails de l'“affaire”. J'ai tout découvert au fur et à mesure. En réalité, au départ, je n'étais chargé que de la partie qui concernait Spandau et donc Rudolf Hess. Charles restait en poste jusqu'à nouvel ordre pour le reste du travail paroissial. Je crois qu'il était prévu qu'il garde ses fonctions pendant un an. Seule la porte de Spandau lui était interdite. Au début, peut-être même a-t-il cru que j'étais là pour le surveiller (rires)...

« Quand je l'ai rencontré, nous sommes tombés d'accord : le plus important était que les visites reprennent auprès de Rudolf Hess. Ce dernier n'avait plus d'aumônier depuis trois mois et il nous paraissait indispensable que la situation se normalise, quel qu'en soit le prix à payer.

« Je peux vous dire aujourd'hui que cette période de Berlin a été très dure. Je l'ai vécue difficilement. Le plus pénible, c'est que je ne savais pas où je mettais les pieds. J'étais perdu, sans aucune information. Je ne savais même pas ce qu'on attendait de moi. Bien sûr, dès mon arrivée, j'ai été accueilli par Charles, ce qui m'a permis de me faire une idée de la situation. Mais, en général, j'aime bien me faire une opinion par moi-même. Là, c'était impossible. Le général gouverneur militaire de Berlin, M. Cavarrot, m'a reçu avec Charles avant que je prenne mes fonctions. Il nous a demandé le “secret” sur l'affaire et surtout de ne pas divulguer les raisons qui avaient poussé les Russes à refuser les visites de l'aumônier. À ce moment-là, rien n'était encore réglé. On ne savait pas quelles formes prendraient mes futures rencontres avec le prisonnier. Je me souviens qu'il m'a conseillé de me méfier des écoutes dans la cellule. Quelque temps après, lors d'un rendez-vous avec M. Planet, les choses se sont corsées. À ma question sur les fameuses écoutes, il m'a répondu qu'il n'était au courant de rien, mais qu'au vu des événements, le programme de l'aumônier subirait quelques restrictions. Hess aurait désormais interdiction de se rendre au jardin avec moi. Le message était clair : ce ne sera plus comme avant. Je me suis indigné. “Je refuse d'être un aumônier au rabais, lui ai-je dit. Ce qui m'intéresse, c'est le prisonnier à qui je veux apporter l'Évangile. Les magouilles des "quatre" ne me concernent pas." M. Planet m'a répondu que Hess était athée. Ça m'a mis en colère. Je crois lui avoir rétorqué : "Ce n'est pas à vous de juger, ni à moi, d'ailleurs, Dieu seul est juge en la matière." M. Planet m'a également prévenu que je risquais d'être accompagné à chaque visite par un gardien soviétique. Sur l'instant, j'ai préféré ne rien dire et attendre de voir. Ce qui m'étonnait, c'était cette soudaine paranoïa autour de Hess. À croire que tout le monde avait peur qu'il ne révèle quelque chose à son aumônier. J'ai posé la question à M. Planet. Voilà ce qu'il m'a répondu en substance : "Ce sont surtout les Britanniques qui ont peur. Ils font semblant d'intervenir pour la libération de Hess."

« Je garde une impression franchement désagréable de cette période. Tout, autour de moi, me paraissait faux et superficiel. J'avais le sentiment très net que les Alliés gardaient le poste d'aumônier comme façade humanitaire et je sentais qu'on voulait me faire remplir ce rôle, à condition que je rentre dans le rang. Ce n'est pas mon genre. Sans être une forte tête, je ne supporte pas d'être utilisé.

« Cinq jours avant de rencontrer Hess pour la première fois, j'ai été convoqué par les quatre gouverneurs de la prison. C'était un endroit sinistre, macabre même ! Je revois encore ce porche d'entrée, la guérite où j'ai eu droit à toutes sortes de formalités. Ce jour-là, j'ai pris officiellement connaissance du règlement, qui stipulait que je ne devais pas donner la main au prisonnier, ni l'appeler par son nom, ni avoir de contact physique avec lui, ni lui montrer de signes d'amitié… "Je ne suis pas un commissaire politique, ai-je lancé au colonel soviétique. Quand je prie avec quelqu'un, je le prends généralement par les mains. Vous ne pouvez rien faire contre ça, c'est d'ordre ecclésiastique." Bien sûr, ils n'ont pas apprécié. On m'a signifié également que je ne pourrais voir le prisonnier que sous la surveillance des gardiens, pendant une heure au lieu de deux et sans promenade dans le jardin. Que je devrais me borner à ne parler avec lui que de sujets religieux et que je ne pourrais avoir en main, en sa présence, qu'un livre de prières et une bible. Il m'était également rigoureusement interdit d'avoir le moindre contact avec la famille Hess.

« J'ai compris immédiatement ce qui m'attendait. Je n'aurais aucune autonomie et à peine une heure par semaine pour parler des Évangiles. Mes prédécesseurs avaient plus ou moins pu remplir leur mission auprès de Hess, mais moi j'allais avoir droit à un virage à cent quatre-vingts degrés. Ce n'était pas réjouissant, mais je me suis dit que c'était mieux que rien. Il ne faut pas oublier que Hess n'avait plus d'aumônier depuis plus de trois mois. Je savais qu'il me fallait prendre la situation comme elle venait, en essayant de slalomer entre les peaux de bananes.

— Comment s'est finalement déroulée votre première visite à Rudolf Hess ?

— C'était au tout début d'octobre 1986. Quand je suis entré dans la cellule, accompagné par M. Planet, j'ai vu un vieux monsieur allongé sur un lit. Les photos que j'avais vues de Rudolf Hess me sont revenues en mémoire et je l'ai immédiatement reconnu. J'avais à l'esprit l'image d'un homme très grand et j'ai trouvé une personne légèrement voûtée et tassée par l'âge. Il m'a accueilli très gentiment. Je me souviens qu'il a demandé au directeur français s'il pouvait descendre au jardin avec moi, mais Planet a répondu “non”, puis nous a laissés. Hess a bien sûr tout de suite vu que je n'étais pas Gabel et il m'a demandé d'où je sortais, ce qui se passait. Il n'était au courant de rien, pas même du changement d'aumônier. Il m'a posé plusieurs questions à ce sujet, mais je suis resté évasif. Je l'ai informé que c'était moi à l'avenir qui viendrais le voir, mais sans lui donner de renseignements supplémentaires. J'ai parlé de mutation pour expliquer l'absence de Gabel, quelque chose comme ça. Ensuite, nous avons écouté un disque de sa collection, du Beethoven, je crois, puis nous avons dit une prière. C'est là que les choses ont mal tourné. Charles Gabel m'avait prêté une de ses bibles allemandes et, sur la page blanche avant les psaumes, il avait écrit au crayon un court message à l'intention de Hess – nous avions eu cette idée ensemble, c'était une façon pour lui de m'introduire auprès du prisonnier et également de lui faire ses adieux :

« Dem "Gärtner" : Ganz herzliche Grüsse. Vertrauen Sie bitte dem Bruder hier. Gott befohlen ! Ich vergesse Sie nie. Ihr treuer Pastor. (Au "jardinier" : très cordiales salutations. Ayez confiance, je vous prie, dans le frère que voici. Que Dieu vous garde. Je ne vous oublierai jamais. Votre fidèle pasteur[238]*.)*

« Charles appelait Hess le "jardinier" dans la correspondance avec sa famille. C'était une sorte de code qui faisait référence au fait que Hess aimait se promener dans le jardin. Bien sûr, Hess était au courant. Il a lu le petit message et il m'a demandé de transmettre mes meilleurs souvenirs au pasteur Gabel. Mais il m'a rendu la bible… et visiblement… nous étions sur écoute… Je ne sais pas s'il y avait des micros ou des caméras dans la cellule, mais tout a dégénéré. Un gardien soviétique qui se trouvait dans le couloir a bondi sur moi, m'a arraché la bible des mains et m'a entraîné dans le bureau du gardien-chef. Je crois savoir qu'ils ont fouillé Hess corporellement. Moi, j'ai attendu dans le bureau sans me laisser abattre. Ils ont feuilleté la bible dans tous les sens en m'interdisant de bouger. Histoire de faire de l'humour, j'ai lancé aux Soviétiques : "Vous pouvez la lire au passage, ça ne vous fera pas de mal !" À l'évidence, ça n'a pas été très bien pris…

« Ensuite sont arrivés des gardiens britanniques et français. Tout ça a duré plus de trois heures, jusqu'à l'arrivée de M. Planet qui m'a fait fouiller et vider mes poches. "Faut-il que je me mette tout nu ?" lui ai-je demandé. Le pire, c'est qu'octobre était un mois français et qu'on se mettait à genoux devant les Russes ! Finalement, Planet m'a confisqué la bible et m'a retiré mon laissez-passer de Spandau. Je n'avais même pas eu le temps de l'utiliser ! Je ne me suis pas démonté, mais j'étais furieux. Je ne pouvais pas accepter en tant que pasteur de servir de paravent pour faire croire à tous que les règles humanitaires étaient respectées à Spandau. Cette histoire a fait un bruit incroyable. Mon appartement a même été fouillé à la suite de cet incident ; je m'en suis aperçu à certains détails. Finalement, le directeur général de l'aumônerie militaire protestante, le pasteur Gounelle, a débarqué en catastrophe à Berlin. Il y a eu quantité de réunions et d'entretiens entre les gouverneurs, le général, etc. Les Français faisaient des pieds et des mains pour faire oublier aux Alliés, surtout aux Russes, la “faute” que j'avais commise. Ils voulaient absolument conserver le poste d'aumônier. En tout cas, il faut reconnaître que l'aumônerie générale, en la personne de M. Gounelle, suivie en cela par l'Église allemande, a toujours soutenu ses pasteurs. Moi, je n'avais pas le choix. Il valait mieux plier et subir des vexations et des provocations afin que Hess continue à bénéficier de la présence d'un aumônier. Cet incident a interrompu mes visites à Spandau pendant presque un mois. J'ai hérité d'un blâme sur mon livret militaire à la demande des Russes, plus exactement d'un “avertissement pour avoir enfreint le règlement de la prison”. Quand je l'ai signé face au général Cavarrot qui l'avait personnellement rédigé, je n'ai pas pu me retenir. Cela me paraissait unique dans les annales qu'un militaire français soit puni à la demande des Soviétiques. Je lui ai dit que je trouvais honteux que l'armée française puisse ainsi se laisser manipuler par les Russes[239].

« La veille de la reprise de mes visites à Rudolf Hess, en novembre 1986, j'ai été convoqué à Spandau par les quatre autorités au grand complet. Contrairement aux usages, le Russe de garde ne m'a salué ni à mon arrivée ni à ma sortie.

Je me souviens que pendant près d'une heure, j'ai subi une véritable diatribe du colonel soviétique. Après être revenu longuement sur la "faute que j'avais commise en contrevenant au règlement", il a réitéré l'interdiction qui m'était faite de parler d'autre chose que de religion. Puis il m'a annoncé que désormais, les visites au prisonnier ne se feraient qu'en sa présence, et qu'il s'agissait d'une condition *sine qua non.* "Alléluia ! mon colonel, me suis-je écrié. Nous serons trois pour prier. C'est assez rare de faire un culte avec la participation d'un officier soviétique !" Ma phrase a fait scandale, une fois encore. Je reconnais que je ne pouvais pas m'empêcher ce genre de sarcasmes avec les Russes. C'était insupportable d'être constamment en butte à leurs brimades. Ce soir-là, après cette séance, j'en ai vraiment eu assez. Je suis allé me promener dans les bois de Berlin pour respirer un peu. Quand je suis rentré chez moi, vers 18 heures, le téléphone sonnait sans interruption. "Veuillez vous présenter immédiatement au bureau du général", m'a-t-on ordonné. Le colonel soviétique était allé se plaindre de mon insolence aux autorités françaises. Une fois de plus, j'ai été sermonné par Cavarrot : "Vous devez respecter l'athéisme des gens." Je lui ai répliqué que « l'aumônier d'une prison avait en charge non seulement ses détenus, mais aussi son personnel », et que, de toute façon, « je n'étais pas devenu pasteur à quarante ans pour garder ma langue dans ma poche ». Au fond, tout cela m'a fait rire. Le général ne comprenait pas – ou ne voulait pas comprendre – qu'une visite pastorale à un détenu ne pouvait se faire en présence d'une tierce personne. À Spandau, il n'y avait aucun respect des droits du prisonnier. Ce qu'ils cherchaient surtout, c'était à humilier Hess.

« Finalement, le lendemain, quand je suis arrivé dans la cellule, le colonel soviétique m'a accueilli tout sourires. Une vraie opération de charme. Nous sommes restés ainsi tous les trois jusqu'au moment où Hess a expliqué au Soviétique qu'il n'avait reçu que trois feuilles de papier de correspondance au lieu des quatre prévues. Et encore, il arrivait qu'on ne les lui donne même pas ! En tout cas, cette nouvelle "histoire" a provoqué une discussion interminable ! Le colonel a commencé par répondre que c'était du ressort des Britanniques, pas de celui de son pays. Finalement, très agacé, il est parti en promettant la fameuse quatrième feuille. En sortant, j'ai demandé au gardien soviétique planté devant la porte s'il reviendrait la semaine prochaine. Je n'ai pas eu de réponse, je ne l'ai plus jamais revu aux abords de la cellule. À partir de ce jour, j'ai rencontré Hess toujours seul à seul, mais j'étais échaudé. Sachant que j'étais soumis à une rude surveillance, je me suis borné à suivre le règlement à la lettre. Plus de balade dans le jardin, pas de transmission de courrier ou de discussions autres que religieuses. Cela dit, il était parfois facile de contourner les choses. Je me rappelle lui avoir parlé un jour de la foi chrétienne en Polynésie française, où j'avais passé deux ans. C'était une façon comme une autre de lui décrire la vie dans les atolls du Pacifique ! Pour le reste, je n'ai jamais respecté le règlement en ce qui concerne le contact physique avec le prisonnier, peut-être moins encore que mes prédécesseurs. J'ai toujours tenu ses mains dans les miennes au moment de la prière. Tout le monde devait le savoir, mais on m'a laissé faire. Heureusement, car je n'aurais jamais transigé sur ce point-là. J'avais toujours procédé de cette manière dans l'exercice de mon ministère et je ne vois pas pourquoi j'aurais fait autrement. De la même façon, je l'ai toujours appelé "monsieur Hess", jamais "numéro 7". Nos sujets de discussion étaient limités, forcément. J'ai travaillé avec lui principalement sur le "Sermon sur la montagne" (Matthieu 5) : "Heureux ceux qui pleurent, ils seront consolés…" Toutes nos paroles étaient écoutées par les Soviétiques. Du coup, je discutais souvent avec les gardiens russes, qui me posaient des questions sur les textes bibliques lus quelques minutes avant dans la cellule. C'était très drôle quand on y pense ! De toute façon, avec le personnel en général, je me bornais également aux sujets religieux. Je ne voulais pas parler de ce qui se passait à Spandau. Les Russes contrôlaient toute la prison. Même quand ce n'était pas "leur" mois, ils étaient présents à travers le personnel fixe. En effet, tout comme les Français avaient hérité du poste d'aumônier, les Russes avaient le monopole de l'embauche du personnel civil, quelle que soit sa nationalité. C'était un peu plus décontracté pendant les mois français ou américains, mais, malgré tout, le contrôle soviétique s'exerçait de plein droit. Les Russes avaient mis des hommes à eux partout. Il semble en outre qu'ils avaient des dossiers sur les gens qu'ils recrutaient, pour mieux les tenir. Le gouverneur français, qui était pourtant un homme puissant, s'abaissait à des détails insignifiants, des réprimandes de cour d'école. Il avait des ordres et restait fermement discipliné, si vous voyez ce que je veux dire… Je préférais alors ne jamais aborder un sujet dit "dangereux". Je savais que si je disais le moindre mot déplacé, n'importe lequel, cela vaudrait des ennuis à tout le monde.

« Spandau était un monde de fous, un lieu de torture mentale. C'était hallucinant. Paradoxalement, par rapport à l'époque de Gabel ou à celle des autres pasteurs, les conditions de détention de Hess s'étaient considérablement durcies. C'est incompréhensible, mais c'est ainsi. Ses rapports avec l'extérieur étaient de plus en plus limités. Mes visites étaient minutées. Au bout d'une heure exactement, on venait me chercher. Pas question de prolonger un entretien. Seul son fils venait encore le voir. Sa femme, très âgée, ne pouvait plus se déplacer jusqu'à Berlin. Il a été question un temps qu'elle reçoive l'autorisation de s'entretenir au téléphone avec son mari, mais les Russes ont refusé. Hess rêvait de voir enfin ses petits-enfants, qu'il ne connaissait pas, mais cela ne lui a jamais été permis. Il m'en parlait parfois, surtout quand il m'interrogeait sur mes propres enfants.

Le pasteur Michel Roehrig, la présence des derniers jours :

« Gabel m'avait longuement parlé des démarches qu'il avait entreprises pour obtenir une libération anticipée de Hess, au nom de principes humanitaires. Ce qui est sûr, c'est que Hess aurait aimé sortir pour voir ses petits-enfants. À mon sens, il est inadmissible, humainement parlant, de laisser un vieillard quel qu'il soit en prison. Que sont les droits de l'homme quand on abandonne ainsi quelqu'un dans un isolement total pendant quarante-cinq ans ? Je ne sais pas si j'ai ressenti de la colère ou de la révolte face à ce monde de fous. Je suis pragmatique. Je me disais : "Que puis-je faire pour remplir le mieux possible mon ministère dans ces conditions et apporter quelque chose à la personne qui m'attend ?" Je me suis borné à envisager ma mission sous l'angle de la foi, à donner de l'espérance, de l'espérance en Jésus-Christ. Hélas ! pas d'espérance en ce monde. Comment aurais-je pu lui rendre cet espoir ?

— Quels sentiments cet homme vous a-t-il inspirés ?

— Beaucoup de compassion. Oui, beaucoup. Surtout lorsque je me suis rendu compte, comme je l'ai dit, qu'il avait vécu la moitié de son existence derrière des barreaux et que mes quarante-cinq années de vie sur terre correspondaient exactement au temps qu'il avait passé en prison dans une cellule minuscule. Il n'y avait rien dedans, juste un lit médicalisé, une petite table d'hôpital en guise de chevet et une autre avec un tourne-disque posé dessus. Il n'avait le droit d'écouter de la musique que lorsque j'étais présent, soit une heure par semaine. Le règlement n'avait même pas été assoupli pour des choses aussi banales ! Je crois me souvenir qu'il possédait quelques livres, essentiellement des ouvrages scientifiques. La bibliothèque de la prison lui prêtait quelques journaux – découpés bien sûr – qu'il devait rendre. À cause des écoutes dans la cellule, il ne pouvait même plus me demander de lui commenter les articles censurés, comme il l'avait fait avec Gabel. Moi, je préférais me taire par peur d'être entendu.

Si j'abordais des sujets interdits, je prenais le risque d'être muté. Il se serait retrouvé seul. Ce n'était pas lui rendre service. Après tout ce qui s'était passé et le strict contrôle sous lequel se déroulaient nos entretiens, je me cantonnais à mon rôle d'aumônier. Je pense qu'il comprenait. Il savait qu'on était écoutés. J'en ai eu la preuve formelle peu de temps après mon arrivée. Hess m'avait demandé de quelle partie d'Alsace j'étais originaire. Je lui avais répondu que je venais de la Deutsche Lothringen, une région qu'il connaissait bien. Ce nom est une vieille appellation de l'Alsace Bossue. Ce n'est pas très connu, si ce n'est par des spécialistes, et je n'en avais parlé à personne d'autre. Comme par hasard, j'ai lu le lendemain dans un journal allemand que le « nouveau pasteur de Hess venait de la Deutsche Lothringen ». J'ai compris alors immédiatement que les murs avaient des oreilles et que ces histoires de micros et de caméras n'étaient pas une rumeur.

« Par la suite, Hess a souvent essayé de me poser des questions autres que religieuses, mais je les ai toujours esquivées. Je me disais que je serais sûrement son dernier aumônier et que j'avais une mission à accomplir. J'étais là pour l'aider à faire certaines découvertes intérieures et continuer ainsi ce qu'avaient fait mes prédécesseurs. Je me concentrais là-dessus. Manifestement, il cherchait à savoir ce qui se passait à l'extérieur. Mais sa préoccupation essentielle, ce n'était pas la politique, pas la marche du monde. Seuls l'intéressaient les progrès scientifiques. Le reste, il paraissait s'en moquer. Il avait fait une croix sur pas mal de choses. Il avait une excellente culture scientifique et se tenait très au fait des avancées en la matière. C'était un vieux monsieur doté d'une grande intelligence et de codes moraux assez stricts. Il s'exprimait dans une langue châtiée et corrigeait gentiment mes fautes d'allemand lorsque j'en faisais. Il était toujours très bien mis, très poli. Je ne l'ai jamais vu qu'en costume. Il ne se laissait jamais aller, même dans les pires conditions de sa captivité et malgré son grand âge. Il me semblait d'une grande force de caractère et, croyez-moi, il fallait en avoir pour ne pas devenir fou dans cet endroit. Il n'était jamais arrogant ni condescendant, même avec le personnel. En revanche, il en avait un peu peur, surtout des Soviétiques. Cela se voyait dans les regards qu'il leur lançait. Il faut dire que ces derniers ne lui épargnaient rien et qu'il ne pouvait se défendre contre cela.

« À la fin de sa vie, je pense que ce n'était plus le même homme. Sincèrement, par rapport à ce que je savais de lui, de son passé, je peux affirmer que j'ai eu affaire à un homme différent. Oui, il avait changé, et je crois qu'il a commencé à changer dès le départ des autres détenus. J'ai eu la curiosité un jour de regarder attentivement toutes les photos officielles du IIIe Reich où il était présent. Il se mettait généralement en retrait, semblait absent et indifférent à ceux qui l'entouraient. Déjà, à l'époque, il semblait en rupture. Avant la libération de Speer et de Schirach, il avait pris ses distances avec l'univers de Spandau. Son refus de rencontrer mes prédécesseurs venait d'une volonté de ne pas participer avec les autres à ce qui se passait dans la prison. C'est un homme qui a toujours été à part. Son escapade en Angleterre a achevé de le mettre en marge. Il y a sûrement des choses que l'Histoire révélera plus tard à son sujet. L'histoire de Hess est assez paradoxale. Bien qu'il ait quitté l'Allemagne en 1941, il a été condamné plus lourdement à Nuremberg que Speer, qui avait pourtant régné sur des millions de travailleurs esclaves. Puis, alors que d'autres détenus, enfermés eux aussi à perpétuité, étaient libérés au bout de trois ans pour raisons de santé, lui, bien que vieux et malade, y croupissait toujours à quatre-vingt-treize ans. Je crois que cet homme dérangeait. En partant en Grande-Bretagne, il a essayé de forcer l'Histoire – dans quel sens, je l'ignore, mais le fait est qu'il a échoué. Et il l'a payé. Croyez bien que je ne le vois pas comme un innocent ou une victime (innocente) de l'Histoire. Il a été nazi, il a été antisémite et il a su ce qui se passait, j'en suis convaincu. En revanche, je pense sincèrement qu'à la fin de sa vie, il avait changé. Je m'en suis aperçu quand je lui ai raconté un voyage en Israël que j'avais fait avec les Gabel. J'en ai parlé à dessein, pour tester ses réactions. Bien évidemment, je l'ai abordé par un biais religieux, pour déjouer les "grandes oreilles" ! Il était très intéressé, il m'a posé des tas de questions. Il semblait bien connaître le sujet. Il est vrai qu'il avait beaucoup parlé de ce pays avec Charles.

« Pour son âge, il possédait un esprit d'une remarquable clarté. Je me rappelle lui avoir dit que j'avais été heureux de découvrir cette nation, de voir les progrès que les Israéliens y accomplissaient. On a discuté du lac de Galilée, de Jérusalem, des avancées technologiques dont était doté le pays. Franchement, il ne m'a paru à aucun moment antisémite, loin de là ! Il avait soif de savoir, d'avoir des détails. Cela m'a frappé, puis intrigué.

« Il est clair qu'il avait connu une évolution. Il n'était plus le même que celui qu'avaient rencontré mes prédécesseurs. En lisant moi-même *Mein Kampf* ultérieurement, j'ai eu du mal à retrouver dans ces lignes le Hess que j'avais connu. Celui qui avait participé à la rédaction de cet ouvrage, celui qui avait signé les lois de Nuremberg, qui avait été partie prenante des discriminations faites aux Juifs n'existait plus à Spandau dans les années 1986-1987.

« Je ne sais pas quand et comment il a fait ce "travail intérieur", mais je suis convaincu qu'il l'a fait. C'était un homme intelligent. Qu'on lui accorde cela. Il a forcément fini par se rendre compte de ce qu'il avait fait. Sa "rédemption" n'a pas été aussi visible, aussi ostentatoire que celle de Speer, mais elle a existé. Du moins en ai-je vu les résultats. Il ne raisonnait plus de la même manière. Je peux en témoigner. Cela dit, ce qui s'était passé en lui avant ma venue m'était complètement égal. La seule chose qui comptait était mon rôle d'aumônier à l'instant présent. Je n'étais pas là pour mettre en avant des problèmes liés à l'Histoire. J'étais là pour apporter quelque chose à quelqu'un, à un homme, et pas spécifiquement à un homme nommé Hess. Le symbole qu'il représentait ne m'intéressait pas. Je devais remplir ma mission, qui était d'annoncer l'Évangile. Il est évident qu'étant un vieillard, proche de la fin de sa vie, il était sans doute plus réceptif à mon message. À ce titre, je me souviens de son dernier Noël en 1986. À l'instar de beaucoup d'Allemands, il était d'une culture protestante assez classique et Noël était important pour lui. Cette période lui rappelait de nombreux souvenirs d'enfance. Les Américains dirigeaient Spandau cette semaine-là et nous avaient prêté une salle pour l'occasion. Nous avons vécu un moment fort et agréable. J'avais choisi comme texte le prologue de l'Évangile de Jean que j'aimais bien. Je lui ai expliqué pourquoi j'avais envie de lui faire partager ces lignes : "Au commencement était le Verbe..." C'était avec elles que j'avais retrouvé la foi. C'était important pour moi de lui transmettre cela et je savais qu'il pouvait me comprendre. Il était toujours partie prenante dans nos discussions sur la foi. Il est vrai que je suis sans doute l'un des rares aumôniers de Spandau à avoir autant parlé foi avec lui. Je peux en tout cas affirmer qu'en quelques mois, entre octobre 1986 et Noël, sa foi a évolué. Je me souviens qu'un jour où j'étais arrivé avec une bible en allemand moderne, il m'a demandé de lui apporter une bible de Luther. Il voulait relire celle qu'il avait découverte dans sa jeunesse.

« Je sais, pour l'avoir entendu raconter à Spandau, qu'au début, il s'est déclaré athée à plusieurs reprises, et qu'il a longtemps refusé d'assister aux cultes donnés à la prison. Est-il devenu croyant sur le tard ? Je dirais plutôt qu'il l'est redevenu. Cela arrive à beaucoup de gens. Je suis bien placé pour savoir cela, savoir ce qu'est perdre la foi et la retrouver. Il arrive des moments dans la vie où un homme commence à se poser des questions. Il est fort possible que la présence des aumôniers l'y ait aidé. C'est peut-être chez ces derniers qu'il a trouvé de la compassion, de la considération. Grâce à eux, il s'est vu traiter avec dignité. Au fond, il n'avait que nous pour se raccrocher à une forme d'espérance. Il a dû sentir que nous pouvions lui apporter quelque chose... Autre chose.

« Nous venions de l'extérieur aussi, nous n'étions pas réellement des gens de la prison. Ça ne devait pas être négligeable à ses yeux. En tout cas, une chose est sûre : il s'est beaucoup appuyé et accroché à Charles Gabel. On a d'ailleurs beaucoup reproché à Charles d'avoir aimé Hess. Et alors ? En cela, il n'a fait que son devoir de chrétien. "Aime ton prochain comme toi-même", dit la Bible. "Aime ton ennemi", dit le "Sermon sur la montagne". C'est la seule démarche qui vaille. Bien sûr que j'avais en tête ce que Hess avait été, ce qu'il avait fait, ce qu'il avait écrit dans *Mein Kampf*, ce à quoi il avait participé. Il n'y avait aucun angélisme de ma part. J'étais très conscient du rôle qui m'attendait. Je n'ai pas pris cette mission comme un défi particulier et je n'ai pas vu cet homme comme une âme particulière à sauver. J'ai considéré que j'avais quelqu'un à aider. Je l'ai poussé à se mettre au clair avec lui-même. Lui ou un autre, cela aurait été pareil. J'ai fait pour lui ce que je pourrais faire avec n'importe qui d'autre. Quels qu'aient été ses actes. J'ai accompagné un jour un mercenaire malade du cancer qui avait assassiné des dizaines de personnes au Zaïre et qui n'avait jamais été jugé. Il se retrouvait face à son passé. C'est pour ce genre d'hommes que Jésus-Christ est venu, et il est le seul à mon avis à pouvoir être efficace. C'est cela qu'on appelle la « cure d'âme » dans la religion protestante, c'est aider les gens à comprendre ce qu'ils ont fait, à leur apprendre que le pardon existe, que le Christ n'est pas mort sur la croix pour rien, mais qu'il a donné sa vie pour ceux qui en ont besoin.

« Tandis que certaines personnes paient leurs fautes, beaucoup y échappent. Plus qu'on ne croit. Mais elles se retrouvent toujours face à leur conscience.

Le pasteur Michel Roehrig, la présence des derniers jours :

« Je n'ai jamais considéré Hess comme innocent, même si, à sa décharge, on peut dire qu'il est parti en 1941... La responsabilité ou la culpabilité, ce n'est souvent qu'une question de mots. Hess a toujours affirmé qu'il n'était pas au courant du génocide des Juifs. Et après ? Une grande majorité d'Allemands de cette génération dit la même chose : qu'elle ne l'a découvert que bien plus tard. C'est l'éternel “je ne savais pas”. Cela ne gênait pas les gens que les Juifs soient chassés de leurs appartements et même déportés. Ils se sont arrêtés à cela, sans imaginer la suite. La grand-mère allemande de mon épouse, qui a connu cette époque, me l'a racontée. C'était une femme très simple et très pieuse, d'origine paysanne, qui vivait selon les préceptes de l'Évangile. En 1936, elle avait comme amie une jeune femme juive d'environ trente-cinq ans qui vivait dans la même maison qu'elle. Un jour, cette dernière lui a dit : “Surtout, ne me dites plus bonjour, ne me parlez plus sous peine d'avoir de gros ennuis !” Elle a continué cependant à la fréquenter. Peu de temps après, la jeune Juive a disparu. On n'a jamais su ce qu'elle était devenue. Cette histoire prouve s'il en était besoin que la persécution des Juifs était bien ancrée dans la société allemande et que tout le monde était au courant. Ce serait mentir que de dire le contraire. Mais il suffirait d'un contexte économique catastrophique et d'un peu de conditionnement pour que cela recommence. Ici ou ailleurs. On arrive toujours à motiver une foule contre d'autres personnes. Tout commence toujours comme ça. Il suffit de la folie d'hommes comme Hitler ou Staline pour que les gens suivent en toute bonne foi, avec discipline. Seule une minorité est capable d'aller à contre-courant et de s'opposer. Si l'on avait eu un Hitler en France, peut-être se serait-il passé la même chose. Il ne faut jamais oublier qu'Hitler est arrivé au pouvoir en Allemagne grâce au bulletin de vote du peuple. »

Le récit de Michel Roehrig nous a entraînés bien loin de Spandau et de son vieux prisonnier. Cependant, cette longue tirade illustre aussi à sa façon le malaise qu'il ressent à l'idée de stigmatiser un seul et unique homme. Michel Roehrig a détesté – et déteste encore – le voyeurisme et l'attirance malsaine qui ont poussé beaucoup de gens à s'intéresser au cas Rudolf Hess. La traque médiatique – sur laquelle il reste discret – qu'il a subie après la mort de ce dernier en est sûrement l'une des explications.

« Rudolf Hess reste dans l'Histoire comme un homme au mieux excentrique, au pire fou, amnésique, paranoïaque... Quel est votre sentiment personnel ?

— Là, je suis catégorique : Hess était un homme absolument normal. Il n'avait rien d'un amnésique. Il avait même une excellente mémoire. D'après ce que j'en ai vu, il possédait encore toutes ses facultés intellectuelles. En ce qui concernait la religion, par exemple, il se souvenait très bien de son enfance. Pour quelqu'un de son âge, je dirais même qu'il était intellectuellement étonnant. J'aimerais bien être à quatre-vingt-dix ans dans le même état que lui ! Cette histoire de folie ne tient pas debout. Après quarante-six ans passés en prison dans un isolement presque total, sa santé mentale n'était même pas dégradée. Il y aurait pourtant eu de quoi devenir fou là-bas. S'il l'avait été à Nuremberg déjà, comme on l'a prétendu, jamais il n'aurait tenu le coup. Je pense pour ma part qu'il a simulé la folie au cours du procès et dans les années qui ont suivi. Sans doute pour qu'on lui fiche la paix. À moins qu'on ne le lui ait demandé...

« Moi, je garde l'image d'un homme intelligent, très vif et cultivé, utopique aussi. Il n'était absolument pas replié sur lui. Il était même plutôt ouvert. Parfois, lorsque j'arrivais, je le trouvais qui m'attendait au bout du couloir avec une certaine impatience. Il m'arrivait de sentir qu'il n'était pas bien, qu'il n'avait pas le moral. Il ne m'en parlait pas, par pudeur bien sûr, mais je le devinais. Ces moments de faiblesse étaient dus soit à ses problèmes physiques, soit à l'absence de ses petits-enfants qui lui pesait tant. En tout cas, je n'ai jamais constaté chez lui de bizarreries de comportement, jamais d'absences. Cet homme avait toute sa tête.

« Cependant, plus le temps a passé, plus il a commencé à désespérer de sa décrépitude physique. Il a été hospitalisé en mars 1987 à l'Hôpital militaire britannique dans un état assez critique. Je suis allé lui rendre visite là-bas. À l'époque, les journaux allemands en ont beaucoup parlé, surtout parce qu'il refusait les visites de son fils. On a dit qu'il était dans le coma, qu'il ne reconnaissait plus les gens. C'est faux. Je lui ai demandé pourquoi il avait décidé de ne plus voir son fils. Il m'a répondu : "Je ne souhaite pas qu'il voie l'état de déchéance physique dans lequel je me trouve." Quand il est rentré à Spandau au bout de quinze jours, son état psychologique était redevenu satisfaisant, en revanche, il ne voyait plus très clair, il marchait avec difficulté et, surtout, il souffrait d'incontinence. Ça lui était insupportable. Il avait le sens de sa mort prochaine et il l'attendait. Sa dernière demande de libération, rédigée après son hospitalisation, n'avait une nouvelle fois pas reçu de réponse. Il avait perdu tout espoir. Même celui d'être mis en résidence surveillée. Il ne tenait plus vraiment à être libéré, d'ailleurs. Il désirait simplement mourir dans le calme, dignement. Si vous saviez, on a écrit tellement de bêtises sur sa mort… »

Michel Roehrig a toujours refusé de livrer au public ce qui s'est passé au moment du décès si controversé de Rudolf Hess. Et même si, aujourd'hui, il a accepté de le raconter, sa réserve n'a de toute évidence pas complètement disparu.

« Lorsqu'il est mort, je n'étais pas à Spandau. J'étais parti en congé dans ma famille, en France. Je l'avais prévenu de mon absence. Je l'ai vu pour la dernière fois le 28 juillet 1987. Il est clair que son état se détériorait et que son état psychique était des plus mauvais. Je lui avais lu les versets de l'Évangile de

Matthieu, “L’amour des ennemis”, et lui avais longuement serré la main. Quand je lui ai annoncé mon départ pour quelques semaines, il m’a dit avec force : “Ne partez pas !” C’était la première fois que j’entendais une phrase pareille dans sa bouche. Bien évidemment, je suis parti, cela faisait bien longtemps que je n’avais pas vu ma mère.

« Quelques jours plus tard, alors que j’étais sur mon lieu de villégiature, on m’a téléphoné de Spandau pour m’annoncer qu’il était mort. On ne m’a rien dit de plus. J’ai repris le train immédiatement pour Berlin. Là-bas, c’était la confusion la plus complète. On a annoncé le lendemain qu’il s’agissait d’un suicide.

« Personnellement, j’y ai toujours cru. Et ce, malgré les constatations des rapports de l’autopsie demandée par sa famille et malgré les rumeurs. Hess était arrivé au bout de sa route. Il a choisi de mourir parce qu’il ne supportait plus la déchéance physique. J’en suis totalement convaincu. Les derniers jours, il était très déprimé.

« Je n’ai pas d’éléments personnels pour étayer la thèse du suicide. C’est mon intuition et elle est profonde. Elle est basée essentiellement sur cette dernière phrase qu’il m’a lancée : “Ne partez pas !” Sur l’instant, je n’y ai pas prêté beaucoup d’importance. J’avoue que je m’en suis voulu ensuite. Je me suis dit que je n’aurais pas dû partir. Cela m’a posé un problème de conscience, cela n’a pas été facile.

« De toute façon, personne n’avait intérêt à ce qu’il meure. Tout le monde profitait du système et avait envie de le faire durer. Le personnel avait un boulot bien payé, une vraie sinécure. Malgré le début de la perestroïka en URSS, les Russes ne lâchaient pas prise. Ils avaient là un gentil petit pied-à-terre. Plus ce petit monde de Spandau perdurait, mieux c’était pour beaucoup de gens. Sauf pour les Allemands, bien sûr, qui payaient tous les frais d’occupation de Berlin, y compris ceux de la prison. Cela coûtait une fortune au pays. Mais les Allemands n’auraient jamais tué Hess. De toute façon, il n'y en avait pas un seul dans l'enceinte de Spandau.

« Bien évidemment, comme tout le monde à l'époque, j'ai entendu dire que Hess *avait été* suicidé. J'ai connu l'infirmier tunisien de la prison, Abdallah Melaouhi, qui a témoigné, convaincu de l'assassinat de Hess, mais je n'ai jamais cru à sa version. Quand je suis parti, Hess était en pleine dépression, je l'affirme. Qu'on ait parlé de meurtre ou de complot n'a rien d'étonnant quand on sait la paranoïa qui régnait à Spandau.

« Je n'ai pas été cité à l'enquête. Personne ne m'a rien demandé. En revanche, j'ai été interrogé par les services de renseignements français et les services de sécurité. »

Malgré l'insistance, Michel Roehrig préfère ne pas entrer dans le détail de ce qui s'est dit au cours de cet interrogatoire. Il reprend son récit à son arrivée à Berlin, le lendemain de la mort de Hess.

« Il y a eu un léger… flottement au moment du décès. Quand je me suis précipité à l'hôpital britannique pour me recueillir auprès de la dépouille de Hess, on m'a m'interdit le passage. J'en ai référé aussitôt à l'aumônerie générale de Paris. Je crois que c'est remonté très haut. Finalement, j'ai reçu l'autorisation d'aller voir le corps. Je m'y suis rendu le lendemain, c'est-à-dire le surlendemain du décès. Dans le couloir, devant la chambre mortuaire, il y avait des militaires en pagaille, des Français, des Soviétiques, des Britanniques, les autorités de chaque pays. L'ambiance était extrêmement tendue, glaciale. C'était très agressif. Tout le monde était en armes. Là encore, il a fallu que je me batte pour imposer une levée du corps – la courte cérémonie religieuse pratiquée devant un défunt. Lorsque j'ai demandé à la faire devant la dépouille, les quatre directeurs de Spandau me l'ont interdit. J'ai hésité quelques minutes, puis je me suis lancé. En un mot, je leur ai forcé la main. J'ai sorti ma bible en m'écriant :

“Maintenant, tout le monde s’arrête !”, et j’ai imposé la cérémonie. Je me souviens que le directeur français m’a sermonné. “Vous allez avoir de graves ennuis, m’a-t-il dit, et moi aussi par conséquent.” Le plus drôle, c’est que le général le lendemain m’a dit : “Vous avez eu raison.” Ce n’était plus Cavarrot, mais un autre, moins timoré, qui n’avait pas peur des incidents diplomatiques.

« Je n’ai pas cherché à comprendre pourquoi on me refusait cette cérémonie, dans la mesure où, s’il y avait un aumônier à la prison, c’était pour que le détenu ait le droit de pratiquer sa religion. Je ne me suis posé aucune question, j’ai imposé mon point de vue. J’ai lu le psaume 23, puis une prière, en faisant mettre tous les soldats au garde-à-vous, y compris les Russes. »

Michel Roehrig émet un petit gloussement. Il a des allures de gamin facétieux.

« Au fond, je me suis bien amusé… reprend-il. Plus sérieusement, je pense que leur refus était simplement dû au fait que cela n’avait pas été *prévu* – pas inscrit dans le précieux règlement.

« Au terme de la levée du corps, on a hissé la dépouille de Rudolf Hess dans une camionnette militaire, je me suis installé près du cercueil et je l’ai accompagné pour son dernier voyage. On a pris ensuite un avion britannique jusqu’à une base américaine en Bavière. J’ai remis le corps à sa famille. Je me rappelle que le fils Hess ne m’a pratiquement pas adressé la parole. Probablement parce qu’un jour, au téléphone, je l’avais remis en place. Il m’avait appelé un soir chez moi pour me demander de faire passer des lettres à son père, or il savait pertinemment qu’on était sur écoute. J’avais eu le sentiment très net que c’était pour me compromettre. Cela sentait le piège à plein nez. Je suis quelqu’un d’intuitif : j’ai toujours senti, par exemple, quand j’apportais des documents à l’Est comme les autres pasteurs avant moi, lorsque j’étais suivi. Ça doit être l'instinct de conservation animale ! (Rires.) Généralement, je m'habillais en civil, à l'image des gens de là-bas, j'allais me garer devant l'ambassade de Cuba et je prenais le métro. La Polizei et la Stasi étaient facilement repérables. Je retrouvais toujours les mêmes types assis dans leur Lada devant les bâtiments desquels je sortais.

« Si j'avais introduit ces lettres à Spandau, je prenais le risque d'être renvoyé le lendemain et c'est Hess qui en aurait pâti. Mais je pense que son fils s'en fichait royalement. Cela lui aurait permis de faire passer son père encore davantage pour une victime et cela servait son propre combat et sa notoriété. De toute façon, toutes les démarches qu'il a entreprises pour aider son père ont été plus nuisibles qu'autre chose. Il l'a utilisé pour ses propres intérêts.

« Il est allé jusqu'à se faire de l'argent sur le dos de la mort de son père. D'instinct, c'est quelqu'un dont je me suis toujours méfié et que je n'appréciais pas. Je sentais qu'il utilisait tout ce qui était en son pouvoir pour promouvoir sa propre image. Il a, par exemple, vendu je ne sais combien de photos à des prix incroyables au groupe de presse allemand *Springer*. Cela dit, il n'est pas le seul : le colonel Eugene K. Bird s'est beaucoup exprimé en son temps. Beaucoup de gens se sont fait une réputation, voire de l'argent, sur le dos de Hess. Le mystère Hess, sa mort, son surnom de “prisonnier le plus cher du monde” étaient des sujets qui faisaient vendre. Une certaine presse populaire en faisait ses choux gras.

« Quand on apprenait mon rôle à Spandau, les questions se mettaient à pleuvoir. Dans l'ensemble, les gens défendaient tous l'idée de sa libération anticipée. Hess faisait couler tellement d'encre que les médias étaient sur les dents. J'ai, depuis cette époque, une certaine aversion pour les journalistes. Certains m'ont offert beaucoup d'argent pour que je parle, avant et après la mort de Hess. Mais j'ai refusé toute déclaration.

« Vous savez, je ne suis resté qu'une année auprès de Hess, mais cela a été pénible, difficile, lourd. Je n'ai pas cessé un instant de me demander ce qui allait encore me tomber dessus. Savoir que j'étais sur écoute me heurtait profondément. Tout n'était que manipulations et marchandages ; n'importe quelles informations sur Hess trouvaient preneur. Nombre d'entre elles partaient de Spandau – des plus hautes sphères. Car plus il y avait des fuites, plus cela nuisait à Hess et cela justifiait les conditions drastiques de son incarcération. C'était une véritable organisation où la corruption régnait à tous les étages. J'ai tâché de regarder tout cela froidement afin d'analyser la situation : il n'y avait rien à faire. Au fond, Hess a été la victime de nombreuses personnes. Tout le monde l'a utilisé… Son fils en premier.

« J'ai donc revu Wolf Rüdiger Hess au moment de la remise du corps, quelques jours avant la date prévue pour l'enterrement, que je devais conduire en tant que dernier aumônier de Hess, en compagnie de Charles Gabel. C'est dans ce but que je me suis rendu à Wunsiedel, en Bavière, pour mettre au point les derniers détails avec la famille. Là-bas, j'ai vu comment manœuvrait le fils Hess avec les journalistes. L'ambiance était malsaine, tout le monde se bousculait, s'agitait… Ce fut difficile à supporter pour moi. J'ai passé une journée dans le même hôtel que lui, en attendant Charles. Finalement, comme on le sait, l'enterrement a été annulé. Les autorités ont préféré reporter la cérémonie à cause des néonazis, qui avaient prévu une manifestation. Je crois savoir que Hess a finalement été inhumé au moins six mois plus tard dans la plus grande discrétion. À cette occasion, personne parmi les membres de la famille ne m'a appelé et j'en ai été soulagé – je n'étais pas spécialement volontaire pour mener la cérémonie dans ces conditions.

« Toute l'époque qui a suivi la mort de Hess a été… électrique. L'ambiance à Spandau était incroyablement fébrile. On aurait dit une ruche. Les considérations matérielles occupaient tous les esprits : beaucoup allaient perdre leur place et essayaient de se recaser – le personnel civil surtout, pour qui la tâche s'avérerait complexe au sortir d'un tel endroit. Imginez le pauvre infirmier tunisien de Hess obligé de s'inscrire au chômage en expliquant qu'il sortait de la prison de Spandau !

« Personne ne voyait d'un bon œil la fin de ce monde. C'était un univers fermé sur lui-même, replié sur ses petits privilèges, totalement déformé. Je n'ai jamais trouvé la moindre explication rationnelle à ce système insensé, liberticide et cruel qu'était Spandau : c'était tout simplement ubuesque ! Je ne crois même pas que le règlement, aussi vicieux fût-il, visait à se venger de Rudolf Hess en tant que personne. On était seulement en présence d'ordres stupides que tout le monde se chargeait de répercuter. La bureaucratie était présente à tous les échelons ; les Russes en particulier imprimaient leur marque, usant de leur pouvoir pour se venger de cet Occident qu'ils détestaient.

« Je me souviens avoir parlé avec des officiers soviétiques qui me disaient : “Nous, on ne peut même pas se payer un restaurant à Berlin-Est avec nos soldes, alors que vos simples soldats s'y offrent des repas dans les meilleurs endroits.” Il y avait du dépit, de la rancœur. Ils sont tombés sur Charles Gabel à bras raccourcis en se servant de l'intimité qu'il avait nouée avec Hess, mais ce n'était qu'un prétexte. Ils ont utilisé ce qu'ils ont pu à un moment donné. Le lendemain, cela aurait été autre chose. Comment peut-on croire qu'ils aient laissé Charles faire ce qu'il voulait pendant neuf ans, discuter librement avec le prisonnier ? Non seulement la guerre froide était encore présente, mais il existait une guerre interne entre les vieux staliniens et ceux issus du nouveau pouvoir (Gorbatchev). Les Soviétiques de Spandau étaient tous des membres du KGB, et ce n'étaient pas des tendres… Je me souviens d'une réflexion du colonel qui s'étonnait que je ne boive jamais d'alcool – eux étaient pratiquement soûls du matin au soir. Il m'a regardé et m'a lancé : “Vous êtes donc un homme dangereux !”

« Oui, Spandau était pour les Russes un symbole qu'il fallait faire exister le plus longtemps possible. Ils y affirmaient leur autorité, et brimer le prisonnier était un moyen parmi d'autres. Ils se sont toujours opposés à un assouplissement du règlement et des conditions de détention et, malgré le manquement certain au droit humanitaire, ils étaient souvent soutenus par les Britanniques. Quel rôle, eux, jouaient-ils ? Visiblement, ils étaient adeptes du double jeu. Je me souviens du gouverneur britannique de l'époque : souvent soûl ou complètement éteint. En général, ça buvait sec à Spandau. Les Russes le "pilotaient" fermement Bien sûr, quand les trois pays occidentaux dirigeaient la prison, l'ambiance était un peu plus décontractée, mais on peut se demander pourquoi ils ne tenaient pas davantage tête aux Russes… Je vais vous donner la réponse : en fait, les Russes avaient la mainmise sur tout le personnel, au travers de "dossiers", et la possibilité alors d'exercer un chantage. Je tiens cette information de l'ancien gouverneur américain de Spandau, en poste dans les années 1970. Quand j'ai mentionné cette information aux représentants français de Berlin, un silence très éloquent a fait suite à ma remarque.

« Je ne crois pas à la version selon laquelle Hess représentait pour les Russes un symbole particulier. Seules les démonstrations d'autorité avaient réellement du sens. Toutes les occasions étaient bonnes pour marquer leur présence à Berlin-Ouest : installer des troupes devant le moindre monument pour bien montrer qu'il fallait compter avec eux, ou dispatcher des vieux chars soviétiques dans toute la ville était une façon d'affirmer haut et fort : « Nous sommes la grande puissance soviétique et il faut compter avec nous ! » Cette prison était donc du pain béni pour eux. Jamais ils n'auraient laissé échapper un morceau de leur part du gâteau. Les autres non plus, d'ailleurs, c'est la raison pour laquelle c'était insoluble. Tout le monde se fichait pas mal de l'histoire du dernier symbole nazi. Voilà pourquoi il ne faut pas s'étonner que Hess n'ait jamais été libéré. Les Occidentaux ne voulaient ni déplaire aux Russes ni être accusés d'avoir offert un traitement de faveur à un ancien dignitaire nazi.

« Quand j'ai compris le fonctionnement de ce lieu, je me suis efforcé de transmettre au mieux l'Évangile, d'éviter les pièges qu'on me tendait, de ne pas me faire trop marcher sur les pieds, de garder une certaine autorité, le sens de l'humour et un franc-parler. Mon objectif était de ne pas mettre en péril ce mince petit acquis : apporter une aide à une personne âgée, lui transmettre l'espérance dans la vie éternelle et l'aider à comprendre ses fautes pour qu'elles puissent être pardonnées. Peut-être pas par les hommes, mais par Dieu.

« Et j'ai dû lutter pour cela. J'avais beau ne me rendre à Spandau qu'avec ma bible, je ne compte plus le nombre de fois où j'ai été fouillé, mis en joue par des soldats soviétiques à l'entrée de la prison, ou houspillé par le colonel… J'ai même eu un problème à cause d'une simple couronne de l'Avent. C'est un symbole important en Allemagne et en Alsace. Cette tradition a lieu au mois de novembre. La couronne est composée de quatre bougies que l'on allume l'une après l'autre tous les dimanches jusqu'à Noël. Depuis 1977, Charles Gabel l'apportait à Hess, pour qui c'était un geste important. Quand je suis arrivé, en novembre 1986, à la porte de la prison, avec ma couronne sous le bras, les Soviétiques me l'ont confisquée sans aucune explication. Cela m'a mis fort en colère et j'ai fait une réclamation officielle. Je n'ai jamais eu de réponse, j'ai simplement su que le personnel l'avait jetée. Je n'ai jamais compris cette rebuffade, comme tant d'autres d'ailleurs. L'attitude du personnel était parfois tellement idiote qu'il ne fallait pas se poser de questions. C'était tellement démoralisant là-dedans !

« Je me souviens du jour où cette prison a été rasée. C'était la meilleure chose qu'on pouvait faire. Aujourd'hui, il y a un grand magasin à la place. J'y vais souvent pour faire mes courses, mais je ne vous cache pas qu'au début, j'ai eu du mal à prendre mes repères…

« J'ai dû mettre une barrière entre moi et cette période de ma vie. D'ailleurs, je n'en parle jamais autour de moi, ni de Hess non plus. J'avais le sentiment d'être abandonné dans un panier de crabes, d'être un pion dans un univers qui me dépassait. Mon téléphone a été mis sur écoute, j'ai même été suivi dans la rue. Par qui ? Je l'ignore. La seule chose que je sais, c'est que j'ai bénéficié à un moment d'une protection particulière. Je m'en suis aperçu un jour, au cours d'un culte, dans ma paroisse francophone de Berlin. J'avais repéré dans le public un type assez jeune, avec une voiture banalisée, qui assistait à tous les offices. Il détonnait un peu. Je suis allé à sa rencontre et nous avons fini par sympathiser. Il s'appelait Lelièvre[240]. Il m'a confié quelque temps après qu'il appartenait aux services spéciaux français et qu'il était chargé de me protéger. Je ne peux pas vous en dire plus.

— Pour quelles raisons finalement avez-vous accepté de livrer ce témoignage aujourd'hui, vingt ans après ?

— Si j'ai accepté de parler, c'est parce que l'image que l'on a gardée de Hess dans l'Histoire n'est pas très juste. Je le répète, un homme peut changer, il peut évoluer. C'est important de le dire. Aujourd'hui, en Allemagne, les gens ne savent pas qui il était. Ceux de trente ans, les jeunes générations, ne connaissent même pas son nom. Seuls les vieux s'en souviennent, et les néonazis, bien sûr. Quand je les vois, à Berlin ou ailleurs, se promener avec un pin's à l'effigie de Rudolf Hess au revers de leur veste, je ne peux m'empêcher de penser qu'ils se trompent de personne. À la fin de sa vie, Hess était devenu quelqu'un d'autre, totalement opposé à ce qu'il avait été. Bien sûr, sur certains points, il était de sa génération : il avait toujours un certain sens de la grandeur de l'Allemagne, la patrie était une notion qui lui était plus que chère.

« Un jour, il n'y a pas longtemps, dans la rue, j'ai croisé un jeune néonazi qui portait un badge de Rudolf Hess sur son blouson. Je me suis approché de lui et je lui ai demandé, en pointant le pin's du doigt : “Pourquoi portes-tu cela ?” Il m'a toisé longuement d'un air bête, sans réagir. Il n'était visiblement pas d'un grand niveau intellectuel. Alors, je lui ai dit : “Moi, je l'ai connu. Tu te trompes d'homme. Il n'était pas celui que tu penses.”

« Au fond, je ne suis pas sûr que cela intéresse grand monde de savoir que Hess avait changé, qu'il n'était plus l'homme qui avait suivi Hitler. Que pèse le témoignage d'un vieux pasteur contre l'avis général et historique, qui tend à considérer encore Hess comme un nazi ? Je n'arriverai sans doute pas à convaincre les gens, les néonazis encore moins. Mais il me fallait le dire quand même. Quand j'ai vu ce type arborer sa photo, je me suis rendu compte que je devais dire ce que je savais. Voilà pourquoi j'ai accepté de parler. Un homme n'est jamais blanc ou noir. Je le répète, il peut changer.

« Hess ne voulait pas être un symbole. À la fin de sa vie, son ambition était tout autre : revoir sa femme et connaître ses petits-enfants. Il n'avait plus l'espoir d'être libéré. Il l'avait longtemps eu grâce à Charles, mais tout cela était mort en lui. Il a toujours refusé d'écrire une confession, d'avouer ses fautes, de révéler publiquement qu'il avait changé. Et cela, même en échange d'une éventuelle libération. Je crois que c'était l'ultime fierté d'un homme dépossédé de tout, même de sa dignité. Il ne voulait pas demander une grâce. Pourtant, je peux vous assurer qu'il était transformé profondément et intérieurement. Il ne l'a jamais clamé haut et fort à la terre entière, car il savait que, quoi qu'il dise, il resterait en prison. C'était utopique de penser qu'il pouvait en être autrement. Hess a gardé le silence parce qu'il ne voulait pas faire ce cadeau-là à ceux qui le gardaient. Il ne voulait pas s'abaisser. Chez lui, c'était une question de dignité et d'orgueil. D'orgueil pur, certes, mais que reste-t-il à quelqu'un qui n'a plus rien à part cela ? Contrairement à Speer, il n'a peut-être pas demandé pardon aux hommes, mais il a réussi à faire, en tant qu'être humain, un retour sur lui-même. »

Nous sommes là au cœur du silence qu'a opposé, depuis le début des entretiens, le pasteur Roehrig à propos des derniers jours de Hess. Une ultime question s'impose...

« Vous dites : "Il n'a peut-être pas demandé pardon aux hommes." Cela veut-il dire qu'auprès de vous, il... »

Michel Roehrig m'interrompt un peu brutalement, d'un ton exceptionnellement grave.

« ... Il s'est mis en règle avec lui-même et avec Dieu. A-t-il accepté son passé ? Je n'évoquerai pas ce sujet. Je m'y refuse. Il y a des choses que je ne dirai pas. J'ai effectivement un secret pastoral, et ce sont des informations qui s'apparentent à une confession. Je peux seulement vous dire que Rudolf Hess a reconnu Jésus-Christ comme son sauveur. Bien sûr, cette démarche implique la demande de pardon, une volonté de conversion. Il a compris qu'il y avait des choses essentielles dans la vie, qui il était et ce qu'il avait fait. Mais, maintenant, je n'en dirai pas plus. J'ai toujours voulu rester discret sur ce sujet. Je ne voulais pas que l'on sache ce que Hess avait reconnu à la fin de sa vie. J'ai toujours un peu regretté l'idée que des gens soient au courant. Mais il est vrai qu'aujourd'hui, il est peut-être important de le dire : Hess n'a plus à être le symbole des nazis. »

Le pasteur Yves Gounelle

Entre 1981 et 1987, le pasteur Yves Gounelle était le directeur de l'aumônerie protestante française aux armées et, à ce titre, le supérieur hiérarchique direct de Charles Gabel et de Michel Roehrig. Il revient sur les remous diplomatiques qui ont troublé les dernières années de mission des pasteurs de Rudolf Hess.

« Quelle était votre mission exacte en tant que directeur de l'aumônerie générale ?

— En premier lieu, il s'agit de nommer les aumôniers sur le terrain, en Allemagne ou ailleurs, et de suivre leur ministère. Le directeur de l'aumônerie dépend directement du ministre de la Défense. Pour être précis, il est désigné par le Conseil de la fédération protestante de France et nommé par le ministère. Nous sommes donc soumis à une double tutelle : ecclésiastique par le président de la fédération et militaire par le ministre et le chef d'état-major des armées. À l'époque qui nous intéresse, j'avais des hommes un peu partout dans le monde. Certains se trouvaient sur des terrains d'opération bien plus délicats que Berlin. Il y avait des troubles en Nouvelle-Calédonie et, dans le Pacifique, la question des essais nucléaires était un sujet particulièrement épineux.

« Les aumôniers que je nommais à Berlin avaient une quadruple mission. D'abord celle d'accompagner les Forces françaises sur place – c'était le point essentiel, l'ossature de leur ministère. Ensuite, assez logiquement, ils s'occupaient également des francophones protestants, autres que militaires, résidant à Berlin. Leur troisième mission confiée par le Quai d'Orsay – disons plutôt en accord avec le Quai d'Orsay – consistait à établir des liaisons avec les Églises de l'Est. En théorie, c'était rigoureusement interdit, mais cela se pratiquait au vu et au su de tous. Les Soviétiques fermaient les yeux : après tout, c'était une sorte de ballon d'oxygène pour les Églises de l'Est et cela évitait que la pression ne monte trop. C'est pour cette raison qu'ils laissaient faire, d'autant qu'ils savaient qu'ils pouvaient créer un incident à l'instant même où ils le souhaitaient. Le ministère des Affaires étrangères français était au courant de cette mission, mais il s'en désintéressait. En France, il y a la séparation de l'Église et de l'État. Je ne pense pas que, pour le Quai d'Orsay, cette mission s'apparentait réellement à du renseignement. Allez, disons que tout le monde sauvait la face dans cette histoire… Enfin, la quatrième mission de l'aumônier concernait Spandau et l'accompagnement pastoral de son dernier prisonnier.

— Quelles directives donniez-vous aux pasteurs avant de les envoyer à Berlin ?

— Je ne recevais aucune consigne officielle ou définie de ma hiérarchie. Ce n'est d'ailleurs jamais le cas dans l'aumônerie militaire française. On nous confie une mission que nous remplissons à notre façon. Chaque aumônier se comporte comme il le souhaite sur le terrain. Dans le cas de Berlin, j'étais simplement chargé de trouver un pasteur parlant allemand. À son embauche, la Sécurité militaire procédait à une enquête de routine pour vérifier ses antécédents. C'était la procédure normale.

« En ce qui concerne cette quatrième mission, je n'avais aucun droit de regard. L'aumônier devait se conformer strictement au règlement de la prison dont il dépendait. À Spandau, certains, comme on le sait, ont repoussé les limites. Personnellement, avant de les envoyer là-bas, je leur conseillais de respecter scrupuleusement les règles de Spandau, quitte à devoir supporter de pénibles affronts. En fait, j'ai réellement découvert le fonctionnement de cet endroit incroyable grâce à ce que me racontait le pasteur Gabel – personne ne pouvait y entrer, pas même moi. Bien que me rendant à Berlin une ou deux fois par an, je n'ai jamais pu y mettre les pieds.

— Comment vous-même, en tant qu'aumônier, jugiez-vous le travail pastoral des hommes que vous aviez nommés à Spandau ?

— Oh, il est clair qu'il n'était pas des plus faciles ! Ce qu'il faut savoir, c'est que le système de Spandau était similaire à celui qui régissait toutes les prisons civiles européennes en 1947. Au fur et à mesure des années, ailleurs, les choses avaient évolué, mais pas là-bas… C'était impossible à cause des quatre nations occupantes qui ne seraient jamais tombées d'accord. Visiblement, les Soviétiques tenaient par-dessus tout à ce que rien ne change. Dans les années 1980, le système de Spandau avait atteint le comble de l'aberration. L'animosité qui régnait entre certains pays alliés – notamment entre les Russes et les Américains – avait complètement perverti ce système quadripartite. Tout y était littéral, pris au pied de la lettre et donc stupide. On a qualifié ce lieu de kafkaïen, moi, je dirais qu'on y marchait sur la tête, c'était de la pure folie ! Mais cela s'inscrivait dans le Berlin de ces années-là, cette ville coupée en deux par un mur. À l'époque, il arrivait que les Soviétiques envoient une patrouille en armes à l'Ouest pour bloquer une rue, puis ils attendaient que les Alliés viennent les déloger. Ensuite, ils repartaient sans poser de problème. Ce n'étaient que des manifestations de pouvoir, perpétuellement. Nous aussi, nous envoyions des patrouilles à l'Est. Il s'agissait d'appliquer *tous* les accords, de montrer que *tout* restait en l'état et que rien ne changerait jamais. Berlin était une ville folle. Les règles qui régissaient les relations entre les trois nations occidentales et l'URSS étaient aberrantes, mais il y avait des armes des deux côtés : ce n'était pas un jeu.

« Alors, encore plus que Berlin, qui représentait un laboratoire où chaque pays pouvait se mesurer aux autres, voire créer des incidents, Spandau était l'un des rares lieux au monde – peut-être le seul – où, en pleine guerre froide, les Occidentaux étaient obligés de s'entendre avec leur ennemi soviétique. Chaque camp suspectait l'autre en permanence. Alors, un simple aumônier était quantité négligeable. Il était pris en tenaille entre des considérations politiques qui le dépassaient. Il pâtissait notamment de l'absurdité de certains pans du règlement de la prison. Étant donné qu'il lui était interdit d'aborder les événements du passé avec le prisonnier, comment aurait-il pu réellement l'aider ?

« Hess avait peu d'informations sur ce qui s'était produit dans son pays, après son départ en Grande-Bretagne. Il ignorait tout du travail qu'avait fait l'Allemagne pour sonder son passé et se reconstruire. Tous les éclairages donnés au fil des années sur la façon dont elle avait évolué et s'était trouvée entraînée dans cette horreur – les camps de concentration, la déportation des Juifs, des tsiganes ou des homosexuels –, il ne les avait pas. Il en était resté à ses souvenirs des années 1930-1940. Charles Gabel a transgressé le règlement et a abordé avec lui tous ces sujets. Mais comment aider un homme à se pencher sur ses fautes et sur son passé alors qu'on interdit à celui qui est censé l'aider de lui donner des clefs et de parler avec lui ? Un pasteur n'est pas juste un homme de compagnie. Mais c'est un vieux débat. Les hommes politiques ont tendance à dire aux Églises : “Occupez-vous du ciel, nous, on s'occupe de la terre !” Tout, à Spandau, empêchait les aumôniers de remplir leur mission pastorale. Ce n'est pas entre deux portes, entre deux promenades dans le jardin que l'on aide un homme à voir clair en lui ! Interdire à Hess d'avoir accès à tous les éléments du passé était une aberration à mon sens. Pour qu'il puisse éventuellement s'interroger sur la Shoah, l'antisémitisme, le rôle qu'il avait joué dans cette politique, et arriver à une rédemption, il aurait fallu l'obliger à s'y confronter franchement.

« En réalité, je pense qu'il y avait un aumônier à Spandau, parce qu'il en fallait un, un point c'est tout. L'« institution » en avait décidé ainsi en 1947 et cela ne se discutait plus.

— L'« affaire Gabel », si on peut l'appeler ainsi, a éclaté alors que vous étiez en poste à la direction de l'aumônerie générale. Comment l'avez-vous gérée ?

— Charles Gabel, comme vous le savez, a été déclaré *persona non grata* par les Soviétiques. Il avait écrit à tous les chefs d'État occidentaux pour demander la libération de Rudolf Hess. Certes, il n'était pas le seul, mais, comme il avait rédigé ses courriers sur des papiers à en-tête du commandement militaire français, cela a généré quelques problèmes sur le plan hiérarchique. Les Soviétiques lui ont reproché d'avoir sorti des affaires du prisonnier – des documents, des vêtements, etc. – qui auraient été susceptibles de servir un culte de Rudolf Hess. Lui s'est toujours défendu de ces accusations et je l'ai toujours cru sincère. Mais le problème n'était pas là : ce ne sont pas les justifications qui importent lorsque l'on déclare quelqu'un *persona non grata*. Personnellement, j'ai toujours plus ou moins pensé que la fixation qu'avait faite Charles Gabel sur Hess était en quelque sorte d'ordre filial, c'était une sorte de transfert. Je n'ai pas vu venir le moment où il a franchi la ligne. Apparemment, personne ne s'en est rendu compte non plus en Allemagne. C'est pour cela que personne n'a bougé avant. D'ailleurs la bonne question devrait être : Charles Gabel a-t-il franchi la limite du rôle que l'on attend d'un aumônier ? Je ne sais pas comment j'aurais réagi moi-même si j'avais été auprès de ce vieil homme pendant si longtemps. On ne peut empêcher qu'un pasteur ou un prêtre ait des relations personnelles, donc humaines, avec ses paroissiens et, dans le cas qui nous occupe, avec un prisonnier. Ces relations peuvent très bien dépasser le stade intellectuel ou religieux pour devenir personnelles, donc affectives. Il est difficile de ne pas s'impliquer.

— Concrètement, avez-vous subi des pressions pour le faire muter ?

— Oui. Les Soviétiques ne voulaient plus entendre parler de Gabel. Et disons que le commandant gouverneur militaire français de Berlin n'était pas mécontent qu'il s'en aille, même si ce n'est pas lui qui avait décidé de son renvoi…

« Tout s'est déroulé très vite. Un lundi matin, j'ai reçu à mon bureau un coup de téléphone du ministère de la Défense, plus précisément du cabinet du chef d'état-major des armées, me disant : "Vous avez jusqu'à 17 heures pour me trouver un nouvel aumônier parlant allemand pour Berlin." J'ai compris immédiatement que, pour des raisons diplomatiques, la France ne voulait perdre aucun poste en Allemagne. Tout cela avait été négocié à la virgule près depuis très longtemps et il n'était pas question de céder un pouce de terrain face aux autres alliés.

« Je devais réagir vite, mais les effectifs de l'aumônerie protestante n'étant pas nombreux et les "candidats" parlant allemand plus rares encore, la tâche n'était pas facile. Heureusement, Michel Roehrig rentrait de Tahiti, il était libre et, sur un coup de téléphone, il a accepté de partir.

— Pourtant, l'arrivée de Michel Roehrig à Berlin n'a pas suffi à calmer les esprits. Visiblement, la présence d'un aumônier français à la prison de Spandau ne séduisait pas tout le monde…

— Quand Michel Roehrig a débarqué à Berlin pour prendre ses fonctions, Charles Gabel était encore en poste, sauf pour la partie de sa mission relative à Spandau. Il avait du mal à supporter de ne plus s'occuper de cela. En outre, il n'avait pas eu le temps de dire au revoir à Hess ou de lui annoncer qu'il allait être remplacé. C'est alors qu'avec Roehrig ils ont échafaudé ce scénario un peu incroyable du message de Gabel à Hess caché dans la bible de Roehrig. La raison de cette démarche tenait, me semble-t-il, à la nature soupçonneuse de Hess, qui se serait méfié d'un nouvel aumônier s'il n'y avait pas eu cette sorte d'intronisation de Roehrig. Toujours est-il que cette histoire a donné lieu à un véritable drame : Roehrig s'est fait embarquer par les Soviétiques, il a été retenu prisonnier pendant des heures, fouillé au corps même…

« J'étais à mon bureau et le général français de Berlin m'a appelé en personne. « J'ai besoin de vous voir », m'a-t-il dit. Lorsque je lui ai répondu que je serais à Berlin dans une dizaine de jours, il a rétorqué : « Ah non ! Demain ! »

« Comme à l'époque les lignes téléphoniques de Berlin vers Paris passaient au travers de l'Allemagne de l'Est, nous faisions particulièrement attention à nos propos. “Je vous expliquerai, m'a dit le général, venez immédiatement.” Il m'avait retenu d'autorité une place dans le train militaire de Strasbourg à Berlin pour l'aller et une autre en avion pour le retour. Une fois à Strasbourg, on s'est de nouveau parlé au téléphone, mais, encore une fois, il n'a rien pu raconter. C'est seulement lorsque je suis arrivé à la gare de Berlin qu'un membre de son cabinet a pu me donner les grandes lignes de la situation. Une heure après, le général m'expliquait la délicate situation de Roehrig. Ce dernier n'était d'ailleurs même pas au courant que je me trouvais à Berlin. Tout, ensuite, a été mené tambour battant. Après avoir prévenu l'Église allemande, j'ai eu une discussion avec Michel Roehrig et j'ai « recadré » sa mission. Je lui ai rappelé que le point essentiel était qu'un aumônier soit présent jusqu'au bout auprès du prisonnier, que les histoires personnelles ou d'amour-propre vis-à-vis des Russes et des communistes étaient secondaires ; et que, pour que son travail pastoral puisse être mené à bien, il lui fallait accepter un certain nombre de conditions, dont le règlement de la prison. J'ai ensuite rencontré de nombreux diplomates français, avec lesquels nous avons fait le tour de la question. Notre principale préoccupation était le retour de Roehrig à Spandau. Il fallait pour cela calmer les autres alliés, les Russes et les Anglais surtout, et parvenir à trouver avec eux une solution quadripartite. Mais, si j'ai bien compris ce qui m'a été dit par les Affaires étrangères, tout cela était compliqué par les Britanniques, qui faisaient leur possible en coulisses pour nommer un homme à eux au poste d'aumônier. Depuis l'"affaire Gabel", ils voulaient récupérer ce poste, voire le supprimer.

« Les diplomates français sont restés catégoriques : "On va se battre pour garder ce poste", m'ont-ils dit. Ça partait très mal. Je n'avais personne d'autre que Roehrig à envoyer à Berlin, mais, heureusement, les Français n'avaient plus l'intention de céder. Au final, j'ignore quelles tractations ont eu lieu entre les Français et les Britanniques, mais, quelques semaines plus tard, Roehrig a pu retourner auprès du prisonnier. Il a été convoqué par les quatre gouverneurs de Spandau, qui lui ont rappelé les règles du jeu. Il s'est empressé de les suivre et l'incident a été clos. Jusqu'à la mort de Hess, un an plus tard, je n'ai plus été forcé d'intervenir.

— Finalement, le pasteur Roehrig, qui était censé ne s'occuper que du volet Spandau, a repris la totalité du poste de Charles Gabel…

— Après cette histoire de bible, il est devenu difficile de maintenir Gabel à Berlin. On lui a proposé un autre poste, mais il a préféré démissionner de l'aumônerie. Il est parti s'installer en Israël. Il n'a cependant pas quitté Berlin immédiatement. Il n'arrivait pas à s'en aller. « Je ne comprends pas pourquoi il est toujours là », me disait le général.

— Charles Gabel et Michel Roehrig disent avoir eu la désagréable impression que la diplomatie française avait "cédé" devant les Soviétiques. Qu'en pensez-vous ?

— Je comprends ce point de vue, mais je ne dirais pas que les puissances occidentales en présence à Spandau, en premier lieu la France, se sont “couchées” devant les Russes. Enfin… oui et non. Même si les Français n’avaient pas un rôle qu’on peut qualifier de négligeable, ils n’étaient pas non plus des protagonistes de premier plan. Le véritable duo de tête était l’URSS et les États-Unis.

« Encore une fois, quand on a signé un accord, ou bien on le rompt et chacun reprend ses billes, ou bien on fonctionne selon cet accord tant qu’il n’est pas modifié. Quel était l’intérêt de la France de rompre cet accord ? Les Alliés devaient trouver des solutions à quatre et, si l’un d’entre eux refusait, nous n’avions pas d’autre choix que de nous plier à ce refus. J’ai fait tout mon possible pour défendre ces aumôniers. Je n’avais pas nommé Gabel moi-même en 1977, mais je suivais de près sa mission. Ensuite, quand tout s’est précipité, c’est devenu très délicat à gérer. Il est rare qu’en dehors de la sphère diplomatique, quelqu’un soit déclaré *persona non grata* par les représentants d’un pays. J’étais un peu comme une poule devant un couteau. En outre, je recevais des pressions fortes de l’état-major des armées. Le chef de cabinet du chef d’état-major m’a confié : “Quand j’ai expliqué au Quai d’Orsay qu’après tout ce n’était pas grave si un pasteur britannique reprenait la suite, les Affaires étrangères m’ont rétorqué qu’il n’en était pas question.” Côté français, le mot d’ordre était : “On ne perd pas ce poste à Berlin.” Comprenons-nous bien : si le ministère des Affaires étrangères tenait absolument à conserver l’aumônier français, ce n’était bien sûr pas à cause d’un intérêt soudain qu’il aurait porté à l’aumônerie militaire protestante, mais il tenait à garder ses prérogatives comme les autres alliés. Un poste de cuisinier, cela aurait été la même chose. Cette place particulière – la proximité avec le prisonnier – ne comptait que peu aux yeux des autorités françaises. N’oublions pas que le général commandant militaire de Berlin dépendait directement de l'ambassade de France à Bonn, et non de l'état-major. Dans ces années 1986-1987, le quadripartisme n'existait plus qu'à Spandau. Il était important pour chaque pays allié d'y être bien représenté. Grâce à la présence des quatre gouverneurs, des messages pouvaient passer d'une nation à l'autre. Alors, forcément, la prison restait un endroit sensible, intéressant d'un point de vue diplomatique. Les diplomates aiment bien conserver un ou deux points "chauds" que l'on peut rallumer quand nécessaire et grâce auxquels on peut avoir une assise. Pendant la guerre froide, c'était encore plus utile.

— Avez-vous eu parfois le sentiment à cette époque-là d'être "pris en tenaille" entre ce qu'on pourrait appeler des intérêts diplomatiques et votre propre statut de pasteur ?

— J'ai navigué comme j'ai pu entre les pressions des diplomates et la bienveillance que j'éprouvais pour l'aumônier, qui tentait de faire son travail malgré un règlement contraignant et aberrant. Je comprenais par exemple son indignation devant l'interdiction de toucher ne serait-ce que les mains du prisonnier.

« J'ai essayé de me focaliser sur ce qui était l'essentiel à mes yeux : la possibilité pour Hess d'avoir un compagnon pastoral jusqu'au bout, du moins tant qu'il en ferait la demande.

« Tout le monde savait qu'il y avait des micros à Spandau. Il y en avait depuis longtemps. On peut même se demander pourquoi Charles Gabel n'a pas eu d'ennuis auparavant... Peut-être était-il plus prudent ou ne transgressait-il le règlement que dans le jardin ? Quoi qu'il en soit, la mésaventure de la bible a prouvé que les cellules étaient en plus équipées de caméras. Nous savions tous pertinemment que la confidentialité qui doit présider normalement aux entretiens entre un pasteur et un paroissien n'était pas respectée. Officiellement, elle existait, mais c'était faux. Quand, dans les années 1960, les gouverneurs ont permis à l'aumônier d'entrer dans les cellules sans un gardien, ils se sont empressés de remplacer ce dispositif de surveillance par un autre – des micros à cette époque-là. Quand on y songe, ce drame né d'un message écrit dans une bible ne fait que rendre compte de la paranoïa ambiante.

— Vous avez dit tout à l'heure que vous aviez été forcé d'intervenir au moment de la mort de Hess. Pouvez-vous en dire plus ?

— Quand Hess a eu la mauvaise idée de se suicider au mois d'août 1987, tout le monde était en vacances. En apprenant la nouvelle au Journal de 20 heures, je n'ai pu faire qu'une seule chose : téléphoner à Michel Roehrig, en congé lui aussi, pour qu'il rejoigne immédiatement son poste. Il n'avait pas non plus été prévenu par la prison. Il a regagné immédiatement Berlin, mais, quelques heures après, il m'a alerté : on lui interdisait de pénétrer dans l'hôpital pour aller se recueillir sur le corps de Hess. J'ai aussitôt décroché mon téléphone. Le général commandant de Berlin était en vacances, mais j'ai réussi à joindre le chef du cabinet du ministre de la Défense et, le lendemain, Roehrig a reçu l'autorisation d'approcher le corps de Hess.

— Pourquoi une telle interdiction à votre avis ?

— Ah ! tout dépend de la version que l'on choisit concernant la mort de Hess. Pouvait-on voir qu'il avait été assassiné ? Ou bien n'y avait-il rien à voir et ne s'agissait-il que d'un problème purement bureaucratique ? N'ayant pas vu le corps moi-même, je n'ai pas de réponse, mais j'avoue que cette histoire de suicide m'a toujours un peu étonné. Disons que je me suis posé beaucoup de questions suite à l'interdiction imposée à Roehrig. Pour quelles raisons empêcherait-on un pasteur d'approcher le défunt dont il s'est occupé ? Il lui a été interdit d'entrer, c'est un fait, et il a fallu remuer ciel et terre pour que cela soit possible. Une fois ce problème réglé, d'autres ont surgi. Roehrig a finalement pu s'occuper de la levée du corps et – après une autre de mes interventions – il a également pu prendre place dans l'avion qui ramenait la dépouille de Hess dans son village familial. Les accords de Spandau prévoyaient pourtant clairement que l'aumônier en poste à Berlin devait procéder à l'enterrement. C'est pour cette raison que j'avais renvoyé aussi vite que possible Roehrig à Spandau.

« Finalement, les funérailles ont été ajournées, essentiellement parce que les autorités craignaient un déferlement néonazi au cimetière. Le corps de Hess a disparu pendant un an. J'ai appris douze mois plus tard par un entrefilet dans la presse qu'il avait été inhumé à Wunsiedel. Je savais que Charles Gabel avait l'intention de se joindre à Roehrig et de prononcer une prédication à l'enterrement. Je ne vous cache pas que cette idée nous mettait mal à l'aise et que nous avions un peu peur de ce qu'il pourrait dire. Mais je ne pouvais pas m'y opposer. Charles Gabel avait démissionné de son poste d'aumônier et il était libre de faire ce que bon lui semblait. Cela ne me regardait plus. Je n'ai découvert la teneur de sa prédication qu'à la parution de son livre, un an plus tard. Personnellement, je n'aurais pas prêché de cette façon, mais les prédications restent libres dans les Églises protestantes.

— Au cours de vos contacts avec l'état-major ou le Quai d'Orsay, avez-vous eu le sentiment à un moment ou à un autre que la France envisageait la libération de Rudolf Hess ?

— Non, jamais. Je crois qu'aucune des puissances occidentales ne portait assez d'intérêt au sort de Hess pour risquer un incident diplomatique avec les Soviétiques. Bien sûr, on ne risquait pas une guerre nucléaire, mais personne ne souhaitait provoquer une crise sérieuse pour un homme qui par ailleurs ne paraissait pas du tout honorable. En outre, le laisser sortir, c'était prendre le risque de rallumer la ferveur de certains groupuscules néonazis. Entre la crainte d'en faire un martyr et celle de l'ériger en symbole vivant, les Alliés ont, je crois, préféré la première solution. Reste qu'il est difficile de comprendre pourquoi on n'a jamais assoupli les conditions de détention ou pourquoi on ne l'a pas mis en résidence surveillée ou encore libéré sous contrôle, d'autant qu'il n'avait pas été condamné pour crimes de guerre et crimes contre l'humanité. De toute évidence, il y avait une raison pour qu'on le garde, lui, seul en prison, avec le règlement que l'on sait. On sait combien les Soviétiques avaient intérêt à conserver une compagnie à l'Ouest, des garnisons, etc. Cependant, si l'on peut admettre qu'il fallait garder au moins un détenu à Spandau pour que perdure le système, pourquoi Hess ? Pourquoi ce détenu-là ? Reconnaissez que l'identité du dernier prisonnier n'est pas innocente. Il s'agit de l'homme dont le dossier est toujours bloqué dans les archives britanniques, soixante ans après la fin de la Seconde Guerre mondiale. Tout cela suggère un certain nombre de questions. Pourquoi les Britanniques ont-ils essayé, au moment où il devenait grabataire et où il allait peut-être devenir sénile en 1986, de reprendre le poste d'aumônier, voire de le supprimer à la fin de la mission de Gabel ? Pourquoi, au moment de la mort de Hess, y a-t-il eu un tel branle-bas de combat à l'hôpital britannique où reposait le corps ? On interdit au pasteur d'entrer dans la chambre, il y a des tireurs couchés dans les couloirs, sur les toits… J'ai dû intervenir en très très haut lieu pour que l'aumônier aille prier sur le corps. On ne m'a donné aucune explication ou argument. Je peux juste vous dire qu'il m'a fallu faire appel à des gens haut placés au niveau politique. Et que ce sont eux qui ont fait céder les politiques anglais. Tout cela pour que l'aumônier remplisse sa mission… Cela m'a paru à l'époque – et encore aujourd'hui – totalement incroyable !

« Ces blocages, je pense, venaient probablement en partie de la paranoïa qui régnait à Berlin et à Spandau en particulier. Il ne faut pas oublier qu'une prison est un lieu clos et que la folie bureaucratique qui dominait à Berlin devait s'exacerber dans cet univers où la plupart des employés – même les quatre gouverneurs – n'étaient pas débordés par le travail. Je pense pourtant qu'il y a autre chose. Lorsque j'ai su que les Britanniques avaient ouvert toutes les archives sur le conflit de 39-45, sauf les interrogatoires de Rudolf Hess, je me suis dit qu'ils avaient beaucoup à cacher. Que s'est-il passé lors de son "séjour" en 1941 en Grande-Bretagne ? On sait que 1941 a été une année cruciale : l'Europe continentale était soumise, le pacte germano-soviétique protégeait le front Est, et, si les Britanniques s'étaient retirés de la course à ce moment-là, la situation se serait cristallisée pendant de longues années. Il n'y aurait plus eu de tête de pont possible en Europe. Winston Churchill, qui ne voulait pas entendre parler d'Hitler, a dû se battre pour imposer son point de vue. Autour de lui, nombreux étaient ceux tentés par une paix avec l'Allemagne. Quel rôle a joué Hess en débarquant en Grande-Bretagne ? Y a-t-il eu tractations, ébauches de conversation ? Y a-t-il encore des secrets-défense ?

« Ce que je peux affirmer, c'est qu'en 1986, les Britanniques semblaient se mordre les doigts d'avoir accepté que le poste d'aumônier soit rempli par un Français. Ils auraient apprécié d'avoir un homme à eux, d'autant que les pasteurs de l'armée anglaise sont plus "officiers" que les nôtres, plus façonnés par les écoles militaires. Chez nous, ce sont des électrons plus libres, relativement détachés de la hiérarchie. On pourrait me rétorquer que si les Anglais avaient eu peur que Hess se confie, ils n'auraient alors pas hésité à demander, dès 1947, que les aumôniers soient issus de leurs rangs… Mais à l'époque Hess n'était pas le même homme. Il a beaucoup changé en trente ans. C'est durant les dernières années qu'il s'est ouvert, en particulier avec ses pasteurs. Le danger a donc peut-être été jugé plus grand… »

LA FIN D'UN MONDE

Le 17 août 1987, en fin d'après-midi, le porte-parole militaire britannique à Berlin-Ouest, Anderson Purdon, annonce laconiquement à la presse le décès de l'ancien secrétaire d'Hitler à l'âge de quatre-vingt-treize ans. Il confirme dans le même temps la future destruction de la forteresse. « La raison d'être de la prison interalliée de Spandau a cessé avec la mort de Rudolf Hess. Elle a rempli son but[241] », dit-il avant de préciser que les travaux de démolition proprement dits ne démarreront pas avant au moins quatre semaines. Il a pourtant été entendu dans le protocole du 1er octobre 1982, relatif aux « restes mortels de Rudolf Hess », et dans le paragraphe 5 du même protocole concernant « la liquidation de la prison[242] », que le chantier démarrerait dans les quarante-huit heures après la mort du dernier prisonnier, afin d'éviter que le site ne se transforme en lieu de pèlerinage pour les nostalgiques du IIIe Reich. Mais, au lendemain du « suicide » de Hess, les Alliés se trouvent confrontés à une difficulté majeure : l'obligation de laisser le SIB (Special Investigation Branch) britannique investir les bâtiments principaux et la cabane de jardin du complexe pénitentiaire pour mener une enquête officielle sur les causes de la disparition de Rudolf Hess. De son côté, la famille de l'ancien prisonnier, par la voix de son avocat, le Dr Seidl, demande à pouvoir avoir accès à la serre et insiste pour que la prison soit préservée. Le 23 août, par mesure de prudence, des militaires britanniques dressent une clôture de deux mètres de haut autour du complexe. Sur les miradors qui surplombent les bâtiments désormais déserts, les sentinelles américaines, dont c'est encore le mois de garde, patrouillent, fusil en main. L'ambiance est tendue. La plus grande crainte des Alliés est de voir se reproduire la scène qui vient d'avoir lieu devant les grilles de la prison, où une centaine de néonazis en treillis militaires sont venus déposer des bouquets de fleurs en hommage au « martyr Rudolf Hess ».

Dans leur esprit, l'urgence est de faire table rase de l'imposant édifice de briques rouges et par là même surtout de faire disparaître à jamais le souvenir du dernier criminel nazi jugé à Nuremberg.

D'autant que le destin du dernier vestige du quadripartisme a été scellé depuis de nombreuses années et que plus personne ne s'oppose à sa destruction définitive. Cela n'a pas toujours été le cas. Au début des années 1960, alors que la possibilité qu'on libère Rudolf Hess en même temps qu'Albert Speer et Baldur von Schirach est encore d'actualité, il a été question que les Britanniques rendent le complexe de Spandau en l'état aux autorités ouest-allemandes. Mais cette solution a rapidement été disqualifiée. À partir des années 1970, l'évident délabrement des principaux bâtiments de la prison et la situation exceptionnelle de son unique et dernier prisonnier modifient les données du problème. L'idée que le site puisse devenir à la mort du prisonnier un monument du souvenir donne des sueurs froides aux quatre nations occupantes, un sentiment que partage le gouvernement ouest-allemand. Ce sont les maires de Berlin-Ouest, d'abord Dietrich Stobbe, puis Hans-Jochen Vogel, qui montent les premiers au créneau : ils s'inquiètent de l'image que donne à leur ville la sinistre prison de Spandau, située à l'écart de la grande artère Kurfuerstendamm, dans un quartier résidentiel et verdoyant.

« Depuis quarante ans, le nom de Spandau était synonyme de prison dans le monde entier, alors qu'il y a des choses bien plus jolies dans notre quartier », dira en août 1987 la municipalité de l'arrondissement de Spandau, en se félicitant du démarrage imminent des travaux de démolition[243].

Mais, avant d'arriver à la signature de l'accord d'octobre 1982, les Alliés doivent tenter de convaincre les Soviétiques que, comme le dit Hans-Jochen Vogel, il n'y a « aucun aspect positif, mais seulement des mauvais, à faire durer les différends concernant le futur de la prison de Spandau[244] ».

Durant les années 1970, les Soviétiques ne semblent pas décidés à envisager même dans un avenir lointain la liquidation pure et simple de ce qui leur assure une position essentielle et unique dans le monde occidental secoué par la guerre froide. Depuis 1947, ils en sont venus à regarder ce lieu coupé du temps et de l'espace comme un petit bout de territoire diplomatique. Assurer leur mainmise sur ces quarante mille mètres carrés est d'une importance capitale. Et, de la même façon qu'ils refusent toute amélioration dans les conditions de détention du prisonnier, toute discussion les opposant à leurs alliés sur le devenir de Spandau leur apparaît comme une propagande insupportable… Si leur ennemi reste encore et toujours le nazisme personnifié par Rudolf Hess, ils n'ont pas de mots assez durs pour stigmatiser la bienveillance avec laquelle les trois nations considèrent la question de Spandau. En témoigne cet article du 7 janvier 1970 du journal officiel soviétique *La Pravda*, à propos de la campagne pour faire libérer Hess : « L'impérialisme est clément […] avec les criminels, qu'ils soient fascistes ou racistes, car sa propre politique de brigandage international et d'agression, de néocolonialisme et d'intolérance raciale est elle-même criminelle[245]. »

Comme l'explique l'historien américain Norman J. W. Goda, dans son récent ouvrage[246] paru en janvier 2007 aux États-Unis, il semble que les Alliés, conscients que les Soviétiques cherchaient à conserver la forteresse dans son caractère quadripartite afin d'instaurer leur présence durable à l'Ouest, aient fait valoir qu'en vertu de la directive numéro 35 du

Conseil de contrôle interallié[247], seuls les Britanniques pouvaient réellement et légalement revendiquer la propriété de Spandau ; cette dernière se trouvant, comme on le sait, dans la zone britannique de Berlin-Ouest. En considérant ce problème en 1982 dans le cadre de ce qui devint le protocole de Spandau, les Soviétiques comprirent qu'ils n'avaient pas de « droit éternel sur Spandau », écrit l'historien.

Il fut donc entendu entre les quatre puissances – et avec le plein accord de l'Allemagne de l'Ouest – que la prison serait d'abord rasée par les Britanniques avant que le terrain sur lequel elle était construite soit rendu aux autorités de Berlin-Ouest.

Bien qu'envisagée de longue date, le décès de Hess – ou plutôt la nature de son décès – prend les Alliés de court. Car, même si le projet de démolition a été annoncé aux médias, dès le 17 août, il semble que rien n'ait été planifié concrètement. À peine annonce-t-on qu'« un appel d'offres pour l'énorme chantier a été lancé auprès d'entreprises de Berlin-Ouest », puis, quelques jours plus tard, que « les quarante mille mètres carrés ainsi dégagés donneront naissance à un centre commercial et de loisirs pour la garnison britannique berlinoise[248] ».

Alors, dans un premier temps, soucieux d'éviter que des employés de la prison ne s'emparent de souvenirs ayant appartenu au prisonnier, les Britanniques[249] placent sous surveillance militaire la serre où il s'est officiellement donné la mort et mettent sous scellés la rallonge électrique, sa canne et son dentier, qui seront finalement brûlés à la mi-septembre. De la même façon, ce qu'il reste de sa tenue d'aviateur avec laquelle il s'est envolé en 1941 pour la Grande-Bretagne est jeté aux flammes[250]. Ses affaires personnelles seront remises à sa famille – lettres, photos, livres – après que des gardiens britanniques ont ôté au dos avec du détergent les marques du tampon encreur de l'administration spécifiant : « Numéro 7. Prison interalliée de Spandau[251]. » Depuis le 18 août, « les quatre puissances ont entrepris le déménagement discret des meubles et des dossiers. Le mobilier sera détruit. Les documents seront remis à chacun des quatre alliés qui doivent les garder secrets jusqu'en 2017[252] ». En l'occurrence, d'après l'historien Norman Goda, « les registres originaux – qui ont été placés au préalable sur microfilms – seront brûlés le 11 janvier 1988, devant les gouverneurs de la prison ». « À la fin août, le bâtiment principal avait été complètement vidé, écrit encore Norman Goda. Même le gouverneur britannique Le Tissier, vêtu d'un jean, a pris un certain plaisir à jeter les vieux meubles en bas du perron du bâtiment principal. L'orgue de la chapelle a été jeté par les fenêtres cassées de l'ancienne chapelle[253]. »

Dans le quartier, les résidents ne cachent pas leur enthousiasme à l'idée de voir enfin démolir la vieille prison centenaire, dont la notoriété mondiale attire trop de touristes à leur goût ; des touristes qui ne cessent de demander aux chauffeurs de taxi berlinois de les emmener devant le numéro 23 de la Wilhelmstrasse.

Le 2 septembre 1987, soit deux semaines après le suicide de Rudolf Hess, des témoignages d'habitants du quartier font état de la présence d'ouvriers sur les toits de la bâtisse devenue inutile. « Des hommes ont commencé à démanteler des pans entiers de Spandau [...]. Des témoins disent avoir aperçu une douzaine d'ouvriers en bleu de travail qui enlevaient les fenêtres et les châssis[254] », rapporte la presse. Tandis que certains découpent les hautes grilles vertes barrant l'entrée de la prison au moyen de chalumeaux, d'autres, juchés sur les toits, se photographient les uns les autres en détruisant les tuiles[255]. « La destruction de la prison de Spandau vient de démarrer », titre d'une seule voix la presse internationale le 3 septembre 1987 au matin. Pourtant, lorsque des journalistes cherchent à savoir qui sont les ouvriers surpris en plein travail de démantèlement, les autorités britanniques se réfugient dans le silence et refusent de confirmer que les hommes observés sur les toits de Spandau appartiennent à la firme prochainement chargée du chantier. « Nous n'avons pu obtenir aucune réponse du bureau du porte-parole diplomatique britannique Anderson W. Purdon, note le bureau de l'*Associated Press* à Berlin[256]. En outre, les responsables du service de presse de la ville de Berlin nous ont déclaré que tous les porte-parole habituellement disponibles étaient rentrés chez eux pour la journée. »

Bien que les Britanniques aient annoncé quelques jours plus tôt que l'entreprise chargée des travaux serait choisie à Berlin-Ouest, en ce début du mois de septembre, ils se sont pour l'instant refusés à préciser le nom de cette dernière. Il est vrai que l'enquête sur la disparition de Rudolf Hess n'est toujours pas bouclée et que le chantier ne peut donc pas encore officiellement démarrer. Alors, comment expliquer ce début de « grandes manœuvres » ?

En réalité, les hommes aperçus sur les toits ne sont pas des ouvriers du bâtiment berlinois, mais des militaires anglais appartenant au corps des British Royal Military Engineers[257]. Contrairement à ce qu'ils ont annoncé, les Alliés ont décidé secrètement de ne pas attendre les conclusions des investigations officielles pour détruire le symbole qu'est devenue la prison de Spandau. Depuis le 17 août, des incidents isolés émanant de groupuscules d'extrême droite leur font craindre le pire : des néonazis n'ont-ils pas déjà attaqué des troupes américaines à Francfort avant de menacer de mort le soldat US qui avait accompagné Hess dans la serre[258] ?

Outre des débordements néonazis, les Alliés redoutent aussi qu'à tout moment – malgré les précautions prises –, des nostalgiques ou des gens indélicats attirés par l'appât du gain ne s'emparent d'objets ou de matériaux encore sur le site et ne les transforment en reliques. En outre, les autorités allemandes locales, qui font face, depuis deux semaines, à des pressions diverses et variées pour conserver en l'état le site de Spandau, poussent les Britanniques à accélérer leur calendrier. C'est ainsi que le 2 septembre, le gouverneur anglais de Spandau, Tony Le Tissier, charge cent militaires de la garnison, déguisés en bleu de travail d'ouvriers allemands, de commencer à détruire le toit du bâtiment principal à l'aide de pioches[259].

Lorsque finalement démarrent officiellement les travaux de démolition, le 21 septembre 1987, il semble qu'hormis les murs, il ne reste déjà plus grand-chose de la dernière demeure de Rudolf Hess. Là encore, beaucoup de versions s'affrontent. On peut même dire que la chronologie des événements apparaît pratiquement impossible à relater. La serre dans laquelle Hess a mis fin à ses jours a-t-elle été détruite dans les quarante-huit heures suivant son décès ou plus tard, en septembre ? Qu'est-il advenu réellement des affaires personnelles ayant appartenu à Hess ? Ont-elles été remises à sa famille, comme le dit l'historien Norman Goda, qui s'appuie sur les rapports de la réunion des gouverneurs de Spandau du 29 septembre[260] ? Ou bien ont-elles été toutes détruites, y compris ses carnets, au lendemain de sa mort, le 18 août 1987, empêchant ainsi ses proches de les récupérer[261] ?

Ce qui est sûr, c'est qu'il faudra presque un an aux Britanniques pour faire disparaître totalement le souvenir de Spandau. Confié à l'entreprise de bâtiment de Berlin-Ouest Hafemeister, le chantier, placé sous haute surveillance britannique, nécessite de gros moyens : grues, boules de démolition en acier. Pour percer les premières brèches dans le porche d'entrée et les hauts murs en brique rouge entourant le complexe, les ouvriers utilisent même des vérins hydrauliques. Soumis à une clause de confidentialité, ils se sont engagés à ne rien subtiliser sur les lieux. Pourtant, des chasseurs de souvenirs vont parfois jusqu'à leur offrir l'équivalent de cent euros pour une seule des briques ayant composé l'étage des cellules où vivait seul Rudolf Hess depuis vingt et un ans[262].

Les matériaux récupérés, enchevêtrement d'acier ou de ciment, sont ensuite transportés en camion de l'armée jusqu'à la base militaire britannique de Gatow en Allemagne. Il faut, comme on s'en doute, des jours et des jours et d'innombrables convois pour nettoyer le site. Une fois déchargés, les débris de la prison sont réduits en poudre et mixés avec d'autres gravats afin qu'ils soient définitivement perdus[263]. Qu'est-il advenu ensuite de cette « poussière » ? Si, selon Norman Goda, elle a fini enfouie au fond d'un grand trou planté d'herbe et d'arbres[264], une « légende » tenace persiste à dire qu'elle aurait été dispersée dans la mer du Nord. Ce dernier point résume à lui seul ce qu'a été la prison de Spandau : un univers bruissant de rumeurs, soumis à des diktats plus rocambolesques les uns que les autres.

Vingt ans plus tard, il n'en reste rien. Aujourd'hui, l'ancien site est investi par un immense parking et un grand magasin KMart, dont le panneau publicitaire, hissé à plusieurs mètres du sol, interpelle les visiteurs et les consommateurs en ces termes : « Merci de votre visite ! »

On peut se demander qui bientôt parmi les jeunes générations se souviendra que sur cet emplacement s'est dressé pendant près d'un demi-siècle, à travers une poignée d'hommes, puis un seul, le symbole de la punition du nazisme. Et qui se souviendra aussi, demain, qu'en rasant jusqu'au dernier grain de poussière ce lieu qui fut sous le IIIe Reich un bastion de la barbarie, les Alliés achevaient ainsi leur mission commencée à Nuremberg et refermaient en quelque sorte l'ultime chapitre de la Seconde Guerre mondiale.

ANNEXES

I - RAPPELS BIOGRAPHIQUES

Erich Raeder (1876-1960)

Issu d'une famille de classe moyenne installée à Hambourg, c'est en 1894 qu'Erich Raeder rejoint la marine allemande au sein de laquelle il prend rapidement du galon. Après la Première Guerre mondiale, il est nommé chef du service central de l'office maritime du Reich (1918), puis chef de la direction de la marine. En 1925, il devient vice-amiral, et amiral en 1928. Après la prise de pouvoir par les nazis – un parti qu'il affirme détester –, Raeder reste fidèle à l'État qu'il sert depuis la république de Weimar. En 1935, malgré son opposition farouche à la lutte contre l'Église chrétienne et aux procédés utilisés contre les Juifs, il est nommé général amiral et commandant en chef de la Reichsmarine. Promu grand amiral en 1939, il dirige l'occupation de la Norvège par la Wehrmacht en 1940. Pourtant, dès le démarrage de la guerre, ses divergences d'opinion avec Hitler ne font qu'augmenter en puissance et en nombre. Il met en garde avec énergie contre la campagne en Union soviétique, jugeant irresponsable l'opération Barbarossa alors que les troupes doivent déjà se battre contre l'Angleterre. Désavoué par Hitler à la suite de l'échec de la marine allemande à détruire des convois britanniques et menacé en interne par l'ascension de l'amiral Dönitz, Raeder démissionne de son poste en signe de protestation en janvier 1943. Reconnu coupable au procès de Nuremberg principalement pour son rôle dans l'invasion du Danemark et de la Norvège, il est condamné à la prison à perpétuité. Il sera finalement libéré pour raisons de santé en 1955 et écrira son autobiographie, *Mein Leben*, en 1975.

Karl Dönitz (1891-1980)

Karl Dönitz est né à Grünau en 1891 d'un père ingénieur. Il participe à la Première Guerre mondiale dans la marine et se spécialise dans les submersibles. En 1935, il prend les commandes de la flotte des U-boot (sous-marins allemands) et, à ce titre, conçoit l'arme sous-marine d'Hitler, planifie la construction et le déploiement des submersibles et développe leurs tactiques de combat. Bien que n'ayant jamais appartenu au parti nazi, il est nommé vice-amiral en 1940, puis amiral en 1942. Jusqu'en 1943, sous les ordres de son supérieur Erich Raeder, il obtient des résultats spectaculaires, coulant quatorze tonnes de navires marchands alliés. Les dissensions grandissantes entre Raeder et Hitler le propulsent en 1943 à la tête de la marine allemande : il est nommé grand amiral et prend le commandement en chef de la Reichsmarine. Fidèle d'Hitler qui le consulte régulièrement en matière de stratégie navale, il proclame le « Laconia

Order » – ordre interdisant de venir en aide aux ennemis survivants de bateaux coulés. Début 1944, devant l'échec de la bataille de l'Atlantique, il décide, en accord avec Albert Speer, ministre de l'Armement, de porter l'effort sur de nouveaux sous-marins indétectables. Mais il n'a pas le temps de les mettre en action et, en 1945, il tente de limiter les dégâts en assurant le maximum d'évacuation devant l'armée soviétique. Dans son testament final du 30 avril 1945, Hitler le choisit comme successeur en récompense de sa fidélité de toujours. Dönitz dirige alors un éphémère gouvernement fantôme jusqu'à son arrestation le 23 mai. Reconnu coupable de crimes de guerre à Nuremberg, notamment à cause de son « Laconia Order », il est condamné à dix ans de prison. Ses Mémoires intitulés *Dix ans et vingt jours* furent publiés en 1958. À ses obsèques en 1980 dans un village près de Hambourg, les délégations furent nombreuses.

Konstantin von Neurath (1873-1956)

Diplômé en droit, Neurath entre dans le corps diplomatique en 1901. D'abord vice-consul à Londres de 1903 à 1908, puis conseiller de l'ambassade d'Allemagne, il devient successivement ambassadeur à Copenhague en 1919, à Rome entre 1921 et 1930, et finalement à Londres. En 1932, il est nommé ministre des Affaires étrangères du chancelier Franz von Papen et conserve son poste sous Schleicher et Hitler. En 1937, il rejoint le parti nazi et reçoit le grade d'Obergruppenführer[265]. En février 1938, il est sanctionné par Hitler en raison de son opposition à la politique étrangère agressive voulue par le Führer et, en guise de consolation, et se voit remplacé par Joachim von Ribbentrop. Cantonné à un rôle désormais marginal, il reste ministre sans portefeuille et est nommé président du fantomatique conseil du cabinet secret et membre du conseil de défense du Reich.

En 1939, il est nommé gouverneur de Bohême-Moravie, devenue protectorat du Reich. À ce poste, il est chargé d'interdire les partis politiques, les syndicats et les manifestations, et de contrôler la presse. Néanmoins, jugé trop conciliant et peu efficace par Hitler pour mater la résistance tchèque, il est démis de ses fonctions en 1941 et envoyé en « congé maladie ». Son remplaçant s'appelle Reinhard Heydrich. Reconnu coupable lors du procès de Nuremberg des quatre chefs d'accusation, il est condamné à quinze ans de prison. Libéré de Spandau en 1953 pour raisons de santé, il meurt trois ans plus tard entouré de sa famille.

Walther Funk (1890-1960)

Walther Funk est né le 18 août 1890 à Königsberg. Après des études de droit, d'économie et de philosophie, il devient journaliste et, à partir de 1922, accède au poste de rédacteur en chef de la *Berliner Börsenzeitung*, une parution conservatrice traitant de questions économiques. Foncièrement nationaliste et anticommuniste, il rejoint le parti nazi en 1931 et devient le conseiller personnel d'Hitler dans le domaine économique. Un an plus tard, il est élu au Reichstag – Parlement allemand – et, dès l'arrivée des nazis au pouvoir, est nommé secrétaire d'État au ministère de la Propagande et responsable de la presse du gouvernement. Le 27 novembre, à la demande d'Hitler, il remplace Schacht à la tête du ministère de l'Économie, puis, en 1939, prend la direction de la Reichsbank. Lors du procès de Nuremberg, il est reconnu coupable de crimes contre la paix en sa qualité de ministre de l'Économie et de crimes de guerre et contre l'humanité. En effet, l'or appartenant aux Juifs exterminés dans les camps était directement envoyé à la Reichsbank qu'il dirigeait. Condamné à la prison à vie, Walther Funk, déjà très malade lors du procès, est libéré en mai 1957 pour raisons de santé. Il meurt trois ans plus tard à Düsseldorf.

Baldur von Schirach (1907-1974)

Schirach naît en 1907 à Weimar dans une famille d'officiers aristocrates fortunés. Il est le dernier d'une fratrie de quatre enfants. Son père Carl est officier et sa mère, Emma, est la fille d'un avocat américain. Schirach affirmera d'ailleurs que, par sa lignée maternelle, il descend de deux signataires de la Déclaration d'indépendance américaine. En 1908, son père quitte l'armée pour prendre la direction du théâtre impérial de Weimar. L'enfance de Baldur von Schirach se déroule dans un univers privilégié dominé par la littérature, la musique et les arts. À dix ans, le petit Baldur devient membre de la Ligue des jeunes Allemands, une organisation nationaliste et raciste. La défaite de 1918 marque durablement la famille Schirach. Le père, révoqué de son poste, se retrouve au chômage, tandis que le fils aîné se suicide. Amer et profondément conditionné par la haine que voue son père à la république de Weimar, Schirach refuse la proposition que lui fait la famille de sa mère de faire sa carrière aux États-Unis, et se tourne vers l'extrême droite allemande. En 1925, au cours d'un dîner familial, il rencontre Adolf Hitler et, fasciné, adhère aussitôt au parti national-socialiste. Tout en poursuivant ses études à Munich, il fédère ses condisciples et, en 1929, prend la tête de l'Union des étudiants hitlériens. Il attire ainsi à la cause nazie des milliers d'adolescents. Impressionné par son talent d'organisateur et de propagandiste, Hitler le nomme chef des Jeunesses hitlériennes en 1931 – un poste spécialement créé pour lui qu'il conservera jusqu'en 1940. Sous son impulsion, le mouvement passera de six millions de membres en 1936 à près de huit millions en 1938 – avant de devenir obligatoire en 1939. Membre du Reichstag – le Parlement allemand – et colonel dans la SA, Schirach épouse en 1932 la fille du photographe personnel d'Hitler Henriette Hoffman[266]. Nommé secrétaire d'État à la Jeunesse en 1936, il devient, sous la tutelle directe d'Hitler, le seul responsable de l'éducation morale, physique et idéologique de la jeunesse allemande. C'est à lui – et non pas à Himmler – que l'on doit la célèbre phrase : « Quand j'entends le mot *culture*, je sors mon revolver ! »

En 1940, après s'être enrôlé volontairement dans la campagne de France, Schirach est nommé gouverneur de Vienne et Gauleiter, où il est chargé de mettre en place la déportation des Juifs. Mais, victime des manœuvres de son ennemi Martin Bormann et de ses goûts artistiques dispendieux qui horripilent le Führer, il perd peu à peu de son influence. En 1943, ses protestations contre les mauvais traitements infligés aux Juifs et aux Russes achèvent de consommer la rupture. En 1945, il se constitue prisonnier auprès des Américains. Au cours du procès de Nuremberg, il est le seul avec Albert Speer à reconnaître la culpabilité du régime nazi, mais est condamné néanmoins à vingt ans de prison pour complot contre la paix et crimes contre l'humanité. Très proche de ses fils pendant ses années d'incarcération à Spandau, il est libéré en octobre 1966 et s'installe seul dans le sud de l'Allemagne. Vieilli et malade, il publie ses Mémoires en 1967 et meurt dans son sommeil en 1974 dans une chambre d'hôtel.

Albert Speer (1905-1981)

Albert Speer naît le 19 mars 1905 à Mannheim dans une famille de la haute bourgeoisie allemande. Son enfance se passe dans la ville d'Heidelberg. Après des velléités de devenir mathématicien, il suit finalement les traces de son père et de son grand-père et s'attelle à des études d'architecture. En 1930, il assiste en tant qu'étudiant à un meeting du parti nazi et en ressort impressionné par les discours d'Adolf Hitler. Un mois plus tard, il rejoint le parti national-socialiste et, très vite, commence à mettre ses talents au service de la cause. Remarqué par le Führer en personne, il est chargé en 1933, par l'intermédiaire de Joseph Goebbels, de rénover le ministère de la Propagande. Il n'a que vingt-huit ans à peine. S'ensuivent plusieurs autres commandes : la chancellerie du Reich ou le palais du parti à Nuremberg. Très vite, il devient l'un des plus proches collaborateurs d'Hitler et sans doute un de ses rares amis[267] et confidents. Unis par la même passion de l'architecture grandiose, les deux hommes s'admirent mutuellement et leur « amitié » perdurera jusqu'à la fin de la guerre. En 1934, Speer est nommé architecte en chef du parti. Jusqu'au début de la guerre, il travaille d'arrache-pied à des projets pharaoniques, censés exalter la grandeur du Reich : la création d'une nouvelle Berlin, capitale de la Grande Allemagne, stades olympiques, arc de triomphe. Faute de crédits, ces plans seront abandonnés dès 1939. Mais l'une des réalisations les plus spectaculaires de Speer est sans doute l'organisation scénographique des parades de Nuremberg. En 1934, lors du rassemblement du parti, il place cent cinquante projecteurs antiaériens autour du site, donnant jour à une véritable *cathédrale de lumière*[268].

Durant la guerre, Speer occupe différents postes administratifs et, en 1942, est nommé ministre de l'Armement et de la Production de guerre. Depuis un an, il est également député au Reichstag. Son intelligence et son sens de l'organisation vont faire merveille à ce poste de ministre. Rapidement, il élève le niveau de production et, sous ses ordres, le nombre d'ouvriers passe de deux millions six cent mille à quatorze millions. Le nombre de chars va être multiplié par quatre en l'espace de trois ans. Pour atteindre ces différents objectifs, Speer exploite la main-d'œuvre étrangère réquisitionnée, prisonniers de guerre et détenus des camps. En 1944, il tente cependant de convaincre Hitler que la guerre est perdue et refuse d'appliquer la politique de la terre brûlée que ce dernier lui impose. Malgré sa prétendue tentative d'assassinat contre le Führer en février 1945[269], il lui reste attaché et se rend à plusieurs reprises dans le bunker de Berlin aux derniers jours du Reich. Il y est présent le jour de l'anniversaire d'Hitler en avril 1945.

Condamné à vingt ans de prison pour crimes de guerre et crimes contre l'humanité au procès de Nuremberg, Speer est l'un des seuls à avoir exprimé ses regrets pour le génocide des Juifs. Sa libération en octobre 1966 est un immense événement médiatique, tout comme le seront ses livres autobiographiques. Redevenu un personnage public, Speer mène une vie aisée aux quatre coins du monde, donnant conférence sur conférence. Éloigné de sa famille et surtout de ses six enfants avec lesquels il n'a pas su renouer des liens, il meurt en 1981 d'une hémorragie cérébrale, auprès de sa maîtresse, à peine sorti des studios de la BBC.

Rudolf Hess (1894-1987)

Rudolf Hess est né à Alexandrie en Égypte dans une famille de négociants fortunés originaires de Wunsiedel en Bavière. À l'âge de quatorze ans, il est envoyé en Allemagne pour y poursuivre sa scolarité. Suivant les injonctions de son père, il entame à contrecœur des études de commerce, qu'il abandonne dès qu'il le peut en s'engageant comme volontaire au cours de la Première Guerre mondiale. Après deux blessures reçues au combat, Hess sert dans l'aviation avec le grade de lieutenant. Démobilisé après la défaite allemande et révulsé par le traité de Versailles, il revient à Munich et, tout en suivant des cours de géopolitique et d'histoire, il s'engage dans des mouvements d'extrême droite. Sa rencontre avec son professeur de géopolitique Karl Haushofer, théoricien de l'« espace vital », le marque définitivement. Après avoir entendu Adolf Hitler parler dans une petite brasserie de Munich, Hess s'inscrit au NSDAP[270] en juillet 1920, devenant ainsi le seizième membre du parti. Violemment anticommuniste, politiquement enflammé, Hess ne quitte plus Adolf Hitler, n'hésitant pas à remettre à leur place tous ceux qui cherchent à perturber les meetings de son chef. Condamné en 1924 à quinze mois de prison suite au putsch – manqué – de la brasserie de Munich (novembre 1923), il est le secrétaire personnel d'Hitler en détention à la prison de Landsberg. C'est à lui que le futur Führer dictera la plus grande partie de son livre *Mein Kampf*. Devenu conseiller de l'homme fort du parti nazi, Hess, personnage d'une loyauté et d'une obéissance totales, l'aide à rédiger des tracts de propagande antisémite, s'occupe de son courrier et le protège contre toute attaque dans l'attente de leur victoire future. Il est l'initiateur des termes « *Heil Hitler* » ou « *Mein Führer* ». Pourtant, il faudra quelques années avant que Hess occupe un poste quelconque au sein du parti nazi, même si, depuis 1929, il est officiellement adjoint personnel du Führer. En 1932, Hitler le nomme président de la Commission centrale politique du NSDAP. Mais dès l'accession au pouvoir en 1933, Hess va être cantonné à des tâches essentiellement honorifiques ou administratives en tant que représentant du Führer auprès du parti. Une de ses missions est par exemple d'annoncer l'arrivée d'Hitler, avec force exaltation, lors des rassemblements du parti ! Ministre sans portefeuille en 1933, il a à charge cependant de contresigner chaque loi qui voit le jour, y compris les lois racistes de Nuremberg en 1935.

À partir du déclenchement de la guerre en 1939, Hess va être peu à peu écarté de l'entourage d'Hitler au profit des lieutenants Goering, Himmler ou Goebbels. Est-ce pour retrouver crédit auprès de son chef adoré que Hess s'envole le 10 mai 1941 pour l'Écosse à seule fin d'y rencontrer lord Hamilton, qu'il a croisé lors des jeux Olympiques de 1936 ? Son but : persuader le gouvernement britannique des intentions pacifiques et amicales d'Hitler à leur égard. Alors qu'il est emprisonné à la tour de Londres, Hitler fait dire qu'il est fou et qu'il a agi selon sa seule initiative. Hess passe la fin de la guerre au Royaume-Uni et est traduit au procès de Nuremberg. Sa santé mentale donne lieu à toutes les rumeurs possibles.

Il meurt à Spandau à l'âge de quatre-vingt-treize ans en 1987. Pratiquement tous les ans depuis, une « marche de la mémoire » attire tous les 17 août plus de deux mille sympathisants néonazis sur sa tombe à Wunsiedel.

II - REQUÊTE DE RUDOLF HESS AUPRÈS DU DIRECTEUR DE LA PRISON, 1982

REQUÊTE AUPRÈS DE LA DIRECTION
avec prière de faire suivre une copie et une traduction aux destinataires

Aux gouvernements des quatre puissances responsables de la prison militaire internationale de Berlin-Spandau :

Deux de mes anciens codétenus ont été libérés au bout de sept ans en raison de leur mauvaise santé, alors qu'ils avaient été condamnés comme moi à la réclusion à perpétuité.

Mon propre état de santé : j'ai eu récemment, en l'espace de quatre semaines seulement, deux graves attaques cardiaques. La première a été rapidement surmontée grâce à la nitroglycérine. Malgré le recours aux mêmes médicaments et à un complément d'oxygène, la seconde n'a pu être ramenée à un pouls normal qu'au bout d'une heure et demie – mon pouls ayant atteint cent cinquante pulsations par minute.

Mon état de santé permanent est caractérisé par les souffrances suivantes :

— crampes d'estomac et crampes intestinales tous les jours et toutes les nuits ;

— constipation durant deux ou trois jours ;

— vertiges ;

— grave hernie inguinale ;

— atrophie musculaire de la jambe droite, ce qui entraîne un risque de chute permanent. Quand je tombe, même en me servant d'une canne, je ne peux pas me relever sans l'aide d'une tierce personne ;

— œdèmes aux deux jambes ;

— troubles respiratoires permanents ;

— déformation de la colonne vertébrale ;

— aveugle aux trois quarts. Seul mon œil droit voit à moitié. J'ai une cataracte à l'œil gauche.

Voilà comment j'explique le fait que, malgré mon mauvais état de santé et après quarante et un ans de détention (dont trente-six de réclusion), je n'ai pas été libéré :

On suppose que je sais quelque chose qui ne doit être connu de l'opinion sous aucun prétexte, et l'on veut empêcher que j'aie des activités politiques après ma libération.

Dès lors je me déclare prêt, dans le cas de ma libération, à m'engager sur l'honneur à observer une discrétion absolue si un sujet sensible était mentionné en ma présence – je ne sais pas de quoi il pourrait s'agir –, je suis prêt aussi à renoncer à toute activité politique, y compris les manifestes électoraux et autres choses de la sorte.

Je considère comme tout à fait absurde l'idée que je pourrais être encore actif politiquement à mon âge – de quatre-vingt-huit ans passés – et dans mon état de santé.

Je souhaite seulement pouvoir passer le peu de temps qu'il me reste encore à vivre en compagnie de ma famille, et en particulier avec mes petits-enfants.

La violation de ma parole irait contre mon honneur et me priverait de toute considération aux yeux de l'opinion publique.

C'est pourquoi je vous prie, eu égard à ce que je viens d'exposer, de me libérer.

Rudolf Hess
Spandau, le 31 août 1982

NR. 7.

01.09.82

GESUCH

An die Direktion

mit der Bitte um Weiterleitung in Kopie oder Uebersetzung an die Advokaten.

An die Regierungen der vier für das Internationale Militärgefängnis in Berlin-Spandau zuständigen Mächte.

Zwei meiner einstigen Mitgefangenen wurden wegen schlechten Gesundheits-Zustandes bereits nach sieben Jahren entlassen, obwohl sie wie ich zu lebenslänglicher Haft verurteilt worden waren.

Mein eigener Gesundheits-Zustand:

Vor kurzem erlitt ich in nur vier Wochen Abstand zwei schwere Herzattacken. Die erste wurde durch Einnahme von Nitro-Glyzerin schnell überwunden. Die zweite konnte trotz der gleichen Mittel und Sauerstoff-Einatmen und Spritzen erst nach einer halben Stunde mein hoher Puls – er bewegte sich diese Zeit hindurch um 150 die Minute – zurückgeführt werden.

Mein Dauer-Gesundheits-Zustand ist durch folgende Leiden gekennzeichnet:

alltägliche und allnächtliche schwere Magen- und Darmkrämpfe;

zwei bis drei Tage anhaltende Darmverstopfung;

Schwindel-Zustände;

Schwerer Bruch;

Muskel-Schwund am rechten Bein mit der fortgesetzten Gefahr zu stürzen. Bei einem Sturz kann ich selbst bei Einsatz

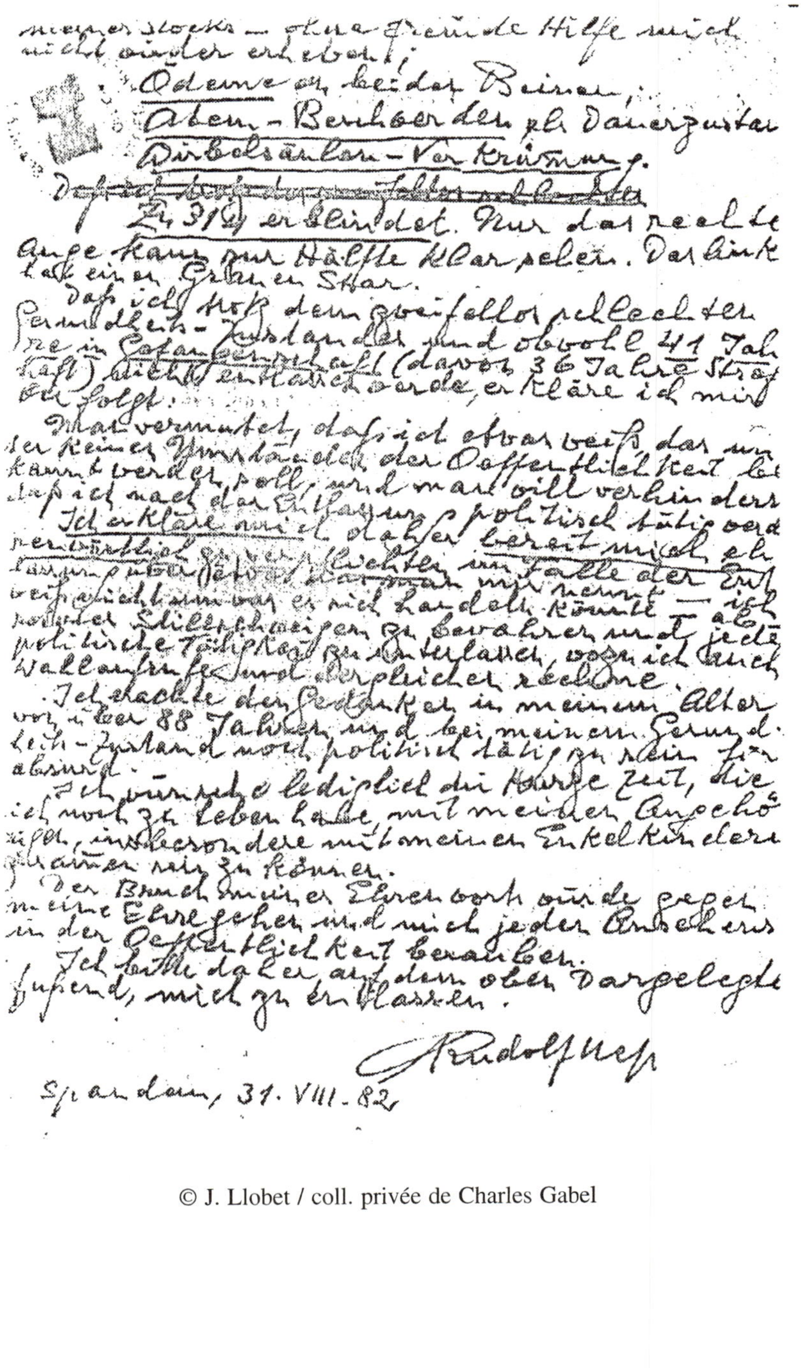

meines Stocks – ohne fremde Hilfe mich
nicht wieder erheben;
Ödeme an beiden Beinen;
Atem-Beschwerden als Dauerzustand;
Wirbelsäulen-Verkrümmung.
~~Daß ich [illegible]~~
Zu 31/2 erblindet. Nur das rechte
Auge kann zur Hälfte klar sehen. Das linke
hat einen Grünen Star.
Daß ich trotz dem zweifellos schlechten
Gesundheits-Zustandes und obwohl 41 Jah-
re in Gefangenschaft (davon 36 Jahre Straf-
haft) nicht entlassen wurde, erkläre ich mir
wie folgt:
Man vermutet, daß ich etwas weiß, das un-
ter keinen Umständen der Öffentlichkeit be-
kannt werden soll, und man will verhindern
daß ich nach der Entlassung politisch tätig werde.
Ich erkläre mich daher bereit mich, ~~[illegible]~~
~~[illegible]~~ zu verpflichten im Falle der Ent-
lassung [illegible] mir nennt
verpflichte, um was es sich handeln könnte – ich
würde Stillschweigen zu bewahren und jede
politische Tätigkeit zu unterlassen, wozu ich auch
Wahlaufrufe und dergleichen rechne.
Ich erachte den Gedanken in meinem Alter
von über 88 Jahren und bei meinem Gesund-
heits-Zustand noch politisch tätig zu sein für
absurd.
Ich wünsche lediglich die kurze Zeit, die
ich noch zu leben habe, mit meinen Angehö-
rigen, insbesondere mit meinen Enkelkindern
zusammen sein zu können.
Der Bruch meines Ehrenworts würde gegen
meine Ehre gehen und mich jeden Ansehens
in der Öffentlichkeit berauben.
Ich bitte daher, auf dem oben Dargelegten
fußend, mich zu entlassen.

Rudolf Heß

Spandau, 31. VIII. 82

III - RUDOLF HESS RÉPOND AUX QUESTIONS POSÉES PAR SON FILS, 1984

Gräfelfing, le 27 mars 1984

Grande,

En rapport avec mon livre, dont tu connais le titre, *Mon père Rudolf Hess*, et avec la déclaration à la presse que tu as suggérée à l'occasion de ton 90e anniversaire, voici deux questions d'importance :

1) Peut-on considérer que si ton « vol pour la paix » vers la Grande-Bretagne, le 10 mai 1941, avait été un succès – c'est-à-dire si Churchill, par exemple, s'était déclaré prêt à convoquer une conférence de paix internationale –, les Allemands n'auraient pas attaqué l'Union soviétique le 22 juin 1941 et qu'on aurait empêché ainsi la Seconde Guerre mondiale, avec tout le sang versé et les ravages qu'elle a causés ?

Réponse de R. H. : Bien évidemment, assurément.

2) Peut-on considérer que si tu étais revenu de Grande-Bretagne couronné de succès, tu te serais engagé pour la politique ci-dessus mentionnée avec tout le poids de ton immense prestige ?

Réponse de R. H. : Assurément, bien évidemment. Je ne peux rien dire de plus à ce sujet. Tout est déjà contenu dans tes questions.

Je t'embrasse chaleureusement, comme toujours.

Piccolo

Je te prie d'écrire tes commentaires sur cette feuille.

Gräfelfing, 27.3.1984

Freunde,

im Zusammenhang mit meinem, Dir vom Titel her bekannten Buch "Mein Vater Rudolf Heß" und auch wegen der von Dir angeregten Presse-Erklärung zum 90. sind folgende zwei Fragen von Bedeutung:

1. Kann man davon ausgehen, daß bei einem grundsätzlichen Erfolg Deines Friedensfluges nach Großbritannien am 10. Mai 1941 - d.h. wenn Churchill z.B. seine Bereitschaft zur Einberufung einer Weltfriedenskonferenz erklärt hätte - der deutsche Angriff auf die Sowjetunion am 22. Juni 1941 unterblieben und damit der Zweite Weltkrieg, mit all seinem Blutvergießen und seinen Verwüstungen verhindert worden wäre?

Selbstverständlich

Sicherlich

2. Kann man zumindest davon ausgehen, daß Du Dich nach erfolgreicher Rückkehr aus Großbritannien für die unter 1. angegebene Politik mit dem ganzen Gewicht Deines, dann ja sehr großen Prestiges eingesetzt hättest?

Sicherlich

Selbstverständlich

mehr kann ich dazu nicht sagen. *

Bitte gib mir auf diesem Blatt Deinen Kommentar!

* Alles ist doch schon in Deinen Fragen enthalten!

Herzlichst wie immer

Piccolo

Lettre Filo

IV - LETTRE D'HELMUT KOHL AU PASTEUR GABEL, 1985

République fédérale d'Allemagne
Le chancelier

Bonn, le 30 septembre 1985

Monsieur le pasteur Charles Gabel
Kurfürstendamm 96
1000 Berlin 31

Cher monsieur le pasteur,

Tous mes remerciements pour votre lettre du 26 septembre 1985.
Je suis tout à fait en accord avec vos idées. Cela fait plusieurs années que je m'efforce d'obtenir la libération de Rudolf Hess, et j'ai parlé en ce sens avec le président américain, avec le président de la République française, avec le Premier ministre britannique et avec le secrétaire général du parti communiste de l'Union soviétique. Malheureusement, je dois vous dire après ma dernière conversation à Moscou que je ne vois aucune chance pour que la direction soviétique change de position. Je suis d'avis, comme vous, que ce comportement est scandaleux, mais je serais malhonnête, étant donné mon expérience et mes connaissances, de ne pas vous exposer la situation réelle. Il est bien évident que je vais poursuivre mes efforts.

Je me permets de saisir cette occasion pour vous remercier très chaleureusement de votre travail spirituel.

Amicalement,

Helmut Kohl

BUNDESREPUBLIK DEUTSCHLAND
DER BUNDESKANZLER

5300 Bonn, den 30.September 1985

Herrn
Pfarrer Charles Gabel
Kurfürstendamm 96

1000 Berlin 31

Sehr geehrter Herr Pfarrer,

für Ihren Brief vom 26. September 1985 herzlichen Dank.

Ich stimme völlig mit Ihren Gedanken überein. Seit Jahren bemühe ich mich um die Freilassung von Rudolf Hess und habe in diesem Sinne mit dem amerikanischen Präsidenten, dem Präsidenten der Republik Frankreich, der britischen Premierministerin und dem Generalsekretär der KPdSU gesprochen. Nach meinem letzten Gespräch in Moskau muß ich Ihnen leider mitteilen, daß ich keinerlei Chancen sehe, daß die sowjetische Führung ihre Haltung ändert. Mit Ihnen bin ich der Auffassung, daß dieses Verhalten skandalös ist, aber es wäre unredlich, wenn ich Ihnen aufgrund meiner Erfahrungen und Kenntnisse die tatsächliche Lage nicht wiedergeben würde. Selbstverständlich werde ich meine Bemühungen fortsetzen. Ich darf die Gelegenheit benutzen, Ihnen für Ihre seelsorgliche Arbeit sehr herzlich zu danken.

Mit freundlichen Grüßen

V - PROJET DACTYLOGRAPHIÉ ÉCRIT PAR LE PASTEUR GABEL ET UN DIGNITAIRE DE L'EGLISE PROTESTANTE ALLEMANDE ET SOUMIS À RUDOLF HESS, 1986

Cher monsieur Hess,

Si vous écrivez et signez un tel document – sous la forme que vous voudrez lui donner – et que vous le remettez aux quatre puissances, il serait nécessaire que vous m'en donniez une copie exacte. Et si vous en êtes d'accord, il me faudrait aussi un pouvoir pour utiliser cette copie après X mois, c'est-à-dire pour la livrer à la presse, etc. J'ai entrepris beaucoup de choses et vous avez toujours été au courant. Vous avez toujours été d'accord, y compris avec les dernières lettres et démarches que je vous ai exposées. Je l'ose, non seulement parce que cela est juste à mes yeux et parce que ma conscience l'exige, mais aussi parce que je sais que vous avez donné votre bénédiction pour cela et que vous me faites confiance. Mais dans le cas de cette déclaration et de sa publication, j'aurais besoin de votre autorisation écrite (d'un ordre, presque). Merci.

Une dernière chose : il y a quelques points, dans cette déclaration que je vous soumets, qui sont difficiles pour vous. J'y ai réfléchi pendant des années. Je pense sincèrement que chaque point a son importance. Que Dieu nous soit en aide, à vous et à moi. Qu'Il vous bénisse !

Votre Charles Gabel.

Juin 1986

Déclaration faite de ma libre volonté

Ayant achevé ma quatre-vingt-douzième année, après quarante-cinq ans de captivité ininterrompue (dont presque vingt ans en isolement cellulaire), étant en mauvaise santé et ayant conscience d'avoir bientôt atteint le terme de ma vie terrestre, je me sens amené devant Dieu et devant les hommes à coucher par écrit ce qui suit :

1) Le 10 mai 1941, de mon propre chef je me suis envolé pour la Grande-Bretagne et j'ai engagé mon existence, ma vie, avec l'intention d'impulser le plus vite possible la fin de la guerre, avant qu'elle ne dégénère en guerre mondiale. Je croyais rendre ainsi un grand service aux peuples impliqués et, au-delà, à toute l'humanité. Malheureusement, mon vol pour la Grande-Bretagne n'a pas donné le résultat espéré. Cette mission au service de la paix a échoué. Un homme seul ne pouvait rien faire de plus.

2) On n'a cessé d'affirmer de toutes parts que je ne montrais aucun regret et qu'on ne pouvait donc pas me libérer. Je tiens à déclarer à ce sujet que je regrette profondément les morts, la souffrance indicible, les tortures et les destructions de la Seconde Guerre mondiale, pour toutes les parties concernées. Je regrette en particulier les cruels événements survenus dans les camps de concentration et la destruction massive de personnes d'origine juive.

3) Je n'ai pas voulu les terribles conséquences qu'a eues le national-socialisme pour d'innombrables gens dans le monde. Je regrette la souffrance de ces gens (issus d'autres peuples et du mien) et je demande pardon à toutes les personnes touchées pour la part de responsabilité que j'ai à porter.

4) Il y a longtemps que je n'ai plus rien à voir avec la politique. C'est pourquoi j'interdis à tout le monde, actuellement et à l'avenir, de faire usage de mon nom à des fins politiques. Je déclare que je n'ai absolument rien à voir et que je ne veux rien avoir affaire avec les idées ou les organisations des « néonazis ». J'interdis expressément que l'on mette mon nom en relation quelconque avec la résurgence d'idées ou de groupements nationaux-socialistes, y compris après ma mort.

5) Si ma route doit se terminer à Spandau, à l'encontre des règles humanitaires les plus élémentaires, de la justice et de toute raison politique, je saurai garder contenance. On peut tout prendre à un homme ; mais on est seul à pouvoir perdre sa dignité.

6) Je n'ai jamais demandé la grâce et je ne le ferai pas. La vérité et le mensonge, la justice et l'injustice seront révélés devant le tribunal de Dieu. Une seule chose pourra alors me sauver : Sa grâce. C'est sur elle que je fonde mon espoir.

7) Chacune des quatre puissances en charge de la prison aurait la possibilité de me rendre la liberté désirée avant qu'il ne soit trop tard – à condition seulement qu'une volonté sincère se manifeste. Le droit humain passe outre les accords entre États.

8) Si ma dernière heure devait sonner à Spandau, je souhaite que ma dépouille mortelle soit remise sans condition à ma famille, en présence du pasteur de la prison, et qu'on lui remette également mes objets personnels et les notes que j'ai prises depuis le 10 mai 1941. Je souhaite avoir ma dernière demeure à Wunsiedel. Il y aurait une modeste cérémonie religieuse dans la chapelle du cimetière, avec la famille et les amis intimes. Cette cérémonie serait assurée par le pasteur local ou par le pasteur de Hindelang, avec la participation de l'aumônier de la prison de Spandau.

9) Je salue ma courageuse et fidèle famille. Je remercie le non moins fidèle Dr Seidl. Ils ont été et restent mon soutien. Je remercie également tous ceux qui se sont donné la peine d'intervenir en faveur de ma libération.

10) Je professe ma foi en l'Allemagne et en mon peuple. Puisse Dieu maintenir en paix mon pays et tous les pays du monde.

Juni 1986. **Freiwillige Erklärung**

Nach Vollendung meines 92. Lebensjahres, nach 45 Jahren ununterbrochener Gefangenschaft (davon fast 20 Jahre Einzelhaft), bei schlechter Gesundheit und im Bewusstsein bald am Ende meines irdischen Lebens zu gelangen, fühle ich mich vor Gott und den Menschen veranlasst, Folgendes niederzulegen:

1) Ich bin am 10. Mai 1941 aus eigenem Entschluss nach Grossbritanien geflogen und habe mein Leben eingesetzt, in der Absicht, den Anstoss zur schnellstmöglichen Beendigung des Krieges zu geben, bevor er sich zum Weltkrieg ausweitete. Ich glaubte, damit den beteiligten Völkern und darüberhinaus der ganzen Menschheit einen grossen Dienst zu erweisen. Leider hat mein Flug nach Grossbritanien nicht das erhoffte Ergebnis gebracht. Diese Mission im Dienste des Friedens scheiterte. Mehr konnte ein einzelner Mensch nicht tun.

2) Von verschiedenen Seiten wurde wiederholt behauptet, ich zeige keine Reue und könne deswegen nicht entlassen werden. Hierzu stelle ich fest : ich bedaure zutiefst die Toten, das unsagbare Leid, die Qualen und die Zerstörungen des Zweiten Weltkrieges/auf Seiten aller Betroffenen. Ich bedaure besonders das grausame Geschehen in den Konzentrationslagern und die Massenvernichtung von Menschen jüdischer Herrkunft.

3/ Dass der Nationalsozialismus für ungezählte Menschen in der Welt schlimmste Folgen hatte, habe ich nicht gewollt. Ich bedaure das Leid dieser Menschen (aus anderen Völkern sowie aus meinem eigenen Volk) xrx und erbitte mir von allen Betroffenen Verzeihung für den Teil meiner Verantwortung, die ich zu tragen habe.

4) Mit Politik habe ich längst nicht mehr zu tun. Deshalb verweigere ich jedem, jetzt und in der Zukunft, von meinem Namen zu politischen Zwecken Gebrauch zu machen. Ich erkläre, dass ich mit den Ideen oder Organisationen der sogenannten "Neo-Nazis" gar nichts zu tun habe und auch nichts zu tun haben will. Ich verbiete es ausdrücklich, dass mein Name jetzt oder nach meinem Tode in irgendeine Beziehung gebracht wird zur Wiederauflebung national-sozialistischer Gedanken oder Gruppen.

5) Wenn ich entgegen den einfachsten Geboten der Humanität und des Rechts und entgegen aller politischen Vernunft meinen Weg in Spandau zu Ende gehen muss, so werde ich dies mit Haltung zu tun wissen. Man kann einem Menschen alles nehmen; seine Würde aber kann nur er selbst sich nehmen.

6) Ich habe nie und werde nicht um Gnade bitten. Vor Gottes Gericht werden Wahrheit und Lüge, Gerechtigkeit und Unrecht schonungslos offengelegt sein. Dann wird nur eines retten: Seine Gnade. Darauf hoffe ich.

.../...

Demande écrite par Gabel et Ertapo laissée à Hess.

Juni 1986 .../... (Erklärung) Seite 2

7) Jede der vier Gewahrsammächte hätte die Möglichkeit mir die ersehnte Freiheit wiederzugeben, bevor es zu spät ist – wenn nur der aufrichtige Wille dazu vorhanden wäre: Menschenrecht geht über zwischenstaatliche Vereinbarungen.

8) Sollte es in Spandau zum Äussersten kommen, so wünsche ich, dass (X) meine sterbliche Hülle meiner Familie ohne Bedingungen übergeben wird, zusammen mit meinen persönlichen Gegenständen und Aufzeichnungen aus der Zeit seit dem 10. Mai 1941. Ich wünsche meine letzte Ruhestätte in Wunsiedel zu haben. Dort sollte ~~eine Beerdigung in einer evangelischen Kirche im Kreis der Familie und der Vertrauten stattfinden~~ eine bescheidene, religiöse Feier in der Friedhof-Kapelle im Kreis der Familie und der Vertrauten stattfinden. Die Zeremonie ist durch einen der dortigen XX Pfarrer oder durch den XX Pfarrer von Hindelang mit Teilnahme des XX Seelsorgers vom Spandauer Gefängnis abzuhalten.

9) Ich begrüsse meine tapfere und treue Familie. Ich danke dem nicht minder treuen Dr. Seidl. Sie waren und sind mir Stütze und Halt.
~~10)~~ Ich danke auch allen, die sich bemüht haben, für meine Freilassung sich einzusetzen.

10) Ich bekenne mich zu Deutschland und zu meinem Volk. Möge Gott meinem Land und allen Ländern der Erde Frieden bewahren.

In Spandau, den...............

(X) in Anwesenheit des Gefängnisseelsorgers

....

XX evangelischen

Lieber Herr Hess,

Wenn Sie ein solches Papier – in der Form, die Sie ihm geben möchten, – schreiben und unterschreiben, und den Viermächten übergeben, wäre es notwendig mir eine genaue Kopie zu geben. Und wenn Sie einverstanden sind, noch damit die Vollmacht , diese Kopie nach ... Monaten zu gebrauchen, es heisst freigeben zur Presse, usw. Ich habe Vieles unternommen, immer mit Ihrem Wissen. Sie waren immer einverstanden, auch mit den letzten Schreiben und Demarchen, die ich Ihnen geschildert habe. Ich wage es, nicht nur weil es recht in meinen Augen ist und weil mein Gewissen es bestellt, aber auch weil ich weiss, Sie haben mir Ihren Segen gegeben dazu und Sie vertrauen mir. Aber in diesem Fall der Erklärung und deren Veröffentlichung würde ich Ihre schriftliche Genehmigung (fast Ihr Befehl) brauchen. Danke. Nun noch eins: es sind in der vorgeschlagenen Erklärung einige Punkte, die für Sie schwer sind. Das alles habe ich jahrelang überlegt und gewogen. Ich denke ehrlich, jeder Punkt hat seine Wichtigkeit. Möge der liebe Gott Ihnen und mir helfen. Möge er Sie segnen ! Ihr [signature]

VI - LETTRE DU COMITÉ INTERNATIONAL DE LA CROIX-ROUGE AU PASTEUR GABEL, 1986

COMITÉ INTERNATIONAL DE LA CROIX-ROUGE

Genève, le 30 avril 1986

Monsieur le Pasteur,

Le Président du Comité international de la Croix-Rouge, M. Alexandre Hay, nous a demandé de répondre à votre lettre du mois de mars 1986 par laquelle vous lui faites part de votre préoccupation quant au sort de M. Rudolf Hess prisonnier à Berlin-Spandau.

Si en temps de guerre le CICR a un mandat en faveur des prisonniers, en temps de paix les personnes condamnées en due forme pour crime de guerre, d'agression ou crime contre l'humanité, ne sont pas couvertes par ce mandat.

Le CICR ne peut pas non plus invoquer ici son rôle d'intermédiaire neutre et indépendant car M. Hess est allemand et la République Fédérale d'Allemagne, directement responsable de ses propres nationaux, a des relations diplomatiques avec les quatre anciennes puissances alliées.

Nous comprenons la préoccupation purement humanitaire de votre démarche et le Comité par ailleurs a déjà été approché à maintes reprises pour intervenir en faveur de M. Hess, suite à quoi certains contacts officieux ont été pris mais sans aboutir.

Dans ces conditions nous ne pouvons que vous suggérer de vous adresser directement aux autorités des anciennes puissances alliées et aux autorités de la République fédérale d'Allemagne.

Nous vous prions de croire, Monsieur le Pasteur, à l'assurance de nos sentiments respectueux.

Olivier Dürr

Olivier Dürr
Membre de la Division juridique

Pasteur Charles A. Gabel
Kurfürstendamm 96

D - 1000 Berlin 31

VII - LETTRE DE MARGARET THATCHER
AU PASTEUR GABEL, 1986

10 DOWNING STREET

Le Premier ministre

25 avril 1986

Cher pasteur Gabel

Merci pour votre lettre du 7 avril au sujet de Rudolf Hess.

Je partage votre sentiment quant à l'emprisonnement prolongé de Hess. C'est inhumain. Sachez que le gouvernement britannique, en collaboration avec les gouvernements français et américain, s'est prononcé pendant des années en faveur d'une libération immédiate de Hess pour des raisons humanitaires. Mais nos demandes répétées auprès des autorités soviétiques à Londres et à Berlin se sont heurtées à un refus catégorique (des Soviétiques).

Sachez aussi que nous avons imposé aux Russes d'accepter d'améliorer les conditions d'emprisonnement de Hess. Sur ce sujet-là aussi, les progrès ont été difficiles. Le détail des améliorations obtenues doit rester confidentiel, dans le propre intérêt de Hess. Mais vous serez mis au courant des progrès qui ont eu lieu.

Je peux vous assurer que nous continuerons à faire de notre mieux pour exercer des pressions en vue d'une amélioration des conditions d'emprisonnement de Hess et bien sûr de sa libération.

Mais ces questions dépendent, au préalable, de l'accord des Soviétiques.

Sincèrement votre

Margaret Thatcher

10 DOWNING STREET

THE PRIME MINISTER

25 April 1986

Dear Pastor Gabel,

Thank you for your letter of 7 April about Rudolf Hess.

I share your feelings about Hess's continuing imprisonment. It is inhumane. You will know that the British Government, along with the Governments of France and the United States, have for many years argued for the immediate release of Hess on humanitarian grounds. But our repeated appeals to the Soviet authorities in London and Berlin have met with a flat Soviet refusal.

You will also know that we have pressed the Russians to agree to improvements in the conditions of Hess's imprisonment. Here too progress has been difficult. The details of the improvements we have achieved must remain confidential, in Hess's own interests. But you will be aware of the progress that has been made.

I can assure you that we shall continue to do our best to press for improvements in Rudolf Hess's conditions of imprisonment, and indeed for his release. But these matters depend, as before, on Soviet agreement.

Yours sincerely

Margaret Thatcher

Pastor Charles A. Gabel.

VIII - LETTRE D'AMNESTY INTERNATIONAL

Cher Monsieur Gabel,

Merci pour votre lettre concernant Rudolf Hess.

Dans le cadre de son mandat, Amnesty International œuvre à la remise en liberté de prisonniers de conscience, c'est-à-dire de personnes emprisonnées en raison de leurs convictions politiques, religieuses ou de toutes autres croyances publiquement affichées, ou en raison de leur origine ethnique, de leur sexe, de leur couleur, ou de leur langue, étant entendu qu'ils n'ont pas eu recours ni incité à la violence. De plus, l'organisation œuvre à la tenue de procès justes et rapides pour tous les prisonniers politiques et à l'abolition de la peine de mort, de la torture et de toutes autres formes de « traitement cruel, inhumain et dégradant » de prisonniers.

Amnesty International exige uniquement la libération des prisonniers de conscience et pour cette raison ne peut pas demander la mise en liberté de Rudolf Hess. Cependant elle a régulièrement interpellé les quatre puissances sur le constat que son isolement pourrait s'apparenter à un « traitement cruel, inhumain et dégradant ». Nous avons déjà fait une demande en ce sens l'année dernière, et nous n'estimons pas opportun de la réitérer maintenant.

Cependant nous vous remercions pour les informations que vous nous avez envoyées et nous souhaiterions être tenus informés de tous changements le concernant.

Bien sincèrement,

Sarah Oliver

amnesty international

INTERNATIONAL SECRETARIAT
1 Easton Street London WC1X 8DJ
United Kingdom

Ref. no.EUR/frg/He

Chaplain Charles A Gabel
Aumonerie Protestante du
Secteur francais de Berlin
Kurfürstenstdam 96
D-1000 Berlin 31

30 May 1986

Dear Mr Gabel

Thank you for your letter concerning Rudolf Hess.

Under the terms of its mandate Amnesty International works for the release of prisoners of conscience, that is people imprisoned by reason of their political, religious or other conscientiously held beliefs or by reason of their ethnic origin, sex, colour or language, provided they have not used or advocated violence. The organization furthermore works for fair and speedy trials for all political prisoners, and for the abolition of the death penalty, torture and other forms of "cruel, inhuman and degrading treatment" of prisoners.

Amnesty International only calls for the release of prisoners of conscience and for this reason cannot appeal for the release of Rudolf Hess. However it has from time to time appealed to the four powers on the grounds that his isolation may well amount to "cruel, inhuman and degrading treatment". We have made such an appeal within the last year and we do not feel the time is ripe to repeat it now. However, we were very grateful for the information you sent and would like to be kept informed of any changes in his circumstances

Yours sincerely

Sarah Oliver
Research Department EUR

☎ 01-833 1771 Telegrams: Amnesty London WC1 Telex: 28502

Amnesty International is an independent worldwide movement working impartially for the release of all prisoners of conscience, fair and prompt tria for political prisoners and an end to torture and executions. It is funded by donations from its members and supporters throughout the world. It h formal relations with the United Nations, Unesco, the Council of Europe, the Organization of African Unity and the Organization of American State

IX - LES TROIS ACQUITTÉS DE NUREMBERG

Sur les vingt et un accusés présents dans le box du palais de justice de Nuremberg, trois ont été acquittés : Franz von Papen, Hans Fritzsche et Hjalmar Schacht.

Quand, le 1er octobre 1946, à 14 h 50, le prétoire se remplit à nouveau pour entendre l'énoncé des sentences, les trois hommes sont devant les journalistes pour donner une conférence de presse. Mais leur soulagement est de courte durée. Avertis par les médias que la police allemande a encerclé les bâtiments du tribunal, les trois hommes, effrayés, sont contraints de demander l'« hospitalité » au colonel Andrus, le commandant de la prison de Nuremberg. En effet, le Dr Wilhelm Hoegner, ministre-président bavarois, furieux de leur acquittement qu'il considère comme un déni de justice, a envoyé les forces de l'ordre pour les arrêter et les conduire en prison[271]. Les trois hommes demandent alors à rester quatre jours supplémentaires derrière les barreaux. Ce qui ne les empêchera pas finalement à leur sortie d'être arrêtés, inculpés, puis jugés et emprisonnés par des tribunaux allemands, qui les condamneront à des peines de réclusion de huit à neuf ans.

X - À L'HEURE DE LA POTENCE

L'exécution des prisonniers de Nuremberg condamnés à la pendaison a été prévue dans la plus grande discrétion pour la nuit du 15 au 16 octobre. Depuis la dissolution du tribunal à l'issue de dix mois d'audience, les onze hommes ont été séparés de leurs camarades et ont réintégré leurs anciennes cellules, qu'ils ne sont plus autorisés à quitter sans menottes. « La nuit, ils doivent dormir avec le visage tourné vers la lampe, et les bras au-dessus de leur couverture, comme l'exige le règlement de la prison[272]. » Depuis que leur recours en grâce a été refusé en date du 10 octobre par le Conseil de contrôle interallié, leurs affaires personnelles leur ont été retirées. Ils ont eu droit à une dernière visite de leur famille et ont pu écrire quelques lettres à leurs proches. À l'approche de leur exécution dont ils ignoreront jusqu'au bout la date et l'heure, la plupart ont demandé une bible. Ils passent leurs interminables journées à lire ou à dormir. « C'était une vision épouvantable, écrira Albert Speer dans ses Mémoires[273], on aurait dit qu'ils étaient déjà allongés dans leurs bières. » Pendant ce temps, les travaux vont bon train dans le gymnase situé au fond de la cour de la prison et les prisonniers entendent distinctement le bruit des potences que l'on érige. Les trois militaires, Goering, Keitel et Jodl, qui ont jugé impropre la sentence de pendaison et souhaité mourir en soldats, ont adressé un pourvoi pour être fusillés, mais ce dernier leur a également été refusé par le Conseil de contrôle interallié.

Bien que de nature quadripartite, les préparatifs des exécutions ont été concrètement délégués aux Américains. « Pour éviter toute rumeur ou légende ultérieure[274] », le conseil a prévu que les onze pendaisons auront lieu en présence de témoins – quarante officiers des quatre pays alliés, plus un général français, un américain, un britannique et un autre soviétique, deux journalistes de chaque nationalité tirés au sort, ainsi que des experts médicaux, une vingtaine de GI et deux représentants allemands, dont le Premier ministre bavarois, le Dr Wilhelm Högner.

Au soir du 15 octobre, à la nuit tombée, une délégation du Conseil de contrôle interallié arrive discrètement dans la prison de Nuremberg, accompagnée des huit journalistes qui sont immédiatement enfermés dans une pièce jusqu'à l'heure de l'exécution. « Les autres membres des médias internationaux, environ une centaine, ont été parqués dans la salle de presse du tribunal, avec interdiction de se pencher aux fenêtres – les gardes ont ordre de tirer[275]. » De leur poste, ils peuvent cependant apercevoir l'étage de la prison de l'autre côté de la cour et regarder les lumières s'éteindre une par une dans les cellules des condamnés à mort. Ils ont été prévenus : il leur faudra attendre 5 heures du matin, heure de Nuremberg, pour pouvoir recevoir une quelconque information.

Les Américains ont demandé au Dr Pflücker, le médecin qui veille sur les prisonniers depuis le mois d'octobre 1946, de réveiller les condamnés à 23 h 45. Ces derniers, qui ignorent toujours qu'ils n'ont plus qu'une heure ou deux à vivre, se sont couchés comme le veut le règlement à 21 heures et ont pris un somnifère. À 22 h 45, un cri s'élève brusquement dans les couloirs déserts. L'officier de garde devant la porte de Goering vient de jeter un coup d'œil dans la cellule. L'ex-Reichmarschall gît sur sa couchette, le visage bleui, le corps en proie à de violentes convulsions. En dépit des fouilles minutieuses[276], il a réussi à conserver une capsule de cyanure et à l'avaler à l'insu des gardiens, échappant ainsi à sa pendaison imminente.

L'événement, quoique assez malvenu pour le personnel de la prison et surtout pour le colonel Andrus qui a personnellement été chargé de veiller à la sécurité de tous les condamnés, n'est cependant pas de taille à retarder l'ordre d'exécution. Peu avant minuit, la délégation au grand complet se rend devant chacune des cellules et, après avoir lu à son occupant la sentence du tribunal, le conduit avec force escorte en direction du gymnase dans lequel, trois jours auparavant, les gardes américains s'entraînaient encore au basket-ball. La procédure va prendre environ une heure et demie.

À 1 h 11 exactement, les dix condamnés, à commencer par Ribbentrop, entrent à tour de rôle dans la chambre d'exécution, mais, « pour accélérer les choses, la police militaire amène le prochain alors que le premier se balance encore au bout de sa corde[277] ». Pressés d'en finir, les officiels ne peuvent cacher leur fébrilité. « Alors que Ribbentrop et Keitel venaient tout juste d'être pendus, le colonel américain qui dirigeait les opérations a demandé au général US représentant le Conseil de contrôle interallié si les témoins pouvaient fumer », a raconté le journaliste Kingsbury Smith qui assistait à l'exécution[278]. À peine l'autorisation a-t-elle été donnée que des cigarettes sont apparues dans presque toutes les mains des trente personnes présentes. Les officiers et les GI faisaient les cent pas nerveusement ou échangeaient quelques mots en chuchotant, tandis que les représentants de la presse alliée prenaient furieusement des notes sur cet événement historique, mais affreux ».

À 2 h 38, tout est terminé : Seyss-Inquart, le dernier prisonnier, a été exécuté par le bourreau de l'armée américaine, John C. Woods[279], sur ces mots : « Je crois en l'Allemagne. » Cependant, il reste encore une procédure à effectuer : celle de la validation officielle devant témoins de la mort d'Hermann Goering. Tandis que les représentants des quatre pays alliés signent l'acte d'exécution des dix hommes qu'ils viennent de pendre, des gardes apportent dans le gymnase le brancard sur lequel gît le cadavre de l'ex-Reichmarschall, recouvert d'une couverture militaire kaki. « Le colonel américain ordonna qu'on découvre le corps afin que les témoins et les journalistes voient de leurs propres yeux que Goering était bien mort. L'armée ne voulait pas que la légende selon laquelle il aurait réussi à s'échapper puisse prendre corps », témoigne encore Kingsbury Smith.

À 5 h 30, deux camions de l'armée américaine, escortés de Jeep dans lesquelles ont pris place des dizaines d'hommes armés jusqu'aux dents, emportent les corps, qui ont été au préalable photographiés pour les archives officielles. Selon les rares informations données le lendemain à la presse par le Conseil de contrôle interallié, tout juste sait-on qu'ils ont été « incinérés et que les cendres ont été dispersées ». Beaucoup affirment aujourd'hui que la crémation a eu lieu au cimetière est de Munich, « sous le nom de prétendus aviateurs américains victimes d'un accident d'avion imaginaire[280] » et que les cendres ont été répandues dans la rivière Isar. « Il semble n'y avoir aucun document officiel pour dire ce qui s'est réellement passé, mais une croyance tenace partagée par beaucoup de gens dit que les corps ont en fait été conduits dans l'ancien camp de concentration de Dachau où ils ont été brûlés dans les horribles fours[281] », écrivent les historiens John et Ann Tusa. La seule certitude à ce jour, c'est que les Alliés ont choisi le secret et surtout la crémation pour éviter, comme l'avait prophétisé Hermann Goering, que soit un jour érigé un tombeau à la gloire de ces hommes.

XI - LE CHOIX DE LA PRISON

Bien que les Alliés se soient décidés le 2 octobre – soit au lendemain de l'énoncé des sentences par le tribunal – pour la forteresse de Spandau, située dans la zone britannique de Berlin, rien sur place n'est encore prêt pour accueillir les prisonniers. Ce retard, aggravé par des dissensions internes, est essentiellement dû à une carence du tribunal militaire international qui, curieusement, n'a rien prévu quant à l'application des sentences qu'il a votées. Ni les juges ni les autorités militaires alliées n'ont pensé à définir le lieu où les condamnés purgeraient leurs peines ou réfléchi au règlement à mettre en vigueur. Plus incroyable, ils « n'ont même pas établi de documents stipulant la date à partir de laquelle démarrerait officiellement l'exercice des sentences[282] ». Ce n'est qu'en septembre 1946 que les quatre commandants de Berlin s'attellent à la rude tâche de choisir une prison susceptible d'accueillir des criminels nazis, dont certains à perpétuité. Tandis que les Américains privilégient la solution de les garder dans celle de Nuremberg, les Soviétiques préfèrent de loin l'établissement de Plötzensee, situé dans leur zone de contrôle à Berlin. La principale difficulté est de trouver un lieu qui offre un niveau de sécurité maximal afin qu'il n'y ait aucun risque, au fil du temps, de tentatives d'évasion, avec ou sans le concours d'une aide extérieure. L'autre problème majeur est de trouver un établissement vide pour y abriter, loin des regards du monde, les nazis de Nuremberg. Or, au lendemain de la guerre, les prisons de Berlin sont remplies au maximum de leur capacité, suite au programme de dénazification en cours et à la multiplicité des petits délits – pillages, vols, marché noir – liés à la fin des conflits[283].

Pendant que les quatre puissances s'efforcent le plus rapidement possible de trouver une solution, la vie s'organise provisoirement dans la prison américaine de Nuremberg. Depuis la fin du procès, et bien qu'ils aient déjà changé de cellules[284], les sept prisonniers ont été regroupés dans une aile isolée de la prison.

XII - MIEUX GARDÉE QU'ALCATRAZ

Plus qu'une prison, Spandau se veut une citadelle inviolable. Selon l'historien Norman J. Goda, « les effectifs se montent en 1949 à vingt-cinq gardes (militaires) intérieurs ou extérieurs pour un seul prisonnier, alors que la fameuse forteresse si sécurisée d'Alcatraz en Californie n'avait en comparaison qu'un ratio d'un garde pour 1,8 détenu[285] ». À Spandau, les Alliés tiennent à montrer aux yeux du monde et surtout aux Allemands qu'ils sont bien les puissances victorieuses. Ainsi, chaque pays a été chargé de fournir un contingent d'hommes suffisant pour surveiller les abords de la forteresse, la cour intérieure et les nombreux sentiers mal dessinés de l'immense jardin pourtant en friche. Vingt-quatre heures sur vingt-quatre, soixante soldats, dont quarante-quatre sentinelles, six caporaux, deux sergents et deux officiers du pays directeur, montent la garde en haut des miradors équipés de neuf mitrailleuses et patrouillent le long de la barrière électrifiée. La relève entre les groupes a lieu toutes les deux heures. Tous ces hommes appartiennent à des détachements militaires en poste à Berlin. À la fin de chaque mois, le pays gouverneur cède sa place à son successeur au cours d'une relève aux allures solennelles. Pour la France, c'est à un détachement de la gendarmerie – plus précisément des gendarmes mobiles ou gardes républicains – que sont confiées toutes les cérémonies protocolaires des relèves montantes ou descendantes[286] des tours de garde mensuels. Près de quatre-vingts militaires de l'escadron de sécurité de Berlin assurent cette mission plusieurs fois dans l'année. Les relèves d'une nation par une autre ont lieu le 1er de chaque mois en grande tenue, généralement devant l'entrée de la prison sous le regard des journalistes ou plus discrètement parfois dans la cour intérieure entre responsables alliés. Chaque mois, le drapeau du pays dirigeant est hissé sur un mât au sommet du bâtiment qui abrite le Conseil de contrôle interallié de Berlin. Dans les années 1950, la garnison affectée à la prison est toujours dirigée par un officier responsable du service et de la défense. Il y a sept postes permanents : tandis qu'un groupe est en service, les deux autres sont en réserve. La relève entre eux a lieu toutes les deux heures. Celle du peloton de garde est assurée tous les jours à midi.

Bien que la garde militaire en service soit dotée d'armes à feu et de bombes lacrymogènes, le règlement précise toutes les circonstances dans lesquelles elle peut en faire usage : « [...] en cas d'absolue nécessité, en cas de légitime défense ainsi qu'en cas de menace grave envers un tiers ou lorsque l'évasion d'un prisonnier ne peut être empêchée par d'autres moyens. Quand il sera nécessaire de faire usage des armes à feu, le but recherché sera de mettre les prisonniers hors d'état de s'enfuir[287]. »

Il est de surcroît interdit à la garde militaire, non seulement de croiser le regard des prisonniers, mais encore de les saluer, de les interpeller, et plus encore de leur adresser la parole. L'usage de la force, c'est-à-dire « *porter la main sur un détenu ou le frapper* », n'est autorisé « *qu'en cas de légitime défense, si cela est nécessaire à éviter une évasion ou s'il y a menace de dommages sérieux envers un tiers ou des biens*[288] ». Cette mesure du règlement s'applique indifféremment à la garde militaire et aux gardiens civils de la prison. Ces derniers, d'ailleurs, ne sont pas armés. Ils n'ont le droit qu'au « *port du bâton et ce, en tout temps, au cours de leur service, les armes à feu n'étant réservées, sur autorisation spéciale du directoire, que lors de l'escorte des prisonniers ou de la promenade*[289] ».

S'il est un gardien dont la tâche est particulièrement sensible, c'est le préposé à la porte principale de la prison. Installé dans une guérite dans le hall d'entrée, le gardien principal surveille dans la rue les mouvements des personnes étrangères, et, au moindre geste suspect, alerte un détachement de soldats qui a ordre de parer à toute éventualité. Pour repousser les curieux, les Alliés ne reculent devant aucune mise en scène ou déploiement de force. Personne n'échappe au contrôle du gardien principal. Toute entrée et sortie – du personnel, des visiteurs accrédités, des officiers – est inscrite sur un registre qui est remis à chaque fin de service à la hiérarchie. En outre, les personnes autorisées à se rendre auprès des prisonniers sont soigneusement comptées : hormis le personnel permanent de la prison, l'aumônier et le médecin officier du pays directeur, qui se rendent à Spandau une fois par semaine, ne peuvent pénétrer dans les cellules que les généraux commandants des forces occupantes, l'infirmier des prisonniers et une fois par mois les quatre médecins alliés.

Le gardien principal a de surcroît l'autorisation de fouiller tous les employés et a l'obligation de vérifier la validité de chaque laissez-passer qu'on lui présente par un guichet grillagé. « *Après s'être assuré de l'identité des visiteurs, il avise par téléphone le gardien-chef qui se rend à la porte principale afin d'escorter ceux-ci jusqu'à leur destination*[290]. » Dès la tombée du jour, il doit toujours être accompagné par une sentinelle lorsqu'il ouvre la porte d'entrée principale. Enfin, c'est lui qui est en charge des clefs de la prison, et plus spécifiquement celle de l'armurerie et des issues donnant sur le jardin. La moindre infraction au règlement est sévèrement réprimée, et quiconque aurait l'audace – ou l'inconscience – de pénétrer illégalement ou par la force dans l'enceinte de la prison serait immédiatement pris pour cible.

En 1947, les gardiens civils sont au nombre de sept le jour et cinq la nuit[291] pour surveiller en permanence les moindres faits et gestes des prisonniers. Ils sont alignés à l'étage des cellules sur une cinquantaine de mètres, sans compter celui installé au bout du couloir à droite de l'entrée : le gardien-chef, responsable devant le directoire de l'application du règlement. C'est lui qui est chargé de superviser la fouille quotidienne des cellules et l'examen des barreaux de la fenêtre, ainsi que tous les repas des prisonniers afin de s'assurer qu'il ne leur est remis aucun article interdit[292]. S'il n'a aucun contrôle sur les sentinelles qui exercent des compétences militaires, il règne sans partage sur tout le personnel des Nations unies et veille scrupuleusement à ce que personne n'ait de contact avec les prisonniers[293].

Le moindre événement de routine, *a fortiori* le moindre incident même fortuit, ne doit pas échapper à sa vigilance. Tout est soigneusement consigné dans un registre, tenu à jour minute par minute. Voici un exemple de ce que le gardien-chef a noté dans son livre de bord en date du 3 décembre 1950 :

« *3 décembre : 6 h 45 : petit déjeuner servi à tous les détenus, à l'exception de Funk et de Hess. Hess refuse de se lever, de se laver, de prendre son plateau, sous prétexte qu'il est malade. Sommé par deux fois de se lever, il s'y refuse avec obstination et insolence*[294]. »

Les gardiens du bloc des cellules sont tous des geôliers professionnels. Ils sont présents partout et à tout moment : ils accompagnent « *le détenu chaque fois que celui-ci se rend au jardin, à l'infirmerie et à un service religieux ; il surveille son bain, la remise de son linge, le fouille à chaque fois qu'il revient de l'extérieur, veille à ce que ses lunettes lui soient enlevées et rendues*[295] ».

La proximité avec le prisonnier rend leur mission hautement sensible. Tout contact étroit leur est interdit et leur surveillance ne doit jamais se relâcher, y compris la nuit afin d'empêcher toute tentative de suicide. Ils sont également chargés « *de veiller à ce que les détenus n'aient aucun rapport avec le personnel des Nations unies, notamment le cuisinier et l'infirmier*[296] » et que ces derniers ne les appellent jamais par leur nom.

XIII - DISSENSIONS INTERALLIÉES

Si l'instauration du règlement de la prison interalliée a donné lieu à de multiples frictions entre les quatre puissances, c'est peu de dire que son application au quotidien en a provoqué de majeures. Entre le mois de juillet 1947 et le printemps de 1948, la vie à Spandau est à ce point drastique que les sept prisonniers tombent peu à peu dans la léthargie et la dépression. Manque d'exercice, sous-alimentation, isolement draconien, problèmes de santé à répétition… Les conditions de leur détention sont telles qu'à la mi-juin 1948, les Occidentaux, et principalement les Britanniques, s'inquiètent de la situation. Depuis plusieurs mois déjà, de nombreux différends les opposent aux Soviétiques, principalement sur le nombre de calories distribuées aux prisonniers. En effet, la ration octroyée par le règlement, soit mille huit cents calories par jour, leur paraît largement insuffisante, surtout pour des hommes d'un certain âge qui travaillent en plein air. D'autant que contrairement aux autres détenus des prisons allemandes, ils n'ont pas le droit de recevoir de colis de nourriture de l'extérieur. « Il faut remonter aux cachots du Moyen Âge pour avoir une idée de la vie qu'on fait mener aux prisonniers de Spandau », écrit en 1953, sans doute avec un peu d'exagération, la femme de Walther Funk au haut-commissaire américain en poste en Allemagne[297].

Dans son *Journal de Spandau*, Albert Speer raconte aussi comment il ramassait, après chaque repas, les miettes sur le sol de sa cellule pour calmer les aigreurs de son estomac. Le résultat est que les prisonniers perdent inexorablement du poids. Ainsi, entre le 4 février et le 21 mars 1948, Schirach est passé de soixante-cinq kilos à soixante et un, Albert Speer de soixante-dix-huit à soixante-treize et Hess a perdu lui aussi plus de trois kilos[298]. Aux yeux des Occidentaux, cet état de fait est d'autant plus préoccupant que les prisonniers ont déjà tous fondu de trois à six kilos durant les trois premiers mois de leur présence à Spandau. Seulement voilà, les Soviétiques campent sur leurs positions : non seulement pour eux il n'est pas question d'augmenter les rations, mais ils seraient plutôt d'avis de les réduire encore. Et comme ils prétendent que l'amaigrissement des prisonniers résulte davantage du poids de leur culpabilité[299] que d'un manque de nourriture, il leur arrive même de peser les rations afin de vérifier qu'il n'y aurait pas d'excédent.

Ce dossier délicat empoisonne les relations interalliées. À l'occasion des réunions des gouverneurs, les discussions sont interminables et orageuses. L'idée qu'un des prisonniers puisse éventuellement mourir de malnutrition donne des cauchemars aux Occidentaux. Ils ont beau réclamer aux Russes un peu de souplesse dans l'application du règlement, la dureté excessive de ces derniers envenime les rapports. « Mes rêves sont constamment hantés par des images relatives à Spandau et à ma peur des Russes », écrit Albert Speer dans son journal[300].

Le 18 juin 1948, le gouvernement britannique en la personne de son gouverneur militaire en Allemagne, le général sir Brian Robertson, demande officiellement à ce que l'on ajoute un amendement au règlement existant. Mais, pour cause de congés annuels, la question est renvoyée à l'échelon inférieur, c'est-à-dire au directoire quadripartite de Spandau. Le 26 octobre de la même année, sir Brian écrit de nouveau au secrétaire d'État aux Affaires étrangères (*Foreign Office*) : « Bien que les représentants occidentaux [présents au directoire quadripartite] aient fait pression pour améliorer les conditions [de détention] dans un certain nombre de directions, rien n'a été couronné de succès. D'ailleurs, le représentant soviétique souhaite encore durcir le règlement et a avancé plusieurs propositions pour réimposer le confinement, pour limiter les heures de sommeil et de repos, et pour établir de nouvelles restrictions concernant les prêts de livres, les visites familiales et les arrivages de courrier[301]. »

On le voit, devant le veto des Russes, les Occidentaux sont impuissants. Dans un premier temps, ils décident de faire front commun en proposant une série d'améliorations. « Si le représentant [soviétique] refuse de coopérer, comme je le crains, poursuit sir Robertson, [...] je pense que la seule chance d'obtenir des allègements [du règlement] est d'exposer publiquement et totalement l'état de la situation et l'échec de nos tentatives pour la rectifier. Le mieux est d'en charger le Parlement[302]. »

La première volonté des Britanniques est de dégager leur responsabilité au cas où de trop rudes conditions de détention conduiraient un prisonnier à la mort. Sans éprouver aucune sympathie pour le sort des criminels de Spandau, ils savent que la prison étant située dans leur zone d'influence à Berlin, ils seraient plus que quiconque considérés comme fautifs si un drame y survenait. « Nous sommes pleinement d'accord avec le principe que ces hommes doivent être traités correctement », écrit le député Richard R. Stokes[303] au sous-secrétaire d'État au *Foreign Office*, Lord Henderson[304], avant d'insister en ces termes : « Ils [ces hommes] sont maltraités et certains d'entre eux sont très vieux et malades. Il y a sûrement quelque chose que nous pouvons faire pour soulager leur situation. Il me semble qu'en tant qu'hommes nous avons perdu ce qui faisait notre courage. »

Pourtant, malgré l'insistance grandissante des Britanniques et la montée en puissance de leurs efforts diplomatiques, rien ne change durant l'automne 1948 pour les sept. « Ces hommes sont à Spandau parce qu'ils ont causé la dernière guerre et nous n'avons aucune envie que notre dureté les pousse à devenir [indirectement] la cause d'une autre guerre », menace encore l'infatigable R. R. Stokes[305].

Finalement, les Occidentaux jouent le coup de force. Le 3 décembre 1948, profitant de la relève US à la présidence de la prison (après le mois soviétique), ils imposent d'autorité, par la voix des Américains, une série de nouvelles mesures[306] : sur prescription du médecin officier américain, les rations seront augmentées de cinq cents calories ; on donnera aux prisonniers la permission de parler durant leurs pauses de dix minutes ; ils auront le droit de se reposer, après leur repas du soir et après celui du déjeuner[307] ; ils auront également le droit de faire éteindre les lumières quand ils le souhaitent ; les périodes d'exercice, les dimanches et jours fériés, passeront d'une demi-heure à deux fois une demi-heure.

Comme l'ont espéré secrètement les Alliés, leur tactique réussit : les Russes, mis devant le fait accompli, ne réagissent pas. « Le gouverneur soviétique a émis une protestation verbale vigoureuse, précise un télégramme de Berlin à destination du *Foreign Office*, le 6 décembre 1948, mais, face à ces nouvelles mesures passées en force, les Soviétiques n'ont pas tenté de s'opposer[308]. »

Aux dires du colonel Bird, alors officier de la garde dans la prison, l'ambiance est pourtant des plus tendues. « Le colonel Maxwell Miller, directeur américain à ce moment-là, fit appliquer les [nouveaux] ordres. Il posta deux soldats, baïonnette au canon, à la porte des cuisines pour s'assurer que personne ne ferait obstruction aux nouvelles directives », raconte Eugene K. Bird dans son livre[309].

En attendant que les Soviétiques reprennent à leur tour la présidence de la prison, les Américains ont encore trois mois devant eux. Ils en profitent pour modifier encore quelques-unes des règles qui leur paraissent les plus inhumaines et décident d'adoucir la censure sur le courrier, de faire passer les visites d'un quart d'heure tous les deux mois à un quart d'heure par mois, et enfin de permettre aux prisonniers de recevoir deux colis de nourriture toutes les quatre semaines, colis qui ne doivent pas excéder un kilo chacun. À première vue, les Alliés ont gagné une bataille, mais leur enthousiasme est mesuré. Tous craignent la réaction des Soviétiques, qui, furieux, ont immédiatement adressé un rapport à leur gouvernement[310]. Jusqu'où peut aller l'incident diplomatique ? Finalement, voyant que les Russes se contentent de protester sans opter pour la rétorsion, les Alliés poussent leur avantage en s'empressant d'établir un nouveau *modus vivendi* qui sera répercuté ainsi au Parlement britannique : « À l'avenir, durant trois mois sur quatre, les prisonniers recevront un traitement plus humain que dans le passé[311], car les gouverneurs de la prison britannique et français poursuivront, bien sûr, la politique démarrée par les Américains. Cela devrait les aider à résister aux conditions plus rigoureuses que les autorités soviétiques ne manqueront pas, je le crains, de continuer à imposer[312]. »

XIV - DES ORIGINES DE L'AUMÔNERIE MILITAIRE PROTESTANTE

C'est de 1066 que date le premier témoignage de la présence d'un prêtre sur un champ de bataille. On le doit à la reine Mathilde, épouse de Guillaume le Conquérant qui, sur sa célèbre tapisserie de Bayeux, personnifie sous le terme d'*Almoneor* (issu probablement du mot latin *almus*, signifiant « bienveillant ») un aumônier aux armées. Mais il faudra quelques siècles, loin s'en faut, avant que l'aumônerie militaire ne devienne réellement une institution.

Alors que les catholiques ne commenceront à s'organiser à proprement parler au sein des armées que sous le règne de Louis XIII, les protestants ont déjà pris une certaine avance. Car même s'ils ont connu dans l'histoire des époques glorieuses, leur statut toujours minoritaire les a poussés rapidement et plus soigneusement à se regrouper. C'est pendant les guerres de Religion, entre 1562 et 1598 (jusqu'à la signature de l'édit de Nantes), qu'on voit, sur les champs de bataille, les premiers pasteurs réciter des prières avant le combat ou exhorter à la charge en déclamant des psaumes. Mais l'aumônerie française aux Armées catholique, protestante ou israélite – ne prend une réelle existence, proche de ce qu'elle est aujourd'hui, que sous le règne de Napoléon III. Ils ont désormais droit à une solde de capitaine 1re classe et à un cheval. Dix aumôniers protestants français s'illustrent pendant la guerre de Crimée (1854-1856) puis pendant les guerres d'Italie. À cette époque, cependant, l'aumônerie aux armées n'existe pas encore en temps de paix. On estime que les militaires qui désirent le secours de leur religion, hors période de mobilisation, peuvent aller la trouver dans l'église ou le temple le plus proche.

Comme il est logique, c'est à l'heure où le mot « laïcité » apparaît dans le débat français, à la fin du XIXe siècle, que le législateur organise le régime juridique de l'ensemble de l'aumônerie militaire. L'objectif de la loi du 8 juillet votée en 1880 est double : préserver la liberté de conscience promise par l'article 10 de la Déclaration des droits de l'homme et du citoyen et ainsi organiser le service cultuel que peut exiger chaque militaire. Malgré la loi de 1905 instaurant la séparation de l'Église et de l'État, le texte de 1880 n'est pas abrogé et aucun article ne vise les aumôniers militaires, dont le statut ne reste cependant clair qu'en cas de conflit armé, donc de mobilisation générale. Quand éclate la guerre de 1914, les aumôniers, protestants ou catholiques, qui accompagnent les troupes sur les champs de bataille ne portent toujours pas d'uniforme. Il n'est pas rare de voir un prêtre vêtu d'une soutane couverte de boue ou un pasteur en pantalon civil, veste d'uniforme et robe pastorale sous le bras, marcher au milieu des blessés…

Depuis 1964, les aumôniers aux armées[313] sont officiellement reconnus comme des militaires à part entière. Ils sont présents partout où des soldats français sont engagés, dans le cadre international, national, onusien ou otanien. On estime leur nombre à environ trois cent cinquante, dont une soixantaine chez les protestants. Dotés du grade de capitaine, ces derniers, comme leurs confrères, sont rétribués par le ministère de la Défense et portent un uniforme reconnaissable, similaire à celui des troupes qu'ils accompagnent. Seule différence, leurs épaulettes sont dotées de feuilles d'olivier, en guise de symbole de paix.

Notes

1. Après la guerre, le palais de justice, la prison, l'hôtel de ville et le Grand Hôtel sont quasiment les seuls édifices de Nuremberg encore debout.

2. Martin Bormann, conseiller d'Hitler qui l'a accompagné durant les derniers jours du Reich dans son bunker, est jugé par contumace. À l'époque, on le pense en fuite. Il sera formellement reconnu mort par un tribunal ouest-allemand en avril 1973, après la découverte de son cadavre à Berlin lors de travaux.

3. En 1953, un tribunal de dénazification allemand révisera son dossier et l'acquittera à titre posthume.

4. Article du *New York Herald Tribune*, 31 août 1947, cité dans *The Nuremberg Trial* d'Ann et John Tusa, Londres, Papermac, 1984, p. 468.

5. En juin 1945, l'équipe dirigée depuis le début de la guerre par le célèbre réalisateur John Ford a été chargée de filmer les audiences du tribunal militaire international de Nuremberg.

6. *The Nuremberg Trial*, *op. cit.*, p. 470.

7. Article de Michel Tournier, « Nuremberg ou le châtiment des criminels de guerre », *Le Monde*, 1er octobre 1971.

8. *Speer et Hitler, l'architecte du diable* d'Heinrich Breloer, Paris, Albin Michel, 2006, p. 369.

9. *Le Procès de Nuremberg : les nazis face à leurs crimes*, film de Christian Delage, Arte Vidéo, 2006.

10. *The Nuremberg Trial*, *op. cit.*, p. 460.

11. *Ibid.*, p. 471.

12. *Le Journal de Spandau* d'Albert Speer, Paris, Robert Laffont, 1975.

13. *New York Times*, 30 novembre 1946, cité dans *The Nuremberg Trial*, *op. cit.*, p. 162.

14. *Rudolf Hess dévoile son mystère* de Eugene K. Bird, Paris, Gallimard, 1975, p. 53.

15. Quatre organisations – le NSDAP (Parti nazi), la Gestapo, la SS et le SD – ont été jugées « organisations criminelles ». Les Soviétiques ont déploré que le gouvernement du Reich et l'état-major du régime nazi ne l'aient pas été également.

16. Citation tirée du *Journal de Spandau* d'Albert Speer et citée dans le livre *The Nuremberg Trial*, *op. cit.*, p. 485.

17. Citation tirée du *Journal de Spandau* d'Albert Speer et citée dans le livre *Speer et Hitler, l'architecte du diable*, *op. cit.*, p. 373.

18. *Ibid.*, p. 374.

19. *Rudolf Hess dévoile son mystère* de Eugene K. Bird, Paris, Gallimard, 1975, p. 63.

20. Gouvernement militaire des quatre puissances, dirigé par quatre commandants militaires, un de chaque secteur de Berlin.

21. *Albert Speer, son combat avec la vérité* de Gitta Sereny, Paris, Éditions du seuil, 1997, p. 602.

22. *Tales from Spandau : nazi criminals and the cold war,* Norman J. W Goda, New York, Cambridge University Press, 2007, p. 51.

23. *Albert Speer, son combat avec la vérité, op. cit.*, p. 603.

24. Kommandatura Interalliée de Berlin, KI 175/3, 3e partie, alinéa 12, (i) ; Bureau des Archives de l'occupation française en Allemagne et en Autriche.

25. Bureau des Archives de l'occupation française en Allemagne et en Autriche, règlement de la prison de Spandau, juin 1947. Archives du ministère des Affaires Etrangères – Kommandatura Interalliée de Berlin. Sous-dossier 175/3.

26. Bureau des archives de l'occupation française en Allemagne et en Autriche, KI 175/3, 3e partie, chapitre 14, « Questions spirituelles et morales » (iii).

27. *Tales from Spandau, op. cit.*, p. 30.

28. *Albert Speer, son combat avec la vérité, op. cit.*, p. 610.

29. Entretien avec l'auteur, réalisé en novembre 2006.

30. Entretien avec l'auteur, réalisé en novembre 2006.

31. *Albert Speer, son combat avec la vérité, op. cit.*

32. Entretien avec l'auteur, réalisé en octobre 2006.

33. Entretien avec l'auteur, réalisé en novembre 2006.

34. Entretien avec l'auteur, réalisé en novembre 2006.

35. En 1945, l'armée française a créé les Forces françaises d'occupation en Allemagne pour militariser sa zone d'occupation, qui devinrent en 1962 les Forces françaises en Allemagne (FFA).

36. La révocation de l'édit de Nantes en 1685 par le roi Louis XIV poussa plus de 250 000 huguenots à fuir le royaume de France.

37. Instance réunissant laïcs et pasteurs, qui décide de la formulation de la foi et des questions d'organisation, depuis le traitement des ministres du culte jusqu'aux accords interconfessionnels.

38. Cette place forte – à ne pas confondre avec la prison de Spandau – qui servit au fil des siècles pour la protection de Berlin, abrite aujourd'hui le musée de l'Histoire locale de Spandau, qui retrace l'histoire de la région, de la préhistoire à nos jours.

39. Cité dans « *Tales from Spandau : nazi criminals and the Cold War* », op. cit., p. 27.

40. La prison a été lourdement endommagée par les bombardements de Berlin.

41. Albert Speer, dans *Albert Speer, son combat avec la vérité*, op. cit., p. 605.

42. *Tales from Spandau*, op. cit., p. 27.

43. *Rudolf Hess dévoile son mystère*, op. cit., p. 104.

44. Voir plan cahier hors texte.

45. *Tales from Spandau*, op. cit., p. 30.

46. Bureau des archives de l'occupation française en Allemagne et Autriche, Kommandatura Interalliée de Berlin, KI 175/3. Dossier « Règlements relatifs à la prison de Spandau », 1ère partie, alinéa 1.

47. Bureau des Archives de l'occupation française en Allemagne et Autriche, Kommandatura Interalliée de Berlin, KI 175/3. Dossier « Règlement relatifs à la prison de Spandau », version de juin 1947, paragraphe 3 (5).

48. Bureau des Archives de l'occupation française en Allemagne et Autriche, Kommandatura Interalliée de Berlin, dossier KI 175/3, dossier « Règlements relatifs à la prison de Spandau », 1ère partie, alinéa 3 (i).

49. *Tales from Spandau*, op. cit., p. 30.

50. Bureau des Archives de l'occupation française en Allemagne et Autriche, KI 175/3, 2e partie, alinéa 7. Soixante-douze personnes en 1947.

51. Bureau des Archives de l'occupation française en Allemagne et en Autriche, Kommandatura Interalliée, dossier KI 175/3, 1ère partie, alinéa 3 (ix).

52. Hugh Thomas, *Le meurtre de Rudolf Hess*, Albin Michel, p. 223.

53. *Le meurtre de Rudolf Hess*, Hugh Thomas, Albin Michel, Paris, 1979, p. 20.

54. *Rudolf Hess dévoile son mystère*, Gallimard, p. 136.

55. Kommandatura Interalliée de Berlin, dossier KI 175/3, chapitre A, référence document annexe à BKC / M(46) 26 en date du 4 octobre 1946 ; Bureau des Archives de l'occupation française en Allemagne et en Autriche.

56. *Ibid.*

57. *Tales from Spandau*..., *op. cit.*, p. 39.

58. Kommandatura Interalliée, KI 175/3, 3e partie, chapitre 9, « Règlements administratifs et pénaux » (iii) ; Bureau des Archives de l'occupation française en Allemagne et en Autriche.

59. Kommandatura Interalliée de Berlin, KI 175/3, « Règlement de Spandau », 3e partie, chapitre 11 (xiv) ; Bureau des Archives de l'occupation française en Allemagne et en Autriche.

60. *Rudolf Hess dévoile son mystère*, op. cit., p. 83.

61. *Ibid.*

62. Bureau des Archives de l'occupation française en Allemagne et Autriche, Kommandatura Interalliée, KI 175/3, chapitre 12, alinéa iv (2 et 3).

63. *Albert Speer, son combat avec la vérité*, *op. cit.*, p. 608.

64. Kommandatura Interalliée de Berlin, KI 175/3, chapitre 12, alinéa V (2) ; Bureau des Archives de l'occupation française en Allemagne et en Autriche.

65. Kommandatura Interalliée de Berlin KI 175/3, chapitre 12, alinéa V (3) ; Bureau des Archives de l'occupation française en Allemagne et en Autriche.

66. Kommandatura Interalliée de Berlin, KI 175/3, 3e partie, dossier « Dispositions générales », article 9 (iii). Cet article précise qu'il y aura travail tous les jours, excepté les dimanches et jours de fête légale allemande. Bureau des Archives de l'occupation française en Allemagne et en Autriche.

67. Kommandatura Interalliée de Berlin, KI 175/3, chapitre 12, alinéa vi (1) ; Bureau des Archives de l'occupation française en Allemagne et en Autriche.

68. *Tales from Spandau*..., *op. cit.*, p. 59.

69. Kommandatura Interalliée de Berlin, KI 175/3, chapitre 11, alinéa viii, et chapitre 12, alinéa xii, règlement de 1947 ; Bureau des Archives de l'occupation française en Allemagne et en Autriche.

70. *Rudolf Hess dévoile son mystère*, *op. cit.*, p. 95.

71. Tous reçoivent des rations de tabac mensuelles.

72. Kommandatura Interalliée de Berlin, KI 175/3. En 1952, la fréquence a été portée à une lettre par semaine (lettre du 5 octobre 1952 de Semitchastnov en réponse à une lettre de François Poncet du 1er septembre 1952) ; Bureau des Archives de l'occupation française en Allemagne et en Autriche.

73. Kommandatura Interalliée de Berlin, KI 175/03, chapitre 16, « Rapports avec le monde extérieur », alinéa ii (1 et 2) ; Bureau des Archives de l'occupation française en Allemagne et en Autriche.

74. Kommandatura Interalliée de Berlin, KI 182/2, « Programme quotidien du prisonnier », 22 mai 1975 ; Bureau des Archives de l'occupation française en Allemagne et en Autriche.

75. *Rudolf Hess dévoile son mystère, op. cit.*, p. 93.

76. Interview avec Gitta Sereny citée dans *Albert Speer, son combat avec la vérité, op. cit.*, p. 608.

77. *Albert Speer, son combat avec la vérité, op. cit.*, p. 609.

78. Kommandatura Interalliée de Berlin, KI 175/3, chapitre 14 (i) – GMFB 15/1 ; Bureau des Archives de l'occupation française en Allemagne et en Autriche.

79. *Tales from Spandau..., op. cit.*, p. 56.

80. *Rudolf Hess dévoile son mystère, op. cit.*, p. 81.

81. Ce point du règlement, violemment critiqué en 1950 par le chancelier allemand Adenauer dans une lettre écrite au Conseil de contrôle interallié, a été démenti par ledit Conseil. Il semblerait qu'il ait été aboli en 1948 ou 1949.

82. *Albert Speer, son combat avec la vérité, op. cit.*, p. 608.

83. *Rudolf Hess dévoile son mystère, op. cit.*, p. 83.

84. Kommandatura Interalliée de Berlin, KI 182/2 ; document signé par le lieutenant-colonel britannique Goff, l'administrateur Darbois, le major Politoff et le major Miller pour les USA, en date du 23 janvier 1948 ; Bureau des Archives de l'occupation française en Allemagne et en Autriche.

85. Accord des hauts-commissaires en Allemagne des puissances signataires de l'accord de Londres et du tribunal militaire international au sujet des modifications apportées au régime de la prison de Spandau, 29 avril 1954, partie III (f), GMFB 15/1.

86. Kommandatura Interalliée de Berlin, KI 182/2, « Règlements relatifs à la censure », 30 avril 1953 ; Bureau des Archives de l'occupation française en Allemagne et en Autriche.

87. Cité dans *Rudolf Hess dévoile son mystère, op. cit.*, p. 137.

88. En 1952, les prisonniers seront autorisés à recevoir une visite par mois d'une demi-heure. Kommandatura Interalliée de Berlin, K1 175/3, lettre du 5 octobre 1952 de Semitchastnov en réponse à une lettre de François Poncet du 1er septembre 1952. Bureau des Archives de l'occupation française en Allemagne et en Autriche.

89. Kommandatura Interalliée de Berlin, KI 175/3, chapitre 16 (1, 2, 8) ; Bureau des Archives de l'occupation française en Allemagne et en Autriche.

90. Kommandatura Interalliée de Berlin, KI 175/3, chapitre 16 (13) ; Bureau des Archives de l'occupation française en Allemagne et en Autriche.

91. Kommandatura Interalliée de Berlin, KI 175/3, 3e partie, chapitre 10 (ii) ; Bureau des Archives de l'occupation française en Allemagne et en Autriche.

92. *Rudolf Hess dévoile son mystère, op. cit.*, p. 113.

93. Kommandatura Interalliée de Berlin, KI 175/3, chapitre 17 (1) ; Bureau des Archives de l'occupation française en Allemagne et en Autriche.

94. Kommandatura Interalliée de Berlin, KI 175/3, chapitre 17 (2, 4, 5) ; Bureau des Archives de l'occupation française en Allemagne et en Autriche.

95. *Albert Speer, son combat avec la vérité* de Gitta Sereny, Paris, Éditions du Seuil, 1997, p. 608.

96. Il ira même jusqu'à dessiner une maison secondaire pour l'un des gardiens.

97. En vingt ans, il lira plus de cinq mille livres.

98. *Albert Speer, son combat avec la vérité, op. cit.*, p. 624.

99. *Rudolf Hess dévoile son mystère*, *op. cit.*, p. 116.

100. Rudolf Hess dévoile son mystère, op. cité, p. 93.

101. *Ibid.*, p. 93-94.

102. *Albert Speer, son combat avec la vérité*, *op. cit.*, p. 609.

103. *Ibid.*, p. 624.

104. *Ibid.*, p. 644.

105. *Rudolf Hess dévoile son mystère*, *op. cit.*, p. 112.

106. *Ibid.*, p. 112.

107. Après sa libération en 1966, Albert Speer publiera deux livres : *Au cœur du IIIe Reich* (Paris, Fayard, 1971) et *Le Journal de Spandau*, *op. cit.*

108. Cité dans *Albert Speer, son combat avec la vérité*, *op. cit.*, p. 657.

109. *Tales from Spandau...*, *op. cit.*, p. 145.

110. *Albert Speer, son combat avec la vérité*, *op. cit.*, p. 641.

111. *Ibid.*, p. 640.

112. Neurath, né en 1873, est le plus âgé des prisonniers. En 1950, il a déjà soixante-dix-sept ans.

113. *Tales from Spandau...*, *op. cit.*, p. 78.

114. Jan Boon travaillera à Spandau de 1947 jusqu'au début des années 1980. Véritable « pilier » de la prison, il sera particulièrement dévoué à Rudolf Hess.

115. *Albert Speer, son combat avec la vérité*, *op. cit.*, p. 625.

116. *Rudolf Hess dévoile son mystère*, *op. cit.*, p. 109.

117. Extrait du registre des gardiens de décembre 1950, cité dans *Rudolf Hess dévoile son mystère*, *op. cit.*, p. 107.

118. *Albert Speer, son combat avec la vérité*, *op. cit.*, p. 625.

119. *Ibid.*, p. 626.

120. *Ibid.*, p. 627.

121. *Rudolf Hess dévoile son mystère*, *op. cit.*, p. 110.

122. Ils sont nés respectivement en 1905 et 1907.

123. *Rudolf Hess dévoile son mystère*, *op. cit.*, p. 119.

124. *Tales from Spandau...*, *op. cit.*, p. 112.

125. Durant le procès de Nuremberg, toutes les semaines, on lui posait déjà une sonde pour le drainage de l'urine.

126. *Rudolf Hess dévoile son mystère*, *op. cit.*, p. 104.

127. *Ibid.*, p. 104-105.

128. Lors des Accords de 1954, l'article 1 prévoira enfin la possibilité de transférer dans un hôpital militaire extérieur tout prisonnier dont l'état de santé l'exigera. Bureau des Archives de l'occupation française en Allemagne et en Autriche, KI, 175/3.

129. Ils appartiennent tous aux hôpitaux militaires de Berlin.

130. *Rudolf Hess dévoile son mystère*, *op. cit.*, p. 115.

131. *Ibid.*, p. 84.

132. *Tales from Spandau...*, *op. cit.*, p. 108.

133. Le chancelier allemand Adenauer militait depuis longtemps et activement pour obtenir la libération de tous les prisonniers de Spandau âgés de plus de soixante-quinze ans.

134. *Albert Speer, son combat avec la vérité*, *op. cit.*, p. 645.

135. *Tales from Spandau...*, *op. cit.*, p. 129.

136. Neurath vivra encore deux ans avant de mourir entouré de sa famille.

137. *Rudolf Hess dévoile son mystère*, *op. cit.*, p. 124.

138. *Tales from Spandau...*, *op. cit.*, p. 193.

139. *Rudolf Hess dévoile son mystère*, *op. cit.*, p. 125.

140. *Ibid.*

141. *Ibid.*, p. 140.

142. Courrier de septembre 1961 à son gendre, cité dans *Albert Speer, son combat avec la vérité*, *op. cit.*, p. 655.

143. *Ibid.*

144. *Rudolf Hess dévoile son mystère*, *op. cit.*, p. 131.

145. *Ibid.*

146. Cité dans *Le meurtre de Rudolf Hess, Hugh Thomas*, Paris, Albin Michel, P. 213.

147. *Ibid.*, p. 132.

148. *Tales from Spandau...*, *op. cit.*, p. 233.

149. *Le Meurtre de Rudolf Hess*, *op. cit.*, p. 216.

150. Atteint d'une cécité brutale survenue en janvier 1965, il sera opéré par un brillant médecin allemand, mais restera borgne d'un œil.

151. *Albert Speer, son combat avec la vérité*, *op. cit.*, p. 657.

152. En 1965, Hess a déjà soixante et onze ans.

153. *Rudolf Hess dévoile son mystère*, *op. cit.*, p. 153.

154. *Albert Speer, son combat avec la vérité*, *op. cit.*, p. 656.

155. Kommandatura Interalliée de Berlin, KI 175/3 ; formule exacte spécifiée dans le dossier « Règlement de Spandau » ; Bureau des Archives de l'occupation française en Allemagne et en Autriche,

156. *Rudolf Hess dévoile son mystère*, *op. cit.*, p. 146.

157. Créée en octobre 1939, la Cimade (Comité Inter Mouvements Auprès Des Évacués) est un service œcuménique venant en aide à ceux qui fuient la répression et la misère.

158. Liste citée en annexe dans « Sources ».

159. Opposant de la première heure au régime nazi, ce théologien issu de la haute bourgeoisie allemande fut arrêté et pendu par les nazis en avril 1945. Il est le cofondateur avec Karl Barth de l'Église confessante allemande.

160. Ce pasteur d'origine suisse, arrêté par la Gestapo alors qu'il montait en chaire en janvier 1943, a reçu le titre de « Juste des Nations » en 1976.

161. La réunion du groupe se tient les 16 et 17 septembre 1941 dans la communauté de Pomeyrol, centre appartenant à l'Église réformée de France, située à Saint-Étienne-du-Grès, dans les Bouches-du-Rhône.

162. *Albert Speer, son combat avec la vérité*, *op. cit.*, p. 25.

163. Le père de Dorothée Casalis était Eduard Thurneysen, grand théologien protestant suisse, collaborateur et ami de Karl Barth.

164. *Albert Speer, son combat avec la vérité*, *op. cit.*, p. 611.

165. Il s'agit de l'ouvrage *Albert Speer, son combat avec la vérité*, *op. cit.*

166. *La Dogmatique ecclésiale* – plus communément appelée « *Dogmatique* de Barth », est une œuvre inachevée en vingt-six volumes. Elle est toujours éditée aux éditions Labor et Fides, Genève, 1953-1974.

167. Alors que Speer est hospitalisé pour une infection ulcéreuse à l'articulation du genou, il est victime d'une sorte d'embolie pulmonaire inexpliquée qui le plonge dans le coma. Sa guérison en quatre jours rend les médecins perplexes.

168. Archives de l'Aumônerie générale militaire protestante ; Rapport mensuel sur l'activité de l'aumônerie protestante de Berlin du 15/11/1949 au 15/2/1950 de Georges Casalis adressé au pasteur Sturm, aumônier inspecteur du culte protestant.

169. *Ibid.*

170. Article de Gregory Jones, *Christian Century*, 8 mai 1996, Chicago, USA.

171. À partir de 1942, alors ministre de l'Armement, Albert Speer a travaillé avec diligence pour augmenter la production de guerre, avec le recours à l'esclavage et à la main-d'œuvre forcée. Il est reconnu que dans les années qui suivirent, bien que la défaite soit devenue progressivement inéluctable, son travail – efficace – à la tête de l'industrie d'armement permit à l'Allemagne de continuer la guerre.

172. On trouve effectivement cette phrase citée dans *Albert Speer, son combat avec la vérité*, op. cit., p. 715.

173. La plupart des dates contenues dans ce témoignage ont été reconstituées par l'auteur.

174. Cité dans *Albert Speer, son combat avec la vérité, op. cit.* p. 662.

175. *Rudolf Hess dévoile son mystère, op. cit.*, p. 155.

176. *Ibid.*, p. 160.

177. *Ibid.*, p. 161.

178. *Ibid.*, p. 160.

179. Convaincu de violations graves et répétées du règlement de la prison interalliée de Spandau, Eugene K. Bird fut chassé de l'armée américaine en 1972 avant de comparaître aux États-Unis devant le département d'État. Pendant plusieurs années, après cela, il se dira surveillé par la CIA.

180. *Le Meurtre de Rudolf Hess, op. cit.*, p. 224.

181. *Ibid.*

182. *Rudolf Hess dévoile son mystère, op. cit.*, p. 175.

183. *Le Meurtre de Rudolf Hess, op. cit.*, p. 25-26.

184. *Rudolf Hess dévoile son mystère, op. cit.*, p. 172.

185. *Tales from Spandau..., op. cit.*, p. 242.

186. *Le Meurtre de Rudolf Hess, op. cit.*, p. 217.

187. *Rudolf Hess dévoile son mystère, op. cit.*, p. 191.

188. *Ibid.*

189. Là encore, les Alliés se sont violemment opposés : les Russes exigent le retour de Hess à Spandau dès janvier 1970, tandis que les Occidentaux souhaitent prolonger son séjour à l'hôpital, voire l'y garder durablement.

190. *Rudolf Hess dévoile son mystère, op. cit.*, p. 197.

191. Kommandatura Interalliée de Berlin, KI 175/3, sous-dossier « Règlement, programme quotidien du prisonnier » ; Bureau des Archives de l'occupation française en Allemagne et en Autriche.

192. *Rudolf Hess dévoile son mystère, op. cit.*, p. 202.

193. Depuis leur première visite à l'Hôpital britannique en décembre 1969, sa femme et sa fille viennent lui rendre visite, à tour de rôle, une demi-heure par mois.

194. *Rudolf Hess dévoile son mystère, op. cit.*, p. 207.

195. Kommandatura Interalliée de Berlin, KI 175/3, dossier « Programme quotidien du prisonnier », 22 mai 1975 ; Bureau des Archives de l'occupation française en Allemagne et en Autriche.

196. *Rudolf Hess dévoile son mystère*, op. cit., p. 208.

197. www.lesanciensdesffb.com

198. Kommandatura Interalliée de Berlin, KI 175/3, Dossier « Programme quotidien du prisonnier », 22 mai 1975 ; Bureau des Archives de l'occupation française en Allemagne et en Autriche.

199. *Ibid.*

200. Depuis 1962, les prisonniers utilisent des rasoirs électriques.

201. Kommandatura Interalliée de Berlin, KI 175/3, dossier « Programme quotidien du prisonnier », 22 mai 1975 ; Bureau des Archives de l'occupation française en Allemagne et en Autriche.

202. *Rudolf Hess dévoile son mystère, op. cit.*, p. 241.

203. *Ibid.*

204. Exposé de Michel Planet, gouverneur français de Spandau, GMFB 239/1, divers ; Bureau des Archives de l'occupation française en Allemagne et en Autriche.

205. N.D.A. : il apparaît pour Bertrand de Luze que le prisonnier numéro 7 reste indéfectiblement le même de 1965 à 1972. Mais il semble qu'à l'exception d'un ou deux détails, l'essentiel des conversations et des faits rapportés par Bertrand de Luze se situe après le 1er octobre 1966, et non avant.

206. En allemand : « *Röhm Putsch* ». Du 29 au 30 juin 1934, une faction du parti nazi élimina des opposants et rivaux politiques potentiels, dont une grande partie du commandement de la SA (organisation paramilitaire du parti).

207. Site Internet du Duke of Edinburgh's Royal Regiment : www.farmersboys.com

208. Voir copie du testament de Rudolf Hess dans le cahier hors texte.

209. *Conversations interdites avec Rudolf Hess* de Charles Gabel, Paris, Plon, 1988, p. 265.

210. Dépêche AFP du 4 avril 1984.

211. Dépêche AFP du 12 février 1984.

212. Voir plan du premier étage de la prison dans cahier hors texte.

213. Le Dr Hugh Thomas développa sa théorie dans un livre : *Le Meurtre de Rudolf Hess*, paru chez Albin Michel en 1980.

214. *Mémoires sur la Deuxième Guerre mondiale – La Grande Alliance (tome III)* de Winston Churchill, Paris, Plon, 1950, p. 55.

215. *Conversations interdites avec Rudolf Hess, op. cit.*, p. 150.

216. *Ibid.*, p. 249.

217. Dépêche AFP du 5 avril 1984.

218. *Ibid.*

219. *Conversations interdites avec Rudolf Hess, op. cit.*, p. 300.

220. Lettre d'Amnesty International (*International Secretariat* basé à Londres) adressée à Charles Gabel en date du 30 mai 1986. Copie en annexe 8.

221. Lettre du Comité international de la Croix-Rouge adressée à Charles Gabel en date du 30 avril 1986. Copie en annexe 6.

222. Voir copie de la lettre de Mme Thatcher en annexe 7.

223. Lettre d'Helmut Kohl de septembre 1985 adressée à Charles Gabel, voir en annexe 4.

224. Cet appel d'Helmut Kohl à François Mitterrand, Margaret Thatcher, Ronald Reagan et Mikhaïl Gorbatchev en date du 21 juillet 1986 a été repris dans la presse du monde entier et sur le fil de l'agence AFP en date du 1er août 1986. Citation extraite du *Charlotte Observer*, principal quotidien de Caroline du Nord, USA, le 3 août 1986.

225. Copie de ce courrier en annexe 2.

226. Voir copie en annexe 5.

227. Wolf Rüdiger Hess, « *The Life and Death of my father, Rudolf Hess* », présenté sur vidéo à la 11e conférence organisée par l'Institute for Historical Review, un organisme américain notoirement révisionniste.

228. Article du journal *Le Monde* du 14 avril 1987, « M. Gorbatchev serait favorable à la libération de Rudolf Hess ». Cette information donnée en premier lieu par *Der Spiegel* le 11 avril 1987 va être reprise, entre autres, par le magazine *US Newsday* en date du 12 avril et le journal russe de langue anglaise *The Saint Petersburg Times.*

229. Dépêche de l'AFP du 1er mars 1989.

230. Ce témoignage se promène librement sur le Net et, bien sûr, principalement sur des sites d'extrême droite.

231. Dépêche de l'AFP du mardi 18 août 1987 : « Le suicide de Hess "difficilement crédible", selon un ancien commandant de Spandau. »

232. Voir, dans les chapitres suivants, les témoignages respectifs de Charles Gabel et Michel Roehrig.

233. *Conversations interdites avec Rudolf Hess, op. cit.*

234. *Les entretiens de Nuremberg*, présentés par Robert Gellately, Paris, Flammarion, 2005, p. 34 et 187.

235. Conférence organisée et présidée par Reinhard Heydrich le 20 janvier 1942 pour mettre en œuvre la Solution finale.

236. Le 10 juin 1944, 642 personnes, dont 207 enfants, furent massacrées par la division SS « Das Reich ».

237. Voir le témoignage du pasteur Michel Roehrig.

238. Traduction fournie à l'auteur par Charles Gabel.

239. N.D.A. : sur le livret militaire de M. Roehrig, le blâme en question a été mentionné, puis ultérieurement annulé.

240. Le nom a été changé.

241. Article du *Guardian* d'Anna Tomforde, daté du 18 août 1987.

242. Intitulés des dossiers GMFB 233/2 et GMFB 233/3 des Archives du gouvernement militaire français de Berlin.

243. Dépêche AFP du samedi 22 août 1987.

244. *Tales from Spandau..., op. cit.*, p. 269.

245. *Le Meurtre de Rudolf Hess, op. cit.*, p. 229.

246. *Tales from Spandau..., op. cit.*, p. 269-270.

247. Créé en août 1945, suite à la conférence de Potsdam, ce conseil dans lequel siégeaient quatre gouverneurs militaires représentant les puissances victorieuses avait la charge de gouverner l'Allemagne et l'ancienne capitale du Reich.

248. Dépêche AFP du 22 août 1987.

249. Les Américains, de garde généralement durant le mois d'août, céderont exceptionnellement leur place aux Britanniques, en charge de la démolition, dès le 24 août 1987.

250. À l'exception du casque et de la veste, qui à cette date n'ont pas été retrouvés et dont on a reproché la disparition dans un premier temps en 1986 au pasteur Charles Gabel.

251. *Tales from Spandau...*, *op. cit.*, p. 272.

252. Dépêche AFP du 11 août 1987.

253. *Tales from Spandau...*, *op. cit.*, p. 271.

254. Article du journal américain *Miami Herald* du 3 septembre 1987 sous le titre « *Demolition begins at Spandau prison* ».

255. Article du journal américain *Chicago Sun-Times* du 2 septembre 1987.

256. Dépêche du 3 septembre 1987. Information reprise dans divers quotidiens américains.

257. Corps d'armée correspondant en France aux hommes du génie militaire.

258. *Tales from Spandau...*, *op. cit.*, p. 268.

259. *Ibid.*, p. 272.

260. *Ibid.*

261. « La mort de Rudolf Hess : Suicide ou meurtre ? », article d'Aleksandr Sosnovsky, *Moscow News Berlin bureau*, 2004.

262. Article du *San Francisco Chronicle*, 22 septembre 1987.

263. *Tales from Spandau...*, *op. cit.*, p. 3.

264. *Ibid.*, p. 272.

265. Grade dans la SS équivalent au général d'armée.

266. Elle fut bannie de l'entourage d'Hitler en 1943 pour avoir exprimé son désaccord sur la déportation des Juifs et demanda le divorce avec son mari en 1950 alors qu'il était enfermé à Spandau.

267. A la fin de la guerre, Hitler aurait eu cette phrase : « Si j'avais eu un ami, il aurait été Speer ».

268. Cette expression a été utilisée pour la première fois par l'ambassadeur britannique Neville Henderson.

269. Speer a affirmé avoir planifié lui-même d'asphyxier Hitler dans son bunker de la chancellerie.

270. Parti national-socialiste des travailleurs allemands.

271. Article du *Daily Telegraph*, 2 octobre 1946, cité dans *The Nuremberg Trial*, *op. cit.*, p. 470.

272. *Speer et Hitler, l'architecte du diable*, 2006, Albin Michel, p. 371.

273. *Le journal de Spandau,* Albert Speer, Robert Laffont, 1975.

274. *The Nuremberg Trial*, Ann et John Tusa, Editions Papermac, p. 481.

275. *The Nuremberg trial,* p. 482.

276. Depuis le suicide de Robert Ley, l'ex dirigeant du front allemand du travail, le 25 octobre 1945 peu avant le procès, les mesures de sécurité avaient été renforcées dans la prison de Spandau.

277. Témoignage de Kingsbury Smith, reporter pour l'International News Service et représentant de la presse américaine à l'exécution.

278. Cité dans *It happened in 1946*, de Kinnaird Clark (1947), duell, Sloan & Pearce.

279. John C. Woods qui fut l'exécuteur officiel de l'armée US pendant la seconde guerre mondiale se tua accidentellement en 1950 en réparant une chaise électrique.

280. Cité dans l'article de Michel Tournier, « Nuremberg ou le châtiment des criminels de guerre », *Le Monde*, 1er octobre 1971.

281. « *The Nuremberg trial* », Editions papermac, p. 486.

282. « *Tales from Spandau : the nazi criminals and the cold war* », Norman J. Goda, Cambridge University Press, 2007, p. 16.

283. « *Tales from Spandau : the nazi criminals and the cold war* », Norman J. Goda, Cambridge University Press, 2007, p. 24.

284. « *Rudolf Hess dévoile son mystère* », Eugene K. Bird, Gallimard, p. 55.

285. « *Tales from Spandau* », Cambridge University Press, p. 30.

286. Immuablement, ils relèvent les Britanniques et remettent leur tour de garde aux Soviétiques.

287. Bureau des Archives de l'occupation française en Allemagne et en Autriche, Kommandatura Interalliée, KI 175/3, 5e partie, alinéa 21 (i).

288. Bureau des Archives de l'occupation française en Allemagne et en Autriche, Kommandatura Interalliée, 175/3, 5e partie, alinéa 19.

289. Bureau des Archives de l'occupation française en Allemagne et en Autriche, Kommandatura Interalliée, KI 175/3, 5e partie, alinéa 20 (i et iii).

290. Bureau des Archives de l'occupation française en Allemagne et en Autriche, Kommandatura Interalliée, 178/3, Sous-dossier « consignes aux gardiens », alinéa 4.

291. L'effectif total est de 21 hommes le jour, sept par pays et de 20 la nuit. En 1974, ce chiffre sera ramené à 12.

292. Bureau des Archives de l'occupation française en Allemagne et en Autriche, Kommandatura Interalliée, KI 175/3, sous dossier « Consignes pour les gardiens ».

293. Ibid.

294. Cité par Eugene K. Bird dans « *Rudolf Hess dévoile son mystère* », Gallimard, p. 106.

295. Kommandatura Interalliée, KI 175/3, sous-dossier, « Consignes pour les gardiens ».

296. Ibid.

297. Cité dans « *Rudolf Hess dévoile son mystère* », Eugene Bird, Gallimard, p. 115.

298. « *Rudolf Hess dévoile son mystère* », Eugene K. Bird, Gallimard, p. 98.

299. Cité dans « *Tales from Spandau* », de Norman J. Goda, Cambridge University Press, p. 70.

300. *Journal de Spandau*, Robert Laffont.

301. National Archives, Londres, FO 37/ 70853, 288254, CG 4237.

302. Ibid.

303. Député du parti travailliste, Richard R. Stokes qui deviendra à cette époque un ardent défenseur des prisonniers de Spandau, avait été avant-guerre, un partisan du rapprochement avec l'Allemagne nazi.

304. Courrier du 23 novembre 1948, National Archives, FO 371/ 70853, CG 4600.

305. Ibid.

306. National Archives, FO, 371/ 70853, CG 4669, télégramme du 6 décembre 1948 en provenance de Berlin pour le Foreign Office.

307. Dans son livre « *Rudolf Hess dévoile son mystère* », p. 96, le colonel Bird ajoute qu'ils ont reçu le droit « de s'asseoir et de s'étendre sur leur lit, s'ils le désirent, à toute heure du jour et de la nuit ».

308. Ibid.

309. « *Rudolf Hess dévoile son mystère* », Gallimard, p. 97.

310. « *Rudolf Hess dévoile son mystère* », Eugene Bird, Gallimard, p. 97.

311. En date du 13 décembre 1948, FO 371/ 70853, CG 4703, courrier d'un officiel britannique à Berlin au député R.R. Stokes.

312. Le 29 avril 1954, à Berlin, à la faveur de discussions entre les représentants des hauts-commissaires en Allemagne des quatre puissances, un nouvel accord modifiera le règlement de la prison de Spandau.

313. Protestants, mais aussi catholiques, israélites et, depuis le décret du 16 mars 2005, musulmans.

SOURCES

Ministère des Affaires étrangères, Bureau des Archives de l'occupation française en Allemagne et en Autriche (Colmar) :
— Archives du Gouvernement militaire français de Berlin (GMFB) ;
— Archives de la Kommandatura Interalliée de Berlin (KI).

National Archives, Kew (Grande-Bretagne) :
— Archives du Foreign Office (FO) ;
— Political Departments, General Correspondence, 1906-1966 (FO371).

Service historique de la Défense (SHD, Vincennes) :
— Département Terre – Dossiers administratifs des aumôniers, série 7YG ;
— Archives de l'état-major de l'armée de terre (EMAT), série 6T (1er bureau de l'EMAT) et série 11T (3e bureau de l'EMAT) ;
— Archives des Forces françaises en Allemagne (FFA), série 3U ;
— Archives du cabinet du ministre de la Défense et des organismes rattachés, série R ;
— Archives du cabinet du ministre, série R, sous-série 1R ;
— Archives de la sous-direction des bureaux du cabinet (SDBC), série R, sous-série 3R ;
— Archives de la direction des Affaires administratives, juridiques et contentieuses, série R, sous-série 21R ;
— Archives de la Direction générale des prisonniers de guerre de l'Axe, série R, sous-série 29 R ;
— Département Terre.

Faculté libre de théologie protestante de Paris (Paris 14e).
Fonds personnel de Georges Casalis.

Direction de l'Aumônerie protestante aux armées (Paris).

Bibliographie

Bird (Eugene K.), *Rudolf Hess dévoile son mystère*, Paris, Gallimard, 1975.

Breloer (Heinrich), *Speer et Hitler, l'architecte du diable*, Paris, Albin Michel, 2006.

Churchill (Winston), *Mémoires sur la Deuxième Guerre mondiale – La Grande Alliance* (t. III), Paris, Plon, 1950.

Delage (Christian), *La Vérité par l'image : de Nuremberg au procès Milošević*, Paris, 2006.

Delpla (François), *Nuremberg face à l'histoire*, Paris, L'Archipel, 2006.

Fishman (Jack), *Long Knives and Short Memories : The Spandau Prison Story*, Breakwater Books, 1986.

Fontenette (François de), *Le Procès de Nuremberg*, Paris, PUF, coll. « Que sais-je ? », 1996.

Gabel (Charles), *Conversations interdites avec Rudolf Hess*, Paris, Plon, 1988.

Goda (Norman J. W.), *Tales from Spandau : Nazi Criminals and the Cold War*, New York, Cambridge University Press, 2007.

Goldensohn (Léon), *Les Entretiens de Nuremberg*, présenté par Robert Gellately, Paris, Flammarion, 2005.

Keene (Daniel), *La Marche de l'architecte*, Paris, Éditions Théâtrales, 2003.

Le Tissier (Tony), *Farewell to Spandau*, Ashford, Buchan & Enright, 1994.

Sereny (Gitta), *Albert Speer : son combat avec la vérité*, Paris, Seuil, 1997.

Speer (Albert), *Inside the Third Reich*, Londres, Weidenfeld & Nicolson, 1970.

Speer (Albert), *Le Journal de Spandau*, Paris, Robert Laffont, 1975.

Thomas (Hugh), *Le Meurtre de Rudolf Hess*, Paris, Albin Michel, 1980.

Tusa (Ann et John), *The Nuremberg Trial*, Londres, Papermac, 1984.

Varaut (Jean-Marc), *Le Procès de Nuremberg*, Paris, Perrin, 2003.

Wieviorka (Annette), *Le Procès de Nuremberg*, Paris, Liana Levi, 2006.

Gabel (Charles), *Aux Rendez-vous de Dieu*, Édité à Compte d'auteur, 2008.

Mais aussi…

Allen (Martin), *L'Étrange Voyage de Rudolf Hess, mai 1941*, Paris, Plon, 2005.

Bracher (Karl Dietrich), *Hitler et la dictature allemande*, Bruxelles, Éditions Complexe, 1995.

Casalis (Georges), *Les idées justes ne tombent pas du ciel*, Paris, Éditions du Cerf, 1977.

Casalis (Dorothée), *Chemins de vie, 1917-1970*, Paris, Cimade, 2002.

Conot (Robert E.), *Justice at Nuremberg*, Basic Books, 1993.

Douglas-Hamilton (James), *The Truth about Rudolf Hess*, Mainstream Publishing, 1993.

Fest (Joachim), *Albert Speer*, Paris, Perrin, 2001.

Fest (Joachim), *Albert Speer, le confident d'Hitler*, Paris, Perrin, 2006.

Gilbert (G. M.), *Nuremberg Diary*, Da Capo Press, 1995.

Hess (Ilse), *Prisoner of Peace*, Londres, Britons Publishing Co., 1954.

Hess (Wolf Rüdiger), *My Father Rudolf Hess*, Londres, W. H. Allen, 1986.

Junge (Traudl), *Dans la tanière du loup*, Paris, Lattès, 2005.

Kershaw (Ian), *L'Opinion allemande sous le nazisme*, Paris, CNRS Éditions, 2002.

Kinnaird (Clark), *It happened in 1946*, New York, Duell, Sloan & Pearce, 1947.

Mann (Abby), *Jugement à Nuremberg*, Paris, Robert Laffont, 1962.

Misch (Rochus), *J'étais garde du corps d'Hitler*, Paris, Le Cherche Midi, 2006.

Schirach (Baldur von), *J'ai cru en Hitler*, Cercle du Nouveau Livre d'Histoire, 1968.

Schmidt (Matthias), *Albert Speer, la fin d'un mythe*, Paris, Belfond, 1983.

Sigmund (Anna Maria), *Les Femmes du IIIe Reich*, Paris, Lattès, 2004.

Vidéos et DVD :

Speer et Hitler, l'architecte du diable, Studio Canal, 2006.

Reputations : Albert Speer, BBC TV Copyshop, 1996.

The Last Nazi, Studio Ctr 2, 1998.

Les Carnets secrets de Nuremberg, un film de Jean-Charles Deniau et Stéphane Khémis, France 3 Éditions, 2006.

Le Procès de Nuremberg : les nazis face à leurs crimes, un film de Christian Delage, Arte Vidéo, 2006.

1939-1945 : la Seconde Guerre Mondiale – Vidéo 9 : *Le Procès de Nuremberg*, Marshall Cavendish, Nov'edit Vidéo.

De Nuremberg à Nuremberg, un film de Frédéric Rossif, Éditions du Montparnasse, 2004.

Der Mysteriöse Tod von Rudolf Hess, de Eugene K. Bird, Verlag Heitz & Höffkes (K7 audio).

Remerciements

Je tiens d'abord à exprimer toute ma gratitude et mon amitié à André Happel et à sa femme Huguette, à Daisy et Bertrand de Luze, à Charles Gabel et son épouse Josiane, et à Michel Roehrig pour leur disponibilité, leur gentillesse et par-dessus tout pour avoir accepté de me livrer le témoignage de leur expérience unique. Il va sans dire que ce livre n'aurait jamais existé sans eux et que les rencontrer m'a profondément et durablement marquée. Mes pensées émues vont plus spécialement au pasteur Bertrand de Luze, hélas décédé fin 2007, et à son épouse Daisy.

Je n'oublie pas non plus l'aide immense que j'ai reçue de Dorothée Casalis et de Gitta Sereny, deux femmes passionnantes qui m'ont donné le regret de n'avoir jamais connu le pasteur Georges Casalis. Un grand merci également aux pasteurs Bernard Delannoy responsable actuel de l'aumônerie protestante aux Armées et Yves Gounelle, qui ont toujours trouvé le temps de répondre à mes questions et de me faire comprendre le monde des aumôniers militaires protestants.

Beaucoup de personnes m'ont accompagnée dans cette belle aventure. Je tiens à en saluer particulièrement une : M. Jean-Bernard Raimond, ancien ministre français des Affaires étrangères, qui m'a guidée de ses conseils et de son expérience sur la difficile compréhension de l'histoire contemporaine. Sa disponibilité a toujours été sans faille et je l'en remercie vivement.

Toute ma reconnaissance va aussi à Xavier Guénot, responsable du service dérogation du Service historique de la défense. Son aide m'a été extrêmement précieuse. Je remercie également tous ceux qui ont accepté de m'accorder un entretien à l'occasion de l'écriture de ce livre, à savoir Mr Jacques Attali, Jacques Morizet, Serge Boidevaix, Philippe Vassaux, Mr Paul Gaschignard, Andreï Gratchev, Edouard Husson, et Jacky Chudant.

Un merci sincère à Bernard Pascuito.

Je ne peux oublier, bien sûr, Philippe Robinet, qui m'a accompagnée à la fois professionnellement et amicalement tout au long de ce projet.

J'ai, pour finir, une pensée particulière pour mes deux petits chéris, Valère et Virgile, et bien sûr pour Jérôme, qui a participé très activement et d'innombrables manières, même les plus prosaïques, à la réalisation de ce livre. Leur présence et leur infinie patience ont été déterminantes.

Un grand salut amical également à Zéline, Éliette Michaud, Yves Mamou, Annie Ferrer, Emmanuelle Joanin et Philippe Joanin, pour leurs conseils et leurs encouragements qui m'ont souvent redonné confiance.

Table

Composé par Nord Compo Multimédia
7, rue de Fives, 59650 Villeneuve-d'Ascq

Achevé d'imprimer sur les presses de

BUSSIÈRE

GROUPE CPI

à Saint-Amand-Montrond (Cher)
en septembre 2008

Dépôt légal : septembre 2008
N° d'édition : 52646 – N° d'impression : 032805/4